人力资源、行政、后勤管理流程与规范化执行

孙宗虎　王瑞永　编著

人 民 邮 电 出 版 社
北　京

图书在版编目（CIP）数据

人力资源、行政、后勤管理流程与规范化执行 / 孙
宗虎，王瑞永编著. -- 北京 ：人民邮电出版社，2018.12
ISBN 978-7-115-50105-9

Ⅰ．①人… Ⅱ．①孙… ②王… Ⅲ．①企业管理一人
力资源管理－研究②企业管理－行政管理－研究③企业管
理－后勤管理－研究 Ⅳ．①F272.9

中国版本图书馆CIP数据核字(2018)第260587号

内 容 提 要

本书以"流程＋制度＋方案＋文书"的形式介绍了企业人力资源、行政事务、后勤保障三
大方面的工作流程以及可供执行的制度规范，为企业构建了一套完整的管理体系。

全书内容包括企业人力资源规划，员工招聘，员工面试与甄选，员工录用，员工绩效考核，
员工薪酬，员工培训，员工晋升与离职，劳动合同管理，员工档案管理，办公用品管理，办公费
用管理，印章、证照、文件资料与档案管理，会议、提案、行政事务与法务管理，员工考勤、出
入与假务管理，员工出差管理，车辆管理，接待与招待管理，宿舍与食堂管理，环境与安全管
理，共 20 项管理工作的流程设计与执行要点。同时，书中给出了多个行业的管理制度范例以及
大量可以"拿来即用"的模板，为企业管理工作提供了极具参考价值的范本。

本书适合企业中高层管理人员，企业人力资源部、行政部、后勤保障部、综合管理部等相
关部门的工作人员，培训和管理咨询人员以及相关专业的高校师生阅读、使用。

◆ 编　著　孙宗虎　王瑞永
　　责任编辑　贾淑艳
　　责任印制　焦志炜
◆ 人民邮电出版社出版发行　　北京市丰台区成寿寺路 11 号
　　邮编 100164　电子邮件 315@ptpress.com.cn
　　网址 http://www.ptpress.com.cn
　　北京虎彩文化传播有限公司印刷
◆ 开本：787×1092　1/16
　　印张：16.5　　　　　　　　　　2018 年 12 月第 1 版
　　字数：320 千字　　　　　　　2025 年 5 月北京第 31 次印刷

定　价：59.00 元

读者服务热线：（010）81055656　印装质量热线：（010）81055316
反盗版热线：（010）81055315

前　言

面对不断变化的管理环境，企业管理人员应适当改进工作流程，适时修改管理制度，因需而变，高效管理、高效工作，最终达到"赢在执行"的目标。

《人力资源与行政后勤工作执行流程》自首次出版以来，在市场上持续热销，赢得了读者的广泛关注，已成为很多企业经营管理者手边的常备工具书。读者对本书的专业性、针对性和实用性等给予了高度评价，同时针对书中存在的问题也提出了客观的批评和有效的改进建议。在对读者反映的问题、建议进行充分研究的基础上，结合企业的实际需求，我们对其进行了改版，不但在流程介绍的后面附上了制度，还对流程进行了修改，添加了部分工作文书与执行方案，进而形成了本书。

《人力资源、行政、后勤管理流程与规范化执行》以**"流程＋制度＋方案＋文书"**的形式介绍了企业人力资源、行政事务、后勤保障三大方面的管理流程以及可供执行的制度规范，具体涉及企业人力资源规划，员工招聘，员工面试与甄选，员工录用，员工绩效考核，员工薪酬，员工培训，员工晋升与离职，劳动合同管理，员工档案管理，办公用品管理，办公费用管理，印章、证照、文件资料与档案管理，会议、提案、行政事务与法务管理，员工考勤、出入与假务管理，员工出差管理，车辆管理，接待与招待管理，宿舍与食堂管理，环境与安全管理，共20项日常工作，为企业人力资源、行政事务、后勤保障工作的开展构建了一套完整的工作执行和管理体系。

从实用的角度看，本书体现了我们一直倡导的**标准化、规范化、制度化、工具化、流程化和实务化"六化合一"**的解决方案，通过**流程化**和**制度化**使每个岗位的员工充分实现**"人与事的完美结合"**，促使企业员工**"更加有效地执行"**，从整体上提高企业的运营效率。

对于本书提供的管理流程和相关执行规范，读者可根据所在企业的实际情况适当修改，或者重新设计，使之更适用于本企业。

由于作者水平有限，书中难免存在错漏之处，恳请读者批评指正！

目　录

第1章　人力资源规划 …………… 1

1.1 人力资源规划流程 …………… 1

1.1.1 人力需求预测流程 ………… 1

1.1.2 人力供给预测流程 ………… 2

1.1.3 人力资源规划执行流程 …… 3

1.2 人力资源规划细则与方案 …… 4

1.2.1 人力资源规划细则 ………… 4

1.2.2 人力资源规划方案 ……… 10

第2章　员工招聘管理 ………… 16

2.1 员工招聘管理流程 ………… 16

2.1.1 招聘计划制订流程 ……… 16

2.1.2 招聘费用预算流程 ……… 17

2.1.3 员工招聘执行流程 ……… 18

2.1.4 内部竞聘管理流程 ……… 19

2.1.5 推荐招聘管理流程 ……… 20

2.1.6 招聘外包管理流程 ……… 21

2.2 员工招聘管理制度与方案 … 22

2.2.1 招聘管理实施细则 ……… 22

2.2.2 内部竞聘管理办法 ……… 25

2.2.3 内部招聘公告范例 ……… 26

2.2.4 招聘费用预算方案 ……… 27

第3章　员工面试与甄选 …… 29

3.1 员工面试与甄选流程 ……… 29

3.1.1 面试题目设计流程 ……… 29

3.1.2 面试准备管理流程 ……… 30

3.1.3 面试甄选管理流程 ……… 31

3.2 员工面试管理制度与实施
方案 …………………………… 32

3.2.1 员工面试管理制度 ……… 32

3.2.2 员工面试实施方案 ……… 34

第4章　员工录用管理 ……… 40

4.1 员工录用管理流程 ………… 40

4.1.1 员工试用管理流程 ……… 40

4.1.2 员工转正管理流程 ……… 41

4.1.3 员工录用手续办理流程 … 42

4.2 员工录用管理制度 ………… 43

4.2.1 员工试用实施细则 ……… 43

4.2.2 员工转正考核细则 ……… 47

4.2.3 员工录用管理规范 ……… 51

4.2.4 指导老师管理办法 ……… 52

第5章　员工绩效管理 ………… 54

5.1 员工绩效管理流程 ………… 54

5.1.1 绩效目标设定流程 ………… 54

5.1.2 考核标准制定流程 ………… 55

5.1.3 绩效管理工作流程 ………… 56

5.1.4 员工绩效考核流程 ………… 57

5.1.5 中层绩效考核流程 ………… 58

5.1.6 高层绩效考核流程 ………… 59

5.1.7 员工奖惩管理流程 ………… 60

5.1.8 员工考核申诉管理流程 …… 61

5.2 员工绩效考核管理制度 ……… 62

5.2.1 公司绩效考核制度 ………… 62

5.2.2 营销人员考核细则 ………… 64

5.2.3 研发人员考核细则 ………… 69

5.2.4 生产人员考核细则 ………… 71

5.2.5 采购人员考核细则 ………… 73

第6章　员工薪酬管理 ………… 75

6.1 员工薪酬管理流程 ………… 75

6.1.1 员工工资发放流程 ………… 75

6.1.2 员工工资调整流程 ………… 76

6.1.3 员工福利管理流程 ………… 77

6.1.4 员工奖金发放流程 ………… 78

6.1.5 薪酬外包管理流程 ………… 79

6.2 员工薪酬管理制度与文书 …… 80

6.2.1 员工薪酬管理制度 ………… 80

6.2.2 员工工资管理制度 ………… 83

6.2.3 员工奖金管理制度 ………… 85

6.2.4 薪酬调研工作报告 ………… 87

6.2.5 高管人员年薪方案 ………… 89

第7章　员工培训管理 ………… 91

7.1 员工培训管理流程 ………… 91

7.1.1 培训需求调查流程 ………… 91

7.1.2 培训计划制订流程 ………… 92

7.1.3 培训费用预算流程 ………… 93

7.1.4 出国培训管理流程 ………… 94

7.1.5 培训外包管理流程 ………… 95

7.1.6 员工培训考核流程 ………… 96

7.1.7 培训管理工作流程 ………… 97

7.2 员工培训管理制度与文书 …… 98

7.2.1 员工培训管理制度 ………… 98

7.2.2 员工培训费用管理制度 …… 99

7.2.3 员工海外留学管理细则 …… 101

7.2.4 年度员工培训计划书 ……… 103

7.2.5 培训效果评估报告书 ……… 107

7.2.6 销售人员培训管理制度 …… 111

7.2.7 新进技术员培训管理办法 … 115

第8章　员工晋升与离职管理 … 119

8.1 员工晋升与离职管理流程 … 119

8.1.1 员工岗位轮换流程 ………… 119

8.1.2 员工晋升管理流程 ………… 120

8.1.3 员工降级管理流程 ………… 121

8.1.4 员工离职管理流程 ………… 122

8.1.5 员工离职交接流程 ………… 123

8.1.6 员工辞退管理流程 ………… 124

8.2 员工晋升与离职管理制度 … 125

　8.2.1 员工晋升管理制度 ……… 125

　8.2.2 员工离职管理制度 ……… 127

　8.2.3 员工辞退管理制度 ……… 128

第9章　劳动合同管理 ……… 130

9.1 劳动合同管理流程 ……… 130

　9.1.1 劳动用工管理流程 ……… 130

　9.1.2 劳动合同签订流程 ……… 131

　9.1.3 劳动合同执行流程 ……… 132

　9.1.4 劳动纠纷处理流程 ……… 133

　9.1.5 劳动合同解除流程 ……… 134

9.2 员工劳动合同管理制度 …… 135

　9.2.1 劳动合同管理制度 ……… 135

　9.2.2 工伤事故管理制度 ……… 137

第10章　员工档案管理 ……… 140

10.1 员工档案管理流程 ……… 140

　10.1.1 档案信息建立流程 ……… 140

　10.1.2 档案信息查阅流程 ……… 141

　10.1.3 人事档案调转流程 ……… 142

10.2 员工档案管理制度 ……… 143

　10.2.1 人事档案管理制度 ……… 143

　10.2.2 员工档案查阅制度 ……… 144

第11章　办公用品管理 ……… 146

11.1 办公用品管理流程 ……… 146

　11.1.1 办公用品购买流程 ……… 146

　11.1.2 办公用品入库流程 ……… 147

11.1.3 办公用品领用流程 ……… 148

11.1.4 办公资产盘点工作流程 … 149

11.2 办公用品管理制度 ……… 150

　11.2.1 办公用品管理细则 ……… 150

　11.2.2 办公用品领用规定 ……… 151

第12章　办公费用管理 ……… 153

12.1 办公费用管理流程 ……… 153

　12.1.1 办公费用预算流程 ……… 153

　12.1.2 办公费用控制流程 ……… 154

12.2 办公费用管理制度 ……… 155

　12.2.1 办公费用预算制度 ……… 155

　12.2.2 办公费用控制制度 ……… 156

第13章　印章、证照、文件
　　　　 资料与档案管理 …… 157

13.1 印章、证照、文件资料与档案
　　 管理流程 ……………… 157

　13.1.1 印章使用管理流程 ……… 157

　13.1.2 证照使用管理流程 ……… 158

　13.1.3 文件资料管理流程 ……… 159

　13.1.4 技术资料保密流程 ……… 160

　13.1.5 文件借阅管理流程 ……… 161

　13.1.6 办公文件销毁流程 ……… 162

　13.1.7 文件档案管理流程 ……… 163

　13.1.8 声像档案管理流程 ……… 164

　13.1.9 档案借阅管理流程 ……… 165

13.2 印章、证照、文件资料与档案
　　 管理制度 ……………… 166

13.2.1 印章使用管理制度 ········· 166
13.2.2 证照规范管理规定 ········· 167
13.2.3 文件资料管理制度 ········· 167
13.2.4 文件档案管理制度 ········· 169
13.2.5 公司保密管理细则 ········· 170

第14章 会议、提案、行政事务与法务管理 ·········· 176

14.1 会议、提案、行政事务与法务管理流程 ·········· 176
14.1.1 会议组织管理流程 ········· 176
14.1.2 提案成果管理流程 ········· 177
14.1.3 员工提案管理流程 ········· 178
14.1.4 行政督办管理流程 ········· 179
14.1.5 法律事务管理流程 ········· 180

14.2 会议、提案、行政事务与法务管理制度 ·········· 181
14.2.1 会议规范化管理制度 ······ 181
14.2.2 经理办公会管理办法 ······ 186
14.2.3 员工提案管理制度 ······ 188
14.2.4 行政督办实施细则 ······ 192
14.2.5 法律事务管理制度 ······ 195
14.2.6 合同协议管理办法 ········· 197

第15章 员工考勤、出入与假务管理 ·········· 200

15.1 员工考勤、出入与假务管理流程 ·········· 200
15.1.1 员工考勤管理流程 ········· 200

15.1.2 员工出入管理流程 ········· 201
15.1.3 员工值班管理流程 ········· 202
15.1.4 员工请假管理流程 ········· 203

15.2 员工考勤、出入与假务管理制度 ·········· 204
15.2.1 员工考勤管理制度 ········· 204
15.2.2 人员出入管理办法 ········· 206
15.2.3 员工值班管理制度 ········· 207
15.2.4 员工假务管理制度 ········· 208
15.2.5 员工加班管理办法 ········· 211

第16章 员工出差管理 ·········· 212

16.1 员工出差管理流程 ·········· 212
16.1.1 出差计划制订流程 ········· 212
16.1.2 出差审批管理流程 ········· 213
16.1.3 出差费用预算流程 ········· 214
16.1.4 出差汇报管理流程 ········· 215
16.1.5 出差费用报销流程 ········· 216
16.1.6 出差管理工作流程 ········· 217

16.2 员工出差管理制度 ·········· 218
16.2.1 员工出差管理细则 ········· 218
16.2.2 员工出差费用管理制度 ··· 219

第17章 车辆管理 ·········· 221

17.1 车辆管理流程 ·········· 221
17.1.1 车辆使用管理流程 ········· 221
17.1.2 车辆维修管理流程 ········· 222
17.1.3 车辆租赁管理流程 ········· 223
17.1.4 车辆加油管理流程 ········· 224

17.2 车辆管理制度与方案 ……… 225

17.2.1 车辆使用管理制度 ……… 225

17.2.2 车辆维修管理办法 ……… 226

17.2.3 车辆费用管控方案 ……… 227

第18章 接待与招待管理 …… 229

18.1 接待与招待管理流程 ……… 229

18.1.1 接待客户管理流程 ……… 229

18.1.2 参观接待管理流程 ……… 230

18.1.3 礼品领用管理流程 ……… 231

18.2 来访接待、招待管理制度 … 232

18.2.1 来访接待管理制度 ……… 232

18.2.2 礼品领用管理办法 ……… 233

第19章 宿舍与食堂管理 …… 234

19.1 宿舍与食堂管理流程 ……… 234

19.1.1 员工宿舍管理流程 ……… 234

19.1.2 员工入住管理流程 ……… 235

19.1.3 员工食堂管理流程 ……… 236

19.2 宿舍与食堂管理制度 ……… 237

19.2.1 宿舍管理实施细则 ……… 237

19.2.2 员工食堂管理规范 ……… 238

第20章 环境与安全管理 …… 241

20.1 环境与安全管理流程 ……… 241

20.1.1 卫生检查管理流程 ……… 241

20.1.2 绿化工作管理流程 ……… 242

20.1.3 消防安全管理流程 ……… 243

20.1.4 安全检查管理流程 ……… 244

20.1.5 治安保卫管理流程 ……… 245

20.1.6 突发事件处理流程 ……… 246

20.2 环境与安全管理制度 ……… 247

20.2.1 绿化工作管理制度 ……… 247

20.2.2 卫生检查管理制度 ……… 248

20.2.3 安全管理实施细则 ……… 250

20.2.4 突发事件处理规程 ……… 252

第1章　人力资源规划

1.1 人力资源规划流程

1.1.1 人力需求预测流程

流程名称	人力需求预测流程		编　　号	
任务概要	公司人力资源需求预测管理		执行单位	人力资源部
单位	总裁	行政总监	人力资源部	各职能部门	相关外部单位

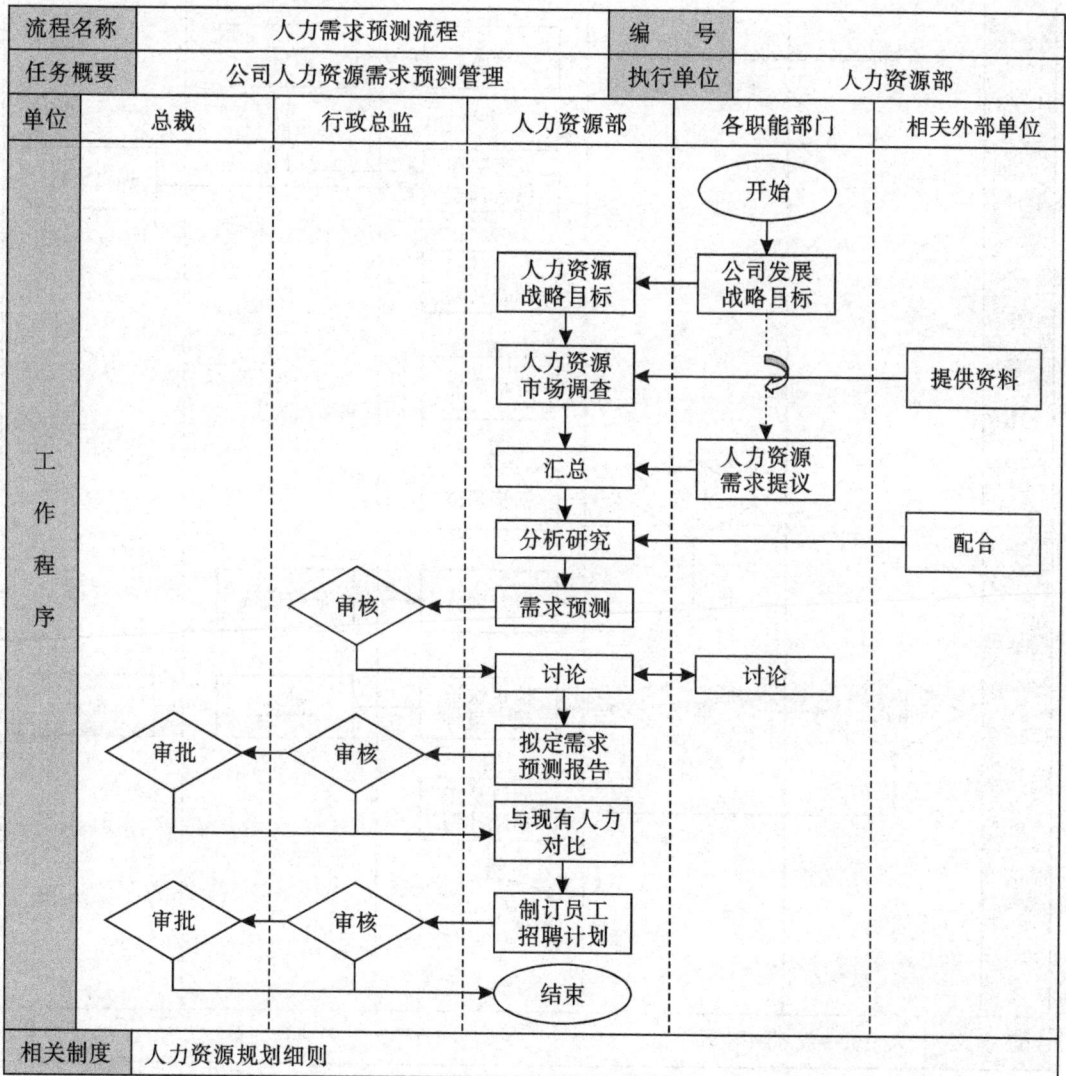

相关制度	人力资源规划细则

1

1.1.2 人力供给预测流程

流程名称	人力供给预测流程		编　号	
任务概要	公司人力资源供给预测管理		执行单位	人力资源部
单位	总裁	行政总监	人力资源部	人才交流机构	相关外部单位

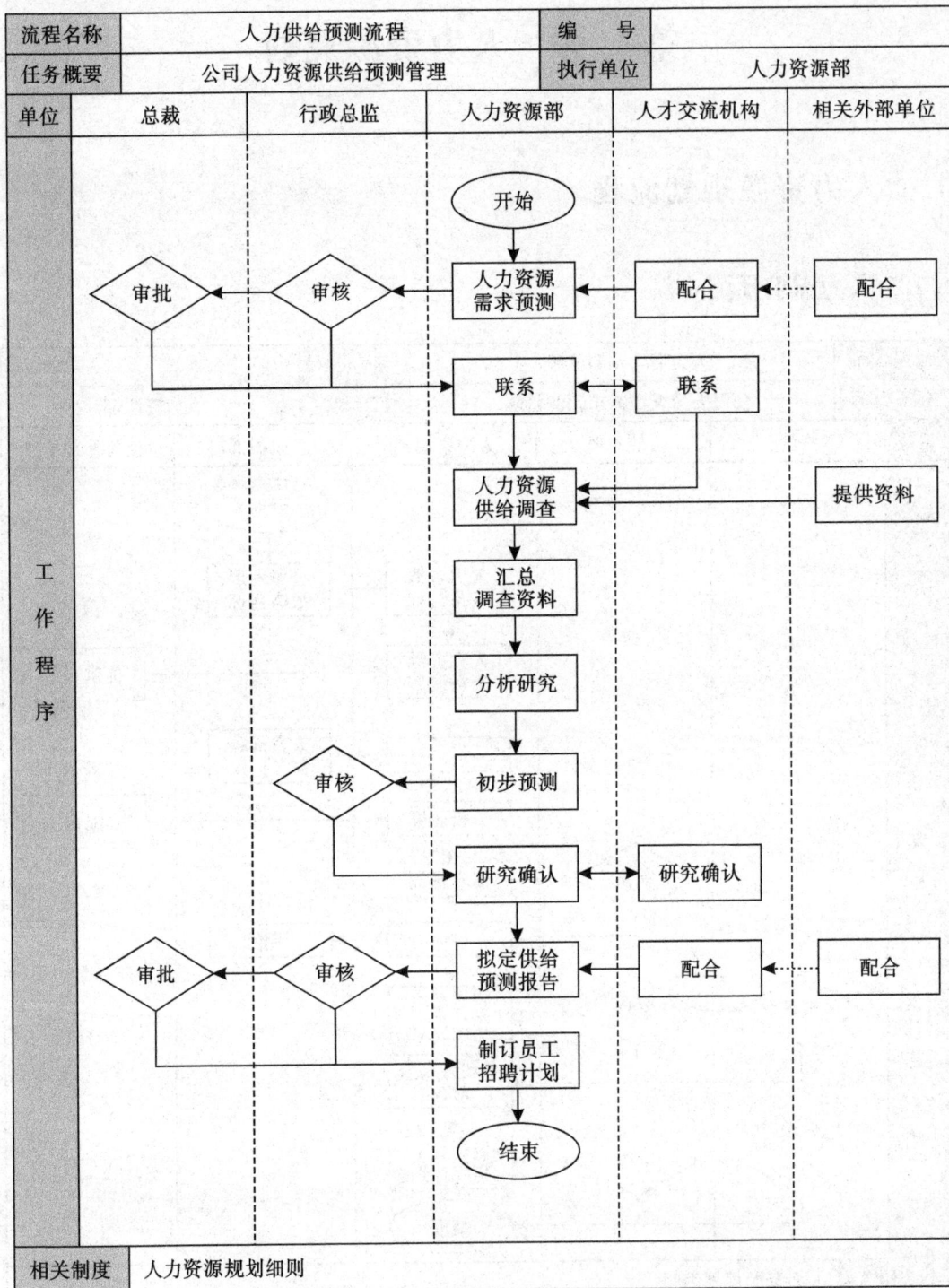

工作程序

开始 → 人力资源需求预测 → 审核 → 审批

人力资源需求预测 ← 配合 ← 配合

联系 ↔ 联系

人力资源供给调查 ← 提供资料

汇总调查资料

分析研究

初步预测 → 审核

研究确认 ↔ 研究确认

拟定供给预测报告 → 审核 → 审批

拟定供给预测报告 ← 配合 ← 配合

制订员工招聘计划

结束

相关制度	人力资源规划细则

1.1.3 人力资源规划执行流程

流程名称	人力资源规划执行流程		编　号	
任务概要	公司人力资源规划管理		执行单位	人力资源部
单位	总裁	行政总监	人力资源部	各职能部门	相关外部单位

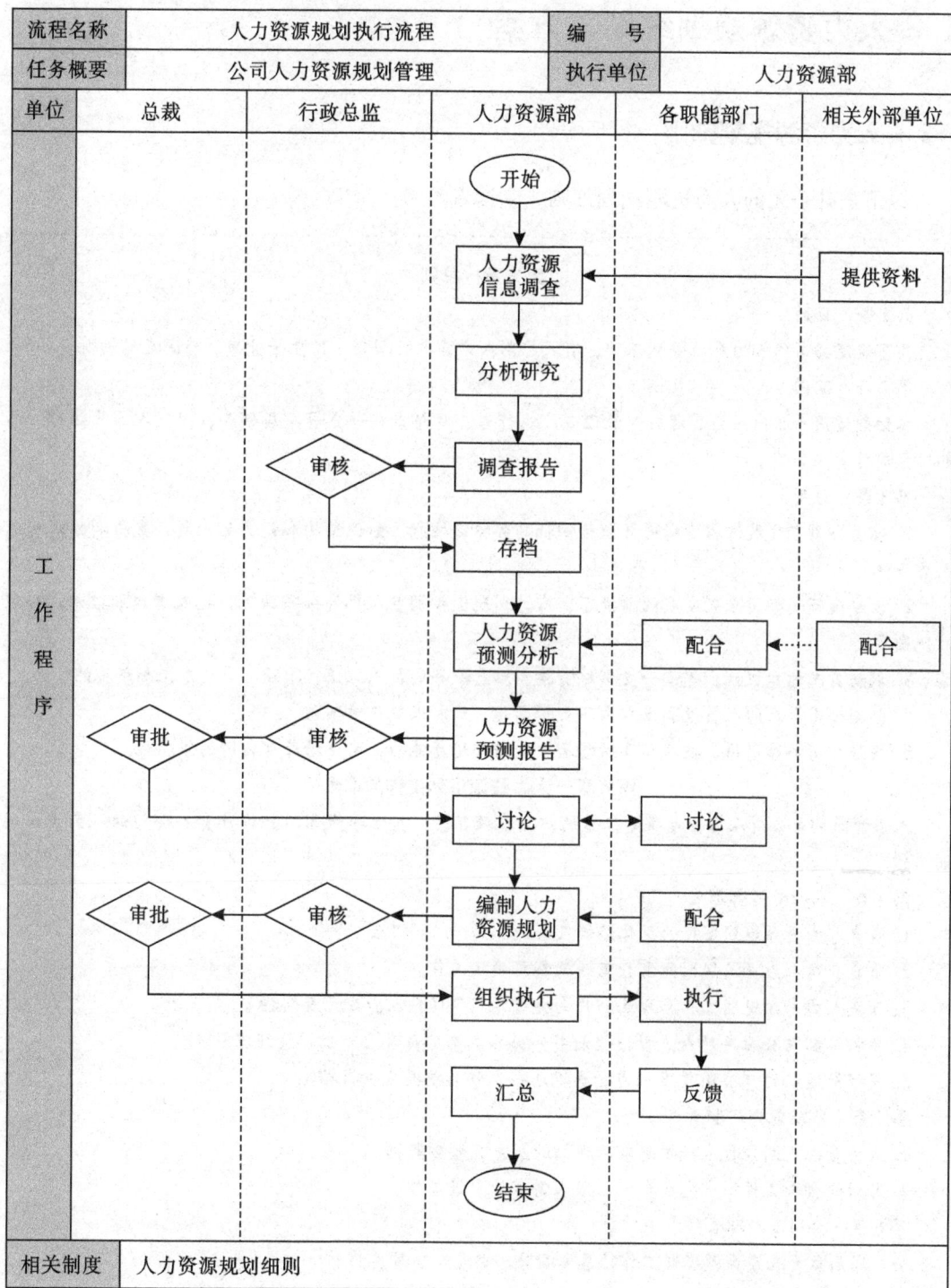

相关制度	人力资源规划细则

1.2 人力资源规划细则与方案

1.2.1 人力资源规划细则

以下是某公司的人力资源规划细则，供读者参考。

第1章 总则

第1条 目的

为了规范公司的人力资源规划工作，有效控制人力资源的预测、投资等行为，特制定本细则。

第2条 范围

本细则适用于公司人力资源规划管理者、执行者、参与者——公司高层领导，以及人力资源部、各部门主要负责人等。

第3条 作用

1. 确保公司在发展过程中引进并留住一批具备特定技能、知识结构和能力的人员；充分利用现有的人力资源。

2. 在准确预测公司未来发展的前提下，有计划地逐步调整人员的分布状况，把人工成本控制在合理的范围内。

3. 调动员工的积极性，建设一支训练有素、熟悉业务的员工队伍，增强公司适应未知环境的能力。

4. 预测公司潜在的人员过剩或人力不足等问题，及时采取应对措施。

5. 增强公司关键岗位、技术环节所需人才的内部培养能力，减少对外部招聘的依赖性。

第2章 人力资源规划工作的职责

人力资源部是公司人力资源规划工作的归口管理部门，其他职能部门具体负责本部门的人力资源规划工作。

第4条 人力资源部职责

1. 负责人力资源规划制度的总体编制及修改工作。

2. 负责公司人力资源规划所需数据的收集与确认工作。

3. 开发人力资源规划工具和方法，并向公司各部门提供人力资源规划指导。

4. 年初编制《公司年度人力资源规划书》并报各部门负责人审核、总经理审批。

5. 将审批通过的《公司年度人力资源规划书》作为重要文件存档。

第5条 各职能部门职责

1. 人力资源规划专员应提供真实、详细的历史及预测数据。

2. 及时配合人力资源部完成本部门用人需求的申报工作。

第6条 公司高层职责

公司高层负责人力资源规划工作的总体指导、监督及决策工作。

第3章　规划的原则

第7条　公司人力资源规划工作应遵循的原则

1. 动态原则

（1）人力资源规划应根据公司内外部环境的变化进行调整。

（2）人力资源规划在执行中应具有灵活性。

（3）人力资源规划的执行应有动态监控。

2. 适应原则

（1）内外部环境适应。人力资源规划应充分考虑公司内外部环境因素及这些因素的变化趋势。

（2）战略目标适应。人力资源规划应当同公司的战略发展目标相适应，确保两者相互协调。

3. 保障原则

（1）人力资源规划工作应保证公司人力资源的需求。

（2）人力资源规划应保证公司和员工的共同发展。

4. 系统原则

人力资源规划要反映人力资源的结构，使各类不同人才恰当地结合起来，优势互补，实现组织的系统性功能。

第4章　规划的内容

第8条　总体规划

人力资源总体目标和配套政策。

第9条　专项业务计划

1. 人员配备计划

中长期内不同职务、部门或工作类型的人员分布状况。

2. 人员补充计划

人员补充计划包括需补充人员的岗位、数量及要求等。

3. 人员使用计划

人员使用计划包括人员升职政策、升职时间，轮换工作的岗位情况、人员情况、轮换时间。

4. 培训开发计划

培训开发计划包括培训对象、目的、内容、时间、地点、讲师等。

5. 绩效与薪酬福利计划

个人及部门的绩效标准、衡量方法、薪酬结构、工资总额、工资关系、福利，以及绩效与薪酬的对应关系等。

6. 职业计划

骨干人员的使用和培养方案。

7. 离职计划

因各种原因离职人员的情况及其所在岗位的情况。

8. 劳动关系计划

减少和预防劳动争议，改进劳动关系的目标和措施。

第5章　人力资源规划的期限

第10条　人力资源规划期限的类别

人力资源规划期限短期（1~3年）和长期（3年以上）的实施，由公司的发展目标、总体规模决定，要适应公司发展对人员素质的要求。

第11条　人力资源规划期限与经营环境

当经营环境不确定、不稳定或对人员素质要求低，可随时从劳动力市场上补充人力资源时，可以以短期规划为主；若经营环境相对稳定，对人员素质要求较高，补充比较困难，则应制定中长期规划。人力资源规划期限与经营环境的关系如下表所示。

人力资源规划期限与经营环境关系表

规划期限	环境
短期规划	1. 出现许多新的竞争者 2. 社会、经济、技术条件速变 3. 不稳定的产品/服务需求 4. 公司实施大规模扩张战略 5. 恶化的管理实践
长期规划	1. 很强的竞争地位 2. 渐进的社会、经济、技术变化 3. 稳定的需求 4. 有效的管理信息系统 5. 强有力的管理实践

第6章　人力资源规划的程序

第12条　人力资源规划环境分析

1. 收集整理数据。公司人力资源部正式制定人力资源规划前，必须向各职能部门索要各类数据。人力资源规划专员负责从数据中提炼所有与人力资源规划有关的数据信息，进行整理编报，为人力资源规划提供基本数据。人力资源规划参考数据需求如下表所示。

人力资源规划参考数据需求表

需要向各部门收集的数据资料	1. 公司整体战略规划数据 3. 财务规划数据 5. 生产规划数据 7. 各部门年度规划数据信息	2. 公司组织结构数据 4. 市场营销规划数据 6. 新项目部规划数据
本部门相关资料整理	1. 人力资源政策数据 3. 公司行为模式数据 5. 培训开发水平数据 7. 公司人力资源人事信息数据	2. 公司文化特征数据 4. 薪酬福利水平数据 6. 绩效考核数据 8. 公司人力资源部职能开发数据

2. 人力资源部在获取以上数据的基础上，组织内部讨论，将人力资源规划分为环境层、数量层、部门层，每一个层次设定一个标准，再根据这些不同的标准制定不同的人力资源规划方案。

3. 人力资源部应制订《年度人力资源规划工作进度计划》，报请各职能部门负责人、人力资源部负责人、公司总经理审批后，向公司全体员工公布。

4. 人力资源部根据公司经营战略计划、目标要求以及《年度人力资源规划工作进度计划》下发"人力资源职能水平调查表""各部门人力资源需求申请表"，在限定工作日内由各部门职员填写后收回。

5. 人力资源部收集完所有数据后，应安排专职人员对以上数据进行描述、统计及分析，并编制《年度人力资源规划环境分析报告》。审核小组负责完成环境分析的审核工作。

公司人力资源环境分析审核小组成员由公司各部门负责人、人力资源环境分析专员、人力资源部经理构成。

6. 人力资源部应将审核无误的《年度人力资源规划环境分析报告》报请公司总裁批准，批准通过后方可使用。

7. 人力资源环境分析期间，各职能部门应根据部门的业务需要和实际情况，在人力资源规划活动中及时、全面地向人力资源部提出与人力资源有关的信息数据。人力资源环境分析工作人员应认真吸纳各职能部门传递的环境信息。

第13条 人力资源需求预测

1. 《年度人力资源规划环境分析报告》经总裁批准后，由人力资源规划专员根据公司人力资源的需求，结合公司战略发展方向、公司年度计划、各部门经营计划，运用各种预测工具对公司整体人力资源的需求情况进行科学的预测与分析。

2. 人力资源需求预测方法如下表所示。

人力资源需求预测方法表

名称	概念	操作办法	注意事项
管理人员判断法	管理人员根据自己的经验，自下而上确定未来所需的人员	根据业务增减情况，各职能部门负责人提出人员需求量并报上级领导评估，领导层根据评估结果进行决策	此方法容易操作且成本低，但带有极强的主观性，适用于人员编制较少或人员需求稳定的部门
经验预测法	根据以往的经验对人力资源需求进行预测	根据企业的经营计划及劳动定额或每个人的生产能力、销售能力、管理能力等进行预测	由于每个人的经验及能力不同，因此采用这种方法预测需求时，要注意经验的积累和预测的准确度

（续）

名称	概念	操作办法	注意事项
德尔菲法	专家们对影响组织某一领域的发展（如组织将来对劳动力的需求）达成一致意见	人力资源部作为中间人，汇总专家在第一轮预测中各自单独提出的意见并加以反馈，然后重复这一环节，使专家有机会修改他们的预测并说明修改原因 一般情况下，重复3~5次之后，专家的意见即趋于一致	1. 要给专家提供必要的资料，使其做出判断 2. 应关注需增加人员的百分比，而非绝对数量 3. 允许专家粗估数字而不求精确，但要说明预测的可信度 4. 尽可能简化过程，摒弃所有与预测无关的问题
趋势分析法	确定组织中哪一种因素与劳动力数量和结构的关系最为密切，然后找出该因素随聘用人数而变化的趋势，由此推断人力资源需求	确定适当的与聘用人数有关的组织因素并绘制组织因素与劳动力数量关系图，计算每人每年的平均产量（劳动生产率），确定劳动生产率趋势并进行调整，最后对年度人力资源需求情况做出预测	选择与劳动力数量有关的组织因素是需求预测的关键一步。这个因素至少应满足两个条件 1. 组织因素应与组织的基本特性直接相关 2. 所选因素的变化必须与所需人员的变化成比例

3. 人力资源需求预测的流程如下图所示。

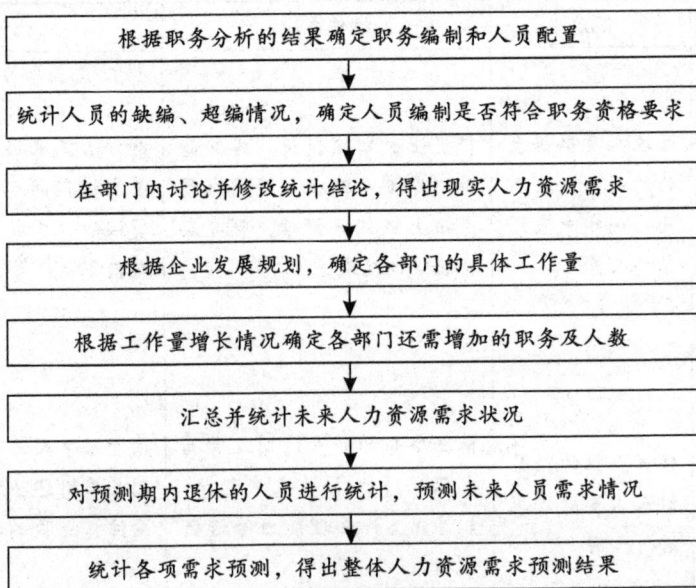

根据职务分析的结果确定职务编制和人员配置

统计人员的缺编、超编情况，确定人员编制是否符合职务资格要求

在部门内讨论并修改统计结论，得出现实人力资源需求

根据企业发展规划，确定各部门的具体工作量

根据工作量增长情况确定各部门还需增加的职务及人数

汇总并统计未来人力资源需求状况

对预测期内退休的人员进行统计，预测未来人员需求情况

统计各项需求预测，得出整体人力资源需求预测结果

人力资源需求预测流程图

4. 人力资源规划专员对公司的人力资源情况进行趋势预测统计分析，并编制《年度人力资源需求趋势预测报告》，报请上级领导审核、批准。

第14条　人力资源供给预测

1. 人力资源供给预测的主要内容包括内部人员拥有量预测和外部人力资源供给量预测。

（1）内部人员拥有量预测，即根据现在人力资源及其未来变动情况，预测出规划期内各时间点上的人员拥有量。

（2）外部人力资源供给量预测，即确定在规划期内各时间点上可以从企业外部获得的各类人员的数量。由于外部人力资源的供给存在较高的不确定性，所以外部供给量的预测应侧重于关键人员，如各类高级人员、技术骨干人员等。

2. 人力资源规划专员对公司人力资源情况进行趋势预测及分析，并且编制《年度人力资源供给趋势预测报告》，之后报上级领导审核、批准。

第15条　人力资源供需平衡决策

《年度人力资源供给趋势预测报告》及《人力资源规划供给趋势报告》经人力资源部经理审核批准后，由公司人力资源部负责组建人力资源规划供需平衡决策工作组。

1. 人力资源规划供需平衡决策工作组成员由公司高层、各职能部门负责人、人力资源部相关人员构成。

2. 人力资源规划供需平衡决策工作组的会议包括人力资源规划环境分析会、人力资源规划供需预测报告会和公司人力资源规划供需决策会。

第16条　讨论并确定人力资源各项计划

1. 公司人力资源规划供需平衡决策工作组定下工作日程后，由人力资源部指定专人完成会议决策信息整理工作，并制订年度人力资源规划书编制计划。

2. 人力资源部组织召开制定人力资源规划的专项工作会议。

第17条　编制人力资源规划书并组织实施

1. 人力资源部指派专人汇总各部门人力资源规划，列出具体项目计划，编制《公司年度人力资源规划书》，并经人力资源部经理核对、报公司各职能部门负责人审议评定后，提交公司总裁批准。

2. 人力资源部应将《公司年度人力资源规划书》作为重要文档存档，严格规范借阅程序。

第7章　人力资源规划工作评估

第18条　评估目的

人力资源规划工作评估是一个定性的评估过程，通过定期与非定期的人力资源规划工作评估，能引起公司高层领导对人力资源工作的重视，使有关政策和措施得以及时改进、落实，有利于调动员工的积极性，提高人力资源管理工作的效率。

第19条　评估标准

人力资源规划工作评估可从以下三个方面进行。

1. 管理层是否能合理控制人力资源费用，降低劳动力成本，避免过度支出。

2. 公司是否有充裕的时间引进人才。人力资源规划方案是否在公司实际雇用员工之前就已经预计或确定了各种人员需求。

3. 管理层的培训工作是否有更好的规划。

第20条　评估方法

1. 目标对照审核法，即以原定的目标为标准进行逐项审核评估。

2. 资料分析法，即广泛收集并分析研究有关数据，如管理人员、专业人员、行政人员、招商人员之间的比例关系，或在某一时期内各种人员的变动情况，如员工在离职、旷工、迟到、薪酬与福利、工伤等方面的情况。

第8章 附则

第21条 本细则的解释与组织修订由人力资源部负责。

第22条 对本细则未规定的事项，按其他有关规定实施。

第23条 本细则自颁发之日起施行。

1.2.2 人力资源规划方案

以下是某公司的人力资源规划方案，供读者参考。

一、背景

经过八年的奋力拼搏，本公司已发展成为以房地产开发为主，相关物业管理及五个不同工厂为辅的合资集团企业，业务领域涉及房地产开发、物业管理、建材加工等，累计创造利润45亿元人民币。在发展过程中，公司人力资源得到了充分的开发和利用，员工人数增长了三倍。但是，随着改革开放力度的加大，公司生存与发展的外部环境和内部条件将发生明显变化，对人才的要求将越来越高，需求也越来越紧迫，所以必须对人力资源进行科学的规划，实现人力资源的合理配置和有效开发，为公司发展战略提供强有力的支持。

二、公司战略目标及人力资源的目标规划

人力资源规划是指在明确企业发展战略的基础上，对未来所需人员的类型、数量、素质及结构提出预测、分析等动态的方法及措施。

公司未来五年的发展战略目标如下所述：

(1) 继续大力发展房地产开发业务；

(2) 扩大物业公司规模，提高管理水平；

(3) 形成良好的工业园管理模式，保持良好的经营状况。

根据公司总体战略目标的要求和未来组织结构的要求，对公司未来所需人员进行基本预测。公司未来五年人力资源的基本目标为：

(1) 由于公司业务增长速度快，公司未来约需150名工作人员，主要任职于物业管理公司；

(2) 补充公司中高层管理人员，其中高层管理人员约需20人。

三、公司现有人力资源分析

随着公司规模的飞速扩大，对于人才的需求，尤其是对中高层管理人才及物业管理人才的需求日渐强烈。这些人才的缺乏将影响公司人力资源的建设。

公司现有人力资源状况分析将从人员数量、人员素质、人员功能、人员年龄等方面进行。

1. 人员数量

目前，公司员工数量分布情况如下表所示。

公司员工数量表

员工总数	置业公司	物业公司	工业园
97人	52人	28人	17人

对比同等规模房地产公司的综合人数（公司占地60万平方米，房地产开发及物业公司的总人数为150人左右），公司人员的数量较为紧张，人员的工作量较大。

置业公司现有员工52人，可基本满足地产开发的需要，未来增补人数不多，仅在计划监督、项目策划、工程管理等方面增补少量高层管理人员即可。

2. 人员级别分布

人员级别分布如下表所示。

人员级别分布表

总人数	高层管理者	中层管理者	普通员工	技术工人
97人	6人	35人	40人	16人

由于本公司是以地产开发、管理实施为主的资金型、项目型企业，因此管理人员的数量所占比例较大，符合项目管理型企业的功能分布。

3. 人员学历分布

人员学历分布如下表所示。

人员学历分布表

总人数	本科以上	本科	专科	中学
97人	无	21人	34人	42人

在高层管理者中，具有本科学历的人员仅有3名，因此对高层管理者的专业素质要求将是未来公司人力资源应解决的主要问题之一。

4. 年龄结构分析

人员年龄结构如下表所示。

人员年龄结构表

人员总数	20~30（不含）岁	30~38（不含）岁	38~50（不含）岁	50岁以上
97人	25人	25人	41人	6人

人员年龄结构基本合理，但高层管理人员全部在38~50岁，偏向集中。公司应重视对年轻干部的培养，公司中层管理人员基本集中在30~38岁，是公司的中坚力量。

四、公司人力资源规划

公司在人力资源开发上已取得了一定成绩，初步形成了一支管理技术骨干人才队伍，并具备较显著的优势。但公司在人力资源开发与管理上取得成绩的同时，也存在诸多问题，主要有以下几个方面。

1. 人才类型需求

本公司是资金型、项目型企业，需要培养与引进较高层次的管理人才、高级技术人才。根据每个岗位的重要性不同，对每一个岗位员工的德与能的要求也不同。

（1）技术性较强的岗位对员工的能力要求较高，如工程维修、水电工程师等岗位。

（2）高层管理岗位的人员要德才兼备，除了具备较高的专业水平，还要具有良好的职业道德。

根据公司目前的组织结构分析，公司未来所需的管理岗位人才重点为公司副总裁、计划监督部部长、销售经理，公司将着重引进和培养这类人才。

2. 人才获取办法

公司获取人才的基本方法是外部招聘与内部提升并举。

（1）招聘渠道。我们应先对公司的外部招聘环境进行分析，具体内容如下表所示。

外部招聘环境分析表

有利条件	存在的问题
本地区的人才量处于全省前三位，人才供应量较大	本地区的经济并不发达，人才生存的条件不好
公司在本地区有较高的知名度，利于外部人才选聘	建立良好的人力资源体系是一项长期的工作，需要耗费大量的时间
随着公司房地产主业的不断发展，公司在本地区已具有一定的影响力	制度的重新建立要求全员共同努力，吸引外部人才的通道需要进一步完善
随着本地区经济的发展，人才的流动将进一步加快，且周边地区前来务工的人员也将逐渐增加	高级管理人员及技术人员的选聘在本地区较难实施
与外埠经济的交流正在改变人们的工作观念	

对比来看，公司较容易在本地区招聘到所需的中层管理人员及中高级技术人员，而招聘到"德才兼备"的高层管理人员目前还是一个难题，最有效的方式就是通过内部培养解决这一难题。

内部提升是指通过一系列、一定周期的有计划、有目的的培训，使人才能够满足不同岗位或更高岗位的要求。

（2）建立人才储备库。建立人才储备库是公司应对不断增加的人才需求的必要手段，其通过归口管理单位的有效管理以及一系列的方法，可以使各类人才在适当的时候接受培训并有效地提高工作技能，以发挥最大作用。

人才储备库主要是通过编制"人才储备记录卡"，总体记录公司的人员类型、教育程度及发展的趋势和方向。动态掌握工作人员在公司阶段的表现，并根据其表现判断哪些人员能够被提升或调配到其他空缺职位上。人才储备记录卡如下所示。

人才储备记录卡

姓名		部门		岗位	
年龄		婚否		进入公司时间	
教育经历					
高中					
大学					
研究生					
培训经历					
能力素质评价					
管理知识	销售技巧	企业文化	……	……	……
优秀	良好	良好			
个人技能特点					
技能类型1			证书		
技能类型2			证书		
职业发展兴趣					
备注：					

3. 人才价值的发挥

公司在近几年的高速发展中，已经形成了一定的规模，并建立了一支高效的管理团队。能够使这样一支队伍发挥出各种才能的有效措施是：建立有效的激励措施，开展不同类型、不同层级的培训。

（1）建立有效的激励措施是发挥人员积极性的制度保障。公司的薪酬待遇在本地区同行业属于较高水平，但薪酬没有进行有效分类，没有实施业绩与所得挂钩，没有有效的考核措施，员工干多干少都没关系，导致一定程度上挫伤了员工的工作积极性。因此，公司应调整薪酬体系，完善考核制度，使员工的才能得以发挥。

（2）建立不同层级的培训制度是公司当前提高人员素质、发挥人员潜力势在必行的举措。培训的目的和意义如下：

①通过培训，让员工感到被尊重与重视，从而对企业产生归属感；

②针对不同工作类别开展培训，帮助员工提高工作绩效；

③使员工明白集团的发展方向，协调各职能部门的相互关系。

由此可见，培训对提高公司高层的管理能力、员工的整体能力与素质具有重要且现实的意义。针对集团的现状，分时段、分层次、分岗位地开展培训能强化培训效果。具体办法如下所示。

公司培训办法与分类

培训办法	培训分类	培训内容
分时段培训	常规培训	针对企业全员开展的长期培训,培训内容包括管理知识、专业知识、企业文化等
	不定期培训	根据某段时间内员工的特殊需求开展的培训,如新的管理思想、销售技巧、技术水平等
分层次培训	决策层培训	针对集团高层,除了使其接受常规的专业知识、管理知识、企业文化的培训外,还会根据决策层的岗位特性加入战略分析及竞争艺术的培训内容
	监督层培训	除安排常规培训外,对监督层的培训还将加入管理技巧、目标管理法等内容,而对执行层的培训将加入销售技巧、市场营销、团队合作、优秀物业管理等内容
分岗位培训	技术岗位培训	安排模拟及实践等具有实效性的培训
	职能部门培训	通过安排听课及经验介绍等方式对职能部门员工进行培训

通过不同内容、不同形式的全员培训,可以对公司未来的经营管理起到潜移默化的帮助。同时,也会使员工的个人价值得到认同,并在工作中得到充分发挥,为企业创造更大的效益。

五、人力资源开发总体思路

1. 人力资源开发指导思想

通过优化员工队伍整体素质和配置结构,来满足公司生存和发展对人力资源的需求,同时努力使员工需要与组织需求相吻合,形成高士气与高效率的良性循环。

(1) 营造尊重知识、尊重人才,有利于优秀人才脱颖而出、健康成长的企业环境。

(2) 建立终身学习型人员培训机制,完善并稳步推进长远的整体培训计划。

(3) 建立符合实际的用人机制,实现人力资源的合理配置,做到人尽其才、才尽其用。

(4) 建立完善的工作绩效评价系统,明确并严格执行定量考核制度。

(5) 完善以能力考核和工作实绩为主的职位升迁制度。

(6) 建立安全的就业环境,增强员工的团队精神和对企业的忠诚度。

2. 公司人力资源开发目标

(1) 坚持培养与引进相结合,造就一支忠诚企业、观念新、素质高、能力强的员工队伍。

(2) 建立"干部能上能下、员工能进能出"的人力资源配置机制和"上岗靠竞争、收入凭贡献"的激励机制。

(3) 培养一支具备战略规划、组织指挥、具体实施能力的高层管理团队。

(4) 选拔培养具备实际工作能力以及丰富工作经验的中层管理团队。

(5) 培养或选聘集团高层的管理顾问、法律顾问、业务顾问、工程技术顾问各1~2名。

3. 人力资源开发政策

（1）完善用工制度

①建立公司合理的人员引进、人员使用、人员保留机制，严把人员引进关，不产生冗员，以达到提高工作效率的目的。

②建立劳动技能鉴定与考核测评相结合的能进能出的动态用工机制，促进人才合理流动。经培训仍未能竞争上岗的员工，公司可与其解除劳动合同。

③销售部门应采取机动灵活的用人制度，薪酬与业绩相挂钩，低业绩的销售人员将予以解聘。

④营造良好的企业文化氛围，以服务于公司的用人制度。

（2）建立能上能下的用人机制

①根据公司战略发展规划、组织结构的调整、员工队伍现状、人员流动趋势等进行人力资源需求及供应预测；有计划地逐步调整员工分布状况，并为人员考核、录用、培训、分配等提供可靠的信息和依据。

②根据人力资源规划，制定人才引进及人才招聘方案。公司要坚持公开、平等、竞争、择优的原则，通过各种渠道和方式选拔人才，并对招聘测试的有效性和可靠性进行评估。

③建立科学规范的人员选拔、使用、考核制度，建立并完善员工工作绩效考评系统，明确定量考核标准，根据考核的结果实施合理奖惩，并根据考核结果调整员工的薪金及职位。

④积极探索高中级管理人员及其后备人员和新进人员的职业生涯规划。

（3）完善分配制度，健全激励机制

①坚持以按劳分配为主体，多种分配形式并存的分配制度，在效率优先、兼顾公平的基础上调整分配结构，完善分配方式，形成分配与贡献相挂钩、能增能减的激励机制。

②积极探索以货币分配为基础，以保险、退休计划等福利补偿以及进修、晋升、荣誉称号等精神激励为配套的分配方案，多层次满足员工需求，激励其工作热情，提高其对企业的忠诚度。

③分配向优秀人才、关键岗位倾斜，以经营者、管理人才、营销人才为重点，实现一流人才、一流业绩、一流报酬。对于在关键岗位上对公司发展起重要作用的高级人才，应通过发放固定津贴、带薪休假及建立补充养老金或办理不同形式的保险等措施予以激励，以起到保护、巩固、稳定人才的作用。

（4）切实做好员工培训

①理论联系实际。培训工作要注重现实性、针对性、适用性，要把学习理论与工作实践、补充知识与提高能力结合起来，并根据实际情况采取灵活多样的培训方式。

②突出培训重点。在全面提高企业员工素质与技能的基础上，应重点对经理级以上的管理人员及其后备人员进行提升和适应性培训、关键操作岗位技能培训、新技术的超前培训等。

③分级分类培训。在同一规划指导下，结合公司的特点，分层次、分时段组织实施。培训内容和重点要根据培训对象的需要有针对性地确定及实施。

④培训要保证质量。送外培训和外聘培训的培训中心与培训机构要经过资格认证；要培养出一支高素质的内部兼职教师队伍，应因材施教，严格考核，注重培训的实际效果；要加强对培训效果的评估，不断改进培训工作。

⑤培训工作要贯穿到公司改革与发展的进程中，要与人力资源开发管理相适应，为推行竞争上岗制度，促进人才合理流动创造条件。经过培训仍未能竞争上岗的员工，公司可按规定与其解除劳动合同，形成员工能进能出的用人机制。

第2章 员工招聘管理

2.1 员工招聘管理流程

2.1.1 招聘计划制订流程

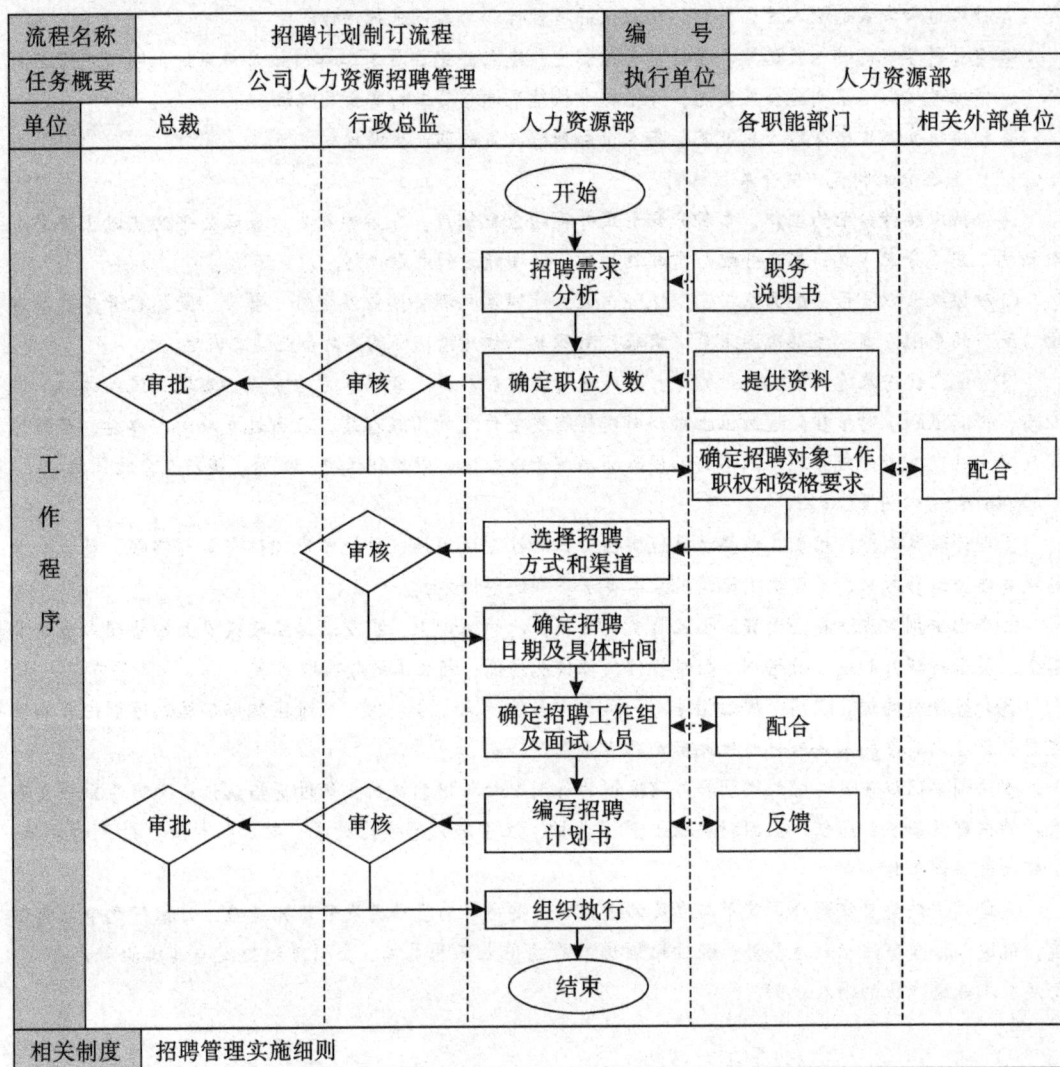

流程名称	招聘计划制订流程		编　　号	
任务概要	公司人力资源招聘管理		执行单位	人力资源部
单位	总裁	行政总监	人力资源部	各职能部门	相关外部单位

单位	总裁	行政总监	人力资源部	各职能部门	相关外部单位
工作程序			开始 → 招聘需求分析 → 确定职位人数	职务说明书　提供资料	
	审批 ←	审核 ←			
			确定招聘对象工作职权和资格要求		配合
		审核 ←	选择招聘方式和渠道		
			确定招聘日期及具体时间		
			确定招聘工作组及面试人员	配合	
	审批 ←	审核 ←	编写招聘计划书	反馈	
			组织执行 → 结束		

相关制度	招聘管理实施细则

16

2.1.2 招聘费用预算流程

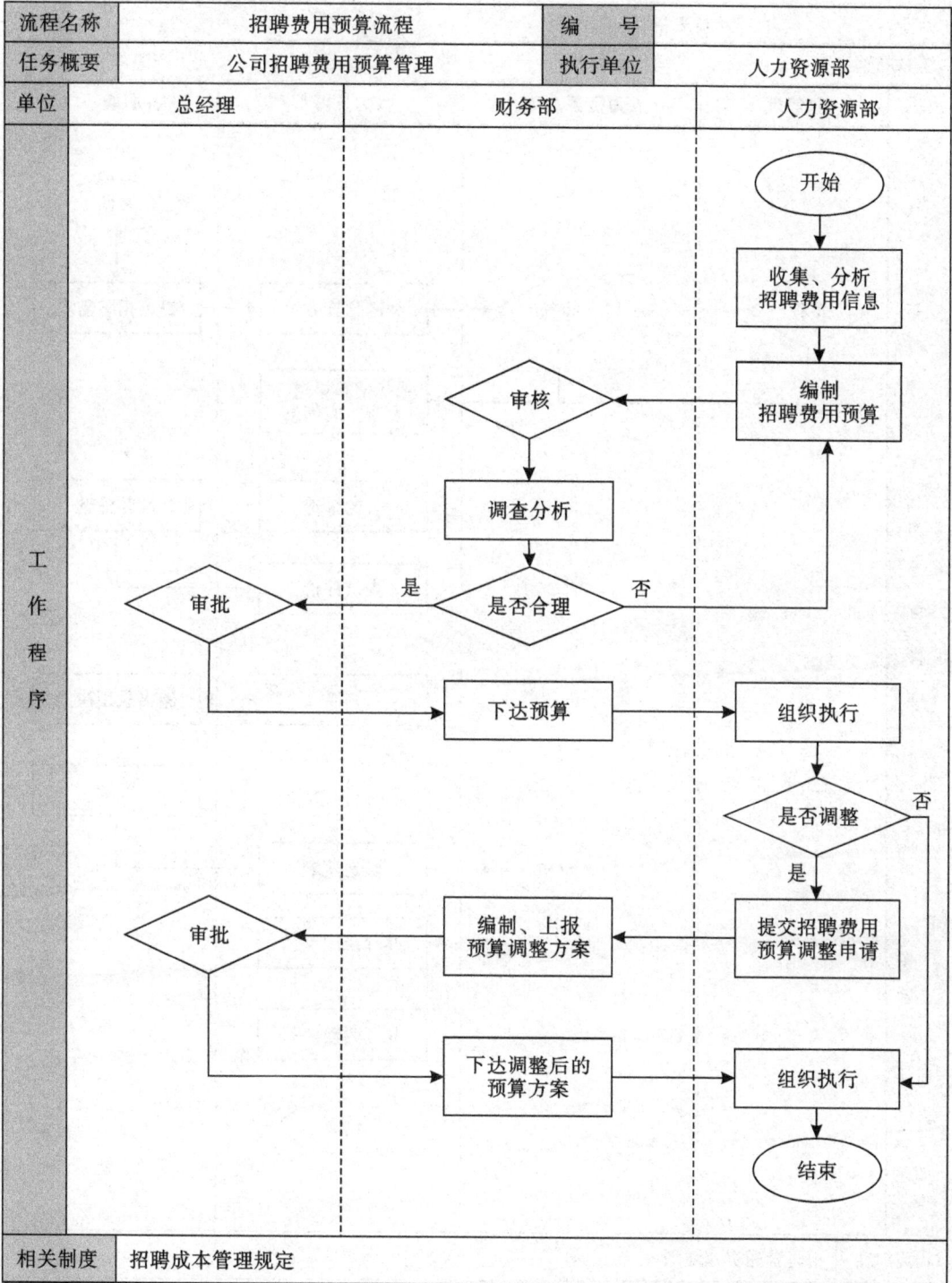

流程名称	招聘费用预算流程		编　号	
任务概要	公司招聘费用预算管理		执行单位	人力资源部
单位	总经理	财务部		人力资源部
工作程序				
相关制度	招聘成本管理规定			

工作程序部分流程图：

开始 → 收集、分析招聘费用信息 → 编制招聘费用预算 → 审核 → 调查分析 → 是否合理

是否合理（是）→ 审批 → 下达预算 → 组织执行 → 是否调整

是否合理（否）→ 编制招聘费用预算

是否调整（是）→ 提交招聘费用预算调整申请 → 编制、上报预算调整方案 → 审批 → 下达调整后的预算方案 → 组织执行 → 结束

是否调整（否）→ 组织执行

2.1.3 员工招聘执行流程

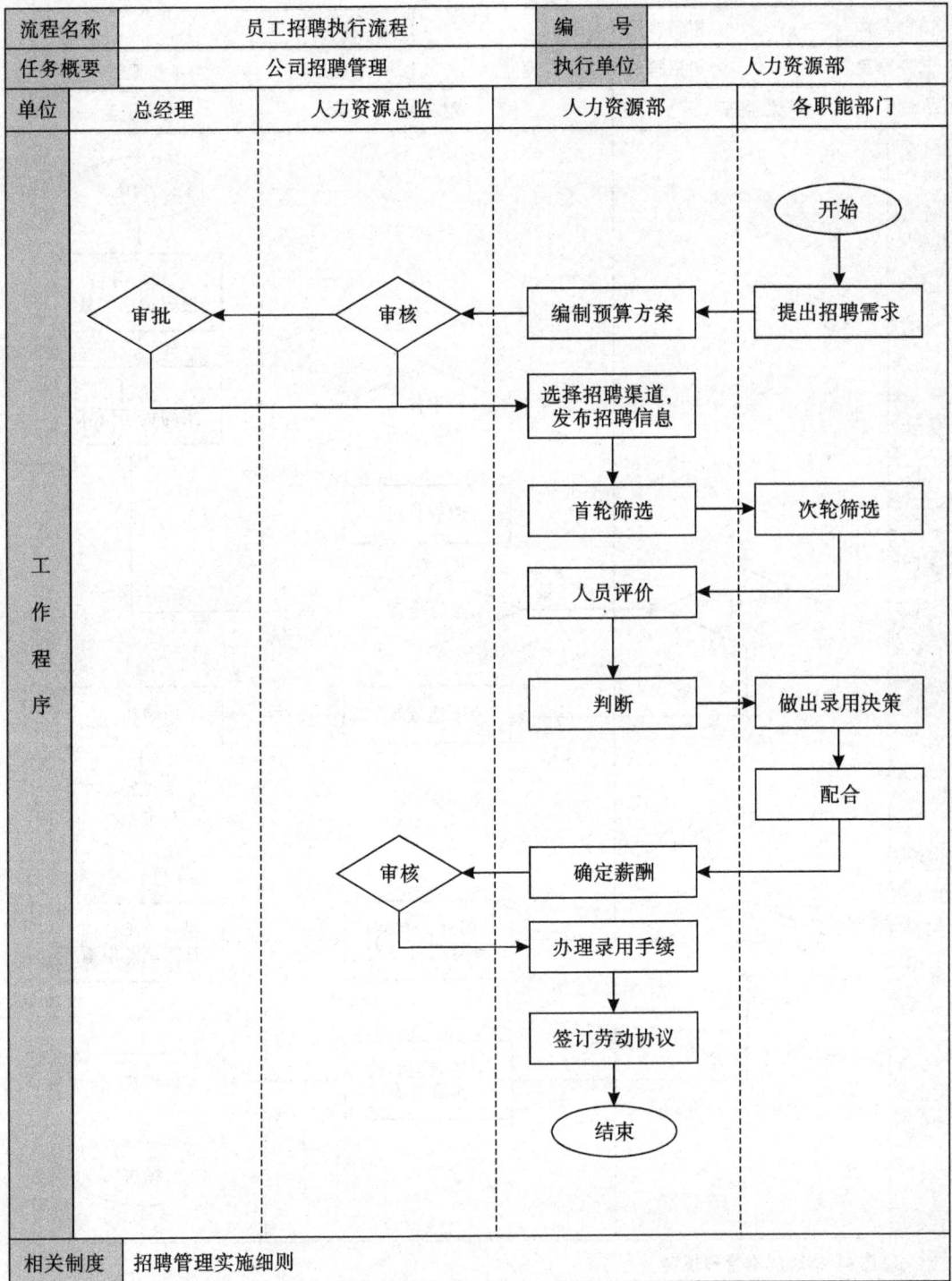

流程名称	员工招聘执行流程		编　号	
任务概要	公司招聘管理		执行单位	人力资源部
单位	总经理	人力资源总监	人力资源部	各职能部门

| 工作程序 | | | | |

流程图：

- 开始（各职能部门）
- 提出招聘需求（各职能部门）→ 编制预算方案（人力资源部）→ 审核（人力资源总监）→ 审批（总经理）
- 选择招聘渠道，发布招聘信息（人力资源部）
- 首轮筛选（人力资源部）→ 次轮筛选（各职能部门）
- 人员评价（人力资源部）
- 判断（人力资源部）→ 做出录用决策（各职能部门）
- 配合（各职能部门）
- 确定薪酬（人力资源部）→ 审核（人力资源总监）；确定薪酬 ← 配合
- 办理录用手续（人力资源部）
- 签订劳动协议（人力资源部）
- 结束（人力资源部）

相关制度	招聘管理实施细则

2.1.4 内部竞聘管理流程

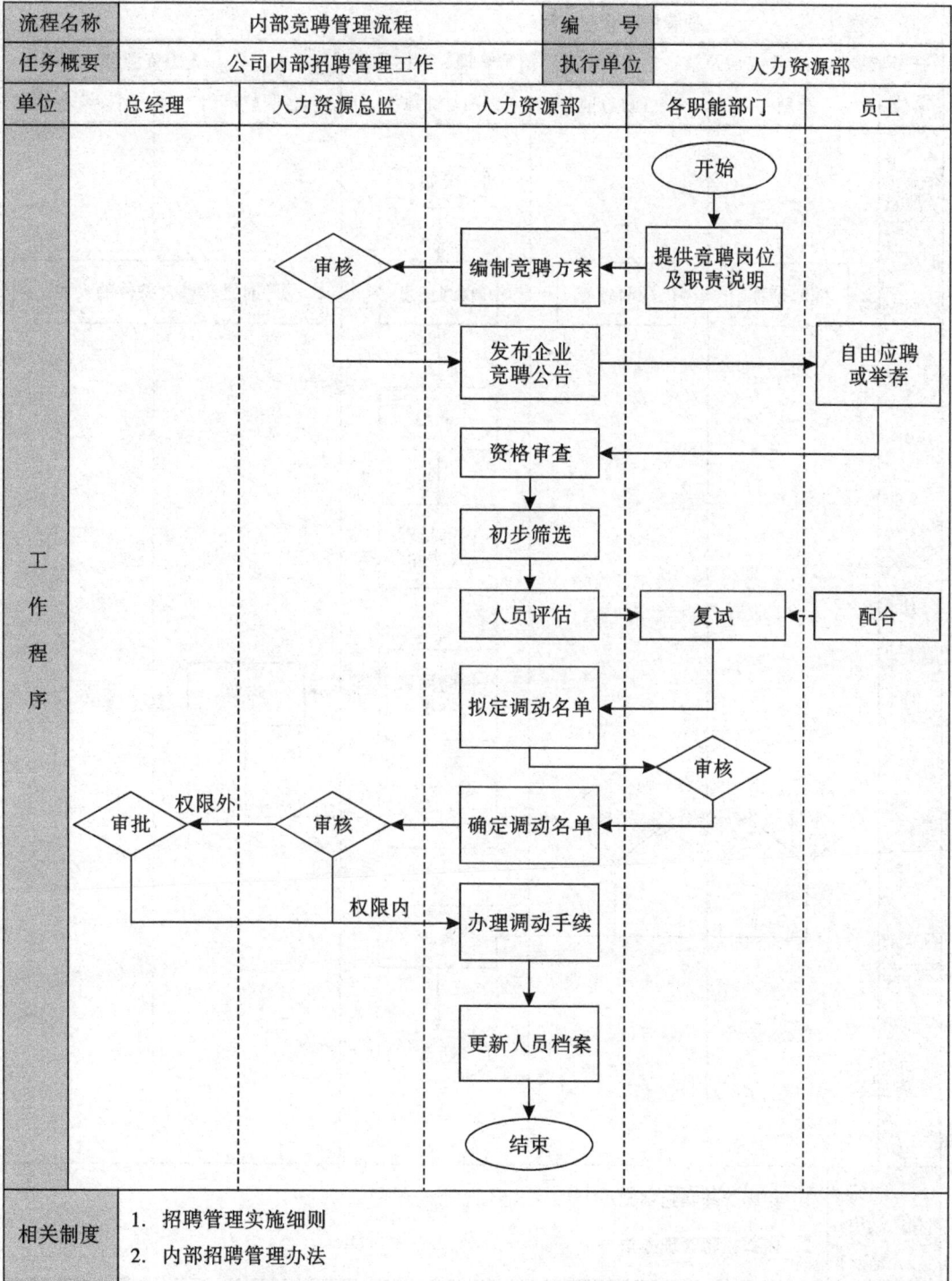

流程名称	内部竞聘管理流程		编　号	
任务概要	公司内部招聘管理工作		执行单位	人力资源部
单位	总经理	人力资源总监	人力资源部	各职能部门	员工

工作程序：

（流程图）

开始 → 提供竞聘岗位及职责说明 → 编制竞聘方案 → 审核 → 发布企业竞聘公告 → 自由应聘或举荐 → 资格审查 → 初步筛选 → 人员评估 → 复试 ← 配合 → 拟定调动名单 → 审核 → 确定调动名单 → 审核 →（权限外）审批 /（权限内）办理调动手续 → 更新人员档案 → 结束

相关制度	1. 招聘管理实施细则 2. 内部招聘管理办法

2.1.5 推荐招聘管理流程

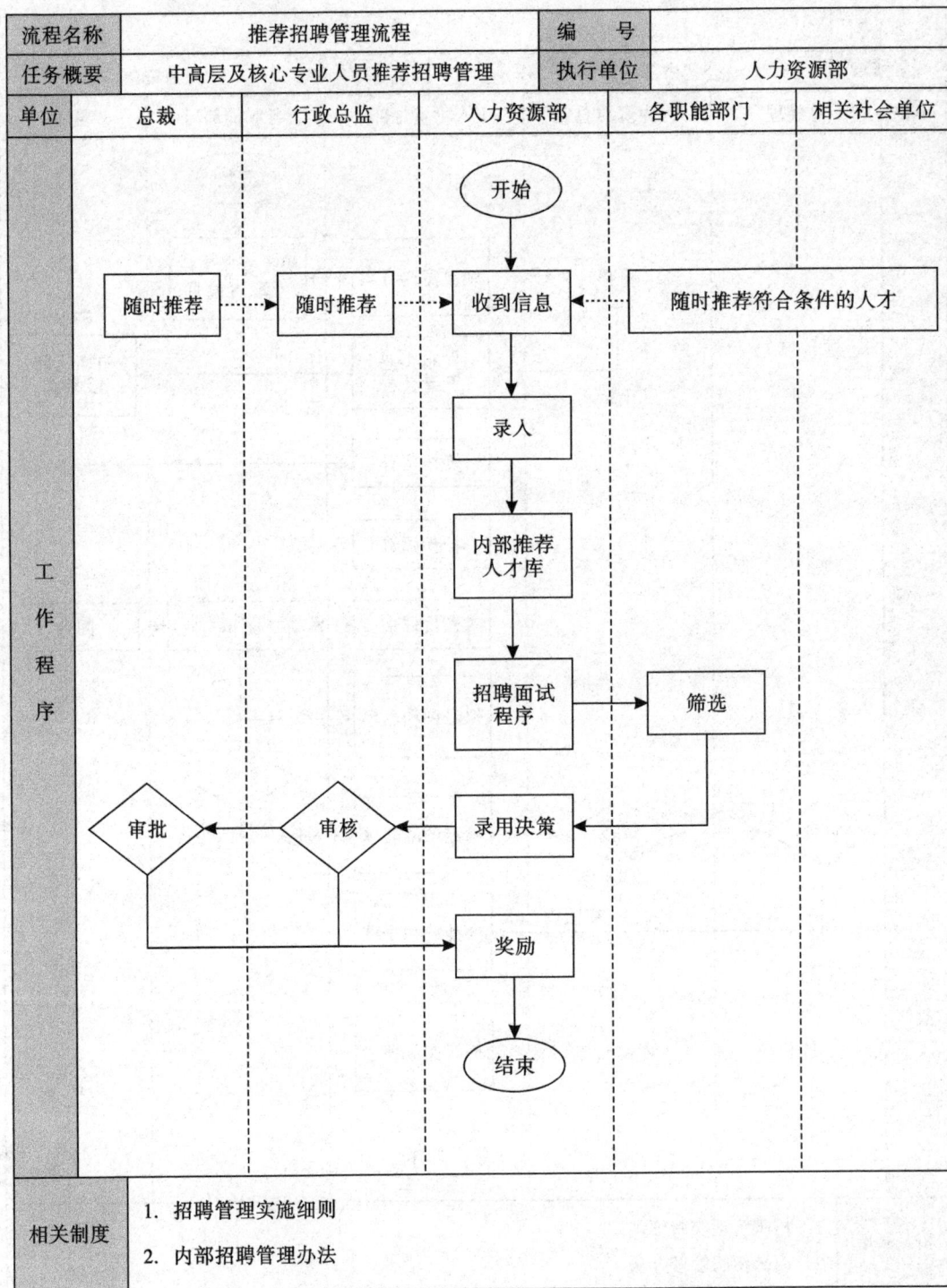

流程名称	推荐招聘管理流程		编　号	
任务概要	中高层及核心专业人员推荐招聘管理		执行单位	人力资源部
单位	总裁	行政总监	人力资源部	各职能部门	相关社会单位

工作程序

```
                                        开始
                                         ↓
随时推荐 ····> 随时推荐 ····> 收到信息 <···· 随时推荐符合条件的人才
                                         ↓
                                        录入
                                         ↓
                                     内部推荐
                                      人才库
                                         ↓
                                     招聘面试
                                      程序   ──────> 筛选

        审批 <──── 审核 <──── 录用决策 <──────
         │
         └──────────────> 奖励
                                         ↓
                                        结束
```

相关制度	1. 招聘管理实施细则
	2. 内部招聘管理办法

2.1.6 招聘外包管理流程

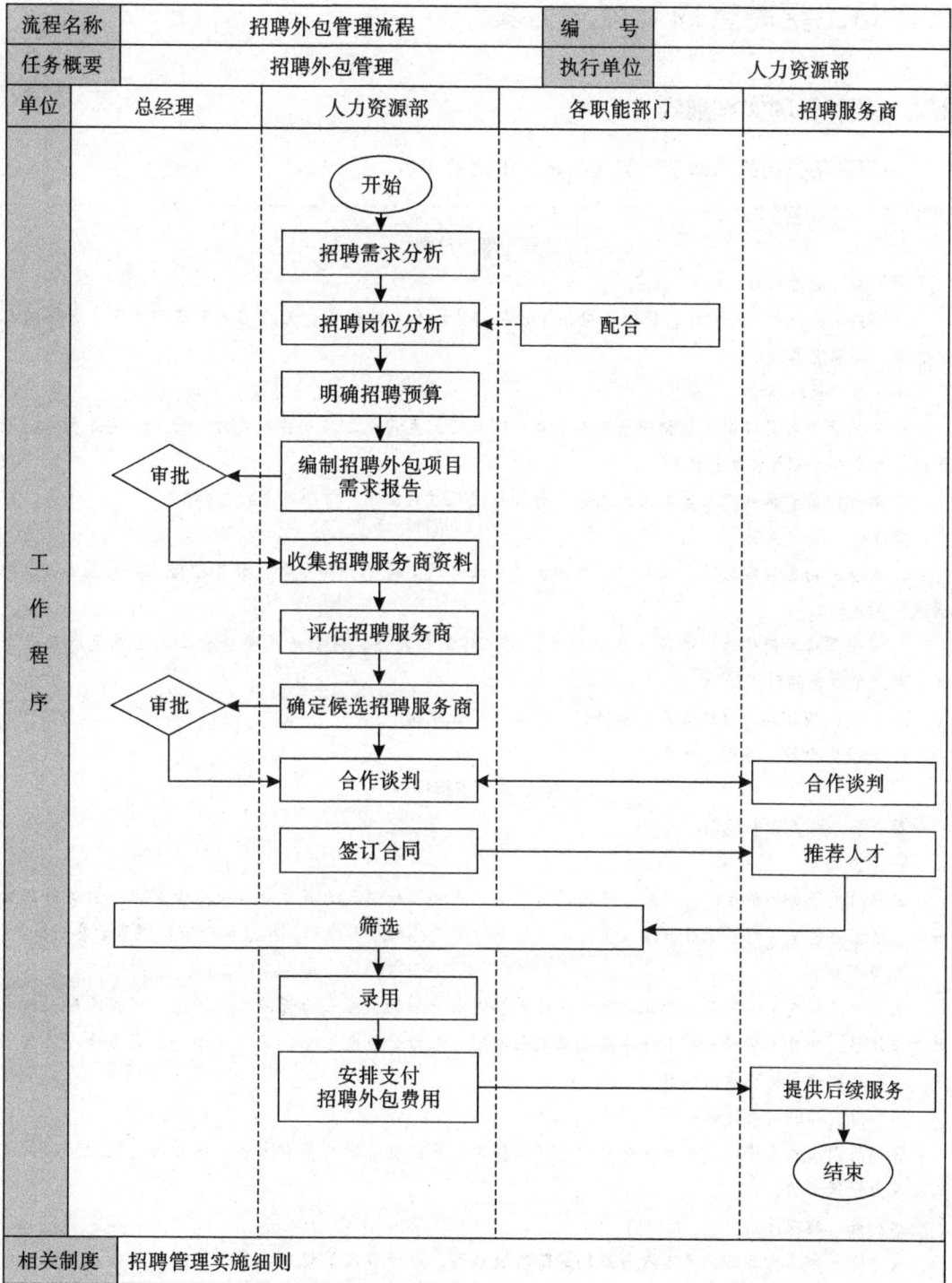

流程名称	招聘外包管理流程		编　　号	
任务概要	招聘外包管理		执行单位	人力资源部
单位	总经理	人力资源部	各职能部门	招聘服务商

<table>
<tr><td rowspan="2">工
作
程
序</td><td colspan="4">

```
                         开始
                          │
                    招聘需求分析
                          │
                    招聘岗位分析 ◄----- 配合
                          │
                    明确招聘预算
                          │
    审批 ◄──── 编制招聘外包项目需求报告
     │
     └──────► 收集招聘服务商资料
                          │
                    评估招聘服务商
                          │
    审批 ◄──── 确定候选招聘服务商
     │
     └──────► 合作谈判 ◄──────── 合作谈判
                          │
                    签订合同 ──────► 推荐人才
                          │
                    筛选 ◄────────
                          │
                    录用
                          │
           安排支付招聘外包费用 ──────► 提供后续服务
                                              │
                                            结束
```

</td></tr>
</table>

相关制度	招聘管理实施细则

21

2.2 员工招聘管理制度与方案

2.2.1 招聘管理实施细则

以下是某公司的招聘管理实施细则，供读者参考。

第1章 总则

第1条 目的

为加强人员招聘录用管理，保证公司合理的人才结构和人才储备，为公司经营提供充足、合格的人才资源，特制定本细则。

第2条 管理职责

1. 人力资源部是公司人员招聘录用的归口管理部门，负责制订及实施人员招聘计划、建立人才引进渠道、确定人才测评机制等工作。

2. 各部门负责本部门人员需求计划的拟订和试用人员的使用、管理及考核工作。

第3条 招聘原则

1. 招聘应由总经理批准，公司统一组织实施，且必须坚持"面向社会，公开招聘，择优录用，宁缺毋滥"的原则。

2. 必须严格按岗位聘用条件，在有利于公司工作的前提下，适当考虑受聘者个人的意愿和业务专长，确定受聘者的聘用岗位。

3. 必须根据定编定员的要求，坚持任人唯贤，择优录用。

4. 必须贯彻竞争原则，优胜劣汰。

第2章 招聘计划

第4条 人员需求规划

1. 年度规划

各部门应于每年年底制订下一年度人员需求计划并将其报送人力资源部。人力资源部汇总各部门的计划，根据公司全年的经营目标及人员现状拟定下一年度公司人员规划，报总经理审批同意后参照执行。

2. 季度规划

因组织工作安排和经营需要无法制订年度人员需求计划的，经人力资源部批准后，可按季度上报人员需求计划，即每个季度末报下一季度人员需求计划。人力资源部汇总各部门计划，拟定季度人员需求规划，报总经理审批同意后执行。

第5条 临时需求计划

各部门因工作需要或员工临时变动需补充人员时，应提交临时人员需求表，报公司总经理审批同意后交人力资源部执行。

第6条 招聘计划

人力资源部根据各部门年度人员规划的阶段性计划，或季度人员规划以及各部门的临时人员需求计划拟订季度人员招聘计划。

第 7 条　人员招聘计划的内容

1. 需求岗位和人数。

2. 岗位说明，包括岗位职责和要求、到岗日期、岗位级别、薪资水平等。

3. 招聘渠道和时间。

4. 招聘费用预算。

第 3 章　招聘渠道

第 8 条　招聘渠道的选择

1. 招聘会招聘：本市人才招聘会、外地人才招聘会和公司专场人才招聘会。

2. 学校招聘：委托学校选拔、学校现场招聘。

3. 委托中介招聘：猎头公司、人才市场、人才中介等。

4. 媒体招聘：报纸、网络、电视、杂志等。

5. 内部招聘：内部员工推荐、内部人员自荐、内部提拔等。

第 9 条　员工举荐

公司欢迎各部门员工举贤荐能，有亲戚关系的应先向人力资源部说明，报总经理办公会讨论决定。凡引荐亲戚而不报备者，一律予以辞退，并追究相关人员的责任。

第 10 条　招聘渠道的开发及维护

人力资源部负责开发及维护招聘渠道，在招聘过程中尽量节约成本，注重建立和维持公司形象，增强招聘的效果。

第 4 章　人员选拔

第 11 条　普通员工

不同类别或级别的职位采用不同的招聘程序。

1. 人员资料的收集

由人力资源部组织，通过招聘渠道收集应聘人员资料。应聘人员资料包括个人简历、各种证书复印件和近期照片等。

2. 资格初审

由人力资源部负责，审查应聘人员的工作经历和各种证件、居住地点等是否符合应聘岗位的要求。

3. 人力资源部面试

面试工作由人力资源部组织和安排，要求应聘人员填写"员工应聘登记表"，同时全面了解应聘人员的工作、学习经历，家庭情况，性格倾向，个人职业意愿等，并做好详细的面试记录，填写"人员面试记录表"。

4. 综合素质测试

（1）笔试：由人力资源部和用人部门共同设计，内容涉及逻辑推理、性格测试、专业理论知识等。应聘者应在一定时限内单独完成。

（2）实际操作：主要针对专业技术人员。由人力资源部和用人部门共同组织，根据不同岗位安排不同的实作题，进行现场实际操作测试和评估。

5. 用人部门复试

通过面试和综合素质测试的人员，由用人部门进行复试，全面考查应聘人员的专业技能，以确定是否录用。

6. 资格复审

根据用人部门的复试意见，人力资源部对已决定试用的人员再次进行资格审查。

（1）查验应聘人员所提供的学历、资历等证件的真实性。

（2）对存有疑点的事项，必要时需进行背景调查。

7. 体检

对决定录用且资格复审合格的人员，由人力资源部安排在指定的医院进行招工体检，特殊岗位须办理健康证。

第12条　中层干部

1. 人员资料收集

由人力资源部组织，通过招聘渠道收集应聘人员资料，包括个人简历、各种证书复印件和近期照片等。

2. 资格初审

由人力资源部负责，审查应聘人员的工作经历和各种证件、居住地点等是否符合应聘岗位的要求。

3. 人力资源部面试

由人力资源部组织和安排，全面了解应聘人员的工作、学习经历，家庭情况，性格倾向，个人职业意愿等，并做好详细的面试记录，填写"人员面试记录表"。

4. 用人部门分管领导面试

一般采用面谈形式，考核内容由分管领导把握，可安排人力资源部相关人员做好面试记录。

5. 综合素质测试

（1）情景模拟：由人力资源部组织，邀请公司领导和其他中层干部参加，利用模拟工作环境的方式测试应聘者的工作技巧等。

（2）现场答辩：由人力资源部组织，邀请公司领导参加，利用提问的方式测试应聘者的应变及口头表达能力等。

（3）心理测试：由人力资源部组织，利用专业的心理特质测量表测量应聘者的心理素质和性格特征等。

6. 总经理复试

一般采用面谈形式，考核内容由总经理把握，可安排人力资源部相关人员做好面试记录。

7. 资格复审

根据用人部门的复试意见，人力资源部应对已决定试用的人员再次进行资格审查。

（1）查验应聘人员所提供的学历、资历等证件的真实性。

（2）对存有疑点的事项，必要时需进行背景调查。

8. 体检

对决定录用、资格复审合格的人员，由人力资源部安排在指定的医院进行招工体检，特殊岗位须办理健康证。

第13条　测试要求

1. 以上所有测试，相关部门和人员都应做好记录并签署意见。

2. 以上测试程序不适用于后勤保障部门招用清洁工、驾驶员、环卫工人、修理工、食堂工作人员等职位。

第 5 章　人 员 录 用

第 14 条　资信调查与体检合格后，人力资源部发放"录用通知书"。

第 15 条　人力资源部定期跟踪录用人员在规定时间内到公司人力资源部办理报到手续，同时提前向公司内相关部门发送"新员工入职通知书"。

第 16 条　新员工入职须按新员工入职程序办理，各部门应切实履行职责，给新员工更多的关心与指导。

1. 从社会上正式聘用的新员工，凭"录用通知书"到人力资源部报到。到职当日应提供上一份工作的离职证明（或失业证），并签订《劳动合同》与《保密协议》。离职证明和失业证均不能提供者，经公司领导同意，给予一个月的宽限期，一个月内未提供证明并且未签订《劳动合同》与《保密协议》的，不予正式录用。

2. 从校园引进的应届毕业生，应提前到公司实习，实习期间享受一定待遇，并签订实习协议，实习期内表现优秀者可签订就业协议。学生毕业且正式报到后可签订《劳动合同》与《保密协议》。

3. 其他兼职员工签订兼职聘用协议。

4. 非本地户籍的销售或工程岗位新员工，签订劳动合同前，需提供担保人：公司本部招聘，需请一位有稳定职业的本市户籍人士作担保；异地招聘，需请一位有稳定职业的当地户籍人士作担保。

第 17 条　劳动合同由《劳动合同》及附件（各项协议书和公司规章制度）组成，关于劳动合同的具体期限，可根据公司业务需要及岗位性质由公司和员工双方协商确定。确定原则如下：

1. 研发类岗位，劳动合同有效期为三年，试用期 3~6 个月；

2. 管理类岗位，劳动合同有效期为三年，试用期 3~6 个月；

3. 市场销售、工程类岗位，劳动合同有效期为两年，试用期两个月；

4. 生产、服务类岗位，劳动合同有效期为 1~2 年，试用期 1~2 个月；

5. 以上试用期均包括在劳动合同期内，新员工试用期满前，公司组织转正答辩考核，员工须通过考核才能转正。

第 18 条　为帮助新员工适应公司文化、胜任岗位职责，公司应组织新员工参加试用期的入职培训：参加由人力资源部及部门组织的新员工入职系列培训，主要了解公司经营理念、公司产品、公司文化、公司基本制度及本岗位职责和业务知识等；新员工参加培训的情况纳入新员工转正答辩考核项目。

第 6 章　附　　则

第 19 条　本细则由人力资源部负责解释、补充。

第 20 条　本细则交总经理办公会讨论通过、经总经理批准后颁布执行。

2.2.2　内部竞聘管理办法

以下是某公司的内部竞聘管理办法，供读者参考。

第 1 条　目的

为规范本公司内部竞聘流程，健全公司人才选用机制，满足公司各部门、各岗位的人才需求，特制定本办法。

第 2 条　原则

1. 公司管理岗位有空缺时，优先采取内部竞聘方式进行选拔，在内部无适当人选的情况下，方可考虑外部招聘。

2. 除特殊情况外，内部人员选拔一律采取竞聘方式。

第3条　适用范围

本办法适用于公司内部员工的竞聘管理。

第4条　组织管理

1. 人力资源部作为内部竞聘的主办单位，全面负责公司内部人力资源招聘工作。

2. 部门经理以下职位人员的竞聘工作，由人力资源部组织实施。部门经理及以上职位人员的竞聘工作，由总经理直接领导，人力资源部具体执行。

第5条　竞聘时间

1. 年度竞聘于每年年末进行，具体时间另行通知。

2. 部门人员增编、缺编时，竞聘时间视需要而定。

第6条　竞聘流程

1. 人力资源部根据招聘岗位的职务说明书，拟定内部竞聘公告，经领导核准后公开向集团内部发布公告。

2. 公司内部所有员工（晋升或竞聘录取不满一年员工除外）在征求直属上级领导同意后，均有资格向人力资源部报名申请。

3. 人力资源部要先对报名人员进行初步资格审查，剔除不合格人员。

4. 人力资源部通过笔试、面试、业务技能测试等多种方式，对竞聘人员进行综合考核，拟定录取人员名单，提交总经理审批。

5. 竞聘成功的员工应在一周之内做好移交工作，并到人力资源部办理调动手续，在规定时间内到新的部门报到。

第7条　其他

1. 本办法的拟定和修改工作由公司人力资源部负责，报总经理审批通过后执行。

2. 本办法的最终解释权归公司人力资源部所有。

2.2.3 内部招聘公告范例

以下是某公司的内部招聘公告，供读者参考。

某公司内部招聘公告

编号：_____

公告日期：____年__月__日　　　　　　　　　　　　结束日期：____年__月__日

在_____部门中有一全日制岗位_____，职系为_____。此岗位不对公司外部候选人开放。

一、薪金支付水平

最低：_____　最高：_____

二、岗位职责

（参见所附职务说明书）（略）

三、所要求的技术或能力

……

（候选人必须具备此岗位所要求的所有技术和能力，否则不予考虑）

四、在曾任职的工作岗位上取得的良好工作业绩

1. 了解自己所从事的工作及其与整个企业的使命、战略、业务目标是怎样配合的。

2. 有能力完整、准确地完成任务。

3. 能够通过创新来改善产品和服务的质量。

4. 能够跟上专业技术进步的步伐。

5. 能进行有效的沟通，同他人合作共事。

6. 有较强的组织能力和领导能力（如果该岗位属管理岗位）。

五、可优先考虑的技术和能力

……

（这些技术和能力将使候选人更具有竞争力）

六、申请程序

1. 到人力资源部领取内部工作申请表和履历表。

2. ____年__月__日前将填好的内部工作申请表连同截止到目前的履历表一同交至人力资源部。

3. 对于所有的申请人，人力资源部和该空缺岗位的部门经理将根据上述资格要求进行初步筛选。

4. 测试小组将对初选合格的申请人进行必要的测试。

5. 内部招聘结果将在____年__月__日前公布。

公司人力资源部（签章）

____年__月__日

2.2.4 招聘费用预算方案

以下是某公司的招聘费用预算方案，供读者参考。

公司计划招聘储备干部30名、技术人员10名。整个招聘工作所有的费用预算如下所述。

一、招聘准备阶段费用预算

招聘准备阶段，公司所支出的费用如下表所示。

招聘准备阶段费用预算表

单位：元

时间	工作内容	成本
	1. 会议讨论	800
	2. 材料制作	1 200
	3. 广告费	500
11月20日—11月21日	4. 校园宣讲	1 800
11月22日—11月23日	5. 参加招聘会	1 500
	6. 办公费用（主要指水电等的开支）	200
合计		6 000

注：第1项费用的计算公式＝工作人员的小时工资×工作时间。

第5项费用包括工作人员的劳务费和参展费。

二、招聘实施阶段费用预算

招聘实施阶段招聘费用的支出预算如下表所示。

招聘实施阶段费用预算表

工作流程	参与者	时间（小时）	小时工资（元）
1. 筛选简历，确定面试人选	招聘专员1名	3	10
	招聘经理1名	1	20
2. 面试准备	人事助理1名	1	10
	招聘经理1名	1	20
3. 通知面试	人事助理	5	10
4. 参加笔试	招聘专员1名	2	10
5. 评卷	人资工作人员	7	10
6. 第一轮面试	招聘专员	90	10
	人事经理	90	20
7. 第二轮面试	人事经理	45	20
	部门经理	45	30
8. 第三轮面试	部门经理	7.5	30
9. 做出录用决策并通知被录用者	人事助理	2	10

三、录用阶段费用支出预算

公司为校园招聘的30名储备管理人员支付面试交通补助300元。

四、安置阶段费用支出预算

公司为新员工配置的办公设备费用为1 000元，入职培训费用支出1 500元，行政管理费用2 000元，即安置成本共计4 500元。

综合上述各项费用，招聘支出费用的总预算为：

总预算＝招聘准备费用预算＋招聘实施费用预算＋录用费用支出预算＋安置费用支出预算

＝6 000＋4 605＋300＋4 500

＝15 405（元）

第3章 员工面试与甄选

3.1 员工面试与甄选流程

3.1.1 面试题目设计流程

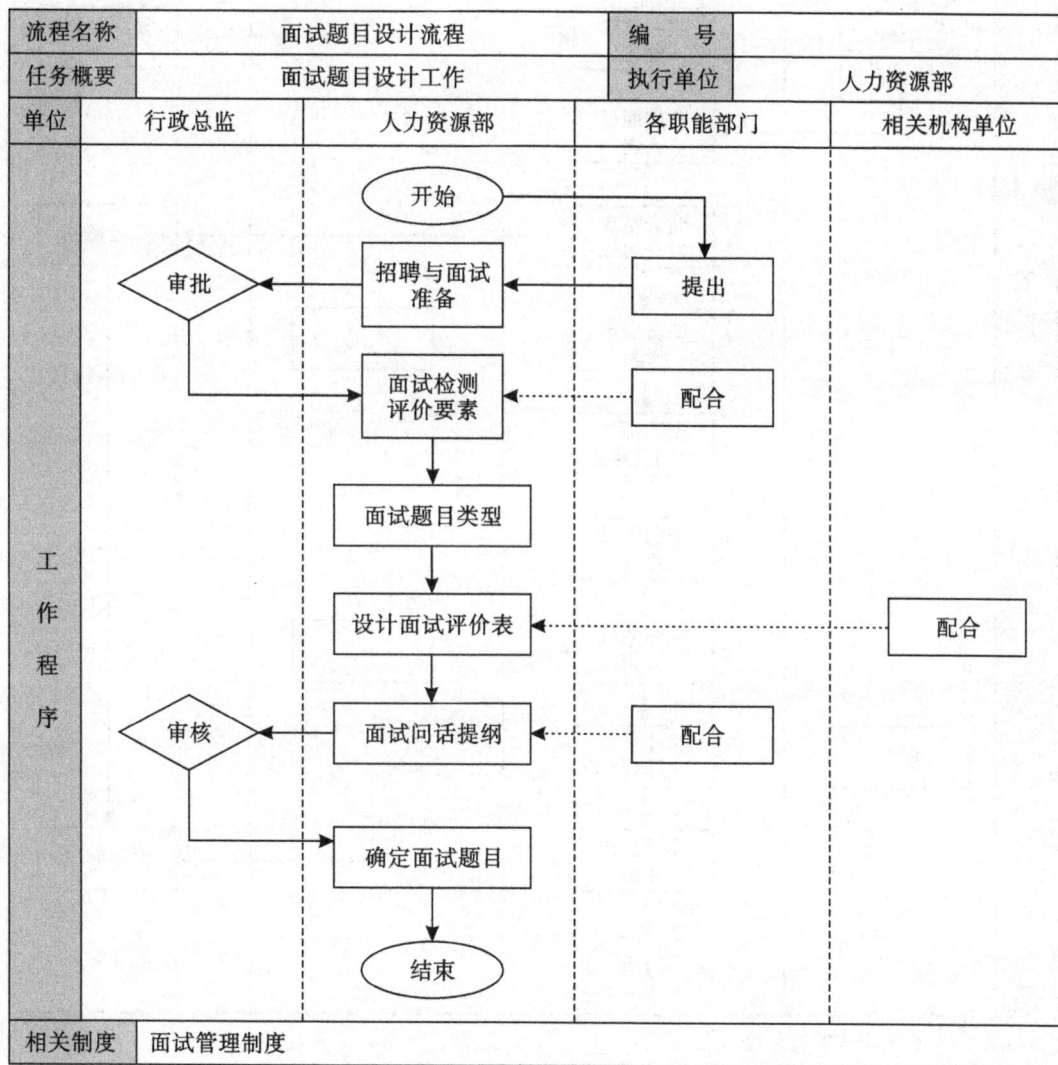

流程名称	面试题目设计流程		编　号	
任务概要	面试题目设计工作		执行单位	人力资源部
单位	行政总监	人力资源部	各职能部门	相关机构单位
工作程序				
相关制度	面试管理制度			

工作程序栏流程图：

开始 → 提出（各职能部门）

招聘与面试准备（人力资源部）→ 审批（行政总监）

审批 → 面试检测评价要素（人力资源部）←--- 配合（各职能部门）

面试检测评价要素 → 面试题目类型（人力资源部）

面试题目类型 → 设计面试评价表（人力资源部）←--- 配合（相关机构单位）

设计面试评价表 → 面试问话提纲（人力资源部）←--- 配合（各职能部门）

面试问话提纲 → 审核（行政总监）

审核 → 确定面试题目（人力资源部）

确定面试题目 → 结束

3.1.2 面试准备管理流程

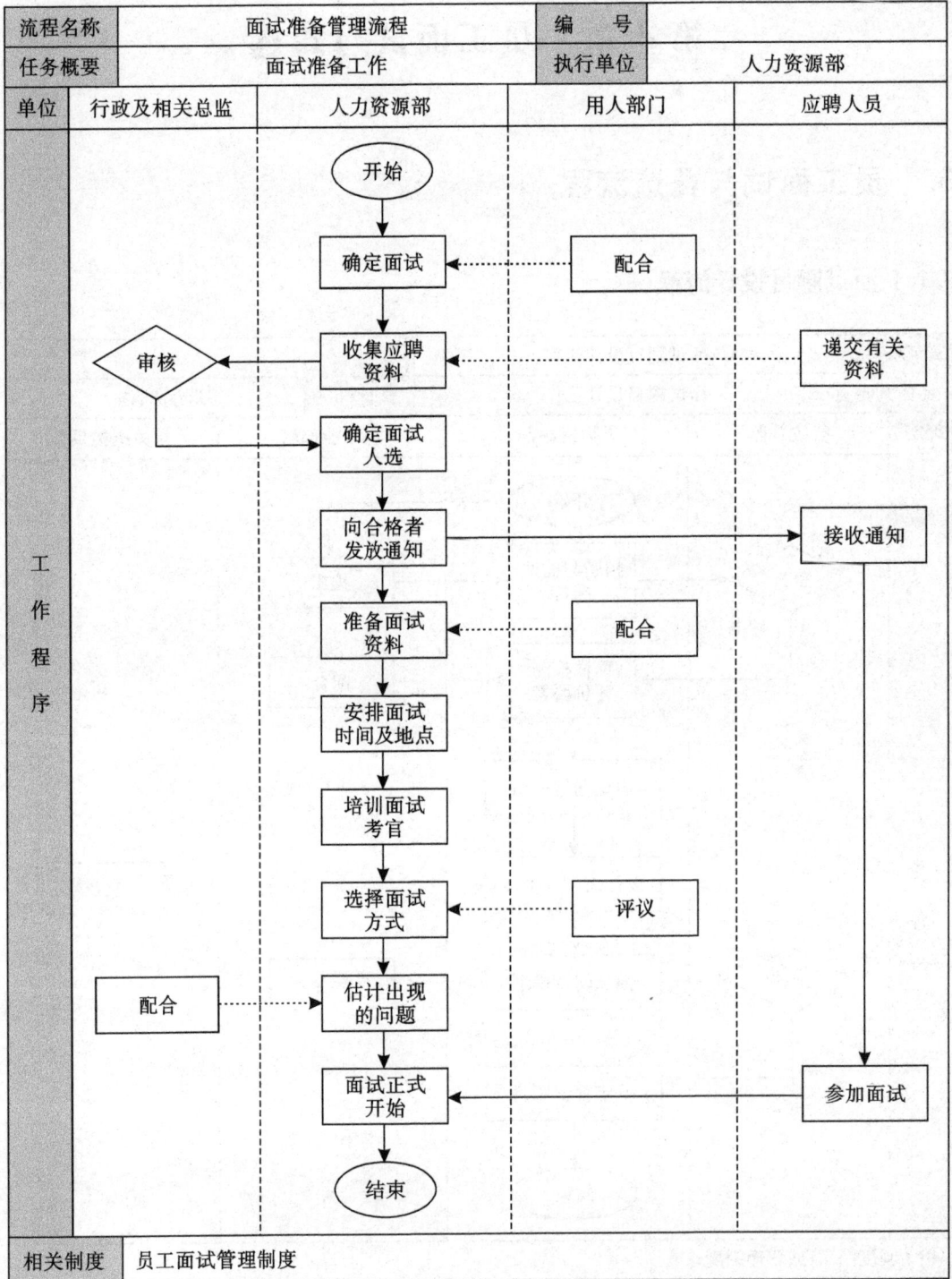

流程名称	面试准备管理流程		编 号	
任务概要	面试准备工作		执行单位	人力资源部
单位	行政及相关总监	人力资源部	用人部门	应聘人员
工作程序		开始 → 确定面试 ← 配合		

（流程图）

工作程序栏：

- 开始
- 确定面试 ← 配合（用人部门）
- 收集应聘资料 → 审核（行政及相关总监）；← 递交有关资料（应聘人员）
- 审核 → 确定面试人选
- 确定面试人选
- 向合格者发放通知 → 接收通知（应聘人员）
- 准备面试资料 ← 配合（用人部门）
- 安排面试时间及地点
- 培训面试考官
- 选择面试方式 ← 评议（用人部门）
- 估计出现的问题 ← 配合（行政及相关总监）
- 面试正式开始 ← 参加面试（应聘人员）
- 结束

相关制度	员工面试管理制度

3.1.3 面试甄选管理流程

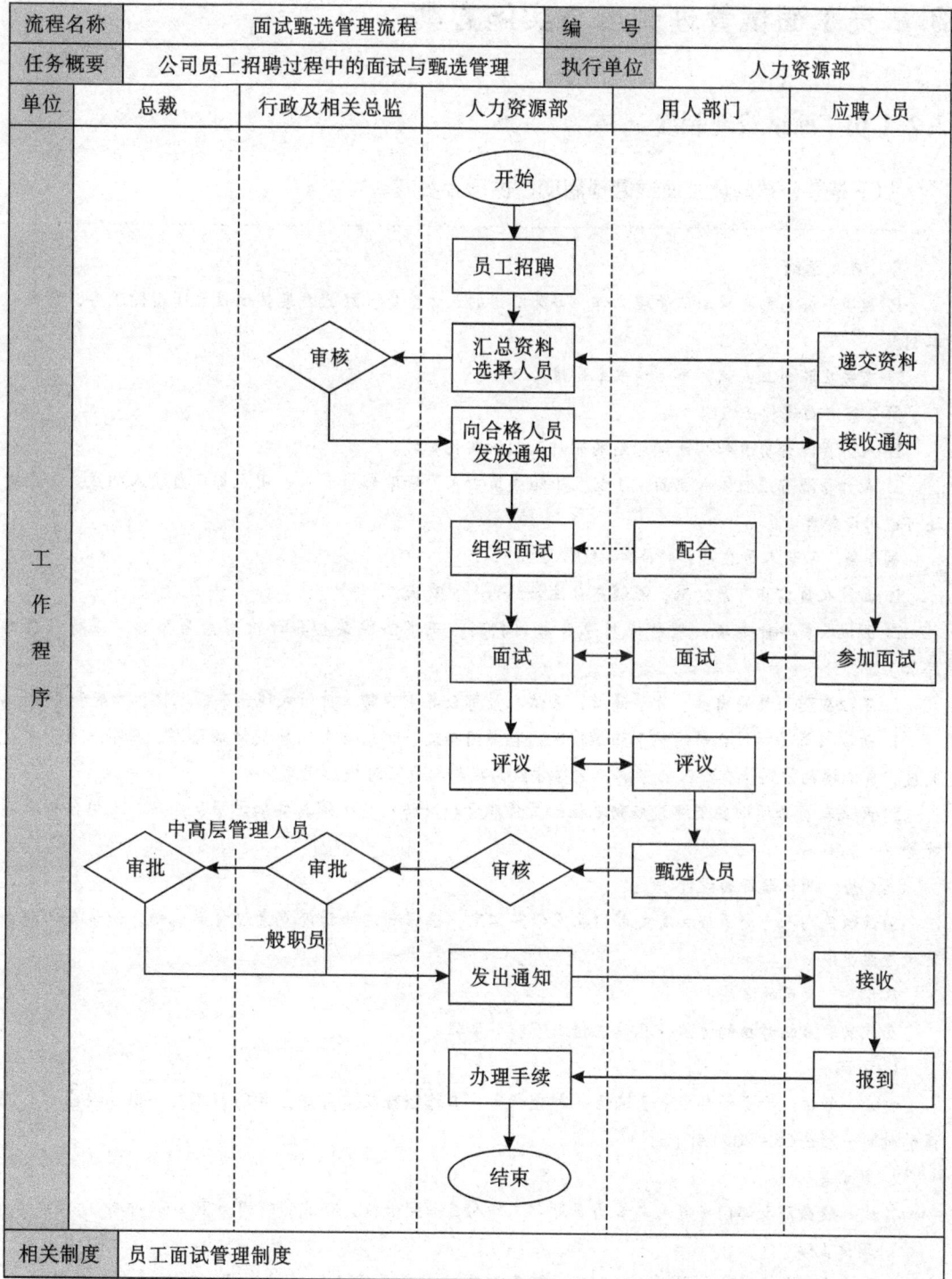

流程名称	面试甄选管理流程		编　号	
任务概要	公司员工招聘过程中的面试与甄选管理		执行单位	人力资源部
单位	总裁	行政及相关总监	人力资源部	用人部门	应聘人员
工作程序					
相关制度	员工面试管理制度				

工作程序流程图：

开始 → 员工招聘 → 汇总资料选择人员（→审核，递交资料）→ 向合格人员发放通知（接收通知）→ 组织面试（←配合）→ 面试（←面试←参加面试）→ 评议（←评议）→ 审核 ← 甄选人员；审批（中高层管理人员→审批；一般职员）→ 发出通知 → 接收 → 办理手续 ← 报到 → 结束

3.2 员工面试管理制度与实施方案

3.2.1 员工面试管理制度

以下是某公司的员工面试管理制度，供读者参考。

第1条 总则

1. 为规范公司的招聘面试管理工作，并为公司的人才储备、经营发展提供最大限度的服务，特制定本制度。

2. 有关应聘员工面试的事项均依本制度办理。

第2条 面试责任组织

1. 人力资源部负责招聘面试计划的制订及组织实施工作。

2. 人力资源部应组织成立面试小组，小组成员由人力资源部负责人、用人部门负责人组成，必要时还可以聘请外部专家。

第3条 面试人员应具备的条件

1. 面试人员需具有亲切感，能够充分地与应聘人员交流。

2. 面试人员要能客观、理智地对事务做出判断，绝不能因某些非评价因素而影响对应聘人员的评价。

3. 不论应聘人员的出身、背景高低，面试人员都应尊重应聘人员所表现出来的人格、才能和品质。

4. 面试人员必须对公司的整个组织情况，各部门功能，部门与部门间的协调情形，人事政策，薪资制度，员工福利政策等有深入的了解，这样才能向应聘人员及时提出问题。

5. 面试人员必须彻底了解该应聘职位的工作职责和应聘人员必须具备的学历、经历、人格条件及才能等。

第4条 面试题目的设计

面试题目由人力资源部和有关部门共同研究拟定，根据确定的测评要素设计面试题，面试题的难易程度应该适中。

第5条 面试的方法

面试采取多轮考核的方法，具体包括以下四个步骤。

1. 初试

初试一般由人力资源部负责，淘汰一部分学历、工作经验及工作能力等明显不符合岗位要求者，测试的时间一般为15~20分钟。

2. 复试

复试一般由用人部门负责人与人力资源部工作人员一同进行，测试的时间为20~60分钟。

3. 集体面试

集体面试的面试考官一般为3~5人，主要是针对中高层管理人员的选拔，测试的时间为45~90

分钟。

4. 评价中心

若有必要，还可以采用评价中心的方法对应试者进行测试。这种方法也主要是针对中高层管理人员的选拔，测试时间一般较长。

第 6 条 面试的地点及记录

1. 面试地点最好为单独的房间，房间只有面试人员与应聘人员，最好不要装电话，以免面试受到电话的干扰。

2. 进行面试时，必须准备面试表格。通常，初试表格最好是设计为对勾的方式。在评定式面试中，最好用开放式表格，把该应聘人员所说的内容及时记录下来。

第 7 条 面试的技巧

1. 发问的技巧

面试人员要善于发问，问的问题必须恰当。

2. 学会听

面试人员一定要学会听的艺术，想办法从与应聘人员的谈话中找出所需要的信息。

3. 学会沉默

当问完一个问题时，面试人员应学会沉默，看应聘者的反应，不要急于解释问题，以此观察应聘人员的应对能力。在这一过程中，应聘人员通常会补充几句，而那几句话往往是最重要的，也是其最想说的。

第 8 条 从面试中获得的资料

1. 家庭背景

家庭背景资料包括应聘人员的家庭教育情形、父母的职业以及父母的期望等。

2. 学校教育

应聘人员就读的学校、科系、成绩、参加过的活动，与老师的关系，在校获得的奖励等。

3. 工作经历

面试人员应了解应聘人员的工作经历，包括基本工作情况、薪酬状况、职位升迁状况以及其变换工作的原因，以此判断应聘人员的责任心、工作主动性、思考力、理智状况等。

4. 特殊的工作经历与成就

了解应聘人员以往有哪些特殊的工作经历与工作成就。

第 9 条 人才评价的内容

1. 个人的特性

应聘人员的特性包括其体格、举止、穿着、语调、坐和走路的姿势，以及应聘人员是否积极主动、为人是否随和，行动能力如何，个性内向还是外向等。

2. 与人相处的特性

从应聘人员的结交情况来了解其与人相处的情形，包括应聘人员的兴趣爱好、喜欢的社团以及所结交的朋友等。

3. 个人的抱负

个人抱负包括应聘人员的理想抱负、人生的目标及发展的潜力、可塑性等。

4. 对事业的忠诚度

通过与应聘人员交谈其过去主管、部门、同事以及从事的职业，判断应聘人员对事业的忠诚度。

5. 应付困难的能力

应聘人员过去是否经常逃避所面对的困难或障碍，是否能够当机立断解决问题。

6. 应聘人员自主能力

观察应聘人员对父母的依赖程度，以此判断其自主能力。

7. 与同事相处的能力

应聘人员是否一直在抱怨过去的同事、朋友、公司以及其他各种社团。

8. 领导能力

在招聘管理者时，要特别注意应聘人员的领导能力。

第 10 条　其他

本制度由人力资源部负责解释。

3.2.2 员工面试实施方案

以下是某公司的员工面试实施方案，供读者参考。

一、背景

某公司是集设计、生产、销售为一体的大型民营企业。其生产的产品已占有一定的市场份额，为了加速企业的发展，树立起自己的品牌，公司决定面向社会招聘一名市场总监。

二、面试责任组织

为了更科学、客观、准确地确定市场的岗位任职资格条件，建议聘请一位外部市场营销专家，使其与公司内部人员共同组建一个面试小组。面试小组成员名单如下：

副总经理（不参加初试）、人力资源部经理、招聘主管、招聘专员、外协专家（初步拟定）。

三、人员筛选比例

初试 35 人——复式 15 人——录用 1 人。

四、岗位资格条件

根据公司的发展战略及该岗位的具体要求，市场总监一职的任职资格条件如下表所示。

岗位任职资格条件一览表

所受教育	1. 最佳学历	硕士及以上
	2. 最低学历	本科
	3. 专业要求	市场营销、企业管理、市场策划、项目管理等相关专业
	4. 外语要求	英语听说读写熟练
	5. 计算机水平	熟练使用各种办公软件
业务知识	1. 市场分析	根据国家相关政策和行业发展特征确定企业产品的发展方向
	2. 产品管理	了解本企业产品的特性、品牌建立和维护等
	3. 价格管理	根据竞争对手、替代产品的价格信息，管理企业产品的市场价格
工作经验	五年以上大型企业相关工作经验	

（续）

	能力	能力标准
能力和素质 要求	1. 领导能力	能够通过激励、授权等方式领导下属
	2. 计划执行能力	能够制订可行的计划方案并付诸实施
	3. 判断和决策能力	对市场有一定的敏感度并能及时做出准确判断和决策
	4. 目标管理能力	能够制定明确的目标，并可将总目标细分为多个目标，从整体上把控、纠正偏差
	5. 开拓能力	能够积极开拓市场、发现潜在商机
	6. 客户服务意识	能够认识到客户的价值和重要性，并能灵活运用多种技巧解决客户所提出的问题，为客户提供满意的服务
	7. 沟通能力	能够与客户、媒体及其他相关部门进行充分的沟通和协调
个性特征	1. 影响力	具有较强的影响和改变他人心理与行为的能力
	2. 富有激情	能够调动下属的工作热情

五、面试考核方式

招聘小组应根据岗位任职资格的特点制定考核方式及内容，具体如下所示。

面试考核方式及内容

考核方式	考核内容
初试	主要考查应试者的基本素质，如分析判断能力、应变能力等
复试	无领导小组讨论：主要考查应试者的领导能力、人际沟通能力、开拓能力
	文件筐测验：主要考查应试者的协调能力、目标管理能力

六、面试考核内容

1. 初试

致面试考官：企业的发展离不开优秀人才的加盟，为了更好、更快地促进本企业的发展，面试考官务必本着客观、公正的态度为企业招聘及选拔人才。

（1）导入语。应试者到来后，面试考官应态度友好地安排应试者面试。面试的开始阶段，面试考官可将如下问题作为开场白，以缓解应试者的紧张情绪。

①我们公司的地址容易找吗？您来我们公司交通方便吗？

②您来自哪里（可以简单地与应试者聊聊其家乡的情况）？

③您是如何获知我们企业的招聘信息的？

（2）核心阶段。初试面试阶段核心问题的提纲如下表所示。

初试面试核心问题一览表

考核内容	面试问题
工作经验	请描述一下您的主要工作职责，以及在工作中有何收获
领导能力	作为一个部门领导，您如何让您的下属尊敬并信任您
计划执行能力	您是如何准备这次面试的
	您如何计划和安排重要项目
判断和决策能力	当事情发展的结果与您事先所做的计划有很大的偏差时，请问您如何处理
	当您在购物时无意中发现了一件商品，其外观非常精致，但对您来说没有太大的使用价值，请问您会如何抉择
	在您以前的工作经历中，当遇到重大决策时，您是如何实施的？请举个例子加以说明
目标管理能力	您是怎样鼓励员工达到工作目标的
	您如何确保企业的目标、任务能反映到各部门甚至员工个人的工作目标中去
开拓能力	请举一个例子说明在一个新的环境下，如何发现潜在商机
客户服务意识	请举一个事例说明如何处理客户提出的难以解决的问题，并给予客户满意的答复
人际沟通能力	在长途旅行的火车或飞机上，周围都是陌生人，您是如何在这种环境中与他人相处的
影响力	当与领导意见不一致时，您通常是如何解决的

（3）结尾阶段。面试考官可用如下几个问题结束此次面试。

①您对我们企业或工作还有什么需要了解的吗？

②我们对您的情况已有了基本的了解，我们下一步的工作安排是这样的……

③非常感谢您能来参加我们的这次面试……

（4）面试评估阶段。根据事先制定的评分标准，面试考官按应试者在第一次面试中的表现，对每一位应试者进行评估。

2. 复试

（1）无领导小组讨论。无领导小组讨论是面试的第二个环节，在情景模拟测评室中进行，具体做法是将4~7位应试者自由地组成一个小组，共同讨论，就某一地区的市场开发写一份调研报告。

面试考官通过录像监控观察应试者的表现，对每一位应试者进行评估，并填写下面的观察记录表。

无领导小组讨论观察记录表

观察内容	应试者 A	应试者 B	应试者 C	应试者 D
个人仪表				
参与有效发言的次数				
是否敢于发表不同的意见				
提出新的方案和见解				
是否善于倾听并尊重他人的意见				
协调争端				
和谐气氛的营造				
领导和控制能力				
决策和魄力				
快速反应能力				
分析判断能力				
情绪控制能力				
肢体语言、表情是否恰当				
语言表达能力				
综合评价				
应试者 A				
应试者 B				
应试者 C				
应试者 D				

（2）文件筐测试。文件筐测试是面试的第三个环节，即让应试者处理市场总监专门设计的公文，以此对其能力与综合素质进行评估。测试题目如下所示。

今天是 6 月 10 日，您从集团总部开完会回来已经是下午 17：00。您的办公桌上有一堆文件，您最好在 17：30 前处理完毕，因为您将去外地参加一个非常重要的会议。到外地参会的机票已经订好，17：30 司机会来接您去机场，6 月 15 日才能回来。

好，您现在可以开始工作了！

公文 1

××市场总监：

我是新新公司的刘××，一直是你们公司的忠实客户，目前我们有一笔大单需要和你们商谈，我们公司的林总想约您__月__日与他进行详谈，地点在林总办公室。

×××

__月__日

公文 2

××市场总监：

　　我请求离开这个部门，因为我实在无法忍受部门经理张明的独断专行，除了平常让我们加班加点地工作，处理重大问题时还一意孤行，出现差错后把责任全怪到我们的头上。另外，谁要是犯了一点小错误，他的言辞极为恶劣。我愿意为公司付出，但不愿意有这样的领导。

　　注：小王是公司的骨干员工之一，工作业绩一直很出色，而张明是从基层调上来的，过去的工作表现也一直受到好评。

公文 3

××市场总监：

　　银行的李行长打来电话，约您商量有关公司贷款协议的问题。他约您于明天 16：00 在星星酒店商谈，能否赴约请您通知李行长。

财务部：×××

__月__日

公文 4

××市场总监：

　　您好！

　　我们将在 6 月 14 日于北京某饭店举行一个关于市场营销前沿的研讨会，届时会有业界著名人士和各大企业的高层领导莅临，真诚地邀请您并希望您能参与！

　　祝您工作愉快！

×××

__月__日

七、撰写评估报告

面试结束后，招聘评估小组应根据应聘者的表现分别撰写评估报告，样式如下表所示。

应聘者面试评估报告表

应聘者详细资料

姓名：_____　　年龄：_____

可就职日期：_____

申请职位：_____　　职级：_____

部门：_____

面试人员评分

标准	优秀	良好	一般	可接受	不可接受
分值	5	4	3	2	1
领导能力	□	□	□	□	□
表达能力	□	□	□	□	□
沟通技巧	□	□	□	□	□

（续）

标准	优秀	良好	一般	可接受	不可接受
计划分析能力	☐	☐	☐	☐	☐
管理能力	☐	☐	☐	☐	☐
工作背景	☐	☐	☐	☐	☐
主动性	☐	☐	☐	☐	☐
合作	☐	☐	☐	☐	☐
稳定度	☐	☐	☐	☐	☐
自信心	☐	☐	☐	☐	☐
总分					
综合评价					
优势	1. 2. 3.				
不足及潜在的问题	1. 2. 3.				
期望工资			建议工资构成		
录用建议	（　）需进一步复试 （　）不录取 （　）录取 （　）其他				
面试人					
面试日期					

第4章 员工录用管理

4.1 员工录用管理流程

4.1.1 员工试用管理流程

流程名称	员工试用管理流程		编 号	
任务概要	员工试用期管理		执行单位	人力资源部
单位	人力资源总监	人力资源部	各用人部门	新员工
工作程序				
相关制度	员工试用实施细则			

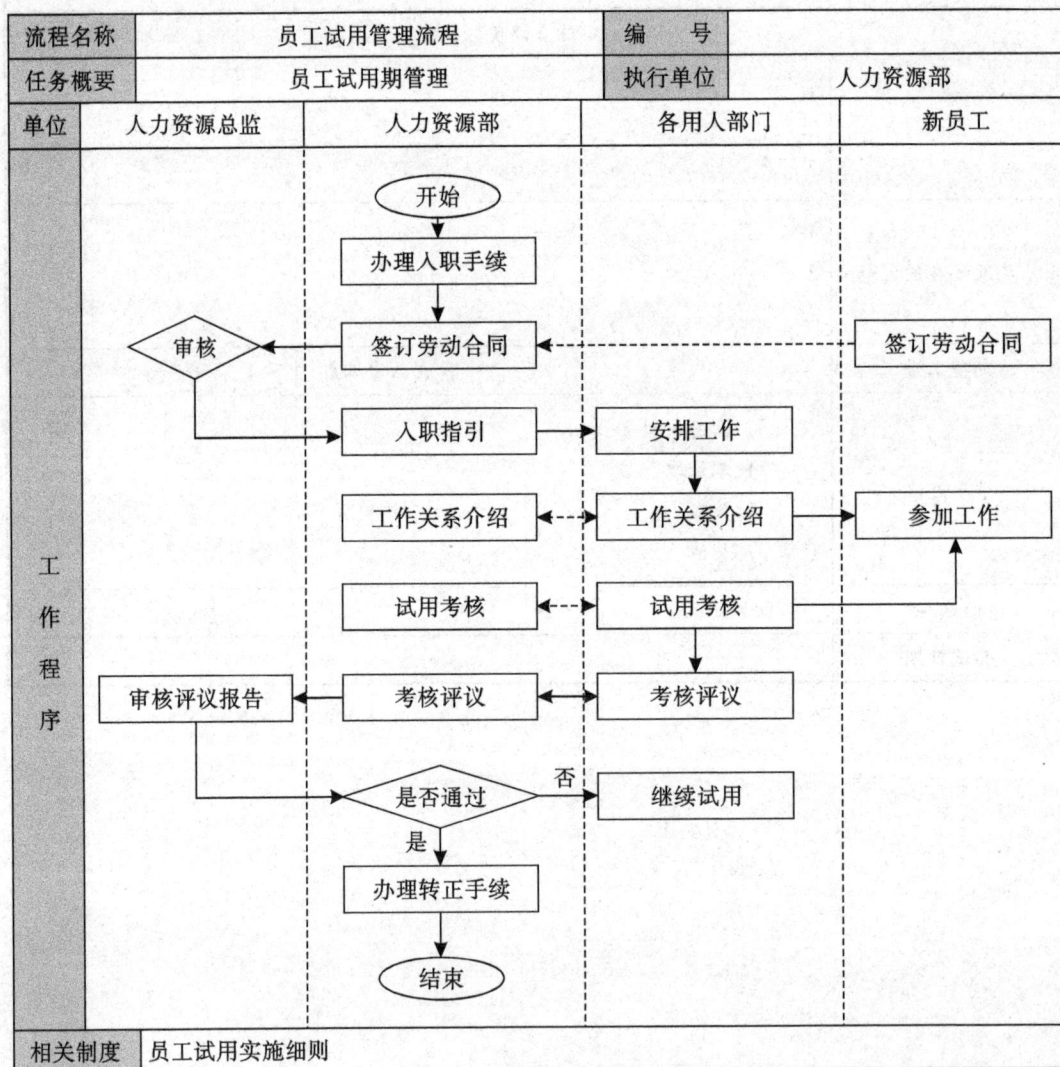

4.1.2 员工转正管理流程

流程名称		员工转正管理流程		编 号		
任务概要		公司试用期员工转正管理		执行单位		人力资源部
单位	人力资源总监	人力资源部		各用人部门		员工
工 作 程 序						
相关制度	1. 员工转正考核细则 2. 员工录用管理规范 3. 员工转正考核细则					

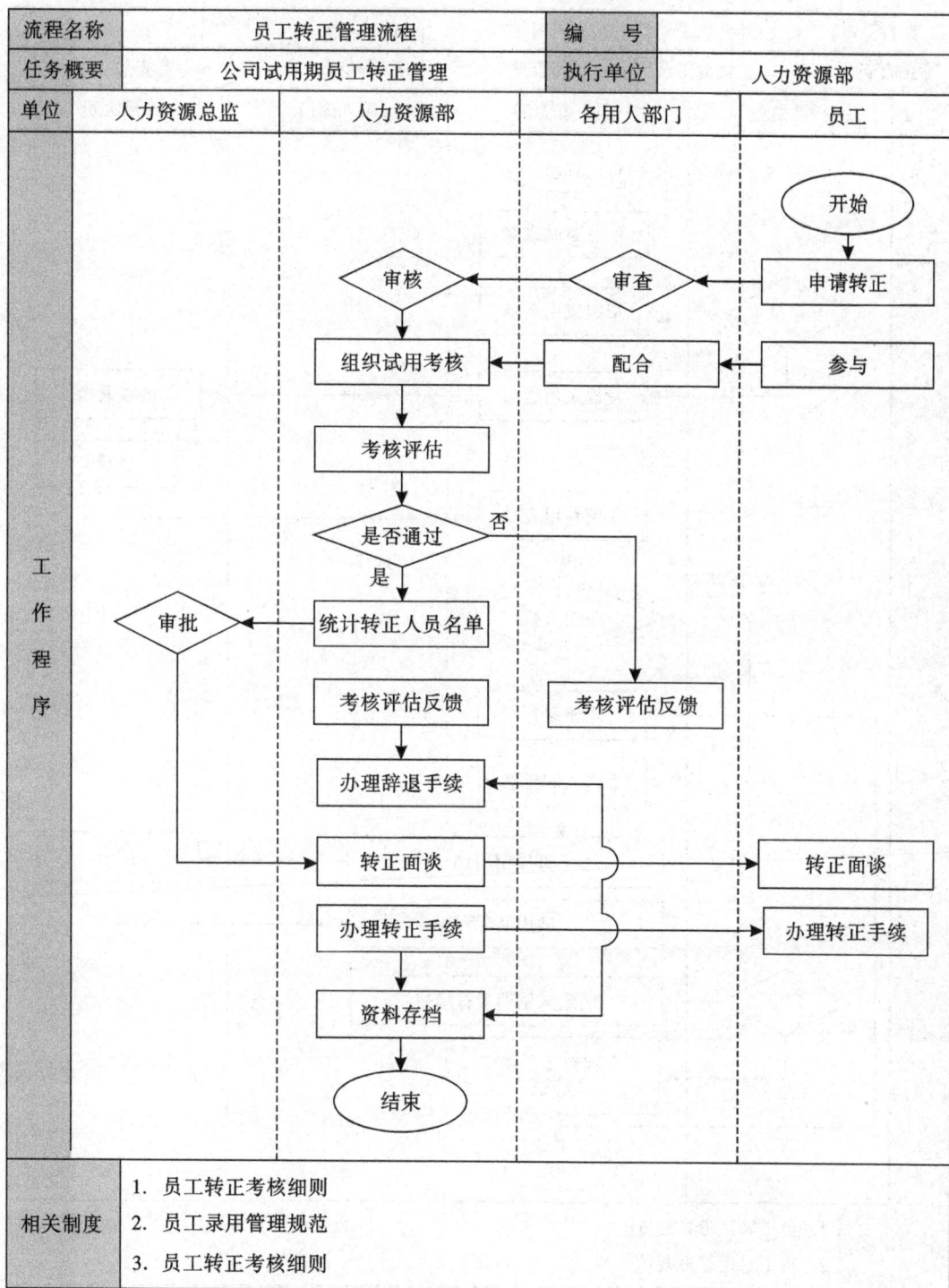

4.1.3 员工录用手续办理流程

流程名称	员工录用手续办理流程		编　号	
任务概要	公司员工录用手续办理管理		执行单位	人力资源部
单位	行政总监	人力资源部	用人部门	录用人员
工作程序		开始 ↓ 汇总面试成绩 ↓ 拟定录用名单 → 审批 审批 ↓ 发放录用通知 → 接收通知 ↓ 报到 资料审查 ← ↓ 是否合格 — 是 否 ↓ 不予录用 办理入职手续 ↓ 试用期培训 → 试用 试用期考评 ← ↓ 确定试用期考核结果 → 审批 审批 ↓ 办理转正手续或辞退 ↓ 结束		接收通知 ↓ 报到 试用
相关制度	1. 员工转正考核细则 2. 员工录用管理规范			

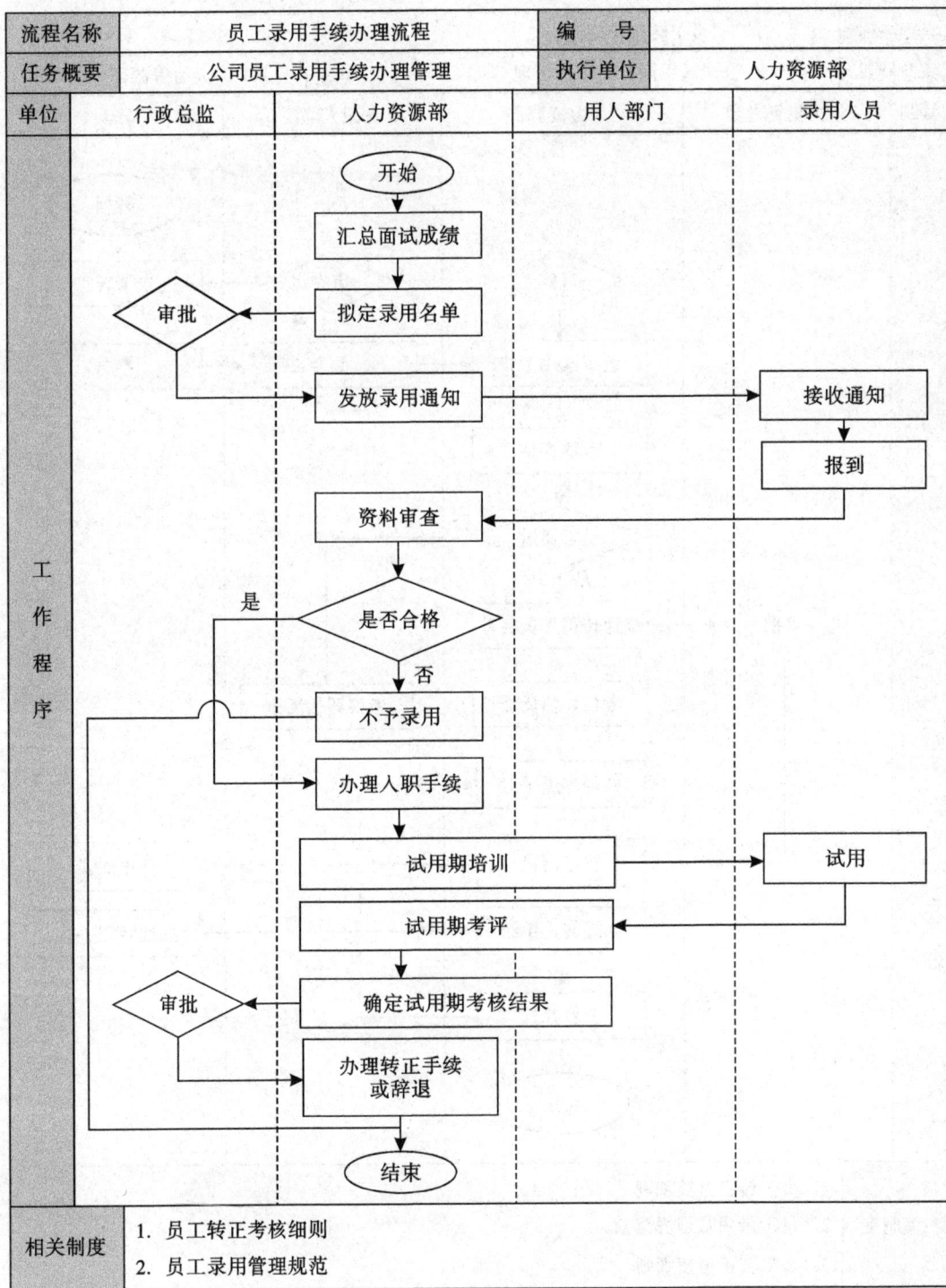

4.2 员工录用管理制度

4.2.1 员工试用实施细则

以下是某公司的员工试用实施细则,供读者参考。

第1章 总则

第1条 目的

为规范试用期员工的管理和辅导工作,创造良好的试用期工作环境,加速试用期员工的成长和进步,特制定本细则。

第2条 适用范围

本细则适用于试用期员工及入职人员的指引工作。

第2章 员工试用规定

第3条 试用期起止时间

1. 自员工报到之日起至行政人事中心确认员工转正之日止。

2. 员工试用期限以劳动合同约定的期限为准,但本集团有权根据试用期员工的具体表现提前或推迟其转正。

第4条 福利待遇

1. 工资标准按入职时签订的试用合同执行,核算时间从到岗工作之日起计算,公式为:

$$日工资 = 月工资 ÷ (本月天数 - 公休日天数)$$

2. 通信费用补贴按正式员工的1/2执行,当月15日前到岗的按全月发放,15日后到岗的当月不发放。

3. 新员工若从外地来公司报到,差旅费按不超过火车硬卧标准实额报销。

4. 过节费按正式员工的1/2发放。

5. 按正式员工标准发放劳保用品及防暑降温费等补助。

6. 生日按正式员工待遇执行。

第5条 休假

1. 试用期内累计事假不能超过三天,如超过三天应报集团领导批准。

2. 请病假须持医院证明,请假程序和天数与正式员工一致。

3. 丧假的请假程序和天数与正式员工一致。

4. 不享受探亲假及婚假。

第3章 员工入职准备

第6条 试用期员工本人准备

1. 入职时,员工须准备好下列个人资料:

(1) 身份证复印件一份,原件待查;

（2）学历证明复印件一份，原件待查；

（3）半年内有效的体检报告；

（4）四张一寸彩照；

（5）本市交通银行存折/卡；

（6）部分职位（如出纳、收银员、司机、仓管）试用期员工还须准备本人房产证明、户口本、直系亲属身份证复印件。

2. 了解集团基本情况，做好入职心理准备。

第7条　人力资源部准备工作

1. 招聘时要让试用期员工真正了解企业目前的情况、工作的性质和内容，使试用期员工在入职前对公司和自己的工作职责有全面的了解。

2. 招聘人员与试用期员工进行入职洽谈，明确其岗位所在的部门，薪资和福利待遇，工作时间，职责以及入职报到需准备的事项等。

3. 招聘人员就新员工的入职时间、入职指引人等与用人部门做好协商工作，并准确填写"入职事项准备清单"，交行政部。

4. 招聘人员在新员工报到前一天准备好入职时签订的《劳动合同》《劳动合同补充协议》以及《入职声明》《参保确认书》。

5. 准备好《员工手册》。

第8条　行政部准备工作

行政部在新员工报到前一天按照"入职事项准备清单"准备行政物资。

第9条　用人部门准备工作

1. 部门负责人要事先了解试用期员工的工作经历、教育程度与其所受的专业训练。

2. 行政人事中心协助用人部门准备好试用期员工工作职责说明。

3. 部门负责人准备好试用期员工入职后的工作安排。

第4章　员工试用入职指引

第10条　试用期员工指引

1. 员工入职后，应严格遵守公司各项规章制度。

2. 员工入职后，应遵照各岗位工作流程和操作规范的指标严格要求自己。

第11条　人力资源部工作指引

1. 签订《劳动合同》《劳动合同补充协议》《入职声明》《参保确认书》，解答试用期员工的疑问。

2. 收取试用期员工提交的资料，装订存档。

3. 建立试用期员工档案，同时在 OA 系统中录入相关资料，公告试用期员工相关信息。

4. 每月第一周的星期三组织当月入职员工进行入职培训，课程内容包括公司简介、企业文化、薪酬福利、职业生涯规划和商务礼仪。

第12条　行政手续

1. 待人事手续办理完毕后，由行政专员向试用期员工发放相关办公物资。

2. 为试用期员工录入考勤指纹。

3. 将试用期员工带至用人部门，并向新员工介绍其"入职指引人"，由"入职指引人"指导其开展工作。

4. 当日下班后，由相关人员带领试用期员工入住员工宿舍。

第13条 用人部门指引

1. 试用期员工直接上级担任其"入职指引人",部门资深员工如有意愿,可兼作"入职指引人"。

2. "入职指引人"职责如下所示。

(1) 带领试用期员工熟悉本部门及其他各部门,向其介绍今后工作中要紧密合作的部门及员工,同时介绍公司内公共场所的位置,包括会议室、阅览室、停车场、安全出口和洗手间等。

(2) 与试用期员工进行入职面谈,商讨其入职后的具体安排,并向试用期员工介绍其所属部门的架构、职务及岗位职责。

(3) 指导试用期员工使用 OA 系统。

(4) 公司有活动时及时告知试用期员工,邀请其一起参与,帮助其尽快融入企业。

(5) 与试用期人员进行正面沟通,引导其工作,及时了解试用期员工在工作及生活中存在的问题并帮助其解决;或向部门负责人、行政人事中心反映,并就问题解决情况及时答复试用期员工。

(6) 在"试用期员工转正申请与核定表"上给予试用期员工客观且明确的评分及建议。

试用期员工转正申请与核定表

<table>
<tr><td rowspan="10">个人试用申请</td><td>姓名</td><td></td><td>性别</td><td>□男 □女</td><td rowspan="10">试用部门</td><td>试用期间</td><td colspan="2">___年__月__日—___年__月__日</td></tr>
<tr><td>籍贯</td><td></td><td>年龄</td><td></td><td>工作项目</td><td colspan="2"></td></tr>
<tr><td>地址</td><td colspan="3"></td><td>工作情形</td><td colspan="2"></td></tr>
<tr><td>学历</td><td colspan="3"></td><td>评语</td><td colspan="2"></td></tr>
<tr><td>专长</td><td colspan="3"></td><td>担任职务</td><td colspan="2"></td></tr>
<tr><td>部门</td><td colspan="3"></td><td>其他</td><td colspan="2"></td></tr>
<tr><td>原岗位</td><td colspan="3"></td><td>直接主管</td><td colspan="2"></td></tr>
<tr><td rowspan="3">个人述职</td><td colspan="3" rowspan="3"></td><td rowspan="3">关联部门</td><td colspan="2" rowspan="3"></td></tr>
<tr></tr>
<tr></tr>
<tr><td rowspan="10">行政人事中心</td><td>甄选方式</td><td colspan="3">□公开招考　　□推荐挑选</td><td rowspan="10">相关人员评价</td><td>直接主管评价</td><td></td></tr>
<tr><td>试用期限</td><td colspan="3">___年__月__日—___年__月__日</td><td rowspan="2">部门经理评价</td><td rowspan="2"></td></tr>
<tr><td>试用岗位</td><td colspan="3"></td></tr>
<tr><td>试用工资</td><td colspan="3">自试用日起暂支____元</td><td rowspan="2">行政人事中心主任评价</td><td rowspan="2"></td></tr>
<tr><td>转正后岗位名称</td><td colspan="3"></td></tr>
<tr><td>定级工资</td><td colspan="3"></td><td>主管副总评价</td><td></td></tr>
<tr><td>考勤记录</td><td colspan="3"></td><td>总经理评价</td><td></td></tr>
<tr><td rowspan="2">其他意见</td><td colspan="3" rowspan="2"></td><td rowspan="2">董事长评价</td><td rowspan="2"></td></tr>
<tr></tr>
</table>

第14条 试用期员工沟通指引

1. 员工关系专员在试用期员工入职的第一天对其进行简单的电话访问及跟踪。

2. 试用期员工入职第一周、第四周和试用期结束，员工关系专员负责安排与试用期员工面谈并做好书面记录。根据面谈对象的级别不同，面谈人也不同，具体如下表所示。

试用期员工面谈分级表

层别	职级	集团公司	面谈人
高管层	C	总监	行政人事中心主任
	D	副总	
中层管理	E	部门经理	薪酬主管
	F	部门副经理	
基层管理	G	主管	员工关系专员
主办专员	H	高级专业人员/技术人员/专业人员	
操作员	I	文员/电工/司机/前台/办证员	

3. 面谈程序。

（1）第一周面谈：先由面谈人向试用期员工的"入职指引人"了解其生活和工作情况，再针对所了解的情况与试用期员工进行访谈。

（2）第四周面谈：由面谈人与试用期员工进行沟通，指明试用期员工目前较好与不足之处，询问其是否需要帮助等。如有必要，可以安排试用期员工与其直接上级面谈。

（3）试用期结束面谈：由面谈人将试用期员工是否可以转正及其原因告知其本人，如可以转正，还要告知其转正后的待遇等相关情况，并了解试用期员工对《试用期员工管理办法》的意见及建议。

第15条 试用期员工的相关考核指引

1. 试用期满前两周，试用期员工可以从 OA 系统中依据转正流程申请转正。

2. 试用期满前，试用期员工直属上司会就试用期间该员工的绩效、能力、态度等进行评估，并与其面谈。

3. 试用期员工直属上司应将评估后的评估表交予部门经理/总监，由部门经理/总监依据该员工的个人评估、直属上司评估及日常工作表现对其进行综合评估，也可直接面谈评估。

4. 行政人事中心根据该员工所在部门提交的"试用期员工转正申请与核定表"和工作记录进行转正审批，并审批转正生效日期及转正后的薪酬福利待遇，最后由行政人事中心负责签发"转正通知单"，员工在"转正通知单"中签收以示确认。

第5章 附则

第16条 本细则由行政人事中心负责解释，集团总裁签字后公布生效。

第17条 本细则由行政人事中心集中修改意见，集团总裁批准通过后修订。

4.2.2 员工转正考核细则

以下是某公司的员工转正考核细则，供读者参考。

第1章　总则

第1条　目的

为规范员工试用转正考核流程，确保员工转正考核工作规范、有效、有章可循，现根据我公司人力资源管理制度，特制定本细则。

第2条　适用范围

本细则适用于试用期转正新员工以及岗位异动转正的考核。

第3条　相关定义

1. 本细则中所称的被考核人是指已达约定试用期限的转正新员工和岗位异动转正员工。

2. 本细则所称的重大工作事件是指员工在工作过程中发生的形成书面文件和记录的重大奖惩事件。

第4条　相关人员的职责

1. 被考核人所在部门的直接上级

(1) 收集被考核人工作表现信息、相关资料和记录。

(2) 对被考核人进行初步审核，做出评价并提交上级主管复核。

2. 所在部门的主管副总

(1) 负责部门经理级别员工的转正初审考核，做出评价并提交总经理复核。

(2) 参与员工试用期转正鉴定。

3. 人力资源部

(1) 收集被考核人工作信息、相关资料和记录。

(2) 负责组织员工的转正考试，参与考核会评工作。

(3) 整理、统计及汇总考核数据和信息。

(4) 传报、审核、审批与发布考核结果。

(5) 考核结论面谈。

第2章　员工转正考核管理

第5条　员工试用期限

新员工试用期一般为三个月（总监级为六个月），在连续工作80天后（总监级160天）可以提出转正申请，参与转正考核。

第6条　员工提前转正要求

员工试用期间工作表现优秀，自己或直接上级可以提出转正申请，填写"提前转正申请表"。提出转正申请前，转正试用期最短不得少于一个月（总监为三个月）。"提前转正申请表"应按规定逐级审核批准，并提交试用期个人工作业绩报告。

第7条　试用期转正条件

1. 符合岗位任职资格要求，能够胜任岗位工作。

2. 通过岗位培训以及公司统一转正考试和专业考试，成绩在60分以上。

3. 通过直接上级和间接上级的考核，经人力资源部审查合格。

4. 认同公司企业文化，遵守公司各项管理制度，态度、思想品德符合要求，试用期间没有因出现个人故意行为和重大失职行为而受到严重惩罚。

5. 符合以上条件者方可办理转正手续。

第8条 转正考核时间规定

1. 一般情况下，员工试用期满80天后可以提出转正申请，参与考核并根据公司统一确定的入职时间参加考试。各考核部门和人员应在员工提出转正申请十个工作日内（不能超过员工试用期最后一日）完成所有考核项目，并做出考核决定。

2. 转正考核结果须在每月10日前报送财务部，10日以后报送无效。造成转正人员工资计算错误的，由责任人承担相关责任。

<h2 style="text-align:center">第3章 员工转正考核形式和内容</h2>

第9条 员工转正考核形式

员工转正采取上级主管考核评价和转正考试两种形式：

1. 试用期转正必须采取上级评价和转正考试两种形式；

2. 岗位异动转正可采取上级主管评价考核形式。

第10条 上级评价

根据员工试用期间的表现，可分为直接上级主管和间隔上级二级考核体系，按员工岗位的不同，从企业文化符合度、工作业绩、工作态度、胜任能力四个方面进行全面考核，设定不同的权重和考核标准，具体考核内容详见"员工试用转正考核表"。

<h3 style="text-align:center">员工试用转正考核表</h3>

姓名：　　　　　　　部门：　　　　　　　职位：

入职时间：　　　　　试用期满时间：　　　部门主管：

考核内容	考核项目	标准说明	权数	评价等级				得分
				不合格	一般	良好	优秀	
				低于60分	60~74分	75~89分	90~100分	
企业文化符合度	企业文化认知度	对企业文化有比较深刻的理解和认同	8%					
	企业文化贯彻度	将企业文化作为开展各项工作的基本准则，贯彻始终	8%					
	企业发展乐观度	明确企业发展的基本方向，并对此方向持乐观态度	7%					
	公司决议响应度	积极主动响应公司各项决议，从公司角度认真贯彻执行	7%					
工作业绩	工作任务完成度	出色完成领导布置的任务，数量、质量均得到认可	8%					
	工作效率	按时完成任务	8%					
	工作创新	分析现有工作，提出合理化建议并取得良好效果	4%					

（续）

考核内容	考核项目	标准说明	权数	评价等级				得分
				不合格	一般	良好	优秀	
				低于60分	60~74分	75~89分	90~100分	
工作态度	认真程度	对各项工作，无论任务量大小均一丝不苟地对待	5%					
	精细程度	处理问题细致周全，不忽略任何细节	5%					
	责任感	自觉把握在组织中的角色，执行任务遇到困难时，能够不屈不挠，努力完成工作，对自己的工作行为负责	5%					
	积极性	热爱本职工作，有高标准做好职务范围内业务工作的热情，不迟到不早退	5%					
胜任能力	岗位专业知识技能	具有扎实的专业技术和丰富的实践经验，并能在日常工作中充分发挥与运用	8%					
	学习能力	勤奋好学，努力学习各项与工作相关的工作技能，主动学习性强	8%					
	处理问题能力	理解工作要求，动手、实际操作能力强，处理问题灵活，能够独立承担本职工作范围内的各种任务	8%					
	沟通能力	能够将各项信息准确无误地向上汇报、向下传达，并能抓住问题的重点，较好地运用沟通技巧进行处理	6%					
合计总分	说明： 每一考核项目得分＝评价分数×该项权数 总分＝∑每一考核项目得分，满分为100分			考核分数				

第11条 转正考核

员工转正考核主要分为公共考试和专业考试两种形式。

1. 公共考试由人力资源部统一安排考试时间和考试内容，并组织实施。考试内容主要包括公司企业文化、工作流程、规章制度等，公司所有试用期员工必须通过考试方可转正。

2. 专业考试由用人部门根据岗位性质自行举办，确定试题范围和考试内容，主要考核员工的专业技能和专业知识。

3. 转正考核总成绩满分为100分，60分以上为合格。

4. 直接上级评价、间接上级评价、人事考核、考试成绩等各项考核成绩合计为总成绩。根据岗位不同，各项权重比例如下表所示。

各岗位不同考核主体评分权重比例表

岗位类别	直接上级	间隔上级	人事考核	公共考试	专业考试
行政事务类	30%	20%	10%	20%	20%
部门经理及管理类	40%	30%	10%	10%	10%
市场营销类	40%	20%	5%	20%	15%
技术开发类	40%	20%	5%	5%	30%

第12条 考核成绩结果的运用

1. 95～100分，批准转正，并可提高职级或薪级。

2. 85～94分，批准转正，根据实际情况按试用期工资的10%～30%加薪。

3. 71～84分，批准转正，按岗位或级别确定工资。

4. 60～70分，正常转正，延长试用期15～60天，或降低工资待遇。

5. 59分及以下，不符合要求，辞退或降级降职重新试用。

第4章 转正考核流程

第13条 考核通知

1. 人力资源部于每月5日前统计当月被考核人员名单。

2. 人力资源部考核专员开具"转正考核通知"，分发至各被考核人所在部门，通知被考核人及相关负责人做好转正考核准备。

3. "转正考核通知"于每月6日下达，分发至各具体部门，由具体部门主管领导通知被考核人员参加考核。

第14条 被考核人填写"转正申请表"

被考核人根据"转正考核通知"填写"转正申请表"，在自我评价中详细填写试用期间的工作业绩和自我工作评价等内容，之后将其交至人力资源部。

第15条 被考核人直接上级、间隔上级进行考核评价

人力资源部将被考核人填写好的"转正申请表"及"员工试用转正考核表"交给员工的直接上级和间隔上级进行考核评价，员工上级领导按考核表要求作出考核评价并签署意见。

第16条 人力资源部负责人进行人事考核评价

人力资源部负责人填写"人事考核评价表"，组织被考核人进行转正考试，统计考试成绩，签署考

核意见，按相关审批权限进行审批，给出考核意见，最后备案并通知财务部调整被考核人转正后的薪资待遇。

第17条 考核结论通知与考核面谈

正式考核结论形成后，人力资源部开具"转正考核结论通知"并下发至被考核人和其所在部门，安排考核结论面谈。

第5章 附则

第18条 未按时间要求提交转正申请的，若导致转正延误，后果自负。

第19条 人力资源部在办理员工转正考核的过程中，若发现申请人不符合转正要求，将不予办理转正考核手续，并追究部门经理及相关负责人的责任。

第20条 各级考核人员应严格把关，对申请人试用期间的表现进行客观评价，如有弄虚作假行为，一经查出将追究相关责任人的责任。

第21条 有权限建议薪资调整（加薪、降薪）的高级管理人员，必须严格按本管理办法的条款进行考核操作。

第22条 凡违反本细则的操作者，视情节轻重，按员工奖惩办法进行处理。

第23条 本细则由人力资源部负责制定、解释、修订与实施。

第24条 本细则经总经理审批后，自颁发之日起实施。

4.2.3 员工录用管理规范

以下是某公司的员工录用管理规范，供读者参考。

第1章 总则

第1条 目的

规范公司的员工录用管理行为，通过对公司新进人员的培养和考查达到为公司选拔人才的目的。

第2条 适用范围

本规范适用于公司新进员工从试用到正式录用的整个管理过程。

第3条 责任部门

人力资源部、用人部门。

第4条 基本原则

除总经理特批的特殊人才以外，所有新进员工都必须经过试用才能被正式录用。试用期不超过六个月。

第2章 员工录用规范

第5条 正式录用

1. 员工试用期满后，部门经理考察与评估员工工作态度、工作绩效、专业技能等方面，评估合格后进行转正面谈并做好记录。

2. 试用期员工填写"转正申请表"，在表中写出试用期工作小结（至少600字），交部门经理、人力资源部经理签署转正意见。

3. 必要岗位的试用期员工转正需要进行工作述职，人力资源部负责组织，述职评议小组成员由人力资源部相关负责人、试用期员工主管或部门经理、试用期员工从事岗位的相关专业人士组成。

4. 人力资源部经理将已签署转正意见的"转正申请表"、面谈记录及"述职评议表"报公司总经理审批。

5. 部门经理级以上级别的人员由公司总经理面谈考核后再确定是否转正。

6. 转正后，转正人员享受正式员工的所有待遇。

第6条　提前或延期录用的具体规定

1. 提前录用（试用期未满）的条件与程序：业绩或能力特别突出的员工，经部门经理或主管推荐，人力资源部同意，报总经理批准通过后，可提前转正，同时应附《业绩说明书》。提前录用的员工人数不得超过该季度应正式录用员工总数的20%。

2. 对于在试用期未达到工作目标，但用人部门经理认为还值得考查的，最多给予1个月的延期试用，但最长试用期不得超过六个月。

3. 延长试用期后仍不合格者，应予以辞退，员工也应积极交接好工作，其工资结算至离岗日。

第7条　调岗试用

1. 公司内部相同或相近工作性质转岗与工作轮换无需试用。

2. 不同工作性质的转岗，试用1~3个月，待遇按新岗位工资标准执行（经总经理特批除外）。

第3章　附则

第8条　本规范制定、解释、修改及其实施工作归公司人力资源部。

第9条　本规范经总经理审批后，自颁发之日起生效实施。

4.2.4 指导老师管理办法

以下是某公司的员工试用指导老师管理办法，供读者参考。

第1章　总则

第1条　为加强对指导老师的考核和激励，提高指导老师的团队意识和下属教练能力，特制定本办法。

第2条　本办法适用于试用期或见习期的新员工及其指导老师。

第3条　相关定义。

1. 试用期：根据岗位性质和员工工作表现的不同，新员工的试用期限一般为1~3个月。

2. 公司内部调动：试用期一般为一个月。

3. 转正：新员工试用期满，达到岗位要求并按规定办完相应手续后，方可成为公司正式员工。

第2章　指导老师的确定

第4条　指导老师由各部门负责人在新员工到岗前两天确定，新员工指导老师名单应发送到人力资源部招聘主管处。

第5条　一般情况下，指导老师由新员工的直接上级担任。

第6条　特殊情况下，指导老师可由新员工的直接上级指定专人（有较丰富工作经验、品行兼优的骨干员工）担任，一个人不能同时担任三名以上新员工的指导老师。

第3章　指导老师工作内容

第7条　新员工到岗当日，与新员工共同制订试用期工作计划。

第8条　帮助新员工熟悉工作环境（包括各部门同事、办公网络等）和相关规范、制度。

第9条　帮助新员工熟悉岗位工作内容，并对其进行工作指导。

第10条　定期与新员工沟通，了解新员工最新动态。

第11条　确定新员工参加公司入职培训的时间。

第12条　对新员工试用期工作能力、业绩进行考核。

第13条　督促新员工按期上报转正材料。

第4章　指导老师工作流程

第14条　到岗前的准备工作：新员工到岗前一天确定"岗位说明书"，并连同"应聘登记表"一同送至招聘主管处。

第15条　首日指导工作内容。

1. 与本部门负责人共同确认相关办公设备的准备情况。

2. 向本部门员工或与其工作相关的主要负责人介绍新员工。

3. 与新员工共同制订试用期工作计划并指导其首日工作。

4. 解决好新员工上班首日的午餐及班车等相关问题。要求指导老师或委托专人带领新员工到餐厅用餐。

第16条　试用期间，指导老师应与新员工进行定期（第一个月每周一次，第二个月每两周一次）沟通，了解新员工对新环境、新工作内容的适应情况及工作建议。

第17条　指导工作结束后的总结。

1. 在拿到新员工转正材料之后，组织召开新员工转正面谈会，面谈内容如下。

（1）新员工对试用期间的工作表现和工作业绩进行总结。

（2）指导老师及相关人员分析新员工目前在工作中存在的问题和不足。

（3）指导老师对此次指导工作进行总结。

（4）指导老师在面谈后填写"新员工试用期考核表"并签字确认。

2. 准备新员工的转正材料，包括新员工试用期工作总结、试用人员转正表、新员工提前转正申请。

第5章　对指导老师的考核与激励

第18条　指导老师的考核工作由人力资源部绩效考核专员负责，组织相关人员填写"指导老师工作考核表"，成绩记入季度考核（占10%）及指导老师季度评优。

第19条　指导老师的激励工作由人力资源部推荐、总经理办公会审批确定，在季度评优时评出最佳指导老师。对获得最佳指导老师的员工奖励____元，从总经理奖励基金中划拨。

第6章　对指导老师的考核与激励

第20条　本办法由人力资源部负责制定、解释、修订与实施。

第21条　本办法自发布之日起试行半年。半年后，人力资源部根据公司人员发展情况进行修订。

第5章　员工绩效管理

5.1 员工绩效管理流程

5.1.1 绩效目标设定流程

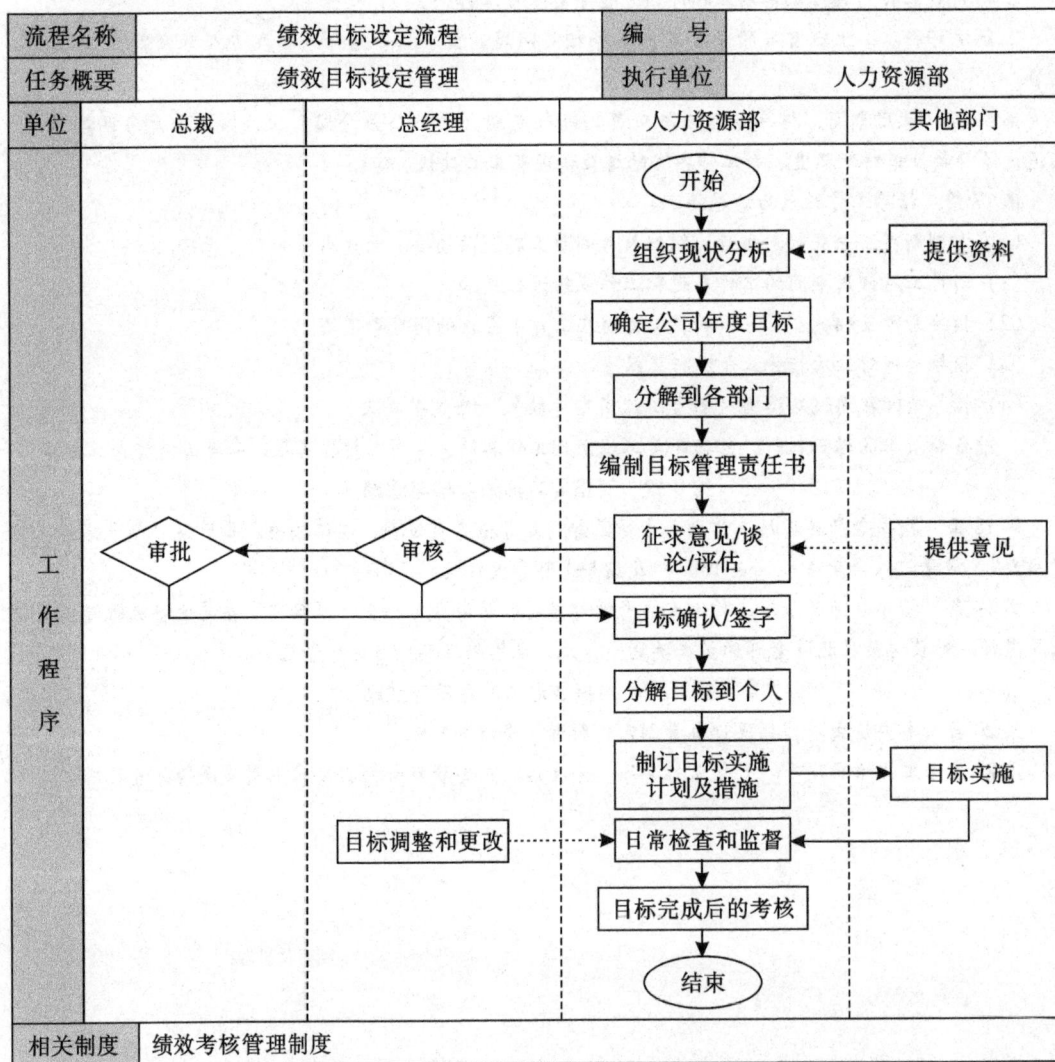

流程名称	绩效目标设定流程		编　号	
任务概要	绩效目标设定管理		执行单位	人力资源部
单位	总裁	总经理	人力资源部	其他部门
工作程序			开始 ↓ 组织现状分析 ← 提供资料 ↓ 确定公司年度目标 ↓ 分解到各部门 ↓ 编制目标管理责任书 ↓ 审批 ← 审核 ← 征求意见/谈论/评估 ← 提供意见 ↓ 目标确认/签字 ↓ 分解目标到个人 ↓ 制订目标实施计划及措施 → 目标实施 ↓ 目标调整和更改 ┈ 日常检查和监督 ← ↓ 目标完成后的考核 ↓ 结束	
相关制度	绩效考核管理制度			

54

5.1.2 考核标准制定流程

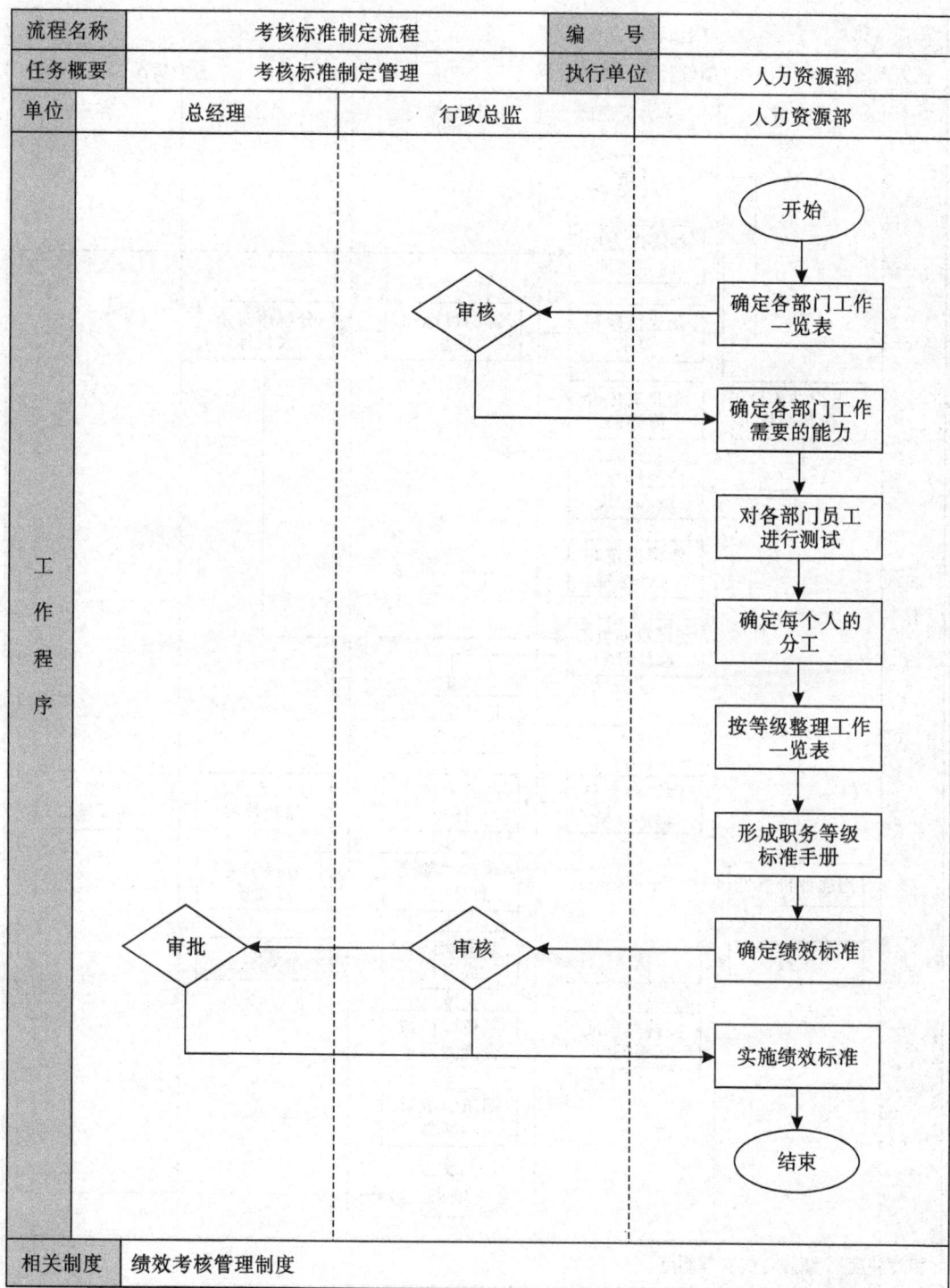

流程名称	考核标准制定流程		编　　号	
任务概要	考核标准制定管理		执行单位	人力资源部
单位	总经理	行政总监		人力资源部

工作程序

```
                                              ┌─────────┐
                                              │  开始   │
                                              └────┬────┘
                                                   │
                    ◇审核◇ ◄─────────────────┌─────────┐
                       │                      │确定各部门工作│
                       │                      │  一览表  │
                       │                      └─────────┘
                       │
                       └──────────────────► ┌─────────┐
                                            │确定各部门工作│
                                            │ 需要的能力 │
                                            └────┬────┘
                                                 │
                                            ┌─────────┐
                                            │对各部门员工│
                                            │ 进行测试 │
                                            └────┬────┘
                                                 │
                                            ┌─────────┐
                                            │确定每个人的│
                                            │   分工  │
                                            └────┬────┘
                                                 │
                                            ┌─────────┐
                                            │按等级整理工作│
                                            │  一览表  │
                                            └────┬────┘
                                                 │
                                            ┌─────────┐
                                            │形成职务等级│
                                            │ 标准手册 │
                                            └────┬────┘
                                                 │
  ◇审批◇ ◄────────────── ◇审核◇ ◄────────── ┌─────────┐
    │                                           │确定绩效标准│
    │                                           └─────────┘
    └──────────────────────────────────────► ┌─────────┐
                                              │实施绩效标准│
                                              └────┬────┘
                                                   │
                                              ┌─────────┐
                                              │  结束   │
                                              └─────────┘
```

相关制度	绩效考核管理制度

5.1.3 绩效管理工作流程

流程名称		绩效管理工作流程		编 号	
任务概要		绩效管理工作的开展		执行单位	人力资源部
单位	管理者	人力资源部	其他部门	员工	客户
工作程序		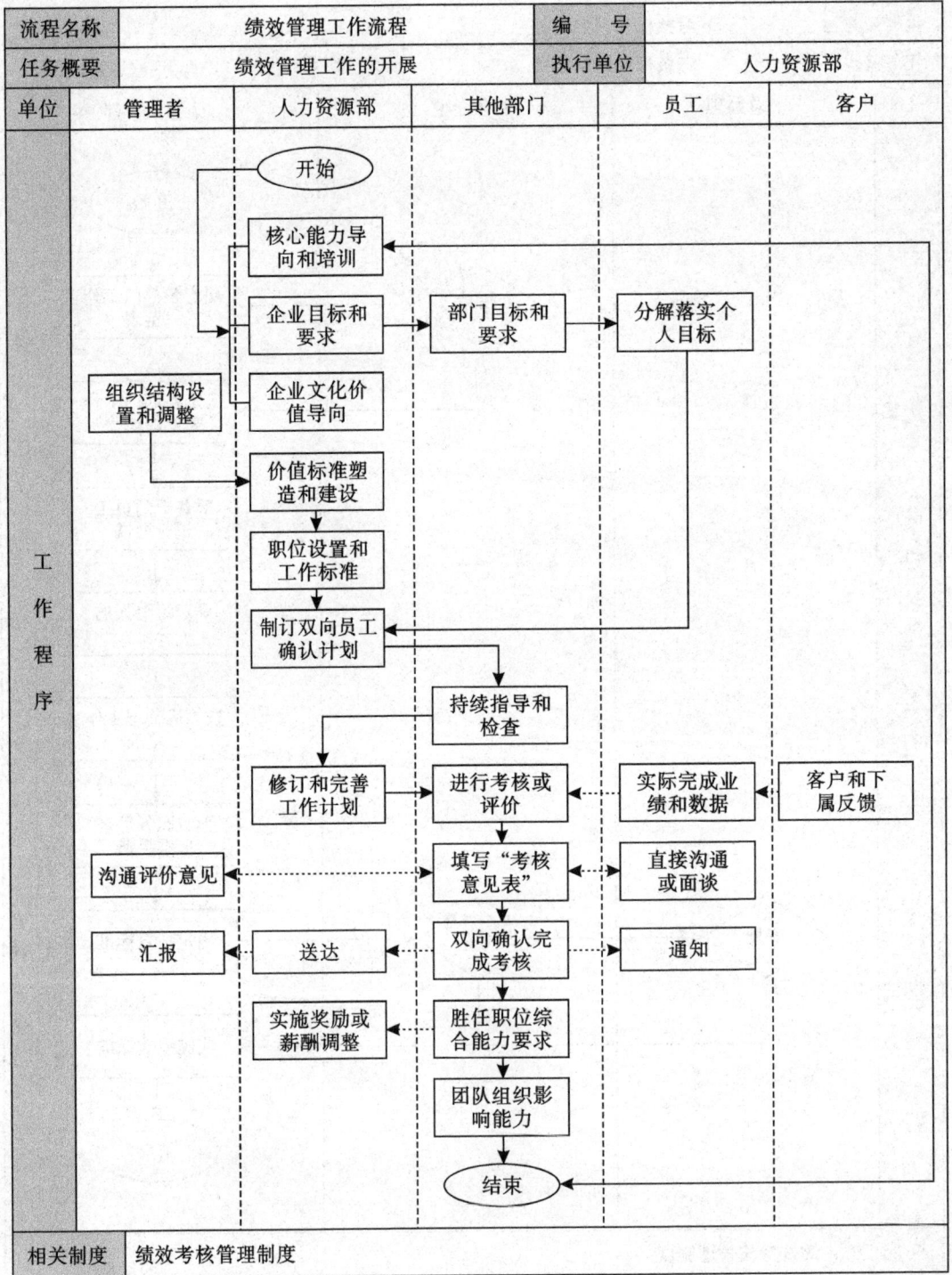			
相关制度	绩效考核管理制度				

5.1.4 员工绩效考核流程

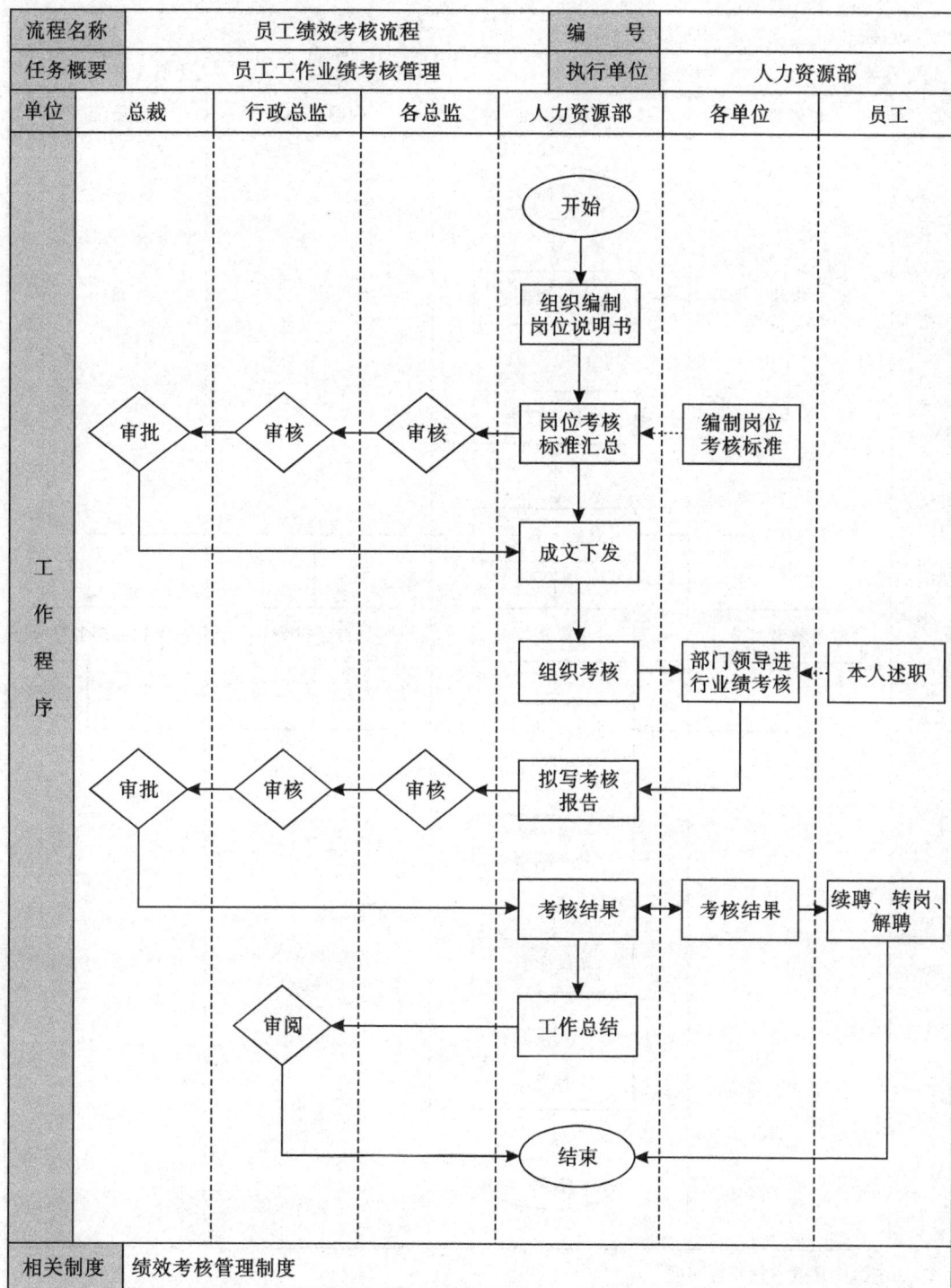

流程名称	员工绩效考核流程			编　号	
任务概要	员工工作业绩考核管理			执行单位	人力资源部
单位	总裁	行政总监	各总监	人力资源部	各单位	员工

（流程图）

单位行：总裁　行政总监　各总监　人力资源部　各单位　员工

工作程序：

开始 → 组织编制岗位说明书 → 岗位考核标准汇总 ← 编制岗位考核标准

审批 ← 审核 ← 审核 ← 岗位考核标准汇总

成文下发 → 组织考核 ← 部门领导进行业绩考核 ← 本人述职

审批 ← 审核 ← 审核 ← 拟写考核报告

考核结果 ↔ 考核结果 → 续聘、转岗、解聘

工作总结 → 审阅

结束

相关制度	绩效考核管理制度

57

5.1.5 中层绩效考核流程

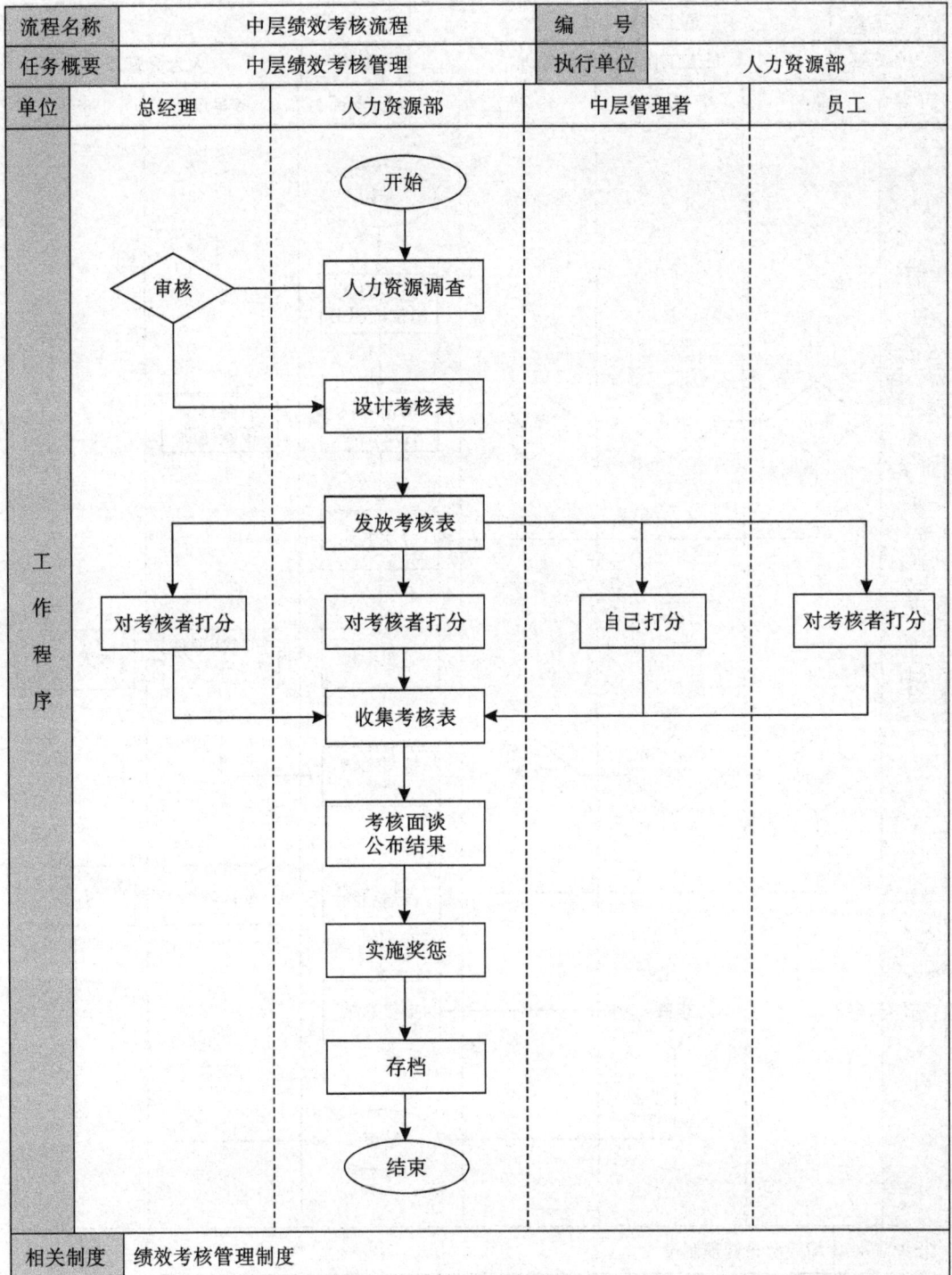

流程名称	中层绩效考核流程	编　号	
任务概要	中层绩效考核管理	执行单位	人力资源部
单位	总经理	人力资源部	中层管理者	员工

工作程序

```
                        ( 开始 )
                           │
   ┌─审核◇───── 人力资源调查
   │                       │
   └──────────→ 设计考核表
                           │
               ┌─── 发放考核表 ──────────┬──────────────┐
               │           │             │              │
   对考核者打分  对考核者打分        自己打分       对考核者打分
        │           │             │              │
        └────→ 收集考核表 ←──────────┴──────────────┘
                    │
               考核面谈
               公布结果
                    │
               实施奖惩
                    │
                  存档
                    │
                ( 结束 )
```

相关制度	绩效考核管理制度

58

5.1.6 高层绩效考核流程

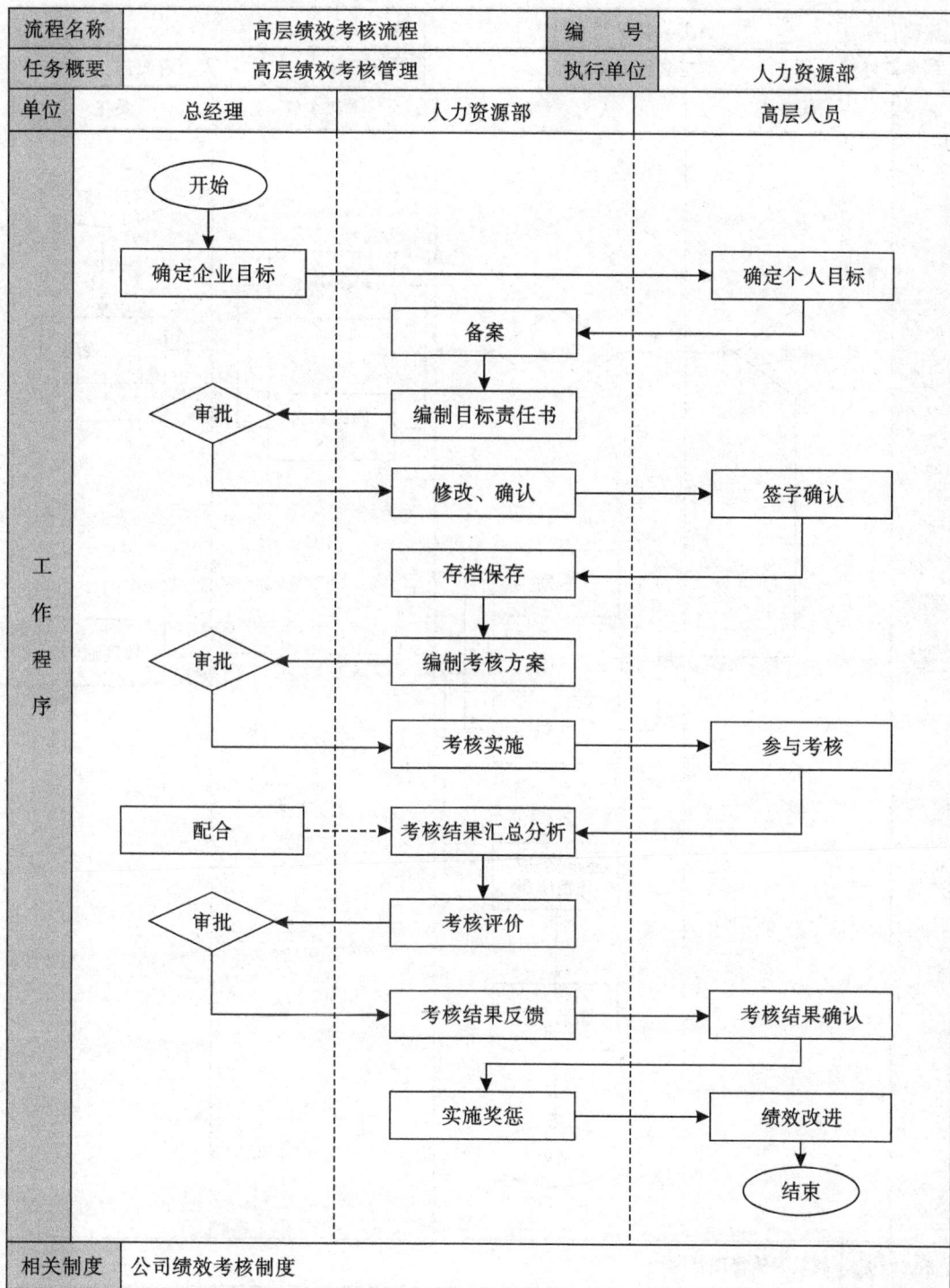

流程名称	高层绩效考核流程		编 号	
任务概要	高层绩效考核管理		执行单位	人力资源部
单位	总经理	人力资源部		高层人员
工作程序				
相关制度	公司绩效考核制度			

工作程序部分流程图：

开始 → 确定企业目标 → 确定个人目标

确定个人目标 → 备案 → 编制目标责任书 → 审批

审批 → 修改、确认 → 签字确认

修改、确认 → 存档保存

存档保存 → 编制考核方案 → 审批

审批 → 考核实施 → 参与考核

配合 ---> 考核结果汇总分析

参与考核 → 考核结果汇总分析 → 考核评价 → 审批

审批 → 考核结果反馈 → 考核结果确认

考核结果反馈、考核结果确认 → 实施奖惩、绩效改进 → 结束

5.1.7 员工奖惩管理流程

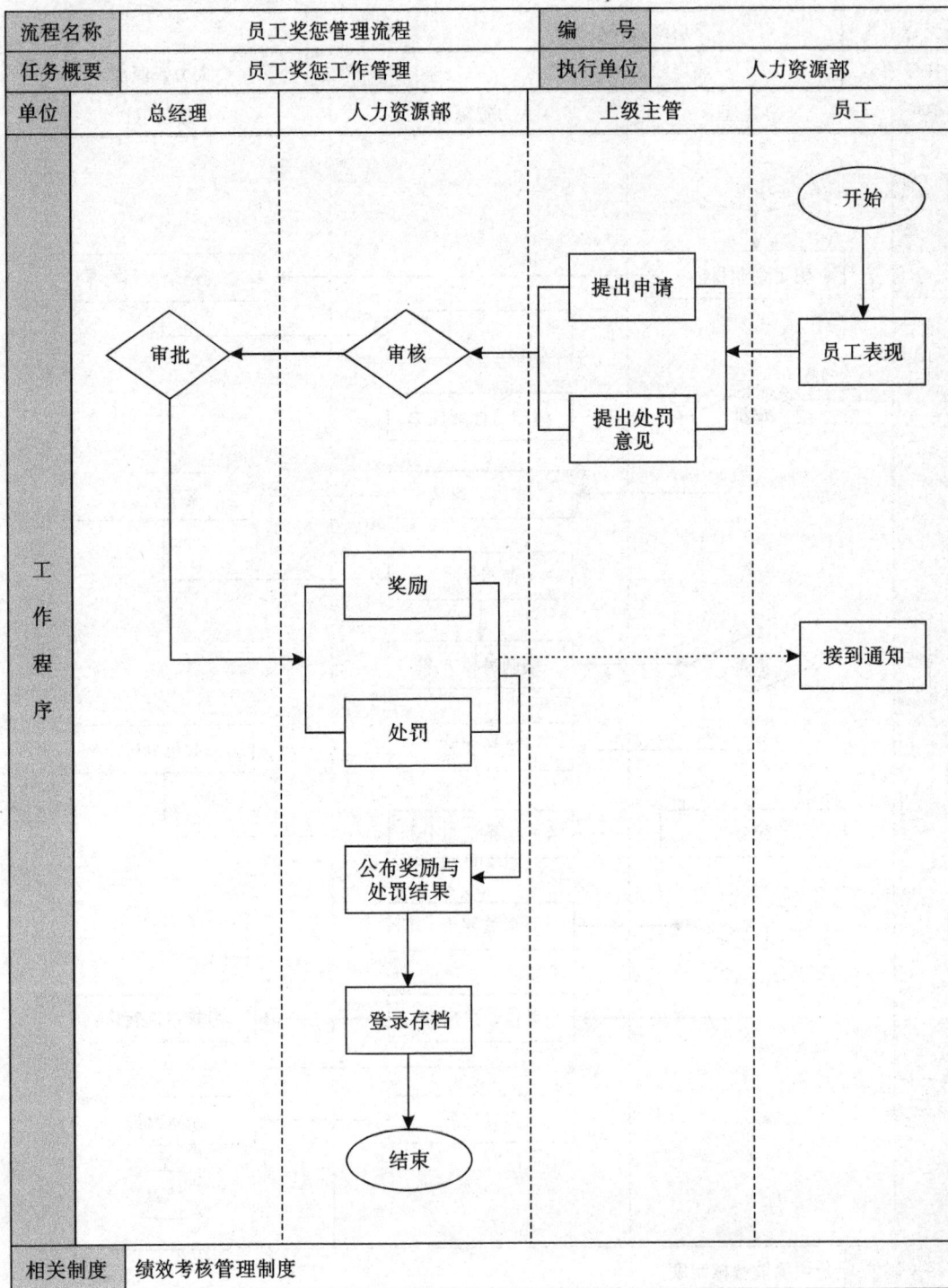

流程名称		员工奖惩管理流程		编　号	
任务概要		员工奖惩工作管理		执行单位	人力资源部
单位	总经理	人力资源部	上级主管		员工
工作程序					
相关制度	绩效考核管理制度				

开始

员工表现

提出申请

提出处罚意见

审核

审批

奖励

处罚

接到通知

公布奖励与处罚结果

登录存档

结束

5.1.8 员工考核申诉管理流程

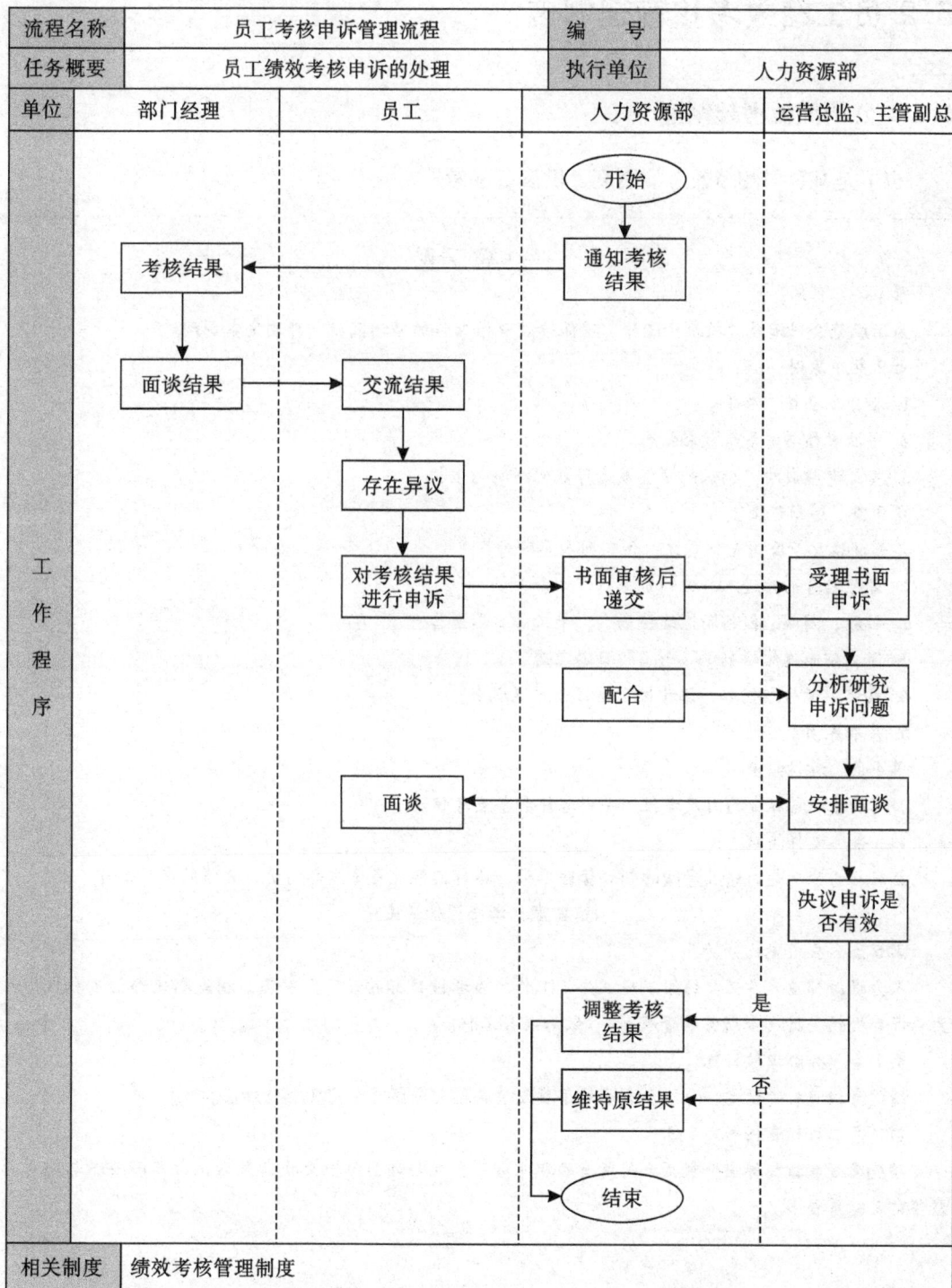

流程名称	员工考核申诉管理流程		编 号	
任务概要	员工绩效考核申诉的处理		执行单位	人力资源部
单位	部门经理	员工	人力资源部	运营总监、主管副总

工作程序

```
                                    开始
                                     │
          考核结果 ◄───────────── 通知考核结果
            │
          面谈结果 ──► 交流结果
                         │
                       存在异议
                         │
                     对考核结果 ──► 书面审核后 ──► 受理书面
                     进行申诉        递交            申诉
                                                     │
                                      配合 ──────► 分析研究
                                                   申诉问题
                                                     │
            面谈 ◄──────────────────────────────── 安排面谈
                                                     │
                                                  决议申诉是
                                                  否有效
                                                   │是
                              调整考核 ◄───────────┘
                              结果
                                │        否
                              维持原结果 ◄──────────┘
                                │
                              结束
```

相关制度	绩效考核管理制度

5.2 员工绩效考核管理制度

5.2.1 公司绩效考核制度

以下是某公司的绩效考核制度，供读者参考

第1章 总则

第1条 目的

为了规范公司绩效考核执行流程，确保绩效考核工作的顺利实施，特制定本制度。

第2条 原则

1. 公开、公正、公平。

2. 定性考核与定量考核相结合。

3. 员工考核成绩以确认的事实或者可靠的材料为依据。

第3条 适用范围

本制度适用于公司全体员工，但下列人员除外：

1. 考核期开始后进入公司的员工；

2. 因私、因病、因伤而连续缺勤____个工作日以上者；

3. 因工伤而连续缺勤____个工作日以上者；

4. 虽然在考核期任职，但考核实施日已经退职者；

5. 兼职人员。

第4条 考核频率

公司的绩效考核分为月度考核、年中考核和年度考核。

第5条 责任组织

公司人力资源部为绩效考核的归口管理单位，各部门经理负责本部门员工的绩效考核工作。

第2章 考核目标的设定

第6条 公司现状分析

人力资源部应实施必要的组织现状分析工作，为考核目标的设定做准备，相关职能部门应积极为人力资源部提供支持（如所需的资料等），做好配合工作。

第7条 分解考核目标

绩效考核目标的设定，应符合公司的年度发展目标并分解至公司各职能部门。

第8条 目标责任书

年度绩效考核目标应分解至公司所有的职能部门，在与部门经理交换意见后，由部门经理与公司总裁签订目标责任书。

第 3 章 考核标准的制定

第 9 条 工作一览表

人力资源部应制定各职能部门的工作一览表，作为考核标准制定的依据。工作一览表的内容包括各部门的业务范围、工作内容、任务安排等。

第 10 条 考核标准

依据工作一览表，人力资源部确定员工完成工作所需要的知识、技能、经验等，之后组织测试，明确绩优标准，最终确定绩效考核的指标。

第 11 条 表现形式

人力资源部负责整理所有部门的绩效考核标准，要做到书面化、表格化，以便于今后使用及修订。

第 4 章 考核的实施

第 12 条 考核步骤

1. 确定考核标准并填写评分档次。

2. 综合若干评价要素，确定并填写最终评分档次。

3. 对考核表进行全面回顾与检查，考查各项要素之间的评价结果是否具有内在统一性，清除相互矛盾的因素。

4. 进一步考查被考核者在同组内的相对位置，即名次排列是否合适。

5. 对综合评定部分进行考核评价，评语应引入对被考核者进行评价的综合因素，力求客观公正，切忌脱离事实，随意推测。

第 13 条 考核反馈

部门经理通过面谈形式，把考核的结果以及评定内容与过程告知被考核者本人，并指明被考核者今后应努力的方向，自我培养和发展的要点，以及相应的期待、目标和条件等。

第 14 条 考核申诉

1. 面谈后被考核者仍对考核成绩存有异议的，可填写"绩效考核申诉表"，提交人力资源部进行申诉。

2. 人力资源部负责将"绩效考核申诉表"报送相关上级，由上级领导对申诉情况做出最终裁决。

3. 部门员工的申诉由主管副总做出最终裁决，部门经理的申诉由总经理做出最终裁决。

4. 申诉必须在每个考核周期结束后五个工作日内提出，并于五个工作日内落实裁决结果。

第 5 章 考核结果的运用

第 15 条 考核结果将作为员工工资的计算依据。

第 16 条 考核结果将作为员工薪酬调整的主要依据。

第 17 条 考核成绩将作为员工晋升、评选先进以及淘汰的主要依据。

第 6 章 注意事项

第 18 条 考核实施前，人力资源部要对被考核者进行必要的培训，使其明确考核目标、考核标准及考核办法。

第 19 条 在考核过程中，要加强上下级之间的沟通与能力开发，了解被考核者的自我评价及对上级的意见和建议，以便上下级之间相互理解。

第 20 条 针对考核结果，相关人员要做好保密工作，做到有限度地公开（仅对被考核者的主管领导及人力资源部的负责人公开）。

第 7 章　附则

第 21 条　本制度自发布之日起开始执行。

第 22 条　本制度的解释权归人力资源部所有。

5.2.2 营销人员考核细则

以下是某公司的营销人员考核细则，供读者参考。

第 1 条　考核目的

合理激励员工的积极性和主动性，营造公平而有效的竞争环境和激励体制。

第 2 条　考核原则

公平、公正、公开。

第 3 条　考核依据

1. 公司整体经营效益。

2. 团队及员工个人所做的贡献。

第 4 条　考核对象

营销中心所有员工。

第 5 条　考核运用

各员工月度工资组成中的绩效工资和管理工资部分，半年度奖。

第 6 条　考核时间

每月底及季末。

第 7 条　绩效考核目标

1. 管理目标

（1）完善公司内部核算体制，积累各部门主要业务的关键控制指标数据，对指标数据进行统计分析，每月向总经理及营销总监汇报有关指标数据的动态状况并做出比较分析。

（2）建立以"预算计划"为核心的内部预控机制。每月 25 日前，编制下个月的各项费用计划，每月 5 日对上个月的有关营销费用作出总结、分析和修正，为合理、科学地进行费用控制提供有效的依据。

（3）完善薪酬激励和内部绩效考核体系。贯彻执行营销总部下达的有关店长、店员、拓展专员的绩效考核文件，最大限度地激励员工的工作积极性。

（4）加强企业文化建设。通过宣讲、强制执行、领导带头执行等多种形式逐步使员工养成自觉执行制度的习惯，同时采用简报和组织活动等各种形式增强员工对企业的归属感，增加企业的凝聚力。

（5）加强团队建设，建立以公司管理目标和管理制度为核心的营销团队，通过企业制度的完善和企业文化的建设调整员工的工作心态。

（6）加强企业形象建设，实现企业形象的逐步提升。

（7）政令畅通，反馈及时。按时按质完成上级交代的任务，及时向上级反馈完成情况或因客观原因而未完成任务的情况。

2. 业绩目标

（1）营销中心秋冬季业绩目标如下表所示。

营销中心秋冬季业绩目标表

单位：万元

月份	9月份	10月份	11月份	12月份	1月份	2月份	合计
华南							
华中							
华东							
拓展销售目标							

（2）营销中心总体业绩考核指标如下表所示。

营销中心总体业绩考核指标表

	考核指标	目标值	备注
1	销售额	____万	月度分解见月度销售回款指标一览表
2	销售回款率	____%	
3	销售毛利率	____%	
4	销售经营费用率	____%	
	其中：店铺费用率	____%	
5	季末产品库存率	____%	
指标解释	销售额＝自营店铺销售额＋联营店铺销售额＋专柜销售额		
	销售回款额＝当期实际回款/当期应回笼销售额		
	销售毛利率＝销售毛利额/当期应回笼销售额×100%		
	销售经营费用率＝经营费用额/销售额×100%，经营费用包含营销中心责任体全部费用		
	季末产品库存率＝季末本季库存产品成本/（期初库存本季产品成本＋当期采购本季成本总额）×100%		

第8条 月度工资考核

1. 工资组成

（1）效益型月度工资＝基本工资（月薪标准×60%）＋效益工资（月薪标准×30%）＋管理工资（月薪标准×10%）

适用对象：营运部经理、拓展部经理、分区经理、销售代表、拓展专员。

（2）管理型月度工资＝基本工资（月薪标准×70%）＋管理工资（月薪标准×30%）

适用对象：营销中心总部后勤人员及分区后勤人员。

2. 效益型月度工资考核办法

（1）营运部经理效益型月度工资考核办法如下表所示。

营运部经理效益型月度工资考核表

项目	考核指标	指标权重	对应薪资	考核说明
效益工资	销售额	0.30		应发薪资=达标率×对应薪资。达标率<90%时，该项薪资为0（含拓展计划）
	销售回款率	0.25		应发薪资=对应薪资-（1-达标率）×100，即每下降1%扣100元；达标率<90%时，该项奖励为0
	店铺费用率	0.25		费用控制在目标值内，对应薪资全额发放；超过目标值时，应发薪资=对应薪资+（1-实际值/目标值）×100；实际值/目标值>105%时，该项奖金为0
管理工资	管理目标达成率	0.20		按管理目标，由营销总监评估确定

（2）拓展部经理效益型月度工资考核办法如下表所示。

拓展部经理效益型月度工资考核表

项目	考核指标	指标权重	对应薪资	考核说明
效益工资	销售额	0.30		应发薪资=达标率×对应薪资。达标率<90%时，该项薪资为0
	拓展费用率	0.25		应发薪资=对应薪资-（1-达标率）×100即每下降1%扣100元；达标率<90%时，该项奖励为0
	拓展计划完成率	0.25		控制在目标值内，对应薪资全额发放；超过目标值时，应发薪资=对应薪资+（1-实际值/目标值）×100；实际值/目标值>105%时，该项奖金为0
管理工资	管理目标达成率	0.20		按管理目标，由营销总监评估确定

（3）分区经理效益型月度工资考核办法如下表所示。

分区经理效益型月度工资考核表

项目	考核指标	指标权重	对应薪资	考核说明
效益工资	销售额	0.25		应发薪资＝达标率×对应薪资。达标率＜90%时，该项薪资为0（不含拓展计划）
	销售回款率	0.25		应发薪资＝对应薪资－（1－达标率）×100，即每下降1%扣100元，达标率＜90%时需倒扣，直到效益工资扣完为止
拓展工资	拓展计划完成率	0.25		应发薪资＝拓展计划达成率×对应薪资。完成率＜50%时，该项薪资为0
管理工资	管理目标达成率	0.25		详见"管理目标考核表"

（4）销售代表效益型月度工资考核办法如下表所示。

销售代表效益型月度工资考核表

项目	考核指标	指标权重	对应薪资	考核说明
效益工资	销售额	0.5		应发薪资＝达标率×对应薪资。达标率＜90%时，该项薪资为0（不含拓展计划）
	销售回款率	0.25		应发薪资＝对应薪资－（1－达标率）×50，即每下降1%扣50元，达标率＜90%时需倒扣，直到效益工资扣完为止
管理工资	管理目标达成率	0.25		详见"管理目标考核表"
月度奖金	毛利率及销售额达标率			毛利率达到25%以上，销售额达标率＞90%时，奖对应薪资的50%；毛利率达到30%以上，销售额达标率＞100%时，奖全额对应薪资；毛利率＜25%或者销售额达标率＜90%时，本项奖金为0
注：为了加大基层管理的激励力度，公司将根据当月业绩达成情况给予销售代表一定奖励，增加其月度奖金				

（5）拓展专员效益型月度工资考核办法如下表所示。

拓展专员考核表

项目	考核指标	指标权重	对应薪资	考核说明
效益工资	销售额	0.50		应发薪资=达标率×对应薪资。达标率<90%时，该项薪资为0
	拓展计划完成率	0.25		应发薪资=拓展计划达成率×对应薪资；完成率<50%时，该项薪资为0
管理工资	管理目标达成率	0.25		按管理目标评估确定

3. 管理型月度工资考核办法

管理型月度工资考核办法按公司原标准执行。

4. 管理目标考核表

管理目标考核表

序号	管理责任考核项目	考核评分方法	标准分	自评	直接主管评分	部门主管评分
1	建立内部核算体制	汇报不及时或有误，一次扣2分	10			
2	内部预控机制建立	不按时提交或严重不合理，一次扣2分	10			
3	激励机制建立	综合评分	10			
4	文化建设	综合评分	10			
5	团队建设	综合评分	10			
6	企业形象建设与维护	综合评分	10			
7	政令执行与反馈情况	违规一次扣2分	10			
8	本部门有无管理事故（打架、弄虚作假或出现其他有损公司利益的行为）	查实一次扣5分	15			
9	有效投诉	查实一次扣5分	15			
考核综合得分			100			
营销总监最终评分值						

注：1. 此表为营销中心月度管理工资考核专用表

  2. 被考核人月度管理工资=对应标准×考核得分/100

  3. 月度考核表由营销总监评分，半年度考核由营销总监组织评分并报备有关部门，财务部根据标准核算相应的工资及奖金

第 9 条 半年度奖金方案

1. 奖励对象

各分区及营销中心后勤有关部门。

2. 奖励条件

本季销售指标（不含计划新开店销售指标）达标 95% 以上，毛利率达成 25% 以上。

3. 奖励额度（按各分区销售业绩核算）

（1）本季度销售指标达标率在 95% 以上，毛利率达成 25% 以上时，奖励额度 = 销售回款额 × 0.5%。

（2）本季度销售指标达标率在 100% 以上，毛利率达成 30% 以上时，奖励额度 = 销售回款额 × 1%。

4. 半年度奖金分配方案

（1）营销中心整体销售业绩达成奖励条件下的分配方案

①达到奖励条件的分区，提取该分区奖励额度的 60% 作为该分区人员的半年度奖，按照营销中心制定的分配原则由分区经理制定分配方案，经营运部复核、营销总监审批后执行。

②分区奖励额度的 40% 作为营销中心总部各部门（营运部、物控部、推广部、营销策划部）的半年度奖，按照营销中心制定的分配方案经营销总监审批后执行。

③未达到奖励条件的分区半年度奖为 0。

（2）营销中心整体销售业绩未达成奖励条件下的分配方案

①达到奖励条件的分区，提取该分区奖励额度的 60% 作为该分区人员的半年度奖，按照营销中心制定的分配原则由分区经理制定分配方案，经营运部复核、营销总监审批后执行。

②分区奖励额度的 40% 作为该分区的公益金，主要用于该分区员工福利，由分区经理提交使用方案，经批准后执行。

③未达到奖励条件的分区半年度奖为 0。

④营销中心总部各部门无半年度奖。

（3）分区半年度奖分配原则

分区经理，40%；销售代表，30%；后勤人员 30%；具体方案由分区经理提交。

（4）营销中心总部半年度奖分配原则

营运部，20%；物控部，30%；推广部，30%；策划部，10%；拓展部，10%。

第 10 条 考核变更

1. 在考核期内，由于无法预测的事件导致工作计划无法执行的，经营销总监与总经理达成一致后，可以对工作计划进行变更，交人力资源部备案。

2. 如果员工工作岗位在考核期内发生变动，其工作计划将根据需要随之进行变更。在对员工进行绩效考核时，应主要依据工作时间超过考核期 1/2 的工作计划，并由相应评估人为其评定考核成绩。

5.2.3 研发人员考核细则

以下是某公司研发人员考核细则，供读者参考。

第 1 条 目的

为了充分了解产品研发专员岗位员工的工作业绩和工作能力，使晋升、晋级、调动、调配、加薪和奖励工作做到公平、公开，特制定本细则。

第2条　原则

1. 考核工作是根据考核人日常观察所得资料和自己确认的事实进行的。

2. 摒弃个人情感，杜绝对上妥协、对下强硬行为的发生。

3. 考核的目的不是制造差距，而是鼓励优秀者、提携后进者。

第3条　指标设定及考核办法

1. 主要工作（50分）

考核指标	目标值	分值	考核办法
季度任务完成率	达到100%	30分	每降低____%减____分，低于____%此项得分为0
新品鉴定通过率	达到____%	10分	每降低____%减____分，低于____%此项得分为0
图纸设计出错率	低于____%	5分	每高出____%减____分，超过____%此项得分为0
技术报告提交及时率	达到100%	5分	每降低____%减____分，低于____%此项得分为0

2. 能力指标（30分）

（1）创新开拓能力，满分15分。

①工作中，极少或从未提出具有创意的想法和技巧，得3分。

②工作中，偶尔提出过具有新意的方法和简单技巧，得8分。

③工作中，时常能够通过总结、借鉴而形成新观点，被认定具有很好的指导意义，得12分。

④工作中，为产品的研发或改进工作提出过建设性意见或创新性的理念，并且在研发和改造过程中取得成功，得15分。

（2）分析思维能力，满分15分。

①工作中，能将问题进行简单分解，得3分。

②工作中，能够清楚、正确地找出问题的基本关系（包括因果、利弊、重要性等），得8分。

③工作中，针对复杂状况能够正确找出多重或连续性的关系，得12分。

④工作中，能够运用多种分析技术或方法，正确剖析复杂问题，并提出多种方案及评估意见，得15分。

3. 工作态度（20分）

（1）独立性，满分10分。

①能够在严格的监督下完成工作，得3分。

②能够服从分配，并在不定期的监督下较好地完成工作，得6分。

③能够完全理解工作内容，自觉地在无监督情况下很好地完成工作，得8分。

④在自我控制下圆满完成工作的同时，能主动要求追加工作量或帮助其他成员完成工作，得10分。

（2）勤勉性，满分10分。

①经常迟到早退，无故缺勤次数较多，1个季度累计在3天（含3天）以上，得3分。

②偶尔迟到早退，无故缺勤次数较少，1个季度累计在3天以下，得6分。

③从不迟到早退，没有缺勤现象，经常为完成额外任务而加班加点，得10分。

第4条　结果运用

1. 考核等级评定

产品研发专员的考核结果等于各项考核得分相加之和，满分为100分。根据考核结果，可将成绩分成六个等级，如下表所示。

产品研发专员绩效考核等级评定表

等级	得分	评价
S（卓越级）	90～100分	超群，无可挑剔
A（杰出级）	80～89分	出色，不负众望
B（优秀级）	70～79分	满意，可塑之才
C（良好级）	60～69分	称职，可以放心
D（一般级）	50～59分	注意，应当改进
E（危险级）	0～49分	奋起，拒绝淘汰

2. 考核结果处理

考核结果由人力资源部统计并保管，作为季度奖金发放的直接标准。根据考核结果的不同，季度奖金额度也不同，S级不少于____元、A级不少于____元、B级不少于____元、C级不少于____元、D级不少于____元、E级不少于____元。

第5条 本细则由人力资源部制定并负责解释。

第6条 本细则自颁布之日起实施。

5.2.4 生产人员考核细则

以下是某公司的车间生产人员考核细则，供读者参考。

根据公司纪律、管理、质量方面的相关要求，本车间为争创生产和管理佳绩，结合公司相关考核制度，特制定以下车间内部生产人员考核细则。

第1条 生产纪律

1. 文明生产

（1）不迟到、不早退，禁止旷工（否则严处），未经批准不得请假，不得无故缺勤。

（2）上班时间一律穿厂服，着装要整齐、佩戴厂牌，严禁穿拖鞋、留长发，特殊操作人员必须佩戴岗位资格证。

（3）上班时间不得睡觉，不得背靠倒卧或把脚踏放在流水线上，严禁跨流水线，不得踩、坐、卧于生产物料上。

（4）物品要轻拿轻放，严禁野蛮作业、大声喧哗、怪声尖叫以及在工作场地追逐打闹，言语要文明、不得说粗话秽语。

（5）工作期间不能随便脱岗、串岗、闲聊及翻阅与工作无关的书刊，严禁听收音机等播放器及拨打与工作无关的电话，上班时间不准吃东西，不得随地吐痰、乱扔杂物等。

（6）工作场地应清洁卫生，地面不得有划伤、掉螺钉杂物等，物料应摆放整齐、规范，不能超高、越线。

（7）返修机及试装机必须摆放整齐并作相应的标识，能处理的应及时处理，不合格品要及时摆放于所规定的区域并作好标识。

（8）工装车辆必须摆放整齐规范，工装车上的物料要区分，不得混放。叉板应按黄色线摆放整齐、集中并分类。

（9）工具箱内的所有工具要分类摆放，清洁工具要抖掉灰尘，全部整齐地放入箱内，水杯必须放置在水杯架上，不得随意摆放。

（10）门窗、茶杯架、工具箱等无灰尘，墙上无蜘蛛网。

（11）对清洁出来的工业垃圾和生活垃圾要进行区分，并及时处理。

2. 安全生产

（1）上岗前必须着装整齐，特殊岗位（如钎焊、带电作业岗位）要穿戴、使用指定的劳动服及用品，作好安全防范工作。

（2）风扇、电机等旋转机械在运行时，严禁做调整清洁等危险动作。

（3）不得私自接拉电线，发现工作场地有电线脱落、插座爆裂等情况应及时报修。

（4）不得斜靠、卧或把脚挂放在机械设备上。

（5）严禁无火情使用消防设备，更不能以任何借口堵塞消防通道及损坏消防设备。

（6）因有火情使用了灭火器，应上报备案，以便添补更换。

（7）严禁在厂区内任何区域吸烟。

（8）下班后必须关好所有电气开关及存放好危险品（如清洁水、紧固胶、淡金水等），停线时打包机上不得留有机子。

（9）一旦发现异常情况，应及时报告。

（10）严禁乱动叉车，不能站在工作车上滑行。

第2条 考核指标

车间生产人员绩效考核指标的扣分内容及标准如下表所示。

车间生产人员绩效考核指标的扣分内容及标准表

事项	内容	扣分
纪律考核	违反安全生产中的相关规定	发现一次扣0.1~0.5分
	违反文明生产中的相关规定	
质量管理考核	在作业时，漏打紧固胶、淡金水，不充氮焊接，漏打螺母、螺钉	发现一次扣0.2~0.5分
	焊漏虚焊、螺钉未打到位、流程卡上漏盖型号等相关编号、机身号及条形码编号与卡上不符、错盖型号、盖错和漏盖包装箱重量、电机线断、贴歪不干胶、倒片、机脏，包有吸音棉的返修机焊接时未拉出	发现一次扣0.1~0.3分
	漏贴和贴错不干胶（包括型号标记、铭牌、商标、气液、所有条形码，用错线路图、套错包等）	发现一次扣0.5~1分
质量管理考核	用错物料（包括冷凝器、压缩机、电机、底盘、阀门、管路、包装箱、灌注量、阀门支架等）	发现一次扣0.3~1分
	有主板的机型未戴静电环	发现一次扣0.3~1分
设备保养考核	个人所属现场设备区域的设备，包括流水线、滚筒真空泵、扳机、灌注机、电机捆扎机、升降机等，一旦流水线停下来，应在空闲时间搞好现场及设备的清洁工作，定期对生产设备加油点进行加油保养	发现一次扣0.1~0.3分

第 3 条 加分项目

1. 质量零缺陷：如果发现备料存在问题、外协送错物料、混料及班组未发现的问题等，视问题大小奖励 0.1~0.3 分，质量零缺陷的上报厂部予以奖励。

2. 生产管理：能主动协调班组工作，做到不停线，对生产不造成影响的，奖励 0.1~0.3 分。

3. 文明生产、安全生产，在实际工作中表现优秀的，奖励 0.1~0.5 分。

4. 设备保养（润滑、清洁等）优良的，奖励 0.1~0.3 分。

5. 能对班组工作改进提出合理化建议，奖励 0.1~0.3 分。

第 4 条 结果运用

班组每天应将以上问题记录在案，月底汇总成"月绩效考核积分表"。记录一式两份，一份报公司总部，另一份在车间公布，作为年终评比先进等的依据。

奖励在当月的工资里以奖金形式兑现。

备注：各考核项目，员工如三次以上违规将加倍罚分。

5.2.5 采购人员考核细则

以下是某公司的采购人员考核细则，供读者参考。

第 1 条 考核目的

为建立与公司发展相适应的科学的采购管理制度，提高公司的采购管理水平，充分调动采购人员工作的积极性，特制定本考核细则。

第 2 条 采购人员的工作职责

采购人员的工作职责是负责不同类别物料的具体采购工作，如下表所示。

采购人员工作职责表

工作事项	具体内容
供应商管理	1. 搜集、分析、汇总及考察评估供应商信息，及时掌握市场行情 2. 负责供应商开发、选择与考评工作，建立科学的供应商网络体系
采购质量控制	1. 采购必须严格按照公司 ISO9000 质量体系规定的流程进行 2. 积极运用电子采购优化采购流程，节约内外部交易成本，提高采购需求的响应速度，有效降低采购成本 3. 采购物料的成本和质量控制，所采购的物料必须达到公司 ISO9000 质量控制要求
办理采购事宜	1. 编制单项具体物料的采购计划并实施 2. 对外业务洽谈，与供应商谈判，经部门经理审核后签订采购合同 3. 确认、安排发货时间与批量，跟踪到货日期 4. 办理货物入库相关手续，配合仓库保质保量地完成采购货物的入库工作 5. 及时处理物料退货与索赔 6. 编制单项采购活动的分析与总结报告，并在每月月末递交述职报告

第3条　考核指标

1. 采购人员的考核指标及计算公式

采购人员的考核指标及计算公式

指标	计算公式	权重
采购成本降低幅度	（采购基准价格－实际采购价格）×采购量/采购基准价格×采购量	60%
平均采购资金周转率增加幅度	本期总采购金额/本期平均资金占用额－上期总采购金额/上期平均资金占用额	20%
平均库存占用资金降低幅度	上期平均库存占用资金/上期总采购金额－本期平均库存占用资金/本期总采购金额	20%

2. 综合考核指数

综合考核指数＝采购成本降低幅度×70%＋平均采购资金周转提高幅度×15%＋平均库存占用资金降幅×15%

如果采购人员的当月综合考核指数等于或小于零，则该采购人员当月的绩效奖金按该采购人员应分配绩效奖金的40%计算。

3. 调整系数

为确保采购能按时、按质、按量完成，根据缺货率、采购物料质量合格率的考核结果确定调整系数：

（1）调整系数基数为100%；

（2）每发生一次物料（产品）缺货，调整系数相应扣10%；

（3）每发生一次采购物料质量不合格的，调整系数相应扣5%。

第4条　采购人员的工资构成

为提高采购人员的积极性，在采购人员为公司节流、提升企业赢利能力的同时，相应提高其收入，从而实现双赢。采购人员的工资构成为：采购人员工资＝岗位工资＋绩效奖金×调整系数。

1. 岗位工资的计算

考虑到采购人员资历、学历、技能等存在差异，为更好地体现公平性与延续性，现采取岗位工资与原工资挂钩的办法，按采购人员原工资的75%计算，作为其岗位工资。

2. 绩效奖金的计算与考核

（1）采购人员的月绩效奖金总额共计4 000～6 000元。

（2）以定量指标方式每月进行考核，全面考核采购人员在其分管领域的工作完成情况。

（3）采取排序的方式，根据综合考核指数指标排出高低次序，具体奖金分配比例如下表所示。

奖金分配比例表

第一名	第二名	第三名	第四名
40%	30%	20%	10%

第6章 员工薪酬管理

6.1 员工薪酬管理流程

6.1.1 员工工资发放流程

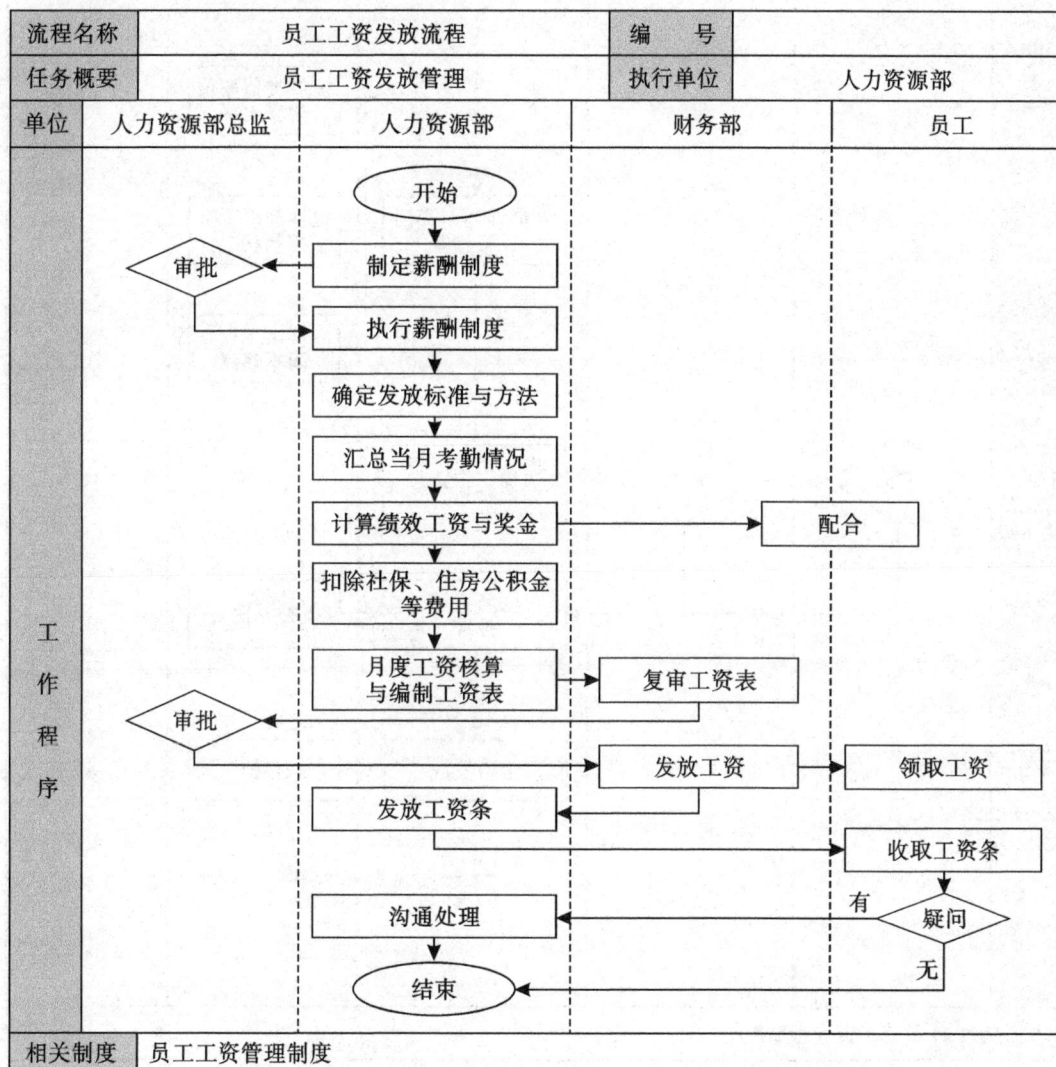

流程名称	员工工资发放流程		编 号	
任务概要	员工工资发放管理		执行单位	人力资源部
单位	人力资源部总监	人力资源部	财务部	员工
工作程序		开始 → 制定薪酬制度 → 审批 → 执行薪酬制度 → 确定发放标准与方法 → 汇总当月考勤情况 → 计算绩效工资与奖金 → 扣除社保、住房公积金等费用 → 月度工资核算与编制工资表 → 审批 → 发放工资条 → 沟通处理 → 结束	配合；复审工资表；发放工资；疑问 有/无	领取工资；收取工资条
相关制度	员工工资管理制度			

75

6.1.2 员工工资调整流程

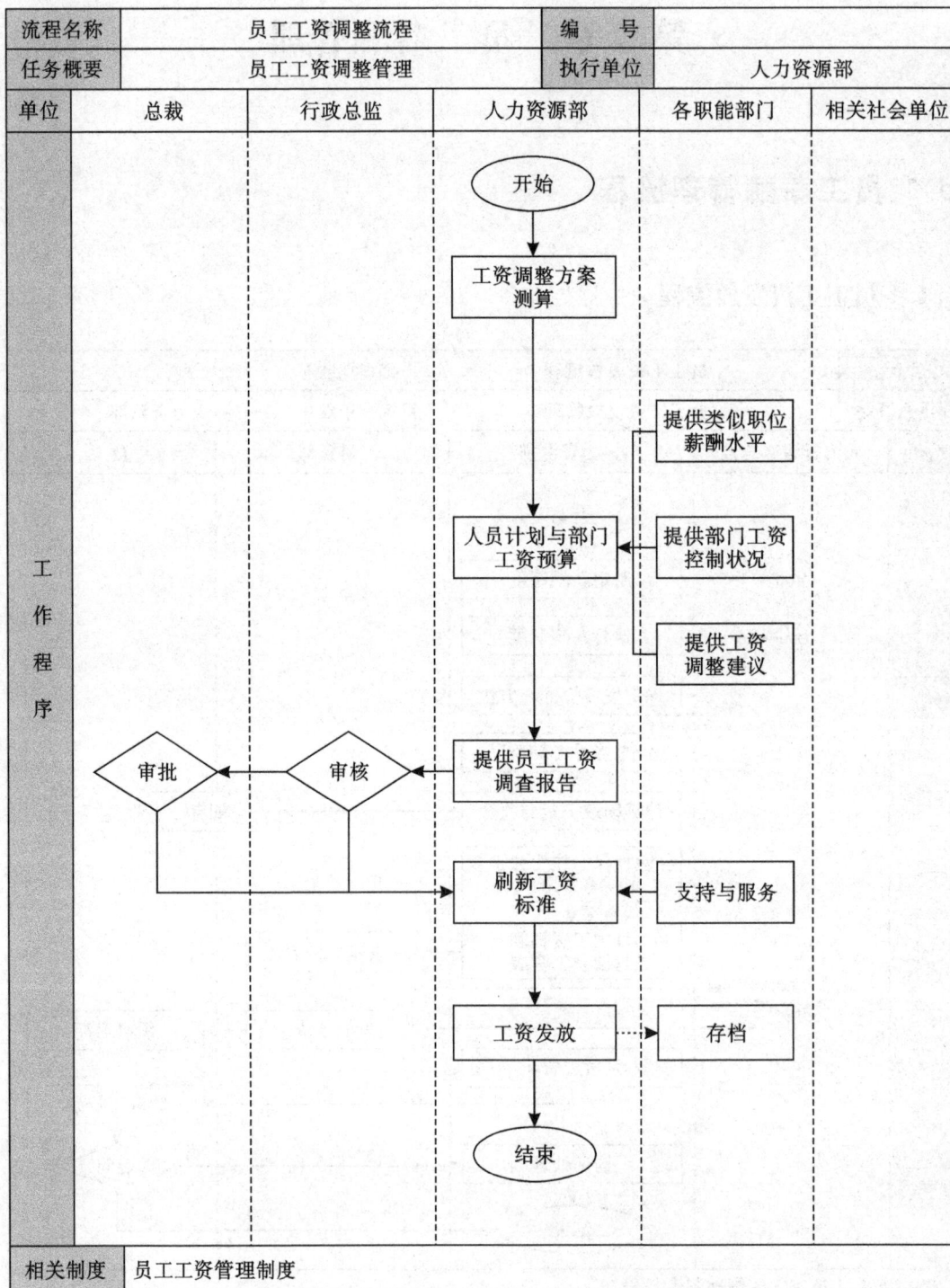

流程名称		员工工资调整流程		编　号	
任务概要		员工工资调整管理		执行单位	人力资源部
单位	总裁	行政总监	人力资源部	各职能部门	相关社会单位
工作程序			开始 工资调整方案测算 人员计划与部门工资预算 提供员工工资调查报告 刷新工资标准 工资发放 结束	提供类似职位薪酬水平 提供部门工资控制状况 提供工资调整建议 支持与服务 存档	
	审批	审核			
相关制度	员工工资管理制度				

6.1.3 员工福利管理流程

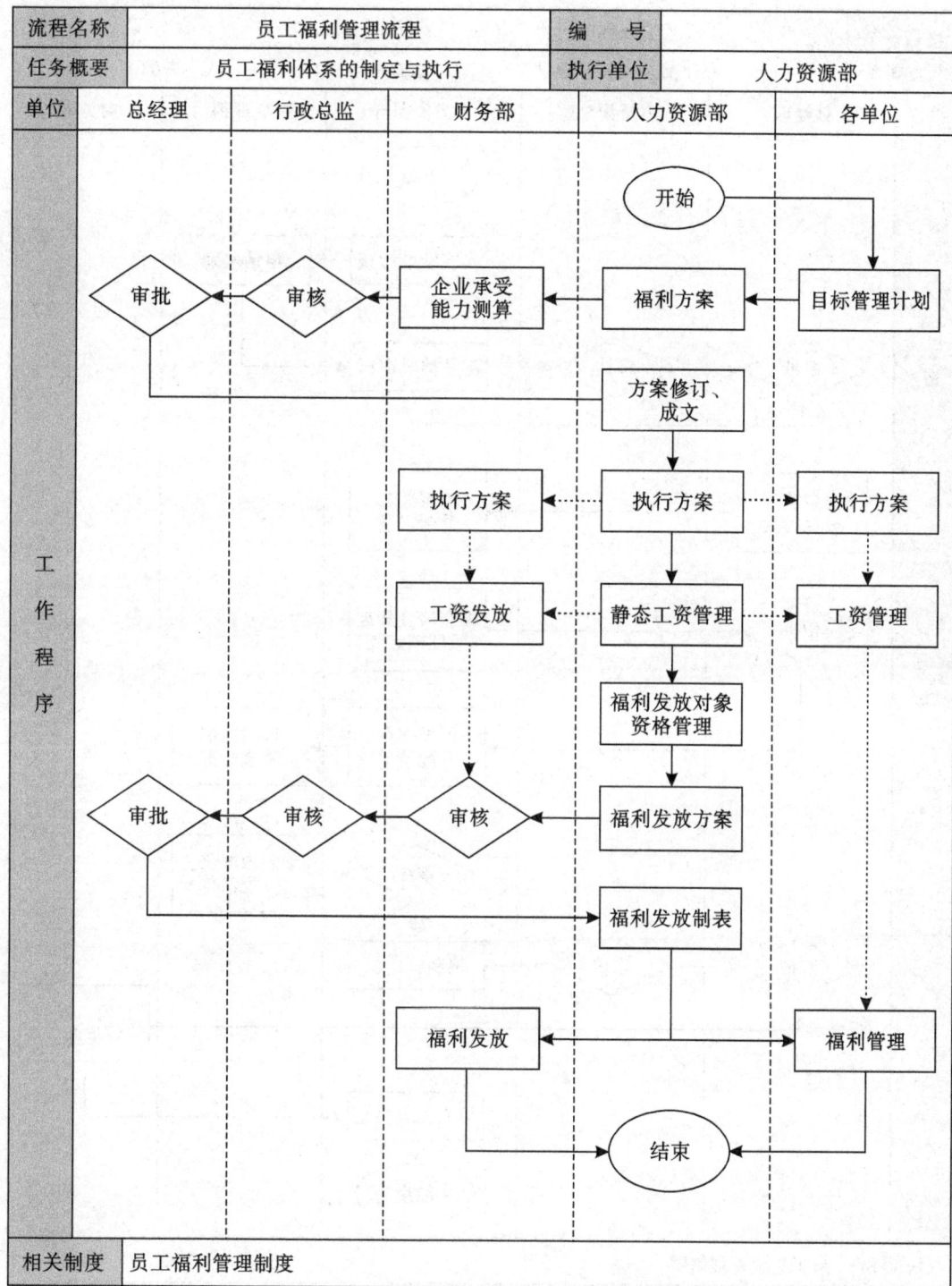

流程名称	员工福利管理流程		编　　号	
任务概要	员工福利体系的制定与执行		执行单位	人力资源部
单位	总经理	行政总监	财务部	人力资源部	各单位

工作程序

```
                                                开始
                                                 │
                                                 ▼
审批 ◄── 审核 ◄── 企业承受 ◄── 福利方案 ◄── 目标管理计划
                  能力测算
                                                 │
                                                 ▼
                                             方案修订、
                                              成文
                                                 │
                                                 ▼
        执行方案 ◄········ 执行方案 ········► 执行方案
                                                 │
                                                 ▼
        工资发放 ◄········ 静态工资管理 ······► 工资管理
                                                 │
                                                 ▼
                                             福利发放对象
                                             资格管理
                                                 │
                                                 ▼
审批 ◄── 审核 ◄── 审核 ◄── 福利发放方案
                                                 │
                                                 ▼
                                             福利发放制表
                                                 │
                                                 ▼
        福利发放 ◄─────────────── 福利管理
                                                 │
                                                 ▼
                                                结束
```

相关制度	员工福利管理制度

6.1.4 员工奖金发放流程

流程名称	员工奖金发放流程		编　号	
任务概要	员工奖金发放管理		执行单位	人力资源部
单位	总经理	人力资源总监	人力资源部	各职能部门	财务部

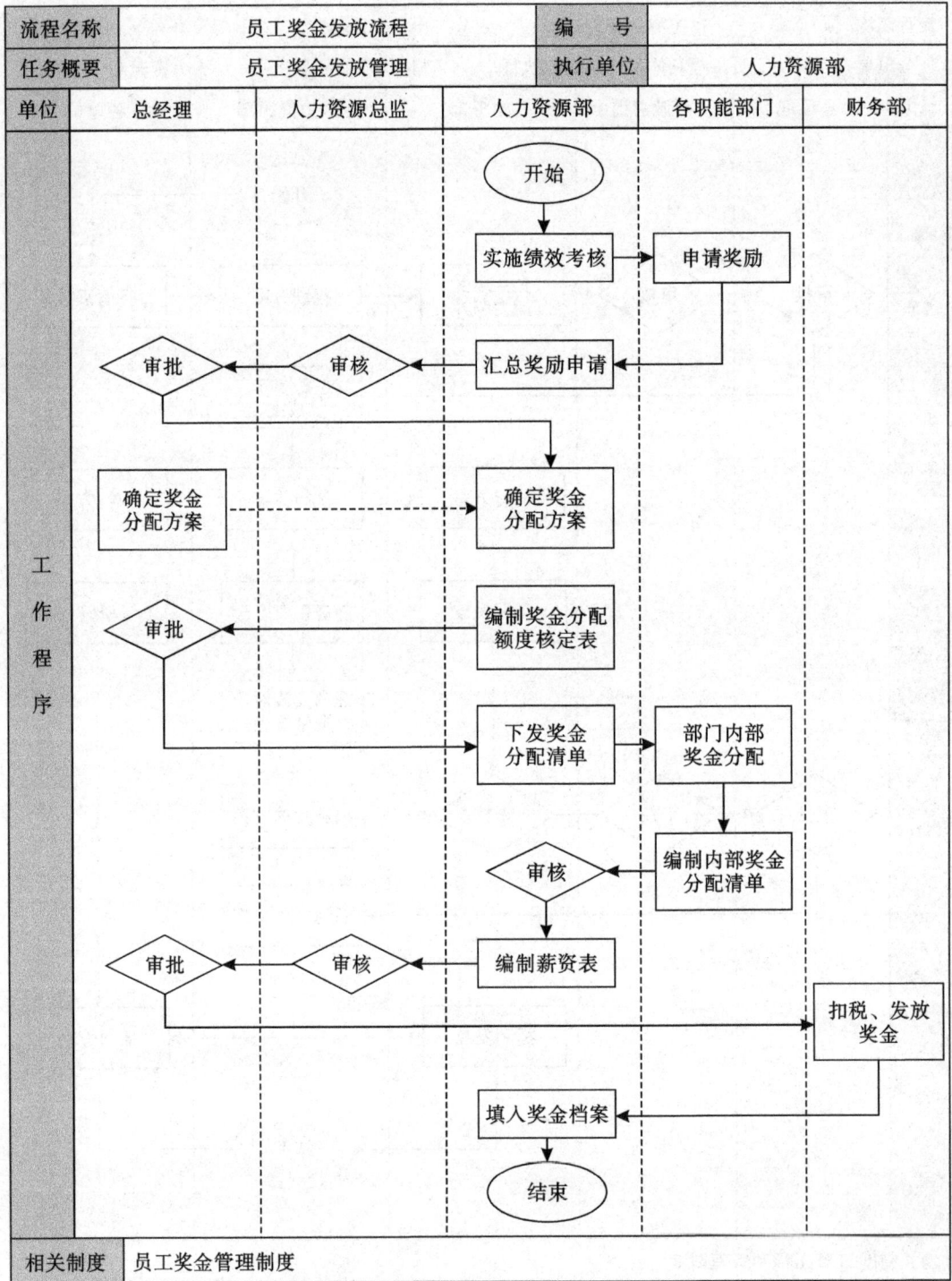

| 工作程序 | 相关制度 | 员工奖金管理制度 |

6.1.5 薪酬外包管理流程

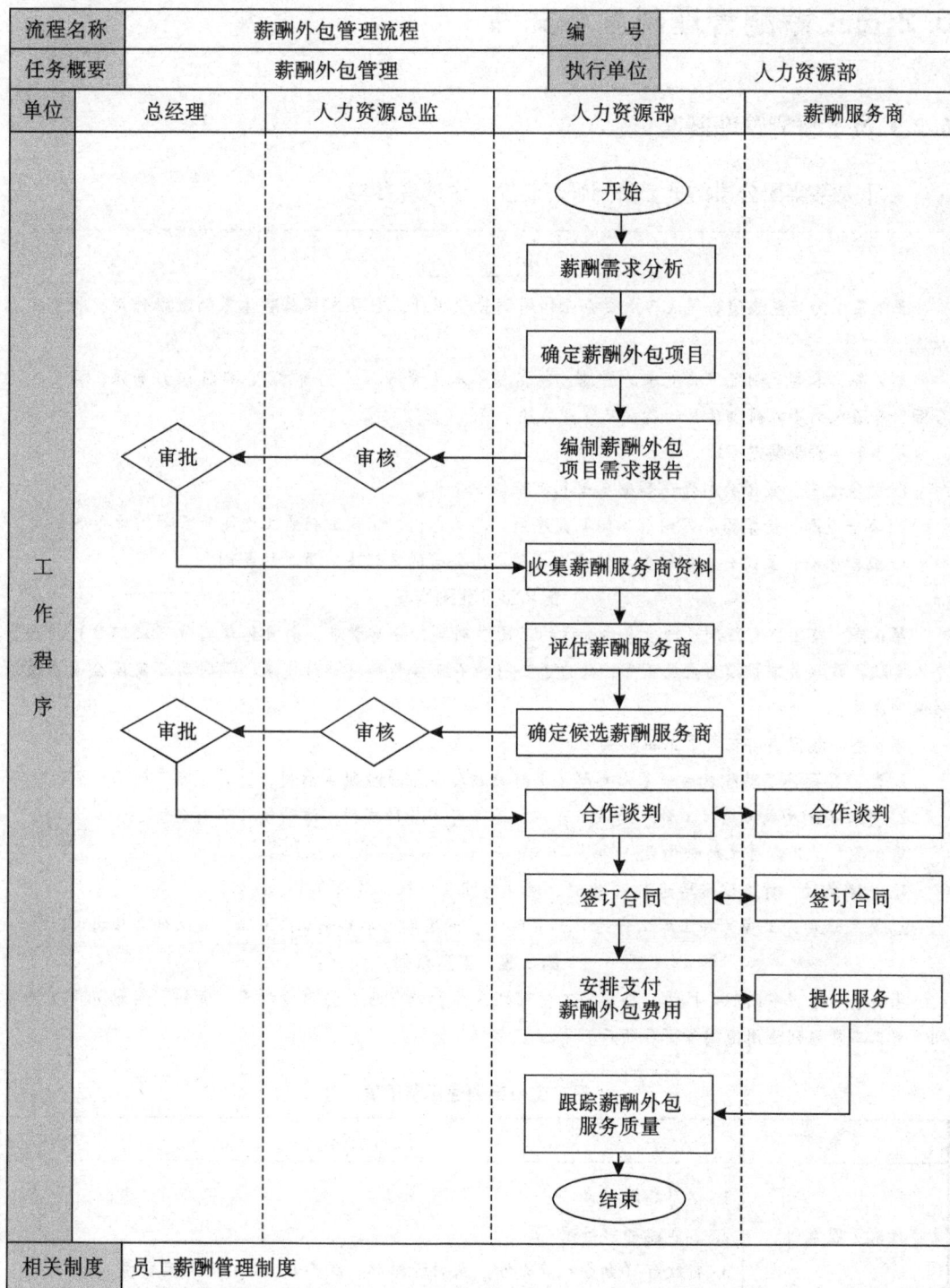

流程名称	薪酬外包管理流程		编　号	
任务概要	薪酬外包管理		执行单位	人力资源部
单位	总经理	人力资源总监	人力资源部	薪酬服务商
工作程序			开始 ↓ 薪酬需求分析 ↓ 确定薪酬外包项目 ↓ 编制薪酬外包项目需求报告 → 审核 → 审批 ← 收集薪酬服务商资料 ↓ 评估薪酬服务商 ↓ 确定候选薪酬服务商 → 审核 → 审批 ← 合作谈判 ↔ 签订合同 ↔ 安排支付薪酬外包费用 → 跟踪薪酬外包服务质量 ↓ 结束	合作谈判 签订合同 提供服务
相关制度	员工薪酬管理制度			

6.2 员工薪酬管理制度与文书

6.2.1 员工薪酬管理制度

以下是某集团公司的员工薪酬管理制度，供读者参考。

第1章 总则

第1条 为规范集团公司及各成员企业的薪酬管理制度，充分发挥薪酬体系的激励作用，特制定本制度。

第2条 本制度制定了四类人力资源，包括核心人力资源（人力资本）、科技人力资源、重要人力资源、普通人力资源薪酬体系的构成及管理办法。

第3条 薪酬制定原则。

1. 竞争原则：集团公司保证薪酬水平具有市场竞争力。

2. 公平原则：使集团公司内部不同职务序列、不同部门、不同职位员工之间的薪酬相对公平合理。

3. 激励原则：集团公司根据员工的业绩及对集团公司的贡献决定员工的薪酬。

第2章 薪酬构成

第4条 集团公司薪酬设计按人力资源的不同类别实行分类管理，着重体现岗位（或职位）价值和个人贡献。鼓励员工长期为企业服务，致力于公司的不断成长和可持续发展，同时共享集团公司发展所带来的成果。

第5条 集团公司正式员工薪酬构成。

1. 集团公司高层薪酬构成＝基本年薪＋年终效益奖＋股权激励＋福利。

2. 员工薪酬构成＝岗位工资＋绩效工资＋工龄工资＋各种福利＋津贴或补贴＋奖金。

第6条 试用期员工薪酬构成。

1. 一般来说，员工试用期为1~6个月，具体时间长短根据其所在岗位而定。

2. 员工试用期工资为转正后工资的70%~80%，试用期内不享受正式职工所发放的各项补贴。

第3章 工资系列

第7条 根据不同职务性质，公司的工资可划分为行政管理、技术、生产、营销、后勤五类工资系列。员工工资系列适用范围如下表所示。

员工工资系列适用范围表

工资系列	适用范围
行政管理系列	1. 公司高层领导 2. 各职能部门经理 3. 行政部（勤务人员除外）人力资源部、财务部、审计部所有职员

（续）

工资系列	适用范围
技术系列	产品研发部、技术工程部所有员工（各部门经理除外）
生产系列	生产部、质量管理部、采购部所有员工（各部门经理除外）
营销系列	市场部、销售部所有员工
后勤系列	一般勤务人员，如司机、保安、保洁员等

第4章　高层管理人员薪酬标准的确定

第8条　基本年薪是高层管理人员的一个稳定收入来源，它是由个人资历和职位决定的。该部分薪酬应占高层管理人员全部薪酬的30%～40%。

第9条　高层管理人员的薪酬水平由薪酬委员会来确定，确定依据是上一年度集团公司的总体经营业绩以及对外部市场薪酬调查数据的分析。

第10条　年终效益奖。年终效益奖是对高层管理人员经营业绩的一种短期激励，一般于年底以货币的形式支付，该部分应占高层管理人员全部薪酬的15%～25%。

第11条　股权激励。这是一种非常重要的激励手段，主要有股票期权、虚拟股票、限制性股票等方式。

第5章　一般员工工资标准的确定

第12条　岗位工资。岗位工资主要根据岗位在集团公司中的重要程度来确定。集团公司实行岗位等级工资制，根据各岗位所承担工作的特性及对员工能力的要求，将岗位划分为不同的级别。

第13条　绩效工资。绩效工资是根据集团公司经营效益和员工个人工作绩效计发。公司将员工绩效考核结果分为四个等级，具体标准如下表所示。

绩效考核标准划分表

等级	S	A	B	C
说明	优秀	良好	合格	差

绩效工资分为月度绩效工资、年度绩效奖金两种。

月度绩效工资：员工的月度绩效工资同岗位工资一起按月发放，月度绩效工资的发放额度依据员工绩效考核结果确定。

年度绩效奖金：集团公司根据年度经营情况和员工一年的绩效考核成绩决定员工年度奖金的发放额度。

第14条　工龄工资。工龄工资是对员工长期为集团公司服务的付出所给予的一种补偿，其计算方法为从员工正式进入公司之日起，每满一年可得工龄工资10元/月；工龄工资实行累进计算，满10年不再增加。工龄工资按月发放。

第15条　奖金。奖金是对做出重大贡献或优异成绩的集体或个人给予的奖励。

第6章　员工福利

第16条　福利是在基本工资和绩效工资以外，为解除员工后顾之忧所提供的一种保障。

第17条　社会保险。公司按照国家和地方相关法律规定，为员工缴纳养老、失业、医疗、工伤、生育保险。

第18条 法定节假日。集团公司按照《中华人民共和国劳动法》和其他相关法律规定为职员提供相关假期。

第19条 带薪年假。员工在集团公司工作满一年可享受____个工作日的带薪休假，以后在公司工作每增加一年可增加____个工作日的带薪休假，但最多不超过____个工作日。

第20条 其他带薪休假。公司视员工个人情况，员工享有婚假、丧假、产假、哺乳假等有薪假。

第21条 津贴或补贴。

1. 住房补贴

公司为员工提供宿舍，因公司原因而未能享受公司宿舍的员工，公司将向其发放每月____元的住房补贴。

2. 加班津贴

（1）凡规定工作时间以外的出勤均为加班，主要指休息日、法定休假日加班，以及八小时工作日的延长作业时间。

（2）加班时间必须经主管认可，加点、加班时间不足半小时的不予计算。加班津贴支付标准如下表所示。

加班津贴支付标准表

加班时间	加班津贴
工作日加班	每小时加点工资＝正常工作时间每小时工资×150%
休息日加班	每小时加点工资＝正常工作时间每小时工资×200%
法定节假日加班	每小时加班工资＝正常工作时间每小时工资×300%

3. 学历津贴与职务津贴

为鼓励员工不断学习，提高工作技能，特设立此津贴项目，具体标准如下表所示。

学历津贴、职务津贴支付标准表

津贴类型		支付标准
学历津贴	本科	____元
	硕士	____元
	博士及以上	____元
职务津贴	初级	____元
	中级	____元
	高级	____元

4. 午餐补助

集团公司为每位正式员工提供____元/天的午餐补助。

第 7 章 附则

第 22 条 本制度由集团公司人力资源部制定，经集团总裁核准后实施，修订时亦同。

第 23 条 本制度由集团公司人力资源部负责解释。

第 24 条 本制度自颁发之日起执行。此前集团公司颁布的薪酬管理制度同时废止。

6.2.2 员工工资管理制度

以下是某公司员工工资管理制度，供读者参考。

第 1 章 总则

第 1 条 目的

按照建立与现代企业制度相适应的收入分配制度的要求，根据集团总体工资政策和制造基地的实际，现依照《中华人民共和国劳动法》以及国家和当地有关的劳动政策法规，特制定本制度。

第 2 条 适用范围

本制度适用于在基地工作的员工，不含基地副总裁及以上职位的高层管理员。

第 3 条 原则

本制度实施以岗位工资为主体的岗位职能绩效工资制，并以"按岗位定酬、按技术定酬、按绩效定酬"为主线设计，工资的确定、调整与支付以岗位、技术和绩效为导向。

第 4 条 工资构成

员工工资收入一般由岗位工资（包括岗位基本工资和岗位绩效工资）、学历补贴以及特殊贡献奖组成。

在超额完成生产任务或利润计划的前提下，计发超产奖或超额利润奖。

第 2 章 工资标准与工资调整

第 5 条 工资等级

员工的工资等级按照员工任职岗位的岗位等级确定。岗位等级以岗位评价为基础，并结合劳动力市场价位确定。

第 6 条 兼职员工的工资

兼职员工指负责两个或两个以上岗位的员工，分为横向和纵向兼职两种，其中有一个主要岗位，每个岗位的工作责任及范围以岗位描述为准。

1. 横向兼职员工岗位工资在主岗位工资的基础上可上浮一级，但不得突破同类级别的最高值。

2. 纵向兼职员工岗位工资不变。

第 7 条 试用期员工的工资

试用期员工的工资按其应聘岗位级别工资的 70% 发放，但最低不少于 1800 元。

第 8 条 临时员工的工资确定

临时员工的工资一般为 1500 元，但在工作环境恶劣或工作强度繁重、工作性质重要的条件下从事工作，工资可适当向上浮动，但最高不超过 2000 元，而且需经相关程序审批。

第 9 条 计件工人（专指生产公司）的工资

计件工人的工资按每天完成的工作量计算，如果未完成当天规定的数量，则按当天完成工作量的比例计算工资额。

计件工人的工资＝实际完成工作量÷计划完成工作量×实际完成件数×每件工资额

第10条　特殊员工的工资级别（三级）

1. 一级特殊员工，指在省、市范围内某一专业领域享有盛誉，并在公司任职的专业技术人才，月基本工资 5 000～8 000（含）元。

2. 三级特殊员工，指在国际上某一专业领域享有威望，并在公司任职的专业技术权威，月基本工资 8 000～10 000（含）元。

3. 四级特殊员工，指在某一专业技术领域的科技成果达到国内先进水平或国际水平，掌握国际尖端技术，引导国际科技发展方向，并在公司任职的杰出专业技术权威，月基本工资 10 000～20 000（含）元。

第11条　员工岗位工资的增长和调整方式

1. 调整工资等级

管理人员晋升职务等级，工人到高于现任岗位等级的岗位上工作，按照新的岗位（职务）等级调整相应的工资等级。

2. 晋升工资档次

员工具有以下三种情况之一的，调高工资档次：

（1）"技变晋档"，员工取得比现有等级高一等级的专业技术资格证书或技术等级证书；

（2）"龄变晋档"，员工技术年限或工作年限的增长符合晋升工资档次的规定年限；

（3）"考核晋档"，员工工作业绩突出，并连续两年考核优秀。

3. 定期调整工资标准

从＿＿＿年起，将参照政府工资指导线的基准线、同行业的工资增长水平和不同劳动市场价位等因素，定期整体调整员工的岗位工资标准。

第3章　工资的支付

第12条　工资标准划分

工资标准划分为岗位基本工资和绩效工资两部分。

1. 岗位基本工资。岗位基本工资占岗位工资的60%，是工资构成中相对固定的部分。

2. 绩效工资。绩效工资占岗位工资的40%，实行考核发放，是工资构成中的浮动部分。

第13条　岗位基本工资的支付

将月工资折合为日工资或小时工资，每月按照出勤日数或出勤时数计发。

第14条　绩效工资的支付

根据基地生产计划的完成情况和个人绩效程度计发。

第15条　最低工资保障

在提供正常劳动的情况下，计发本人岗位基本工资与绩效工资之和，扣除社会保险缴费后，低于地区最低工资标准的，按照最低工资标准支付。

第4章　超产奖或超额利润奖

第16条　对超过必保计划的产量或计划利润，提取超产奖或超利润奖。

第17条　超产奖或超利润奖以员工个人达到的绩效程度为基础分配。

第5章 特殊情况下的工资支付

第18条 对实行标准工时制度以及综合计算工时工作制的人员，遇有工作日、周休日或法定节假日必须加班加点或综合计算超过法定工作时间而又不能补休的，以本人岗位基本工资为基数计发加班加点工资。

第19条 员工因病或非因工负伤期间，在规定的医疗期内，以岗位基本工资为基数，按照当地政府的有关规定计发。

第20条 国家规定范围内的婚丧假、产假等，假期期间照发岗位基本工资。

第21条 员工因工负伤停工留薪期间，按照国务院《工伤保险条例》的规定和当地的具体规定支付工资及福利待遇。

第22条 由于生产任务不足和其他非本人原因停工的人员，停工期间，按照当地的最低生活费标准发给生活费。

第23条 由于个人责任给公司造成重大经济损失的，由其本人负经济赔偿责任。

第6章 协议工资、特殊津贴

第24条 对具有特殊管理或特殊技术的紧缺人员，以及以完成特定任务为周期的人员，实行协议工资制。

第25条 对于掌握产品研发、经营管理和生产核心技术的人员，在执行本方案工资标准的基础上，给予特殊津贴。

第7章 附则

第26条 其他需要支付津贴的情形，按照确保生产、基本补偿额外劳动消耗的原则，由人力资源部提出，报公司总裁审批后执行。

第27条 依据本制度，人力资源部可根据需要，制定实施办法及补充规定，经公司总裁批准后执行。

第28条 本制度如与以前公司印发的有关规定不一致，按本制度的规定执行。

第29条 本制度由公司人力资源部负责解释。

6.2.3 员工奖金管理制度

以下是某公司的员工奖金管理制度，供读者参考。

第1章 总则

第1条 目的

为了奖励工作成绩优秀的员工，鼓励员工为公司做出更多贡献，特制定本制度。

第2条 适用范围

本制度适用于集团公司及公司分部。

第3条 奖金颁发原则

1. 要把奖金作为一种重要的激励手段，充分发挥其应有的作用。

2. 颁发奖金要严格执行以企业经济效益为中心的原则。

3. 颁发奖金要执行公平合理原则，多劳者多得。

第2章　奖金的种类

第4条　效益奖金

效益奖金指各单位（或各部门）在完成本单位（或部门）季度计划指标后，超额部分按一定比例提取的部分奖金。

第5条　节日奖金

公司在端午节、中秋节及春节发给员工的节日奖金。

第3章　奖金标准的制定

第6条　效益奖金的确定

公司分部在完成季度计划指标（生产产值或销售回款额）后，从超额部分中提取5%作为效益奖金总额。

集团公司在完成季度计划销售回款额指标后，从总超额部分中提取5%作为效益奖金总额。

第7条　节日奖金的确定

端午节奖金最高不超过员工1月至6月份平均工资额的20%。

中秋节奖金不得超过员工1月至9月份平均工资额的20%。

春节奖金不得超过员工全年平均工资额的90%。

第4章　奖金分配

第8条　绩效奖金分配

1. 计算办法

（1）有具体计划指标员工平均效益奖金＝超标部分×5%×自身系数÷本系数的人员总数。

（2）无具体计划指标员工平均效益奖金＝有量化指标员工的平均效益奖金÷1.5×自身系数。

2. 分配办法

每季度由人力资源部组织公司各部门依据员工岗位描述和规章制度的执行情况，对员工进行绩效考核，并分为优、甲、乙、丙、丁五等。员工奖金也依据绩效考核的结果分为优、甲、乙、丙、丁五等。集团公司效益奖金系数分配如下所示。

绩效考核结果	优	甲	乙	丙	丁
效益奖金系数	1.4	1.2	1	0.8	0.6

第9条　节日奖金分配

1. 凡正式员工在当年年度内无事假、迟到、早退、旷工等缺勤记录者，都要发给节日奖金。

2. 凡正式员工在当年年度内有事假、迟到、早退、旷工等记录，并依照规定所折合天数不超过六天者，应发给半数节日奖金，超过六天者不发放节日奖金。

3. 节日奖金额的计算均以各员工在本年度内的平均工资为准，此项平均工资不包括加班费及其他奖金。

第5章　奖金发放

第10条　效益奖金每季度颁发一次，统一存入个人工资卡内。

第11条　节日奖金应于节日之前发放，但提前时间不得超过7天，奖金发放时统一存入个人工资卡内。

第6章　附则

第12条　本制度由人力资源部制定并负责解释。

第 13 条　本制度报总裁批准后施行，修改时亦同。

第 14 条　本制度施行后，凡既有的类似制度自行终止，与本制度有抵触的以本制度为准。

第 15 条　本制度自颁布之日起施行。

6.2.4 薪酬调研工作报告

以下是某公司的薪酬调研工作报告，供读者参考。

一、调研目的

为了适应日益激烈的市场竞争环境，调整符合现代企业管理制度要求的薪酬体系，吸引更多优秀人才加盟，人力资源部自____年__月__日着手展开薪酬调研工作，并于____年__月__日全面完成薪酬调研任务。

二、调研对象

1. 公司内部员工。

2. 同行业前 500 强列表中的前 100 家企业。

3. 同行业与本公司有竞争关系的 10 家企业。

三、调研方式、渠道

1. 收集、查看政府部门发布的薪酬调查资料。

2. 委托××咨询公司调查。

3. 对本公司流动人员进行调查、了解。

4. 开展问卷调查（所设计的薪酬调查问卷见附件）。

四、调研结果分析

1. 整体情况分析

（1）本公司所属的行业总体薪酬水平较上一年度增长____%，纵观最近几年的薪酬调查结果，整体薪酬水平呈稳步增长趋势。

（2）本公司所属的行业上一年度平均薪酬水平为____元，本公司平均薪酬水平为____元，高出市场平均薪酬水平。

（3）本公司在关键岗位或核心人才的薪酬管理上还存有不足之处，主要表现在薪酬结构设计不太合理。

2. 重点调查对象薪酬状况分析

根据薪酬调查统计分析的结果，将调查的同一类薪酬数据由高至低排列，再计算出数据排列中间位置的数据，即 25%点处、50%点处（一家）、75%点处（六家）、90%（三家）点处。

五、下一阶段工作任务

通过以上薪酬调研与公司目前薪酬状况比较，本公司应从如下两方面进行薪酬管理工作的改进。

1. 根据公司经营效益适时地调整本公司的整体薪酬水平。

2. 结合外部薪酬水平状况及本公司实际情况，对关键或重要的岗位、部门的薪酬水平与结构进行重新设计。

附件：薪酬调查问卷

薪酬调查问卷

填表日期：＿＿＿年＿＿月＿＿日

个人资料						
姓名		年龄		性别	□男	□女
毕业学校		所学专业				
工作年限	＿＿＿年	加入本公司时间				
所在部门		担任职位				
公司信息						
公司名称		公司性质				
公司所在地		人员规模				
所属行业						
主营业务						

薪酬信息（请在适合选项□前画"√"）

1. 下列选项中，激励您努力工作的主要因素有哪些（选项不要超过三个）

   □公司前景　　　　□公司管理团队的综合能力　　　□高额薪酬待遇

   □晋升机会　　　　□技能提升机会　　　　　　　　□领导个人魅力

   □强烈的责任心与事业心　　□职业道德　　　　　　□良好的工作氛围

   □其他＿＿＿＿＿＿＿＿＿＿＿＿＿＿＿＿＿＿＿＿＿＿＿＿＿＿＿＿＿＿＿＿

2. 您比较认同的薪酬结构（可多选）

   （1）经济性报酬

   □月薪　　　　□月度奖金　　　□季度奖金　　　□年终奖金　　　□项目奖金

   □股权　　　　□公积金　　　　□社会保险　　　□商业保险　　　□通信补贴

   □午餐补贴　　□交通补贴　　　□过节费

   □其他＿＿＿＿＿＿＿＿＿＿＿＿＿＿＿＿＿＿＿＿＿＿＿＿＿＿＿＿＿＿

   （2）非经济性报酬

   □休假　　　　□带薪旅游　　　□培训　　　□文体活动　　　□体检

   □工作餐　　　□员工宿舍

   □其他＿＿＿＿＿＿＿＿＿＿＿＿＿＿＿＿＿＿＿＿＿＿＿＿＿＿＿＿＿＿

3. 在下列决定薪酬差异的因素中，您认可的是（可多选）

   □工作年限　　　□文化水平　　　□工作技能　　　□工作复杂度　　　□工作责任

   □工作紧张程度　□工作负荷量　　□工作质量

   □其他＿＿＿＿＿＿＿＿＿＿＿＿＿＿＿＿＿＿＿＿＿＿＿＿＿＿＿＿＿＿

（续）

4. 您对薪酬保密这一点如何看待：	
5. 目前岗位薪酬水平	____元至____元
6. 您认为该岗位满意的薪资水平	____元至____元
您对本次薪酬调查的建议：	
非常感谢您的合作，祝您工作愉快！	

调查人：　　　　　　　　　　　　　　审核人：

6.2.5 高管人员年薪方案

以下是某公司的高管人员年薪方案，供读者参考。

为了培养高素质、职业化的高层管理人员（简称为"高管人员"）队伍，调动高管人员的工作积极性，提高企业经济效益，特制定本方案。

一、高管人员年薪收入的确定

1. 年薪收入的构成

高管人员年薪收入是由基本年薪和效益年薪两部分构成，效益年薪基数最高为基本年薪的一倍，奖励年薪基数为基本年薪的50%。

年薪收入 = 基本年薪×60% + 效益年薪×30% + 奖励年薪×10%

2. 基本年薪的确定

基本年薪是高管人员年度的基本收入，主要根据公司经营的资产规模、经营难度、行业特点、工作责任的大小等因素来确定，以充分体现责任、利益、风险相一致原则，同时基本年薪可根据公司相应的变化情况进行调整。本公司对高管人员的基本年薪设有三个级别，具体如下表所示。

高管人员级别及基本年薪表

单位：万元

职称	级别	年薪标准
董事长	1级	50
总经理	2级	45
副总经理	3级	40
总监	4级	30
副总监	5级	25

3. 效益年薪的计算

效益年薪的计算主要通过经营者关键业绩指标的考核结果来确定，其计算办法如下。

效益年薪 = 效益年薪基数 × $R1$

其中，$R1$ 为中高管人员年度考核系数，具体确定标准如下表所示。

高管人员年度考核系数表

年度考核得分	高管人员年度考核系数
90 < 年度考核得分 ≤ 100	2.0
80 < 年度考核得分 ≤ 90	1.5
65 < 年度考核得分 ≤ 80	0.8 ~ 1.2
60 < 年度考核得分 ≤ 65	0.6

4. 奖励年薪的计算

奖励年薪 = 奖励年薪基数 × $R2$

$R2$ 的计算视企业经营状况而定，具体确定标准如下表所示。

R2 系数表

企业经营收入	利润增长与上一年度相比	$R2$
经营收入 ≤ 1 000 万元	比上一年度增长 ≤ 5%	1.0
1 000 万元 < 经营收入 ≤ 1 500 万元	5% < 比上一年度增长 ≤ 10%	1.5
1 500 万元 < 经营收入 ≤ 3 000 万元	10% < 比上一年度增长 ≤ 15%	2.0

二、高层管理人员福利构成

1. 法定社会保险

国家规定的法定保险项目，其享受内容和享受标准按国家规定处理。

2. 其他津贴项目

(1) 商务轿车。

(2) 娱乐，如俱乐部、国外旅游等。

(3) 购房补助。

(4) 住房补助。

三、中高层管理者年薪的支付和管理

1. 中高层管理者年薪的支付时间

基本年薪按照基本年薪的 80% 分月支付，基本年薪的 20% 按月转入风险抵押金；效益年薪和奖励年薪均在下一年度的 1 月 15 日之前支付。

适用年薪制的高层管理者，不能在公司获取其他工资性收入，也不能享受公司承包兑现奖励。

2. 高层管理人员年薪的调整

为更加合理地确定管理者的基本年薪，全面考核管理者的贡献，公司应根据实际情况对管理者年薪做适当调整。

第7章 员工培训管理

7.1 员工培训管理流程

7.1.1 培训需求调查流程

流程名称	培训需求调查流程		编　　号	
任务概要	培训需求调查管理		执行单位	人力资源部
单位	总经理	行政总监	人力资源部	各职能部门
工作程序				

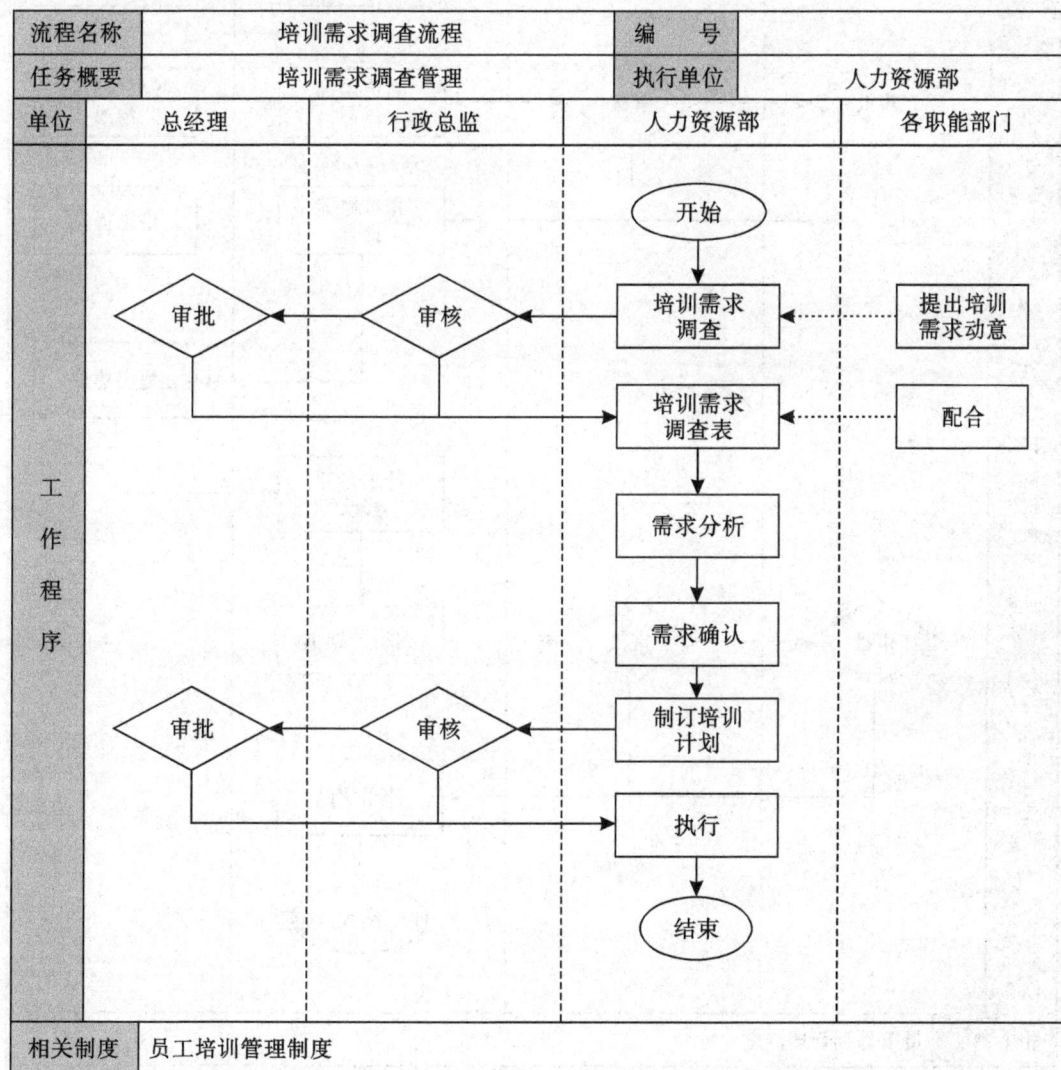

| 相关制度 | 员工培训管理制度 | | | |

7.1.2 培训计划制订流程

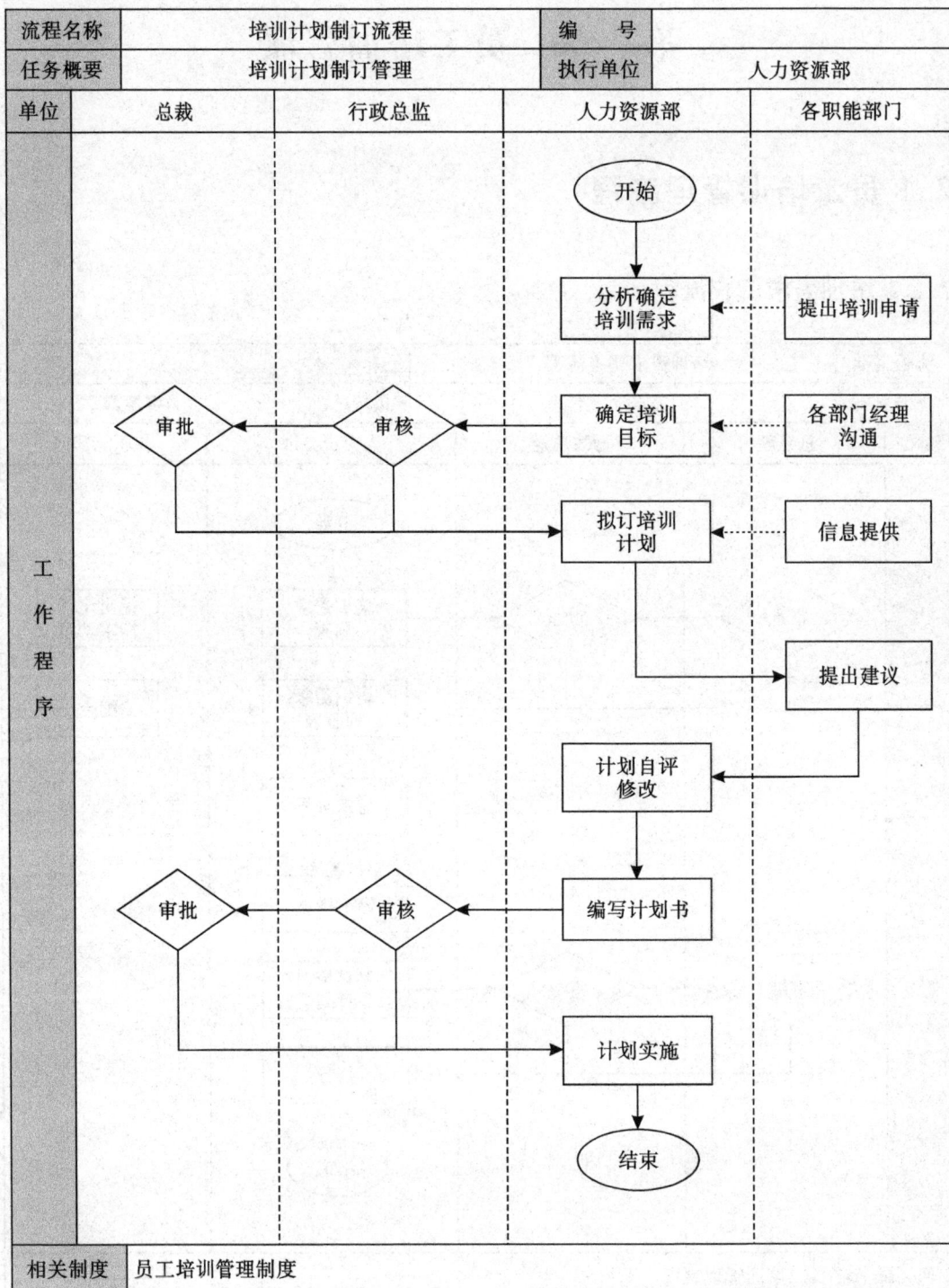

流程名称	培训计划制订流程	编　号	
任务概要	培训计划制订管理	执行单位	人力资源部
单位	总裁	行政总监	人力资源部	各职能部门

工作程序

```
                                        开始
                                         │
          审批 ← 审核 ← 分析确定培训需求 ←---- 提出培训申请
                                         │
          审批 ← 审核 ← 确定培训目标   ←---- 各部门经理沟通
                    │
                    └→ 拟订培训计划  ←---- 信息提供
                                         │
                                       提出建议
                                         │
                         计划自评修改 ←
                                         │
          审批 ← 审核 ← 编写计划书
                    │
                    └→ 计划实施
                                       结束
```

相关制度	员工培训管理制度

92

7.1.3 培训费用预算流程

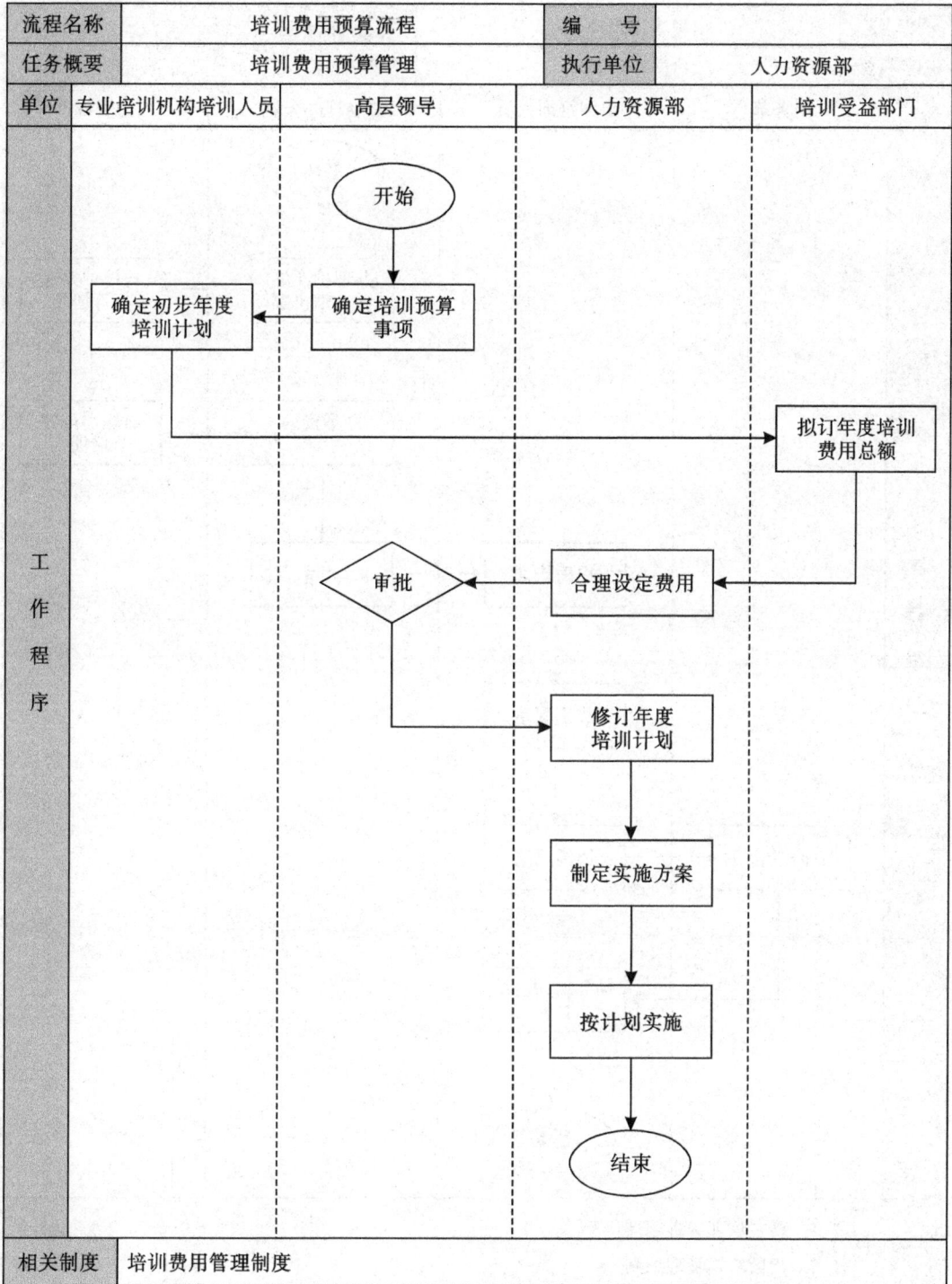

流程名称	培训费用预算流程		编　号	
任务概要	培训费用预算管理		执行单位	人力资源部
单位	专业培训机构培训人员	高层领导	人力资源部	培训受益部门
工作程序				
相关制度	培训费用管理制度			

工作程序流程图：

开始 → 确定培训预算事项（高层领导）→ 确定初步年度培训计划（专业培训机构培训人员）→ 拟订年度培训费用总额（培训受益部门）→ 合理设定费用（人力资源部）→ 审批（高层领导）→ 修订年度培训计划（人力资源部）→ 制定实施方案 → 按计划实施 → 结束

7.1.4 出国培训管理流程

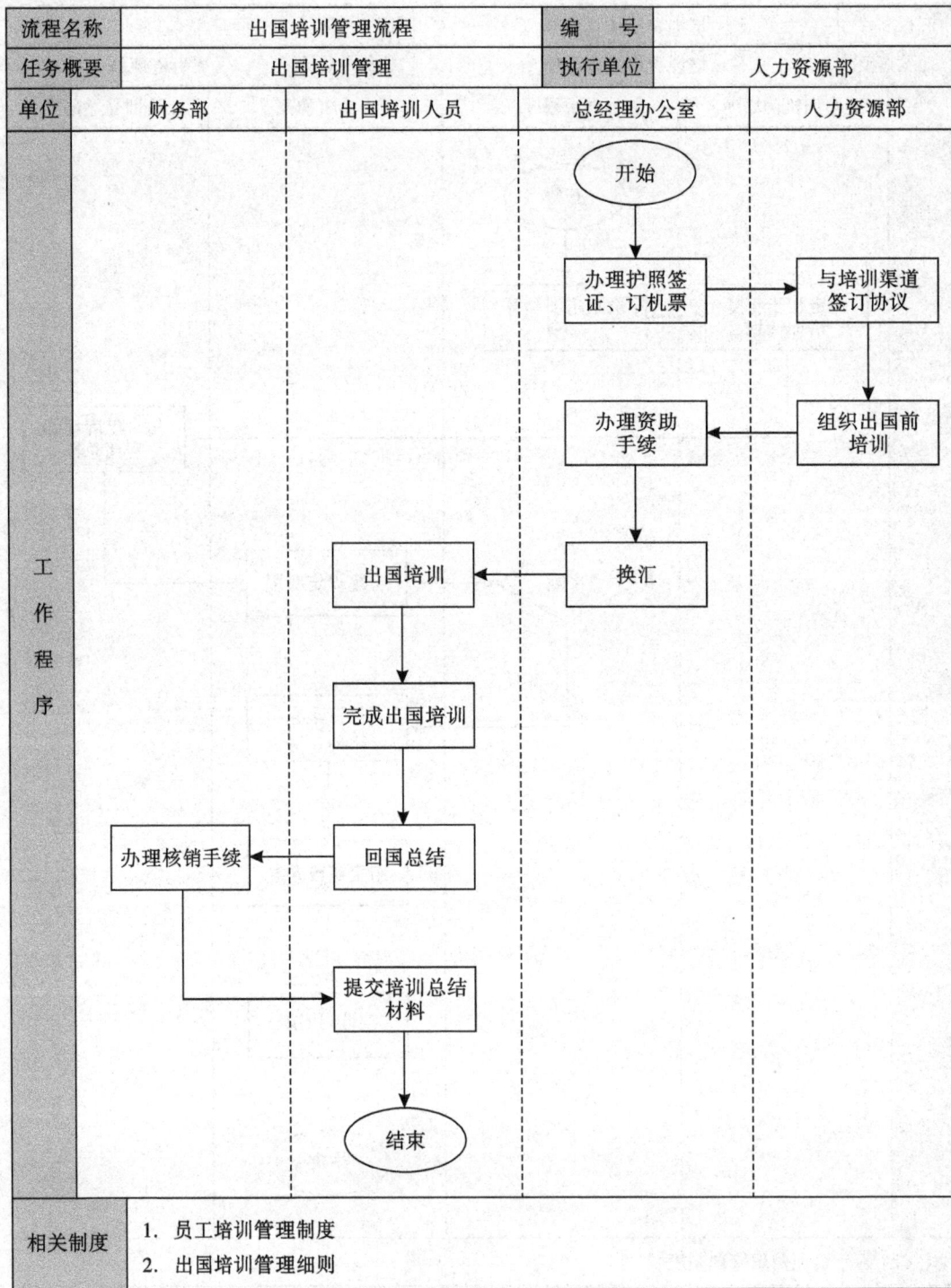

流程名称	出国培训管理流程		编　　号	
任务概要	出国培训管理		执行单位	人力资源部
单位	财务部	出国培训人员	总经理办公室	人力资源部
工作程序			开始 → 办理护照签证、订机票 → 与培训渠道签订协议 → 组织出国前培训 → 办理资助手续 → 换汇 → 出国培训 → 完成出国培训 → 回国总结 → 办理核销手续 → 提交培训总结材料 → 结束	
相关制度	1. 员工培训管理制度 2. 出国培训管理细则			

7.1.5 培训外包管理流程

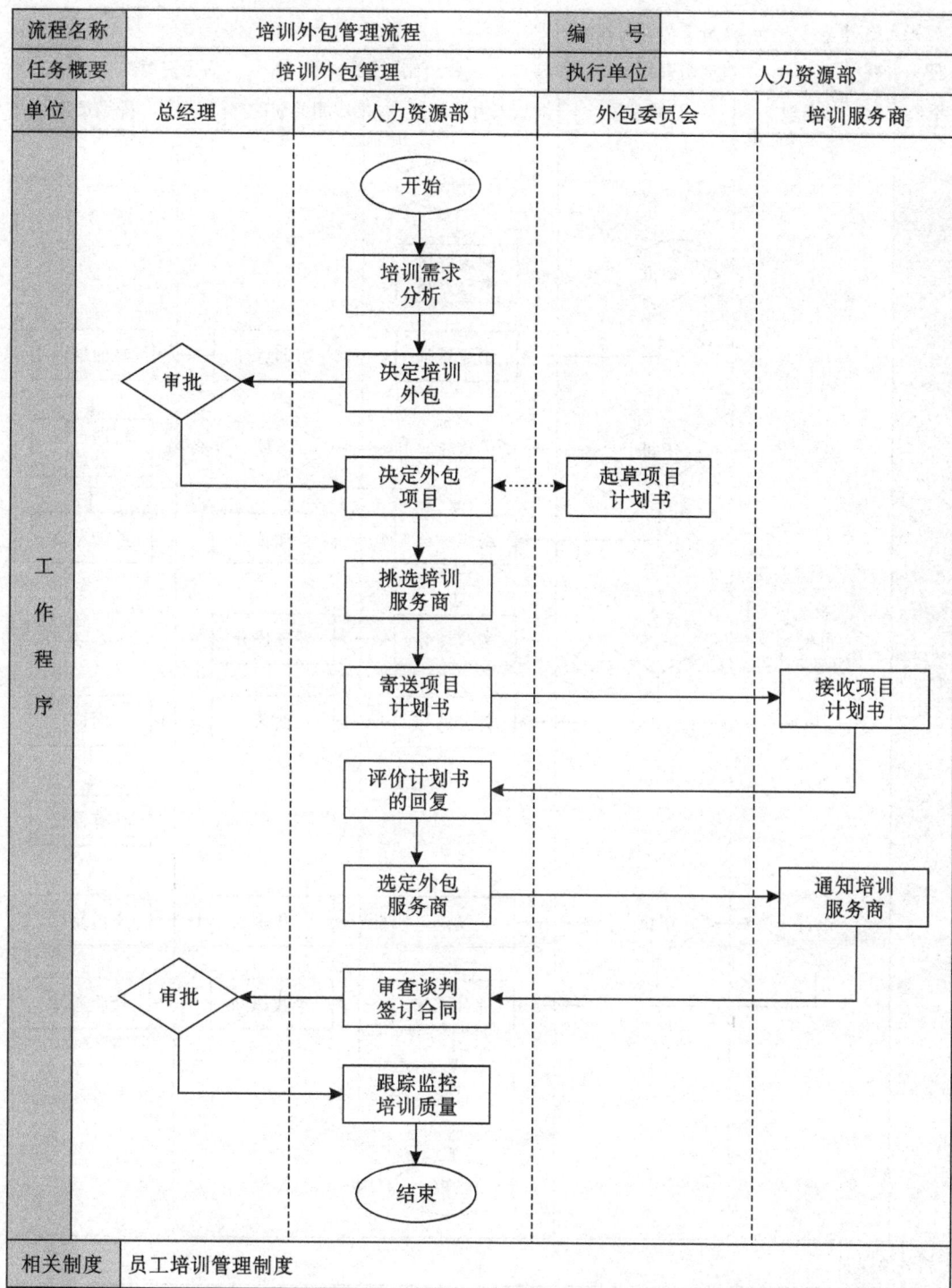

流程名称	培训外包管理流程		编　号	
任务概要	培训外包管理		执行单位	人力资源部
单位	总经理	人力资源部	外包委员会	培训服务商
工 作 程 序				
相关制度	员工培训管理制度			

开始

培训需求分析

决定培训外包

审批

决定外包项目 ┄┄ 起草项目计划书

挑选培训服务商

寄送项目计划书 → 接收项目计划书

评价计划书的回复

选定外包服务商 → 通知培训服务商

审批 ← 审查谈判签订合同

跟踪监控培训质量

结束

7.1.6 员工培训考核流程

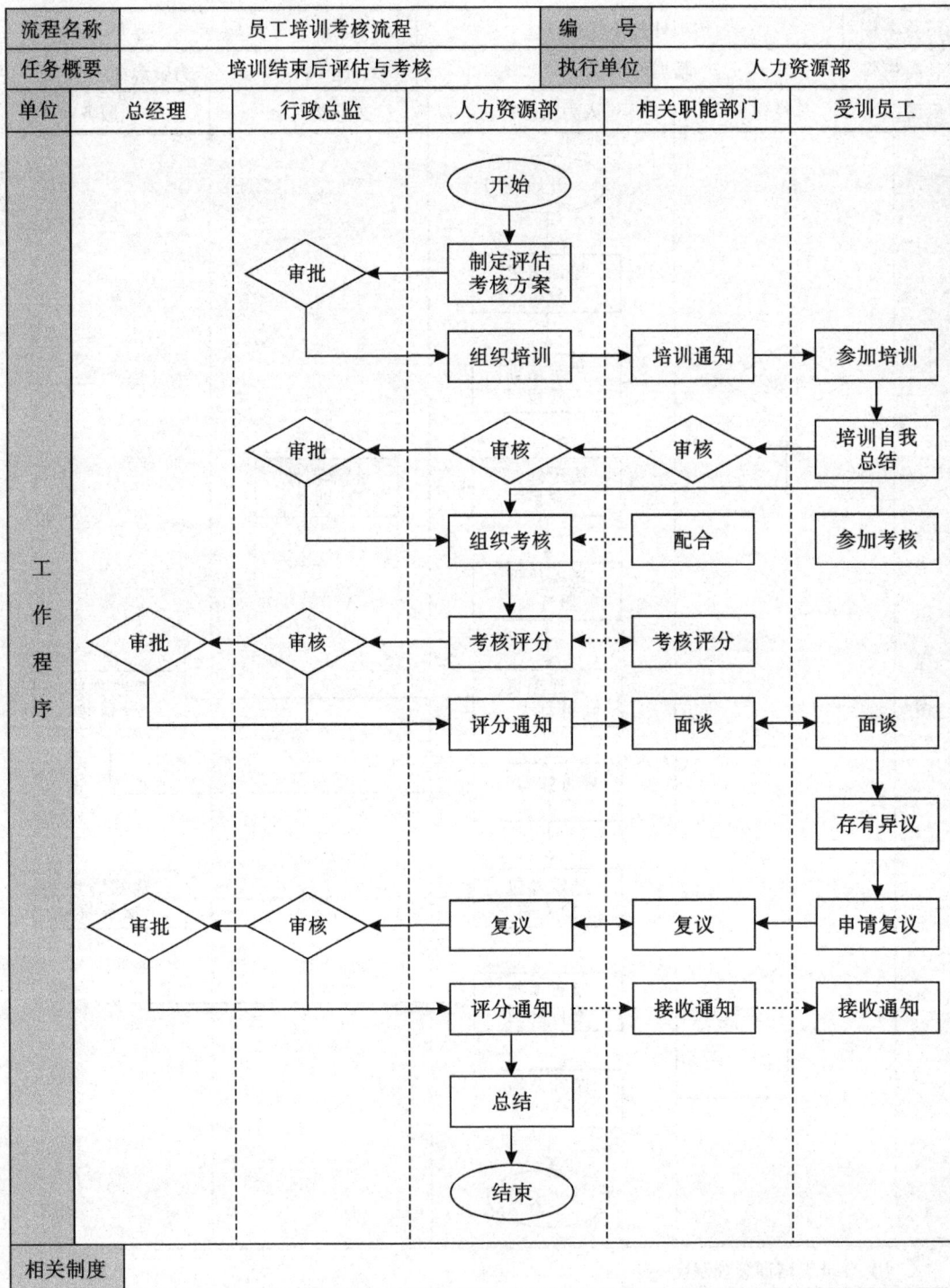

流程名称		员工培训考核流程		编　号	
任务概要		培训结束后评估与考核		执行单位	人力资源部
单位	总经理	行政总监	人力资源部	相关职能部门	受训员工

下面是流程图内容：

工作程序	（流程图）

流程图内容（从开始到结束）：

开始 → 制定评估考核方案 → 审批（行政总监）→ 组织培训 → 培训通知（相关职能部门）→ 参加培训（受训员工）→ 培训自我总结（受训员工）→ 审核（相关职能部门）→ 审核（人力资源部）→ 审批（行政总监）→ 组织考核（配合-相关职能部门、参加考核-受训员工）→ 考核评分（考核评分-相关职能部门）→ 审核（行政总监）→ 审批（总经理）→ 评分通知 → 面谈（相关职能部门、受训员工）→ 存有异议 → 申请复议 → 复议（相关职能部门、人力资源部）→ 审核（行政总监）→ 审批（总经理）→ 评分通知 → 接收通知（相关职能部门、受训员工）→ 总结 → 结束

相关制度	

7.1.7 培训管理工作流程

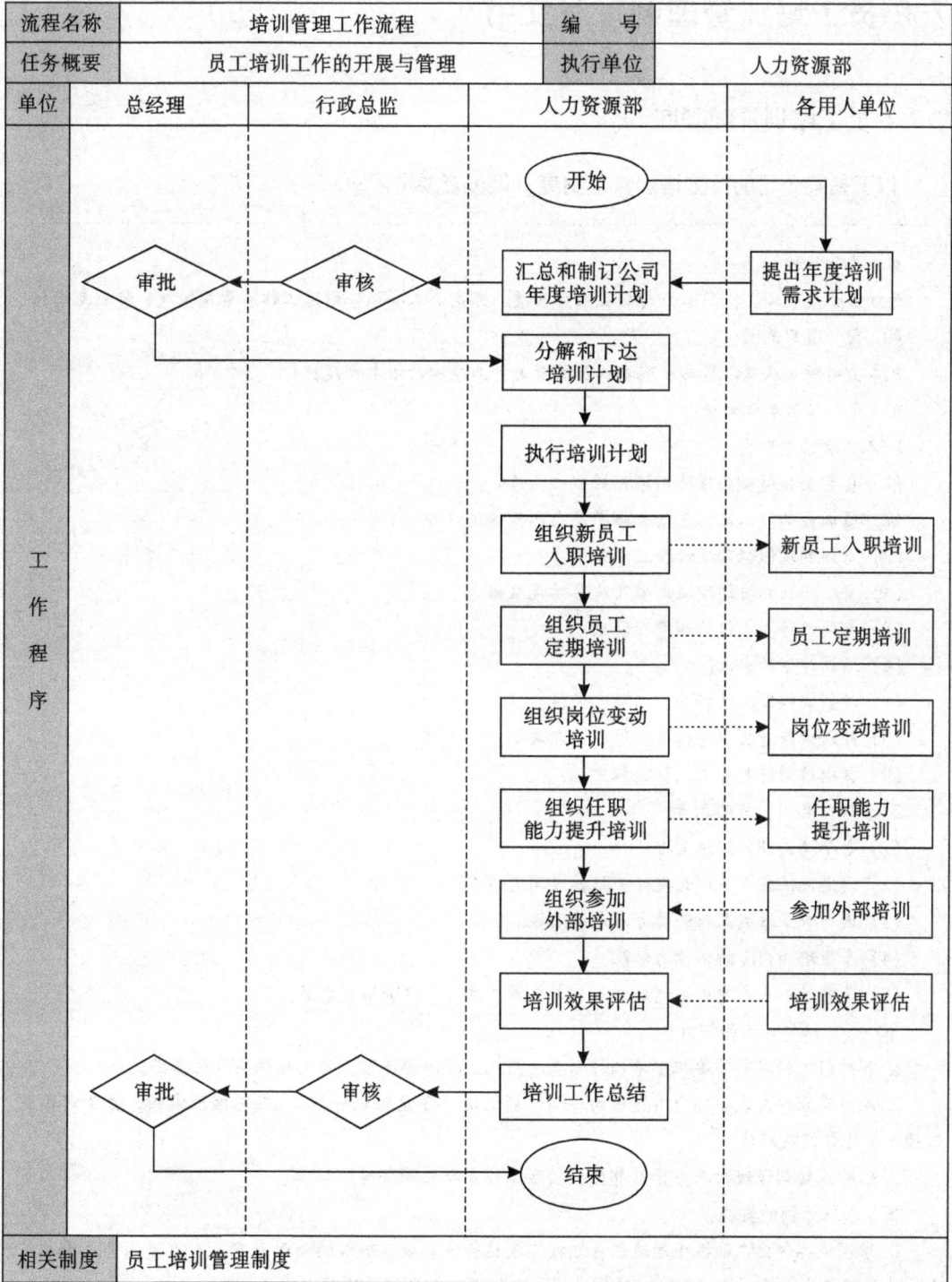

流程名称	培训管理工作流程		编　　号	
任务概要	员工培训工作的开展与管理		执行单位	人力资源部
单位	总经理	行政总监	人力资源部	各用人单位

工 作 程 序

```
                                              开始
                                               │
                                               ▼
 审批 ◄── 审核 ◄── 汇总和制订公司 ◄── 提出年度培训
                   年度培训计划         需求计划
  │
  └────────────► 分解和下达
                  培训计划
                    │
                    ▼
                 执行培训计划
                    │
                    ▼
                组织新员工 ┈┈┈► 新员工入职培训
                入职培训
                    │
                    ▼
                组织员工 ┈┈┈► 员工定期培训
                定期培训
                    │
                    ▼
                组织岗位变动 ┈┈┈► 岗位变动培训
                培训
                    │
                    ▼
                组织任职 ┈┈┈► 任职能力
                能力提升培训    提升培训
                    │
                    ▼
                组织参加 ◄┈┈┈ 参加外部培训
                外部培训
                    │
                    ▼
                培训效果评估 ◄┈┈┈ 培训效果评估
                    │
                    ▼
 审批 ◄── 审核 ◄── 培训工作总结
  │
  └──────────────► 结束
```

相关制度	员工培训管理制度

7.2 员工培训管理制度与文书

7.2.1 员工培训管理制度

以下是某公司的员工培训管理制度，供读者参考。

第1条　目的

为加强公司管理，提高本公司从业人员素质，充实员工知识，增进工作质量及绩效，特制定本制度。

第2条　适用范围

凡本公司所属从业人员的在职培训及其有关作业事项均依本制度执行。

第3条　工作职责划分

1. 人力资源部职责

（1）负责全公司公共性培训课程的举办工作。

（2）协调各部门拟定、呈报公司年度内各项培训课程。

（3）培训制度的制定及修改。

（4）全公司在职培训实施成果及改善对策呈报。

（5）共同性培训教材的编撰和修改。

（6）培训计划的审议。

（7）培训实施情况的督导、追踪、考核。

（8）外聘讲师对公司全体员工进行在职培训。

（9）各项培训计划费用预算的拟定。

2. 各部门共同担负的职责

（1）全年培训计划汇总呈报。

（2）制定及修改专业培训规范，推荐培训主讲人。

（3）内部专业培训课程的举办及成果汇报。

（4）专业培训内容的编撰与修改。

（5）负责受训人员完成培训后的督导与追踪工作，以确保培训成果。

第4条　培训计划的拟订

1. 各部门依据实际需要拟定培训计划表，报人力资源部备案，作为培训实施的依据。

2. 人力资源部应就各部门所提出的培训计划汇编"年度培训计划"，报总经理审核，并于审核通过后通知有关部门及人员。

3. 临时性培训课程由人力资源部根据实际工作需要协调安排。

第5条　培训的实施

1. 培训主办部门应依据年度培训计划按期实施并负责该项培训的全面事宜，人力资源部给予积极配合，如培训场地安排、教材分发、教具借调、通知讲师及受训单位等。

2. 教材如需人均拥有, 则由主讲部门协调, 于开课前将讲义原稿送人力资源部统一复制, 以便培训时使用。

3. 各项培训结束后, 有必要进行考试的, 由主办部门或人力资源部负责监考。

4. 进行在职培训时, 受训人员应签到, 以便培训主办部门了解其上课、出席情况, 考勤按照公司有关规定记录。

(1) 受训人员须准时出席, 因故不能参加者应提前办理请假手续。

(2) 人力资源部应不定期召开检查会, 以评估各项培训课程的实施成果, 并进行记录, 送交各有关部门参考, 予以改进。

(3) 各项培训的考试或测验缺席者, 事后一律进行补考。

(4) 受训人员的培训成绩、成果报告将作为其考核、升迁的参考。

(5) 不得在经过公司外派培训后, 在原工作岗位上向公司提出违背职业道德的要求。

第 6 条 培训成果的呈报

1. 主办部门应于每项 (期) 培训实施前一周内填报费用支出申请单, 即呈报此次培训的总体费用, 经总经理批准后发放。

2. 主办部门应于每项 (期) 培训结束后一周内, 将培训评价及培训结果报人力资源部备案。

第 7 条 培训的评估

人力资源部应组织对各部门的培训成效进行评估, 汇总意见, 并配合相关部门推动绩效工作。

第 8 条 外派培训

1. 因工作需要, 各部门需外派培训时, 应先到人力资源部签订相关培训协议, 并办理相关手续。

2. 外派受训人员返回后, 应将受训的书籍、教材及资格证件等有关资料送人力资源部归档保管, 其受训成绩也应记载于受训资历表内。

3. 行业要求的特殊情况除外。

第 9 条 附则

1. 本制度自颁布之日起执行。

2. 本制度的最终解释权归人力资源部。

7.2.2 员工培训费用管理制度

以下是某公司的员工培训费用管理制度, 供读者参考。

第 1 章 总则

第 1 条 目的

为规范员工培训费用的使用及相关约定, 明确报销依据与标准, 特制定本制度。

第 2 条 适用范围

公司报销费用的培训人员。

第 3 条 责任部门

人力资源部。

第2章　费用报销制度及服务期约定

第4条　公司及部门组织的培训

1. 公司组织的培训，费用一般由公司承担。

2. 对于上岗资格证书，初审费用由本人承担，在为公司服务期间涉及的复审费用由公司承担，如因个人原因未及时复审导致原资格证书失效，需重新办理的，费用由本人承担。

3. 若公司安排培训后，员工因个人原因经公司批准未参加而损失的费用由员工和公司各承担一半，否则费用由该员工自行承担。

第5条　员工个人参加的外部培训

1. 每年个人培训费用的报销额度如下表所示。

培训费用报销额度表

培训分类		职位			
		总监及以上	部门经理	主管	普通员工
本岗位专业/素质及技能培训	2 000 元以内	100%	90%	80%	70%
	2 001～5 000 元	90%	80%	70%	60%
	5 001～9 999 元	80%	70%	60%	50%
	10 000～20 000 元（含）	70%	60%	50%	—
	20 000 元以上	60%	50%	40%	—

2. 员工个人参加培训时，必须在培训之前先到人力资源部备案，未备案的培训，人力资源部有否决权。凡经人力资源部批准备案的培训，在结束、结业、毕业后，员工可凭学校证明、证书和学费收据，经人力资源部核准，到财务部报销。

3. 报销范围：入学报名费、学费、实验费、书杂费、实习费、资料费及人力资源部认可的其他费用。

4. 非报销范围：过期付款、入学考试费、仪器购置费、交通食宿费、文具费、辅助资料费（期刊）、打字（复印）费。

5. 部门主管及以上人员或在本公司任职满两年者，如因学习费用较多，个人难以承受，经总经理批准后可预支部分费用，但预支部分不得超过可报销额度的80%，但如果该课程的培训未通过考核或未取得应有证书，则预支费用必须在一个月内全额归还。

第6条　服务期约定

1. 公司对员工培训服务期约定期限作出了明确规定，具体可参见本公司制定的员工培训服务期约定表（略）。

2. 一般职员培训费在10 000 元以上的，原则上公司不予批准，特殊情况由双方协商确定服务期。

3. 人力资源部负责服务期的约定协议公布，并在员工培训前再次告知，要求其阅读本协议。

4. 凡服务期限超过劳动合同期限的，劳动合同将自动延长至服务期限。

第7条　不履行服务期义务引起的相关责任

1. 员工未完成服务期要求离开公司的，除按劳动合同规定承担相应的责任外，还应当按未服务完期限比例折算培训费。未服务完期限培训费用折算公式为：

未服务完期限培训费用＝第一次培训费用×（第一次培训服务期－已完成的服务期）÷第一次培训服务期

$$+\cdots\cdots+第 N 次培训$$

2. 在未满服务期时，公司在劳动合同规定的可以解除或终止（中止）合同的情况下要求员工离开公司的，员工个人不承担已发生的培训费用。

第 3 章　附则

第 8 条　本制度经总经理批准后生效，自颁布之日起执行。

第 9 条　本制度的最终解释权归人力资源部。

7.2.3 员工海外留学管理细则

以下是某公司的员工海外留学管理细则，供读者参考。

第 1 章　总则

第 1 条　所有海外留学事项，需按此细则办理。

第 2 条　如果《职工就业规则》及其附则有关条款与本细则的规定有抵触，按本细则的规定优先执行。

第 2 章　留学准备及休假规定

第 3 条　为参加选拔考试、访问带课教授、起草《留学申请书》、商洽出发前的事项、申请护照等外出时间，均算作出勤，车旅费则按教育出差经费给予报销。

第 4 条　出国前以及回国后的休假，原则上各以五天为限，根据人力资源部经理的认定，决定具体的休假天数；出国前以及回国后的休假，原则上在出国前和归国后的一个月内执行。

第 5 条　出国当年的休假天数，按该年度初到出发前一天为止的日历天数，根据一定比例计算，所得的天数加上上年度留下来的休息日，即为该年的休假天数；回国当年的休假天数，按回国后第二天到该年度最后一天的天数，根据一定比例计算，所得的天数加上出国当年的休假天数，即为回国当年的休假天数；在留学期间，除非有万不得已的事由可一次性回国外，不允许年度休假。

第 3 章　留学时间规定

第 6 条　留学时间包括往返所需的时间，原则上在两年以内。原办事处人员，出国留学的后一年，可以在本企业的驻外办事处研修。

第 7 条　学业修完后，原则上要马上回国，但事先得到人力资源部经理和总经理的许可者不受此限，回国日期可适当延长。

第 4 章　留学费用规定

第 8 条　公司一次性支付留学准备金____万元。

第 9 条　居留费使用规定。

1. 从到达留学所在地的第二天起到离开此地为止的居留费，按月支付。从本国到留学所在地往返旅行的生活补贴，按每天____美元支付。

2. 旅行费用除了总经理许可的情况外，不得用于私事，否则不支付补贴。

3. 若回国延期，除非因公或确属迫不得已的事由，不支付居留费。

第 10 条　公司支付实际发生的学费。

第 11 条 差旅费规定。

1. 机票费用

(1) 公司支付从国内到留学大学最短距离旅行所必需的实际机票费用。

特例说明：如果事先得到人力资源部经理的同意，在美国留学的人回国时途经欧洲参观学习，在欧洲留学的人回国时途经美国参观学习，其所需交通费用可由公司按最低标准支付。

(2) 如果留学人员已从别处到旅费资助，前面第 (1) 项的费用公司不予支付；但当资助不足以支付第 (1) 项费用时，差额由公司支付。

(3) 留学人员乘坐公共汽车或自备的汽车，车费或汽油费由公司支付。

2. 交通费用

交通费用包括从机场到留学地点之间往返的费用及上学途中的交通费。此项费用也由公司支付；但为上学所需购入自行车、汽车以及汽油费，此项费用由留学人员本人负担。

3. 船邮费用

(1) 以船邮寄物品，原则在 0.5 立方米体积范围内，其各种费用由企业负担。

(2) 其他邮寄方式的费用支付。

①因家属回国而邮寄其行李时若费用不多，需本人负担 1/3。若金额比通常明显过多，要通过和本人个别谈话了解情况。

②若这方面的费用明显过多，尤其是独身者，要在了解具体情况的基础上商定双方负担的数量。凡土特产和其他与学生有直接关系的私人用品，手续费均由本人负担。

4. 保险费用

留学人员的船邮费若是由企业之外的机构负担，则保险费由企业负担。

5. 行李费用

行李费的开支应本着节约的原则处理。留学人员应合理选择捆包、邮寄的方式。

第 12 条 研究调查费用规定。

1. 教科书、其他书籍购买费

每年此类费用以 200 美元为限，由企业支付，书名、金额要报告人力资源部经理，且于回国后归还书籍。

2. 文具费

每年由公司支付的此类费用以 100 美元为限，其中包括毕业论文的写作费用。

3. 交通费

交通费全部由本人负担。但是，为收集业务所需资料而去其他企业或大学所发生的交通费用以及其他各种费用，若事先征得总经理同意，可由企业负担。

4. 出席学会会议费用

(1) 交通费、听课费实报实销；住宿费，每天____美元，按实际住宿天数计算。

(2) 获得公司同意出席的学会会议，每年两次，每一次出席的天数原则上以七天为限。远距离出席学会会议，须将日期、场所、内容以及各项经费的预算事先告知人力资源部经理。参加完会议后，要向人力资源部经理提交必要的会议报告。

5. 学校组织的参观学习费用

(1) 公司只负责交通费，但以消遣为主要目的的参观，其费用由本人负担。

（2）和出席学会一样，参加此类参观学习应事先与人力资源部经理联系。如遇紧急情况，可事后联系并提交相关的证明、会议报告。

6. 个人到工厂或研究所参观学习

（1）白天能够返回的：交通费由公司负担，实报实销。居留期间的此类费用以四次为限。

（2）需要住宿费的：住宿费原则上企业每年负担一次；若去工厂参观学习且事先已取得人力资源部经理认可，住宿费可由公司报销。

第 13 条　通信费按留学人员在公司的级别予以报销，多余部分由留学人员自己负担。

第 14 条　其他杂费由公司实报实销。英文打字机的购置费用由留学人员自己负担。

第 15 条　入学手续费规定。公司负担最终决定进入的那所大学的选拔考试费用。留学人员与大学联系时所支付的邮电费用由其本人负担。

第 5 章　出国期间工资关系规定

第 16 条　出国当月的国内工资，按从该月月初到出国前一天的出勤天数计算。

第 17 条　留学期间的工资：对于单身者，按基本工资的 40% 支付；对于需要抚养家属的，按基本工资的 80% 支付。

第 18 条　出国当月的那部分留学时间，其工资按出国的日子到月底为止的天数，再根据第 16 条计算办法算出支付额，给予支付。

第 19 条　回国当月的那部分留学时间，其工资按该月月初到回国那天为止的天数，再接第 17 条的计算办法算出支付额，给予支付。

第 6 章　福利保健规定

第 20 条　因留学而搬出企业住宅，让出宿舍，为此搬运所必需的运费、保险费等费用由企业负担。

第 21 条　伤害保险期限为出发日到其后的三个月。

第 22 条　疾病保险以参加学校保险为前提，保险费由企业负担。但是，定期到医院检查所发生的小额医疗费、药费等由留学人员自负。

第 7 章　附则

第 23 条　本细则由人力资源部、财务部共同拟定，人力资源部负责解释、修订。

第 24 条　本细则报总裁办公会审议批准后实施。

7.2.4 年度员工培训计划书

以下是某公司的年度员工培训计划书，供读者参考。

一、编制目的

编制本计划的目的在于加强对培训工作的管理，提高培训工作的计划性、有效性和针对性，使培训工作能够有效地配合和推动公司战略转型和年度经营目标的实现。本计划主要内容包括公司年度人力资源部培训工作的具体内容、时间安排和费用预算等。

二、计划依据

公司年度业务经营目标和发展战略、岗位说明书、部门培训需求调查、部门及个人访谈、集团战略转型目标、公司对培训工作的要求、公司现有人力资源状况分析、年度人力资源需求状况分析。

三、培训工作的原则和方针

为确保培训工作具有明确的行动方向，人力资源部特制定了培训原则、方针和要求，用以指导全年培训工作的开展。

1. 培训原则

实用性、有效性、针对性为公司培训管理的根本原则。

2. 培训方针

以提升全员综合能力为基础，以提高员工实际岗位技能、团队协作融合和工作绩效为重点，建立具有本企业特色的全员培训机制，全面促进员工成长与发展，提升员工队伍整体竞争力，确保培训对公司业绩达标和战略实施产生推进力。

四、培训工作的四个要求

1. 锁定战略与未来发展需求。

2. 锁定企业文化建设。

3. 锁定中层以及后备队伍能力发展。

4. 锁定内部培训指导系统的建立和提高。

五、培训工作的六个目标

1. 建立、理顺与不断完善公司培训组织体系与流程，确保培训工作高效运行。

2. 传递和发展企业文化，建立员工特别是新员工对企业的归属感和认同感。

3. 重点推进直线经理的技能培训，以保质保量地完成各部门具体工作。

4. 进一步完善培训课程体系，确保培训内容和企业文化的一致性。

5. 推行交叉培训，实现企业资源共享和员工业务能力提升。

6. 加强培训及企业文化对分公司的影响。

六、培训体系建设

1. 交叉培训体系

全面推行交叉培训，通过"应知应会基础知识讲座"和"部门间业务传递"两部分的培训实现员工从两个不同角度对企业信息和技术的全面了解，以改变部门之间协作不精确、相互不够了解的现状。

2. 内部培训师体系

提高培训管理水平，降低培训成本，完善企业知识积累和传承。人力资源部将通过甄选、培训、考核和评定至少开发10位内部培训师，年授课量不低于30个小时。

3. 多样化培训方式

在内外培训、拓展等原有培训形式上，提高培训的灵活性和有效性，使员工可以自由地安排培训时间，开展包括读书活动、互联网培训、光盘教学、培训杂志在内的课程辅助培训。

4. 初步建立员工职业生涯发展体系

建立以公司全体正式员工为基础，以业务主管及其以上人员为重点的职业生涯发展体系；为每个员工建立培训档案和公司内职业发展规划，结合岗位说明书制定与职位升迁相关的且必须参加的培训项目列表。

5. 培训评估体系

通过四级评估体系对培训进行评估，评价培训工作的实施效果，总结得失，为下一年度培训工作的开展提供指导。

6. 培训激励体系

为调动员工的积极性，建立相应的奖惩制度，对培训成绩优异的员工，将给予适当的奖励；对培训成绩不合格的员工将给予一定惩戒。

七、年度课程编排计划

1. 新员工入职培训课程安排

新员工入职培训的课程安排如下表所示。

新员工入职培训课程安排表

项目	时间	内容	讲师
入职培训	1H	入职基础、公司要求简述	
月训	2H	公司历史，发展目标，工作方针，理念精神，组织机构，部门及相关领导，办公系统，企业文化	
	0.5H	行政规章制度	
	0.5H	安全培训	
	0.5H	财务规章制度	
	0.5H	人事、绩效考核规章制度	
	0.5H	新员工培训考核	
周训	1H	新员工入职交流	
	0.5H	公司相关政策宣导	
指导人指导	试用期	专业技能培训	
		科学的工作方法	
		团队合作技能	
户外拓展培训	2季度/4季度	团队合作、挑战自我	

2. 在职人员的培训课程安排

在职人员的培训课程安排如下表所示。

在职人员培训课程安排表

专业类别	部门	培训项目名称	培训形式	培训时间	拟受训人数
综合能力提升系列	全体员工	精确管理	内训/自训	1季度	全体员工
		压力情绪与逆商管理	自训/读书会	全年	全体员工
		时间管理与工作组织技巧	自训/读书会	全年	全体员工
培训师系列	内部培训师	企业内部培训师培训	内训	2季度	45人
企业文化宣导系列	全体员工	××文化	内训	待定	全体员工
交叉培训系列	全体员工	部门间业务传递培训	自训	全年	全体员工
管理系列课程	运用中心营销中心	顾客关系管理	内训	3—4季度	40人
	财务	企业内部控制与风险管理	公开课	2—4季度	2人
	客服	呼叫中心运营管理	公开课	2—3季度	8~10人
	全体员工	商务礼仪与专业形象	内训	2—3季度	全体员工
	管理层	流程管理的理念和应用	公开课	2—3季度	3人
	人力资源部	如何确定素质模型及其应用	公开课	3月份	2人
	物业	物业员上岗培训	公开课	待定	5~10人
	营销中心客服中心	双赢谈判技巧	内训	2季度	16人
		集团客户关系深入维护及销售精要	公开课	1季度	10人

八、财务预算

（略）

九、培训效果评估

1. 为了使学员更好地消化吸收培训所学的知识，引导学员将所学的知识、技能运用到实际工作中去，将知识、技能和广大员工交流共享，公司所有培训将通过四级评估体系进行评估。

2. 公司将在公正评估的基础上建立相应的奖惩制度，对培训成绩优异的员工给予适当的奖励，对培训成绩不合格的员工给予一定惩戒。

十、计划控制

1. 季度及月度计划

培训专员在上季度末或月度末分解年度计划，提供季度或月度计划给人力资源部经理并抄送各部门经理。

2. 月度培训总结

下个月 10 日前递交月度培训总结给人力资源部经理并抄送各部门经理。

3. 部门自训资料收集

各部门综合秘书在下月 5 日前提供上月本部门所有自训信息至人力资源部培训专员。

7.2.5 培训效果评估报告书

以下是某公司的培训效果评估报告书，供读者参考。

通过今年年初的培训需求调查和分析，人力资源部发现，在实际工作中，不少员工常常出现工作方向模糊、技术水平参差不齐的问题，同时车间内存在岗位环境混乱、工序流程不畅等问题。

为了进一步提高员工技术水平和工作效率，人力资源部与培训专家一起针对这些问题进行了分析，并结合年度培训计划制定了本次培训方案。本次车间技术能力培训于__月__日在公司报告厅举行，共有_____名车间操作人员参加。

本次培训在员工中引起了较强烈的反响，公司对培训效果进行了评估。

一、反应层评估

反应层评估主要采用的是问卷调查的方法。人力资源部在培训期间共下发培训效果调查问卷____份，培训结束之后，回收____份有效调查问卷，以下为问卷结果统计分析情况。

1. 问卷统计分析结果

（1）对课程是否符合工作需要的评价，调查统计结果如下表所示。

培训课程是否符合工作需要调查统计表

满意层次	优秀	良好	尚可	较差	极差
所占比例	59%	37%	4%	0%	0%

从上表中可以看出，有96%的受训人员认为课程较符合工作需要。

（2）对课程内容满意度的调查如下表所示，即员工对培训课程内容是否清晰、是否易于理解的评价。

课程内容满意度调查统计表

满意层次	优秀	良好	尚可	较差	极差
所占比例	28%	59%	13%	0%	0%

从上表中可以看出，87%的受训人员对课程内容的评价达到"良好"以上。

（3）对培训讲师准备充分性的评价，如下表所示。

培训讲师准备充分性调查统计表

满意层次	优秀	良好	尚可	较差	极差
所占比例	38%	47%	15%	0%	0%

从上表中可以看出，85%的受训人员认为培训讲师准备较为充分。

（4）对此次培训能接触到新观点、新理念和新方法的评价，如下表所示。

培训内容新颖度调查统计表

满意层次	优秀	良好	尚可	较差	极差
所占比例	38%	50%	12%	0%	0%

从上表中可以看出，88%的受训人员认为此次培训带来了新观点、新理念和新方法。

（5）对此次培训有助于梳理工作思路和工作流程的评价，如下表所示。

培训是否有利于工作调查统计表

满意层次	有很大帮助	有一些帮助	仅有一点帮助	说不清楚	一点也没有
所占比例	35%	50%	10%	5%	0%

从上表中可以看出，85%的受训人员认为本次培训对于梳理工作思路和工作流程均有一些帮助。

（6）本次培训内容在工作中应用的机会，如下表所示。

培训内容可应用程度调查统计表

满意层次	有很多机会	有机会	说不清楚	一点也没有
所占比例	30%	63%	7%	0%

从上表中可以看出，93%的受训人员认为培训内容在工作中有机会加以运用。

2. 小结

本次评估调查的基本满意度达到85%及以上，85%以上的受训人员均对此次培训给予了良好的评价。培训内容与受训人员的工作密切结合成为本次培训的亮点。

二、学习层评估

学习层评估的内容主要是学员掌握了多少知识和技能，记住了多少课堂讲授内容。因此，人力资源部根据课程内容设计了笔试和实践操作两种考核方式，并对考试进行了认真的评判，考核成绩如下表所示。

车间操作人员培训成绩表

考试成绩	0~59 分	60~69 分	70~79 分	80~89 分	90~100 分
所占比例	2%	14%	22%	57%	5%

在此次考试中，98%的学员达到了及格水平，其中，有62%的学员达到良好（80分以上）水平，只有2%的学员没有达到60分的及格标准。根据培训制度，没有及格的员工在一周后重新进行了学习和补考，已全部通过考试。

三、行为层评估

人力资源部应采取观察的方式对生产流程和操作规范的培训效果进行评估。下表是本次培训的观察记录表。

培训效果观察记录表

培训课程	增进个人技术、提高工作效率		培训日期	____年__月__日
观察对象	受训人员的全部工作过程		观察记录员	
项目	具体内容			
观察到的现象	培训前	1. 工作岗位环境脏乱，地面丢弃物和成品不分，有个别烟头出现		
		2. 操作工具乱丢乱弃，经常无绪摆放		
		3. 工作流程无序，前后衔接不流畅，许多工作有头无尾		
	培训后	1. 工作岗位环境得到改善，地面丢弃物和成品摆放到位，无烟头出现		
		2. 操作工具合理归位，摆放符合培训内容要求		
		3. 工作流程基本理顺，工作衔接流畅到位，操作程序规范		
结论	1. 员工的工作环境得到改善，工作面貌焕然一新，工作效率有了很大提高			
	2. 应当继续开展技术能力培训，以让员工保持高效的工作状态			

四、效益层评估

效益层评估在培训两个月后进行，主要通过车间操作人员受训后劳动效率和生产质量的提高来间接说明培训所产生的经济效益。以下是本次培训成本和收益的分析对比。

1. 成本分析

本次培训所产生的成本如下表所示。

培训成本分析表

单位：元

成本构成	具体名目	金额
直接费用	培训讲师费用（包括授课、交通、食宿等费用）	3 000
	培训资料购买费用（包括打印、复印、购买教材等费用）	500
	培训场地、设备器材租金（企业内进行）	0
	其他杂费（包括矿泉水、水费、电费）	600
间接成本	培训组织人员的时间成本（小时工资水平×所耗时间）	1 000
	受训车间人员的时间成本（小时工资水平×所耗时间）	5 000
	领导给予支持的时间成本（小时工资水平×所耗时间）	2 000
总成本		12 100

2. 收益分析

本企业生产车间电子产品的日产量为1 000个。培训前，生产过程中经常出现以下两个问题：一是每天生产的电子产品大约有8%因性能不符合要求而报废；二是工人有怠工情绪，迟到、早退现象比较严重。经过培训，车间人员迟到、早退现象有所好转，总体日产量增加了100个；工人工作态度明显好转，废品率下降了2%。

车间人员培训收益分析如下表所示。

车间人员培训收益分析表

生产成果	衡量指标	培训前	培训后	改善成绩	年收益（按250个生产日，电子产品单价为6元）
产量	生产率（日产量）	1 000个	1 100个	每天多生产产品100个	$100 \times 250 \times 6 = 150\,000$（元）
质量	废品率（日废品量）	$1\,000 \times 8\%$（即80个/天）	$1\,100 \times (8\% - 2\%)$（即66个/天）	每天少生产废品14个	$14 \times 250 \times 6 = 21\,000$（元）

3. 投资收益率计算

在不考虑间接收益和培训效益发挥年限的情况下计算其投资收益率，即（150 000＋21 000）÷12 100＝14.13，可得出此次培训的投入产出比为1∶14.13。

五、培训总结

此次培训是非常有针对性的，对提高车间操作人员的工作技能和工作绩效有很大的促进作用。通过分析，以下几点事项值得注意。

1. 比较好的方面

（1）课程内容针对性比较强，与工作的结合度较高，难度适中，多数知识点需要学员结合实际工作才能更好地理解和运用，所以培训后的回顾和应用对培训效果有直接的影响。

（2）学员反响比较好，大部分都表示此次学习对自己更好地开展工作有较大的帮助，提高了个人的技术水平和工作效率。

（3）车间的工作环境和工作面貌得到极大的改善，工作能够顺畅有序地进行。

（4）培训后的经济效益有了明显改善。车间的生产效率和生产质量都有了很大幅度的提升，产生的预期收益将有效保证企业年度计划的完成。

2. 存在的问题

（1）有些员工未经批准就私自不参加培训，人力资源部将对这部分员工的受训记录进行调查，对未达到受训要求的员工，将依据公司的相关规定进行处罚，同时要求这些员工与此次培训不合格的学员一起参加下次培训。

（2）有些员工在培训中表现不太积极。

7.2.6 销售人员培训管理制度

以下是某公司的销售人员培训管理制度，供读者参考。

第 1 章　总则

第 1 条　为提高本公司销售人员的综合能力和销售业绩，特制定本制度。

第 2 条　公司销售人员培训要根据公司的销售目标和营销总监的指示进行。

第 3 条　凡本公司所属的销售人员培训及相关事项均按本制度办理。

第 2 章　销售人员培训体系规划

第 4 条　销售人员培训工作程序如下所述。

1. 明确公司经营方针与经营目标。

2. 了解销售人员现状及需要解决的问题。

3. 分析以上问题并将问题分类。

4. 分析关键要素。

5. 制订销售人员培训计划。

6. 设计销售人员培训课程。

7. 确定销售人员培训方式。

8. 按计划实施销售人员培训。

9. 评估培训效果（培训成效、遗留的问题）。

第 5 条　销售人员培训计划主要包括培训目标、培训时间、培训地点、培训方式、培训师资、课程内容等。

第 6 条　在制订培训计划时，应考虑到新入职销售人员的培训、销售人员提升培训、销售主管培训等不同人员培训的差异。

第 7 条　销售人员培训目标——提高销售人员的综合素质。

1. 挖掘销售人员的潜能。

2. 增加销售人员对企业的信任和归属感。

3. 训练销售人员工作的方法。

4. 改善销售人员工作的态度。

5. 终极目标——提高利润水平。

第8条 销售人员的培训时间需要根据实际情况来确定，主要考虑以下五个因素。

1. 产品属性：产品属性越复杂，培训时间越长。

2. 市场状况：市场竞争越激烈、越复杂，培训时间越长；培训时间避免与销售旺季发生冲突。

3. 销售人员素质：销售人员素质越高，所需的培训时间越短。

4. 所需的销售技巧：销售技巧越复杂，所需的培训时间越长。

5. 组织管理要求：管理要求越严，培训时间就越长。

第9条 销售人员培训的内容一般因工作需要及销售人员素质而异。总体来说，培训内容包括下表所示的七个方面。

销售人员培训内容一览表

类别	具体内容
1. 企业概况	企业的发展历史、经营目标、组织结构、财务状况、主要设施及主要管理人员等
2. 产品知识	主要产品和销量，产品生产过程，产品生产技术，产品的功能用途，企业专为每种产品制定的销售要点及销售说明等
3. 目标顾客	目标顾客的类型、购买动机、购习惯和行为等
4. 竞争对手	竞争对手的产品、市场策略、销售政策等
5. 销售知识和技巧	市场营销基础知识，销售活动分析，公关知识，广告与促销，产品定价，现场销售的程序和责任，谈判策略与技巧，客户沟通技巧等
6. 相关法律知识	《中华人民共和国合同法》《中华人民共和国产品质量法》、客户赊销与信用风险管理等
7. 财务知识	合理支配销售费用、票据结算知识等

第10条 销售人员培训的地点因集中培训、分开培训而有所不同。

1. 集中培训：一般由总公司统一安排，参训人员为全体销售人员。集中培训适用于一般知识和员工工作态度方面的培训，可以保证培训的质量和水平。

2. 分开培训：由各分公司分别培训所属销售人员。分开培训适用于特殊目标的培训，可结合销售实践来进行。

第11条 销售人员的培训主要包括在职培训、销售会议培训、定期设班培训或函授等多种形式。

第12条 一般来讲，销售人员的培训讲师应由销售领域的专家或销售经验丰富的高级销售人员、销售经理担任。培训讲师应具备下列五个条件：

1. 对所授课程了解透彻；

2. 对担任讲师有浓厚的兴趣；

3. 能够灵活运用培训方法；

4. 能够补充和修正所用的教材；

5. 具备乐于训练和教导的精神。

第13条 适用于销售人员的培训方法主要包括课堂教学法、会议培训法、模拟培训法、实地培训法。

1. 课堂教学法，这是一种比较正规且应用广泛的培训方法，由销售专家或具有丰富销售经验的销售人员采用讲授的形式将知识传授给受训人员。

2. 会议培训法，即组织销售人员就某一专门议题进行讨论，会议由培训讲师或销售专家主持。销售人员有机会表达自己的意见，能够交流想法和经验。

3. 模拟培训法，即由受训人员亲自参与并具有一定实战意义的培训方法，具体做法又可分为实例研究法、角色扮演法、销售情景模拟法。

4. 实地培训法，这种方法适用于新入职销售人员的培训，由具有经验的销售人员带领，帮助新入职销售人员尽快熟悉业务。

第3章 销售骨干培训细则

第14条 销售骨干是指参加工作两年以上，一线销售业绩突出，具有组织管理经验的非管理人员。

第15条 销售骨干培训计划如下表所示。

销售骨干培训计划表

	第一天	第二天	第三天
上午	10：00 集合（10~15人左右）	8：30 各组发表探讨结果，交流意见	8：30 探讨如何提高管理水平
	10：30 销售经理致辞	10：30 角色扮演训练	
下午	13：00 进入议题：销售骨干正确的工作态度	13：00 继续学习培养优秀销售人员的方法（在职培训技巧）	13：00 关于管理技巧的案例分析
	15：00 个人发表看法、小组讨论		
	17：00 归纳总结		15：30 分公司总经理致辞
晚上	18：00 探讨学习训练新入职销售人员的现场训练方法（在职培训技巧）	18：00 探讨如何进一步提高个人业绩	
	20：00 探讨如何在工作中训练下属销售人员	20：30 分享个人业绩提高技巧	

第16条 销售骨干培训实施重点。

1. 确定培训方式：采用三天两晚的集体外出培训方式，参加人数10~15人为宜，销售经理1名。

2. 选择培训方法：采用授课、分组讨论、角色扮演等方法。

3. 拟定行动计划书。

4. 培训评估准备：事先设计好用于培训课程评估的调查问卷，培训结束后须编写受训报告。

第17条　培训结束后，要评价销售骨干培训实施效果，填写"培训效果评价表"或"培训效果调查问卷"。

第18条　销售骨干培训应注意以下两点事项。

1. 参训人员的态度：实施培训前要使参训者明确意识到自己就是解决问题的执行者。

2. 参训人员的层次：参加此类培训的销售人员应了解公司的各种活动，在处理与其他部门的关系上有较强的沟通、协调能力。

第19条　与销售骨干培训相关的其他事项可参照本制度第2章的"销售人员培训体系规划"执行。

第4章　销售经理培训细则

第20条　销售经理培训的目标是改进销售经理的工作态度，通过学习现场训练技巧培训高级销售人才。

第21条　销售经理培训计划可参照"销售骨干培训计划表"来制定。

第22条　实施销售经理培训要确保企业销售计划的贯彻落实，确保达到改进销售经理工作态度的目的。

第23条　销售经理培训的方法

1. 会议式授课法

在会议上，探讨具有良好业绩的销售人员应具备的能力及特征，分析采用何种方法可以培养出这种能力。具体如下表所示。

业绩良好销售人员的能力特征表

能力发展阶段	能力特征	记录能力的表现
第一阶段	基本动作、日常工作的执行程度	销售经理记录下属销售人员的表现
第二阶段	对顾客的协助及订货的执行程度	销售经理记录下属销售人员的表现
第三阶段	与顾客维持信赖关系、销售咨询之外，能够积极开展销售活动，达到销售目标的执行程度	销售经理记录下属销售人员的表现

2. 现场培训法

通过现场培训使销售经理掌握现场培训法的基本形式及举措，具体如下表所示。

现场培训的基本形式及举措

形式	类型	具体举措
指导下属销售人员的工作	教师型	正确指导下属销售人员的工作 观察下属销售人员的工作，提出方法和技能改善技巧
用工作锻炼下属	工作负荷型	发掘下属销售人员的潜能 分配工作，充分授权 制定下属销售人员应完成的目标及达到的标准 评价下属销售人员的工作成果 让下属销售人员参与制订销售计划

（续）

形式	类型	具体举措
整顿工作环境	环境关系型	开展有助于培养下属销售人员的工作 加强有关人员之间的沟通关系
关注人	对人关注型	使用体贴性话语 信赖、激励下属销售人员 对下属销售人员的努力给予适当的奖励

第 5 章　附则

第 24 条　销售骨干和销售经理有责任承担培训销售人员的任务，将所学知识传授给销售人员，发扬团队精神，实现企业的销售目标和市场目标。

第 25 条　销售人员培训所花的费用由培训项目负责人申请，报财务部经理和总经理审核。销售人员应于培训结束后持相关财务凭证到财务部报销，多退少补。

第 26 条　本制度提交总经理审批后颁布实施。

第 27 条　本制度未尽事宜可随时增补，并提交总经理审批后生效。

第 28 条　本制度由人力资源部监督执行，最终解释权归人力资源部。

7.2.7 新进技术员培训管理办法

以下是某公司的新进技术员培训管理办法，供读者参考。

第 1 章　总则

第 1 条　目的

为确保做好新进技术员的入职培训工作，不定量地吸引品学兼优的专业技术类大学应届毕业生进入技术部，培养新生研发力量，特制定本办法。

第 2 条　适用范围

本办法适用于入职在一年以内的技术岗位的工作人员。

第 2 章　新进技术员成长各阶段培训

第 3 条　见习期培训

见习期培训主要包括职业素质和岗位技能两个方面。

1. 职业素质培训

培训内容为公司规章制度、工作纪律、职业道德及礼仪和企业文化等，人力资源部有义务进行职业规划指导。人力资源部负责确定具体培训时间、内容、培训主讲人。

2. 岗位技能培训

用人部门配合人力资源部拟定培训进度计划及目标要求，由人力资源部组织安排技术部经理或资深工程师定期进行系统培训、讲解产品业务知识，并派其到实施场所实践。

第 4 条　试用期培训

用人部门拟定试用期任务书，并采取"一带一"的方式由指导老师指导试用期新员工参与具体项目的实施工作，指导老师有义务给予试用期新员工指导，直至其能独立工作。

第5条 正式期培训

用人部门根据工作需要，安排正式期学生在技术部经理的培训督导下，独立开展技术工作，技术特别突出的可参与技术项目开发。

第3章 新进技术员培训考核

第6条 考核内容

新进技术员培训考核的内容分三大项，即职业素养、业务技能及工作业绩，具体要求分别如下所示。

职业素养考核表

职业素养	高分评价标准
工作态度	热情投入、高效、责任感强，必要时能主动加班
任务接受	能够服从工作安排，积极主动承担任务，并敢于承担挑战性任务
学习能力	能够积极学习与工作有关的新技术和业务知识
团队互助	能够主动协助其他同事工作，经常交流工作经验

业务技能考核表

能力	评价标准
分析思维能力	1. 对出现的问题束手无策，0分 2. 能将问题进行简单分解，10~50分 3. 能够清楚、正确地找出问题的基本关系（包括因果、利弊、重要性等），51~70分 4. 针对复杂状况，能正确找出多重或连续性的关系，71~90分 5. 能够运用多种分析技术或方法，正确剖析复杂问题，提出多种方案及评估意见，91~100分
实际应用能力	1. 能解决简单的经常出现的生产工艺问题，10~50分 2. 能解决经常出现的复杂的工艺问题，51~70分 3. 能解决复杂的工艺新问题，71~90分 4. 能解决复杂的工厂长期未能解决的工艺技术问题，91~100分
创新开拓能力	1. 偶尔提出过具有新意的简单技巧和方法，10~60分 2. 通过经验总结，给出了企业特有的经验数据，被认定具有很好的指导意义，61~80分 3. 通过学习，借鉴类似生产工艺完成工艺改进与创新，并取得成功，81~90分 4. 使企业生产工艺达到先进水平，或研发出的新方法和新工艺，经证明能带来经济效益的，91~100分

（续）

能力	评价标准
信息敏感能力	1. 对本专业的发展趋势知之甚少，10～50分 2. 通过电视、杂志、报刊，对本专业的发展趋势有一个基本的把握，51～80分 3. 通过各种媒体，对本专业的发展趋势有较为翔实的了解，能写出简单的分析报告，81～90分 4. 通过各种调研方式，能对技术发展趋势做出正确判断，并能写出翔实的分析报告，91～100分
学习进取能力	1. 能经常向其他技术人员学习请教，并对实际工作有所帮助，10～50分 2. 偶尔参与专业知识培训，并能提高自己的技术业务水平，51～80分 3. 能够通过各种形式学本专业的新知识和技能，并能将部分应用于实际的技术改革中。另外，能对低一级技术人员进行培训，81～90 4. 能及时掌握本专业新理论、新方法及发展趋势，并广泛涉猎其他专业知识；能对本专业工艺技术、理论、方法进行创新性研究，并取得了成果，91～100分

工作业绩考核表

考核要素	考核标准
工作量	1. 所负责工作经常处于歇工状态，一年累计在1个月以上的，10～50分 2. 所负责工作偶尔处于歇工状态，一年累计在1个月以内的，51～80分 3. 工作任务饱满，产品牌号更换少（一年在5次以内，维修次数在2次以内），81～90分 4. 工作任务饱满，产品牌号更换多（一年在6次以上，维修次数在3次以上），91～100分
工作质	1. 所负责生产线能基本维持正常生产，产品良品率水平较低，低于历史平均值，10～50分 2. 生产线按计划正常生产，良品率达历史较高水平，通过产品配方改进或工艺改进降低了成本、提高了良品率，51～80分 3. 生产线完全正常，良品率创历史最好水平，能超额完成任务，或成功研制出多项新品，并投入生产，取得了一定的经济效益，81～90分 4. 参与工艺改进，并在自己负责的专业领域取得突破和创新，保证了项目的按时完成，或成功研制出多项高附加值产品，其各项技术指标处于国内领先地位或达到国际水平，91～100分

第7条　考核形式

1. 新进技术员培训考核形式主要包括笔试、上机测试，主要考核业务知识学习掌握情况及技术基础潜能。

2. 见习期、试用期考核形式以考评为主、部分上机实际操作为辅，主要考核技术基础掌握情况以及是否在项目中做到了学以致用。

3. 正式期考核形式为考评，以参与或负责的项目进度、质量等作为主要评价依据，考核员工在一年内的工作表现及是否具备独立开展工作的能力。

第8条　考核程序

1. 人力资源部确定考核时间、考核范围、考核内容，并通知各部门及被考核人；技术部门根据考核范围和内容编写考核试题或考核细则。

2. 被考评人根据考核项目进行个人自评（如果是试题考核或上机测试，那么必须在规定时间内完成）。

3. 技术部经理、项目经理（或直接上级）根据考核项目评价下属团队中的被考核人。

4. 人力资源部根据被考核人的自评和部门评价，综合其他信息对被考核人给予评价。

5. 人力资源部将考核结果进行汇总并报请公司高层领导审批，审批后公布考核结果。

第9条　考核结果的应用与反馈

1. 考核满分为100分。

2. 考核结果分为四档，总分达85分者为优秀、75~84分为良好、60~74分为合格、低于60分为不合格。

3. 考核结果主要应用于以下三个方面。

（1）实习期满，遵守公司管理规章、热爱公司，岗位技能培训经考核优秀、良好、合格者，进入试用期，不合格者终止实习。

（2）试用期满，考核结果为优秀、良好、合格者，予以转正，不合格者终止试用。

（3）入职满一年，考核结果为优秀或良好者，予以晋升，并根据评审等级与岗位性质调整薪资待遇；考核结果为合格者，留任原岗位；考核结果为不合格者，立即辞退。

4. 考核结果归档。新进技术员培训考核结果由人力资源部归入员工个人档案。

第8章 员工晋升与离职管理

8.1 员工晋升与离职管理流程

8.1.1 员工岗位轮换流程

流程名称	员工岗位轮换流程		编　号	
任务概要	员工岗位轮换管理		执行单位	人力资源部
单位	总经理	人力资源部	岗位轮换部门	员工
工作程序				
相关制度	员工岗位轮换管理制度			

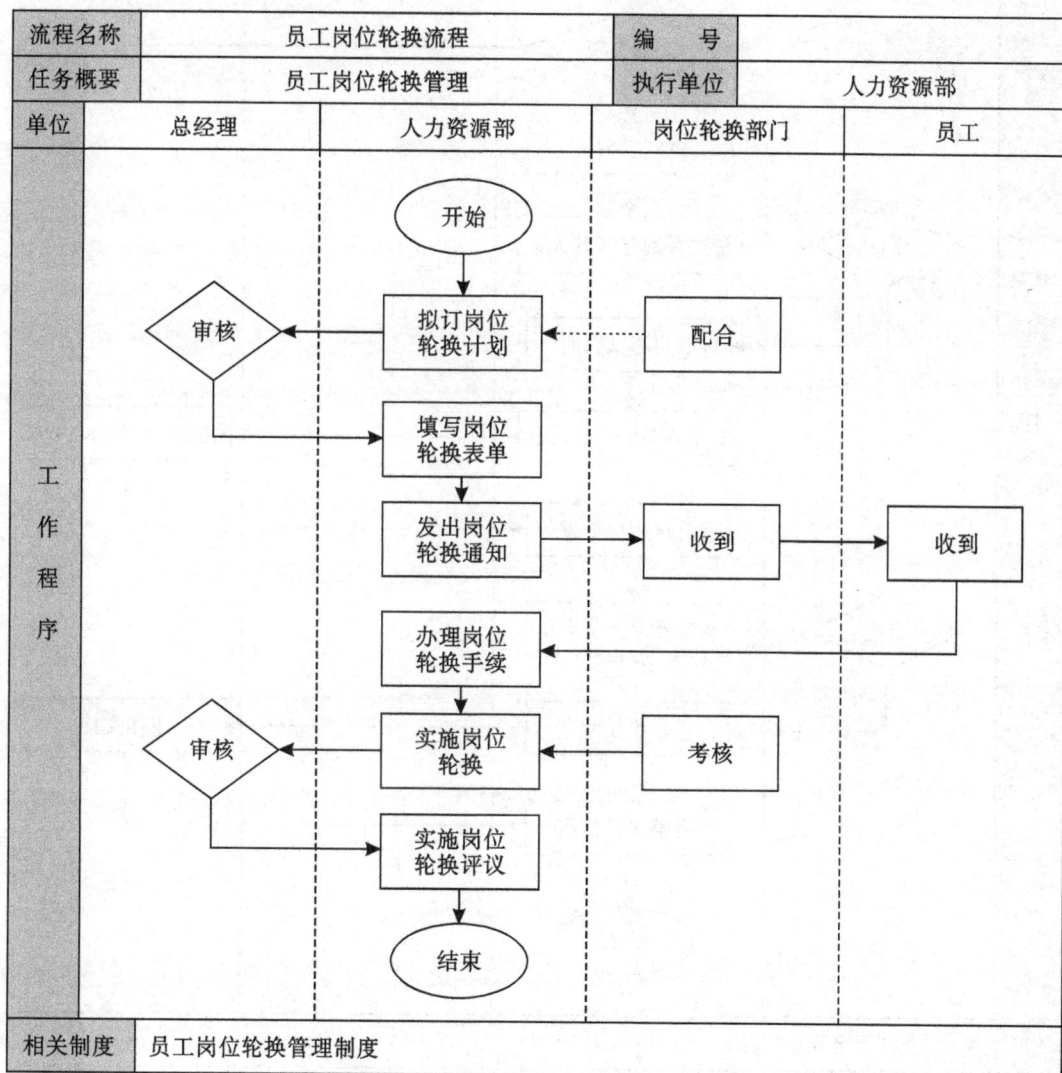

8.1.2 员工晋升管理流程

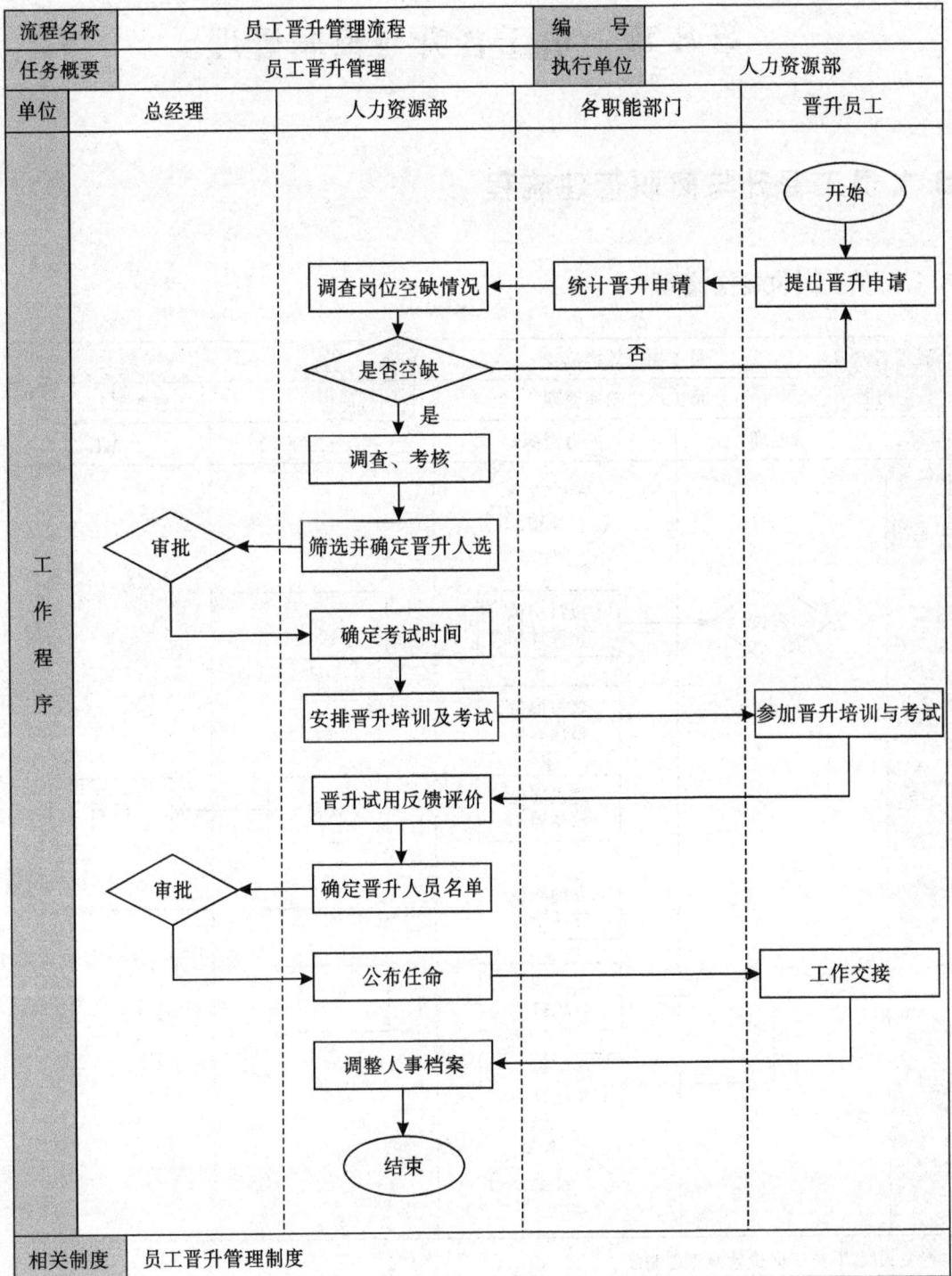

流程名称	员工晋升管理流程		编　号	
任务概要	员工晋升管理		执行单位	人力资源部
单位	总经理	人力资源部	各职能部门	晋升员工
工作程序				
相关制度	员工晋升管理制度			

工作程序部分流程图内容：

- 晋升员工：开始 → 提出晋升申请
- 各职能部门：统计晋升申请
- 人力资源部：调查岗位空缺情况 → 是否空缺（否→返回提出晋升申请；是↓）→ 调查、考核 → 筛选并确定晋升人选 → 确定考试时间 → 安排晋升培训及考试 → 晋升试用反馈评价 → 确定晋升人员名单 → 公布任命 → 调整人事档案 → 结束
- 总经理：审批（筛选并确定晋升人选）、审批（确定晋升人员名单）
- 晋升员工：参加晋升培训与考试 → 工作交接

8.1.3 员工降级管理流程

流程名称	员工降级管理流程		编　　号	
任务概要	员工降级管理		执行单位	人力资源部
单位	行政总监	人力资源部	各职能部门	员工
工作程序				
相关制度	员工降级管理制度			

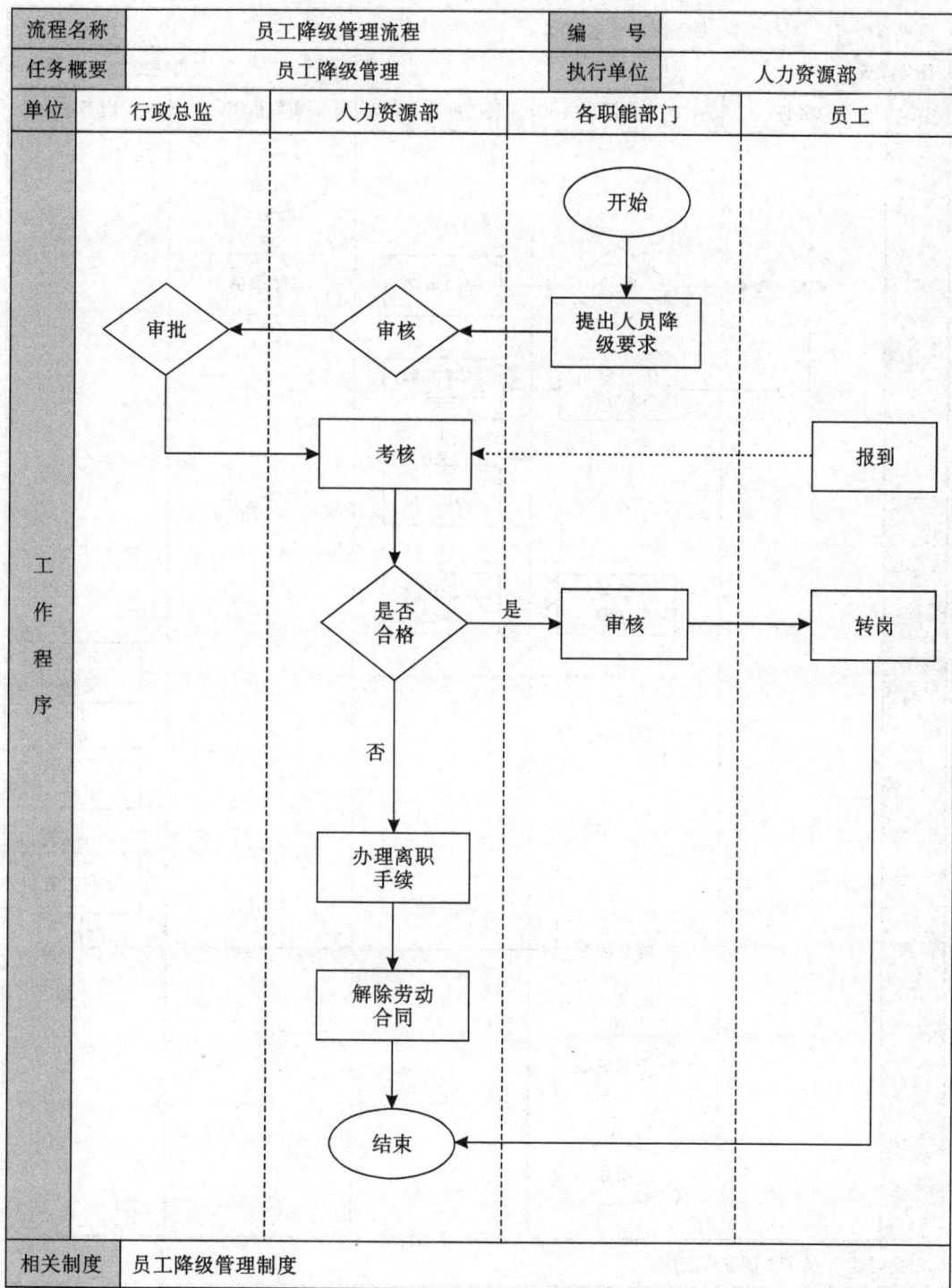

8.1.4 员工离职管理流程

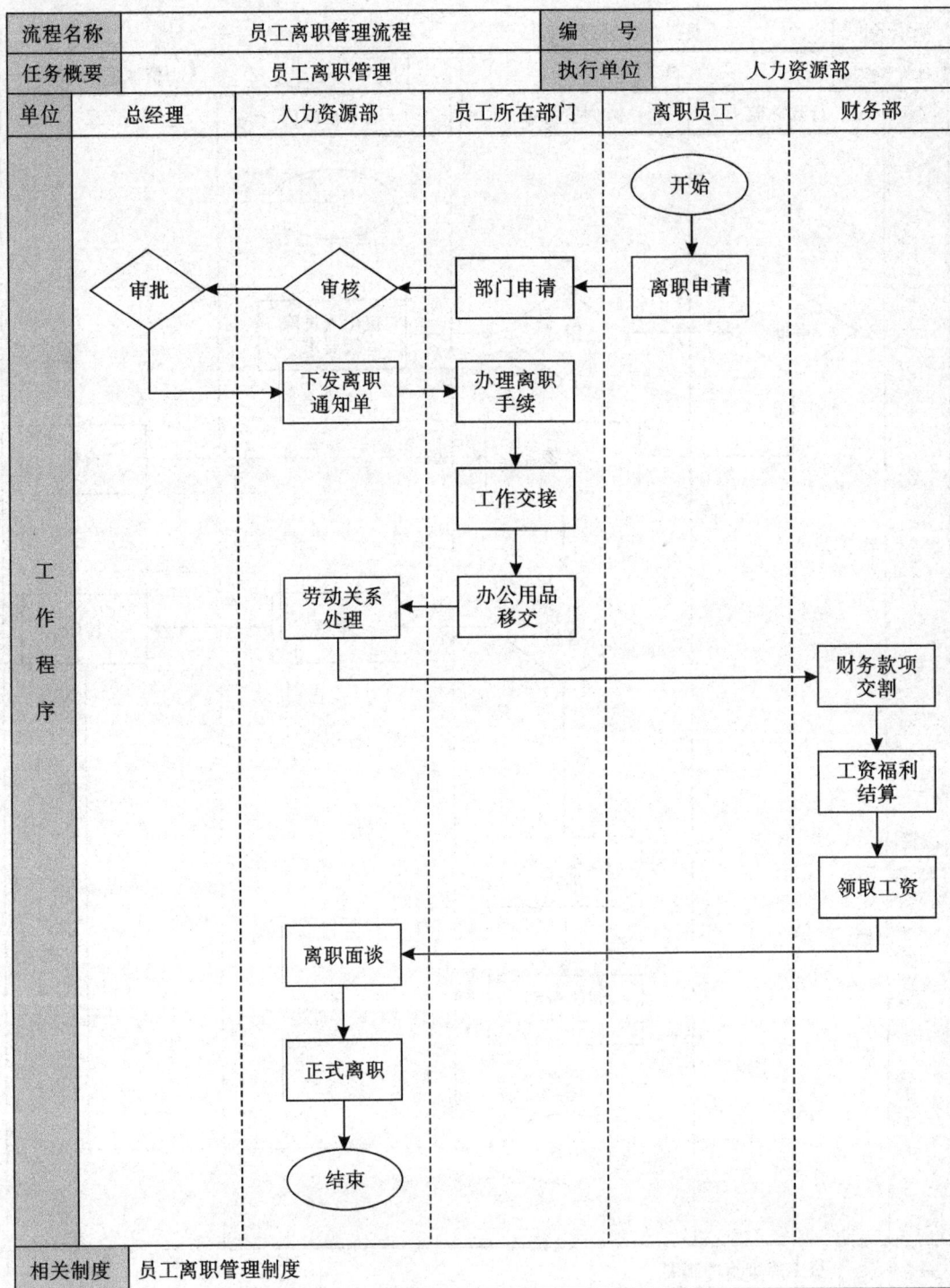

流程名称		员工离职管理流程		编　号	
任务概要		员工离职管理		执行单位	人力资源部
单位	总经理	人力资源部	员工所在部门	离职员工	财务部
工作程序					
相关制度	员工离职管理制度				

（工作程序栏内为流程图）

开始 → 离职申请 → 部门申请 → 审核 → 审批 → 下发离职通知单 → 办理离职手续 → 工作交接 → 办公用品移交 → 劳动关系处理；财务款项交割 → 工资福利结算 → 领取工资 → 离职面谈 → 正式离职 → 结束

8.1.5 员工离职交接流程

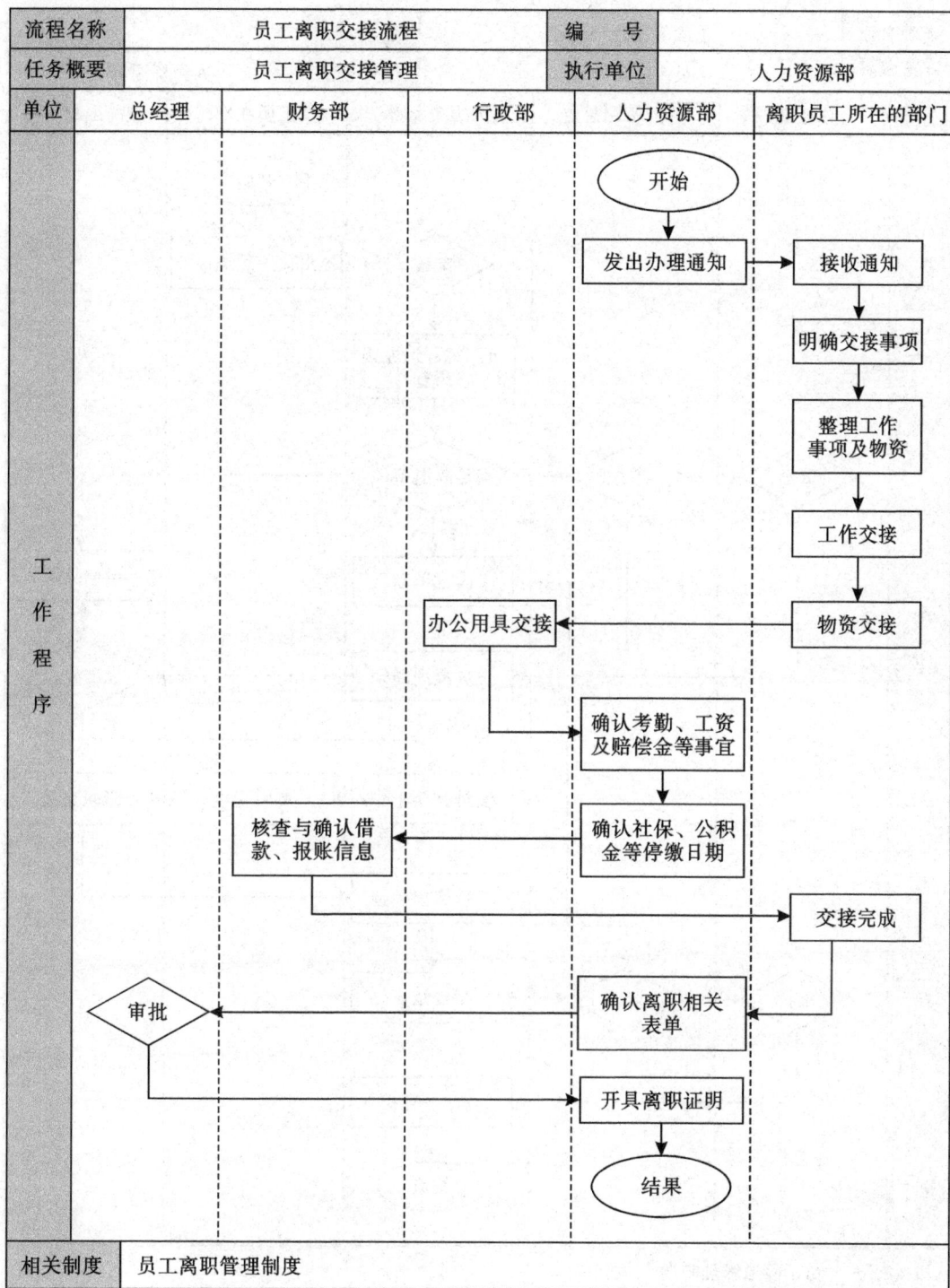

流程名称	员工离职交接流程		编　号	
任务概要	员工离职交接管理		执行单位	人力资源部
单位	总经理	财务部	行政部	人力资源部	离职员工所在的部门

（流程图）

工作程序：

开始 → 发出办理通知 → 接收通知 → 明确交接事项 → 整理工作事项及物资 → 工作交接 → 物资交接

物资交接 → 办公用具交接

办公用具交接 → 确认考勤、工资及赔偿金等事宜 → 确认社保、公积金等停缴日期 → 核查与确认借款、报账信息

→ 交接完成 → 确认离职相关表单 → 审批 → 开具离职证明 → 结果

相关制度	员工离职管理制度

8.1.6 员工辞退管理流程

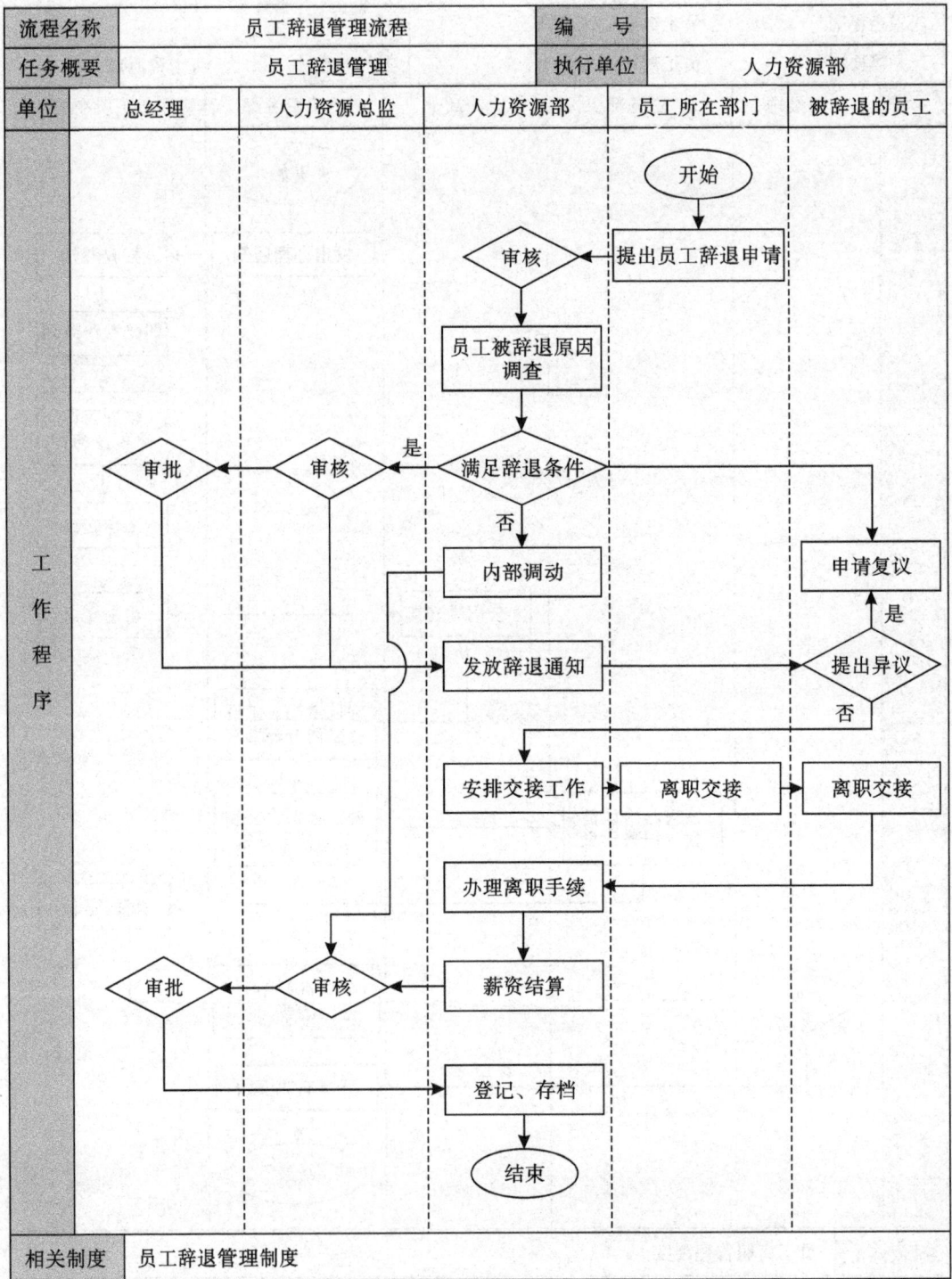

流程名称	员工辞退管理流程		编　号	
任务概要	员工辞退管理		执行单位	人力资源部
单位	总经理	人力资源总监	人力资源部	员工所在部门	被辞退的员工

工作程序

```
                                              开始
                                               │
                         审核 ◄──────── 提出员工辞退申请
                          │
                     员工被辞退原因调查
                          │
        审批 ◄── 审核 ◄─是─ 满足辞退条件 ──────────► 申请复议
                          │否                          ▲是
                     内部调动                           │
                          │                    提出异议
        ──────► 发放辞退通知 ──────────────────►  │否
                          │
        安排交接工作 ── 离职交接 ── 离职交接
                          │
                     办理离职手续 ◄───
                          │
        审批 ◄── 审核 ◄── 薪资结算
                          │
        ──────► 登记、存档
                          │
                        结束
```

相关制度	员工辞退管理制度

124

8.2 员工晋升与离职管理制度

8.2.1 员工晋升管理制度

以下是某公司的员工晋升管理制度，供读者参考。

第 1 条　目的

为更好地体现员工晋升管理的公正性、严肃性，特制定本管理制度。

第 2 条　员工晋升的基本原则及条件

1. 符合公司及部门发展的实际需求。

2. 晋升员工自身素质达到公司及部门考核要求。

3. 晋升方向与个人职业生涯规划方向一致。

4. 晋升员工通过人事行政部的晋升考核。

第 3 条　人事审批权限

1. 部门主管层以上级别员工晋升由管理委员会审核，总经理任命。

2. 部门主管层以下级别员工晋升由部门管理人员审核，副总经理任命。

第 4 条　晋升管理流程

1. 员工晋升申报

（1）由员工所在部门管理者对准备晋升员工的工作表现、业绩、各方面的能力进行日常观察，并根据本部门年度经营计划、部门年度人力资源发展规划以及阶段性业务发展对管理人员的需求，向公司人力资源部提交"员工晋升申请表"。

（2）员工晋升申报到正式任命期间，各部门可根据工作需要在部门内部宣布由该员工代理相应职位，并向其明确岗位职责要求和具体工作内容。在人力资源部未正式发布任命之前，员工晋升后对应的工资及福利待遇等维持晋升前水平不变。

（3）人力资源部依据各部门报审材料对准备晋升员工进行考核，考核在 10 个工作日内完成，并于 15 个工作日内出具相关评估报告，反馈给相关部门。

2. 组织晋升考核评估工作

（1）晋升考核评估工作原则

①充分尊重原则。人力资源部将充分尊重各部门用人需求，支持和配合完成晋升员工全面素质考核工作。

②充分负责原则。本着对公司、部门、员工本人充分负责的工作原则，对晋升员工进行全方位（员工本人、上级、下级、平级、其他合作部门）考核评估。

③充分建议原则。针对极个别不符合条件，有重大素质隐患，不适合公司、部门发展的人员，人力资源部将向相应部门或管理委员会建议暂缓晋升。

（2）晋升考核评估工作流程

①人力资源部针对各部门上报的审批材料中员工基本资料部分与人事库进行核实，对不符的情况与

晋升员工本人进行核对。

②对晋升员工进行全面（员工本人、上级、下级、平级、其他合作部门）考核评估。

③评估采用面谈、问卷调查及公示征集意见评定等方式进行。

④人力资源部绩效评估组最终根据以上记录及评定出具考核评估意见报告，报送管理委员会或部门管理会议审核。

⑤部门主管以上级别员工的晋升，由管理委员会在收到人力资源部提交的员工考核材料的五个工作日内给出审核结果，由公司总经理签署审批意见。

⑥部门主管以下级别员工的晋升，由本部门依据人力资源部审核材料于五个工作日内给出审核结果，由公司副总经理签署审批意见。

3. 员工晋升任命

（1）人力资源部根据所有审批意见编制人事任命公告。

（2）任命公告将采用以下两种方式进行：

①部门内部公告栏公告书，部门员工大会公布；

②公司内部公告栏公告书，公司员工大会公布。

第 5 条　注意事项

1. 各部门统一按照以上要求完成管理人员的晋升和晋级工作。

2. 特例须由人力资源部上报管委会委员，经总经理审批后方可执行。

3. 所有晋升/晋级人员必须通过人力资源部晋级评估后方可任命。

4. 日常考核由被提名人的直接经理负责，人力资源部有监督、考核的权利和义务。

附件：员工晋升申请表

员工晋升申请表

姓名			年龄		
原任部门			原任职位		
新任部门			新任职位		
个人资料	出生日期		学历		政治面貌	
	籍贯		民族		婚姻状况	
	教育经历					
公司经历	到职日期：____年__月__日 工作经历：_____部门___职位（___年__月__日至___年__月__日） _____部门___职位（___年__月__日至___年__月__日） _____部门___职位（___年__月__日至___年__月__日） _____部门___职位（___年__月__日至___年__月__日）					
晋升说明						
人力资源部意见	人力资源部经理：_____					
总经理签字			主管领导签字			

8.2.2 员工离职管理制度

以下是某公司的员工离职管理制度，供读者参考。

第 1 条 目的

为保证公司人员稳定、维护正常人才流动秩序，特制定本制度。

第 2 条 适用范围

本公司员工不论何种原因离职，均依本制度办理。

第 3 条 员工离职类别

1. 辞职（适用于员工提出解除劳动合同的）。

2. 辞退（适用于公司提出解除劳动合同的）。

3. 终止合同（合同到期）。

4. 退休。

第 4 条 员工辞职

1. 员工合同期内辞职必须提前 30 天上交辞职报告，经部门经理、人力资源部经理、总经理签准后，办理相关手续。

2. 员工辞职，应提前 30 天提交辞职申请书（试用内提前 3 天），由单位主管及人事行政部签准，本人办理合同解除离职手续，不得委托他人办理。

3. 员工至人力资源部领取"员工离职会签单"（或网上申请），按表中项目逐项办理，经手人签字齐全后方可离开企业。

4. 薪资核算。按照有关规定，核算应发而未发薪资、未休假期薪资、各项违约赔偿等。

5. 人力资源部根据离职通知单于当日即行办理封存档案、注销工号和人事信息。

6. 人力资源部应视情况约谈离职人员，并将面谈结果填入离职人员档案。

7. 离职员工若需"离职证明书"，可到人力资源部索要（人力资源部据实写明）。

第 5 条 辞退员工

根据制度辞退员工的，需各单位上交书面辞退申请，写明原因，经人力资源部确认核准后方可辞退。具体操作办法见《员工辞退管理制度》。

第 6 条 合同终止

合同到期，劳资任意一方不再同意续签时，须提前一个月书面通知对方。

第 7 条 员工退休

1. 员工达到法定退休年龄，可以到人力资源部领取（或从网上调用）"员工退休申请单"，填写完整后报人力资源部。

2. 人力资源部根据员工档案依法核准。

3. 经核准退休人员，于准退休日领取"员工离职会签单"，逐项办理离职手续。

4. 人力资源部负责与社会保险部门联系，办理各项手续。

第 8 条 离职程序及薪资结算

1. 离职申请经核准后，于离职前两日填写未办未了重要事件目录及移交清册，并依移交注意事项的规定完成移交手续。辞退人员须于人力资源部发布辞退公告当日立即填写未办未了重要案件目录及移交清册。

2. 离职会签

因不同原因离职的员工（包括合同、试用、短期聘用），于离职日当天将前列完成的表单送交人力资源部，以办理离职会签，并缴还个人保管的文具、用品。薪资结算：职工离职，薪资结算至停职日（不含），交接时间不计薪资。

第9条　本制度由人力资源部负责解释。

8.2.3 员工辞退管理制度

以下是某公司的员工辞退管理制度，供读者参考。

第1条　目的

为加强公司劳动纪律，提高员工队伍素质，增强公司活力，促进本公司的发展，特制定本制度。

第2条　辞退原则

公司对违纪员工，原则上经劝告、批评、教育或行政处分后仍不改者，有辞退的权力。

第3条　辞退形式

辞退的形式包括开除、除名、解除劳动关系等。

第4条　辞退条件

出现下列情形之一者，部门主管可提出辞退建议。

1. 试用期未满，被证明不符合录用条件或能力较差、表现不佳，不能保质完成工作任务的。

2. 严重违反劳动纪律或公司规章制度的。

3. 严重失职、营私舞弊、贪污腐化或有其他严重不良行为，对公司利益或声誉造成损害的。

4. 对公司存在严重欺骗行为的。

5. 因触犯法律而被拘留、劳教、逮捕或判刑的。

6. 患有非本职工作引起的疾病或非因工负伤，医疗期满后，经医疗部门证实身体不适、不能胜任本职工作的。

7. 员工能力明显不适应本职工作需求，在单位内部又找不到适当工作的。

8. 参加岗位适应性培训后考核仍不合格或在单位内部找不到适当工作的。

9. 劳动态度差，工作缺乏责任心和主动性的。

10. 经过岗位适应性培训后，工作表现仍然较差的。

11. 泄露商业或技术秘密，使公司蒙受损失的。

12. 其他情形。

第5条　辞退员工的操作流程

1. 部门主管根据公司规定的辞退条件，实事求是地对照员工的现实能力、表现或某些特定的事实提出辞退建议，填写"员工辞退建议及评审报告单"（以下简称"报告单"）。

2. 部门经理接到"报告单"后，调查了解相关情况，进行条件审查，如果符合辞退条件则签署意见并报总经理审核。

3. 总经理接到"报告单"后，必须与拟辞退员工谈话，了解拟辞退员工的思想反应和意见，根据事实情况确认是否需要辞退。如确认需辞退的，管理部负责人签署辞退意见；如属不应辞退的，与有关部门经理沟通后，协商安排工作。

4. 如果拟辞退员工为试用期员工，应将"报告单"送交人力资源部。人力资源部在收到"报告单"后，需进行适当的调查和确认，与拟辞退员工谈话，了解有关情况，如确认需要辞退的，签署意见后送人力资源部经理核查，再报送总经理（或其授权人）审批；如属不应辞退的，人力资源部与相关部门经理沟通，协商解决办法。

5. 总经理批准辞退建议的，由人力资源部通知相关部门；总经理未批准辞退的，由人力资源部及相关部门与员工谈话，视情况对其工作岗位进行适当的调整。

6. 被辞退人员的处理结果要经人力资源部备案。

7. 部门经理通知被辞退员工办理辞退手续。

第 6 条　完成辞退流程的时限要求

1. 部门主管收到"报告单"后，在两个工作日内做出明确答复。

2. 部门经理收到"报告单"后，在三个工作日内做出明确答复，相关人员联合签署意见并报送人力资源部。

3. 人力资源部收到"报告单"后，在三个工作日内调查确认。

4. 公司总经理签署意见后，人力资源部在五个工作日内协调解决问题。

第 7 条　辞退申诉

拟辞退的员工有权按公司规定的申诉渠道进行申诉，但不得扰乱正常工作秩序。

第 8 条　违反上述规定的处理办法

1. 如果管理者未按公司规定而随意辞退员工，经人力资源部查证后，上报公司高层对管理者进行处理。

2. 符合公司规定的辞退条件而部门主管不及时提出辞退建议，造成不良后果或不良影响的，相关人员要承担相应责任。

第 9 条　本制度自发布之日起生效，此前与本制度相抵触的条款自动失效。

第 10 条　本制度由人力资源部负责解释和修订。

第9章　劳动合同管理

9.1 劳动合同管理流程

9.1.1 劳动用工管理流程

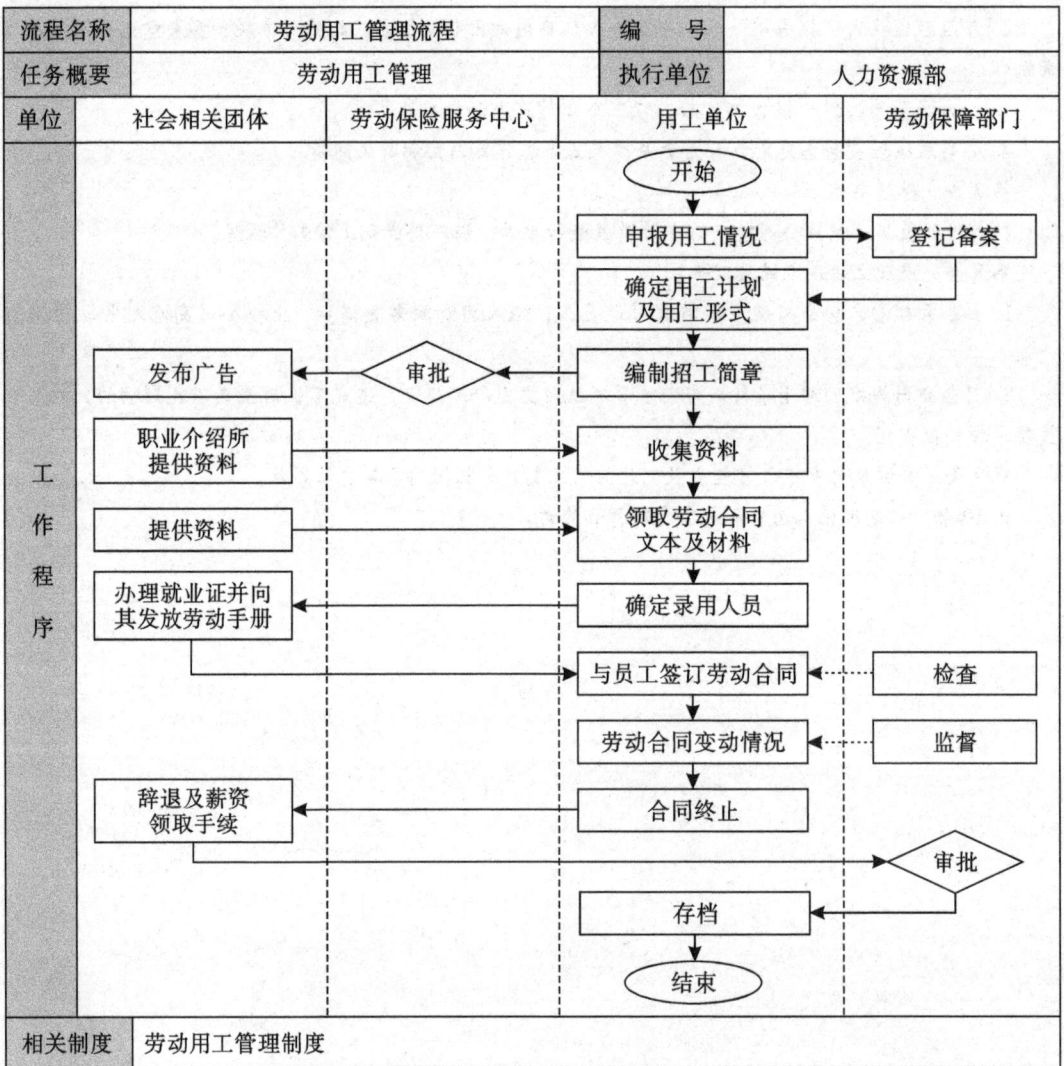

流程名称	劳动用工管理流程		编　号	
任务概要	劳动用工管理		执行单位	人力资源部
单位	社会相关团体	劳动保险服务中心	用工单位	劳动保障部门
工作程序	发布广告 职业介绍所提供资料 提供资料 办理就业证并向其发放劳动手册 辞退及薪资领取手续	审批	开始 申报用工情况 确定用工计划及用工形式 编制招工简章 收集资料 领取劳动合同文本及材料 确定录用人员 与员工签订劳动合同 劳动合同变动情况 合同终止 审批 存档 结束	登记备案 检查 监督
相关制度	劳动用工管理制度			

130

9.1.2 劳动合同签订流程

流程名称	劳动合同签订流程		编　号	
任务概要	劳动合同管理		执行单位	人力资源部
单位	总裁	相关总监	人力资源部	用人部门	员工

工作程序

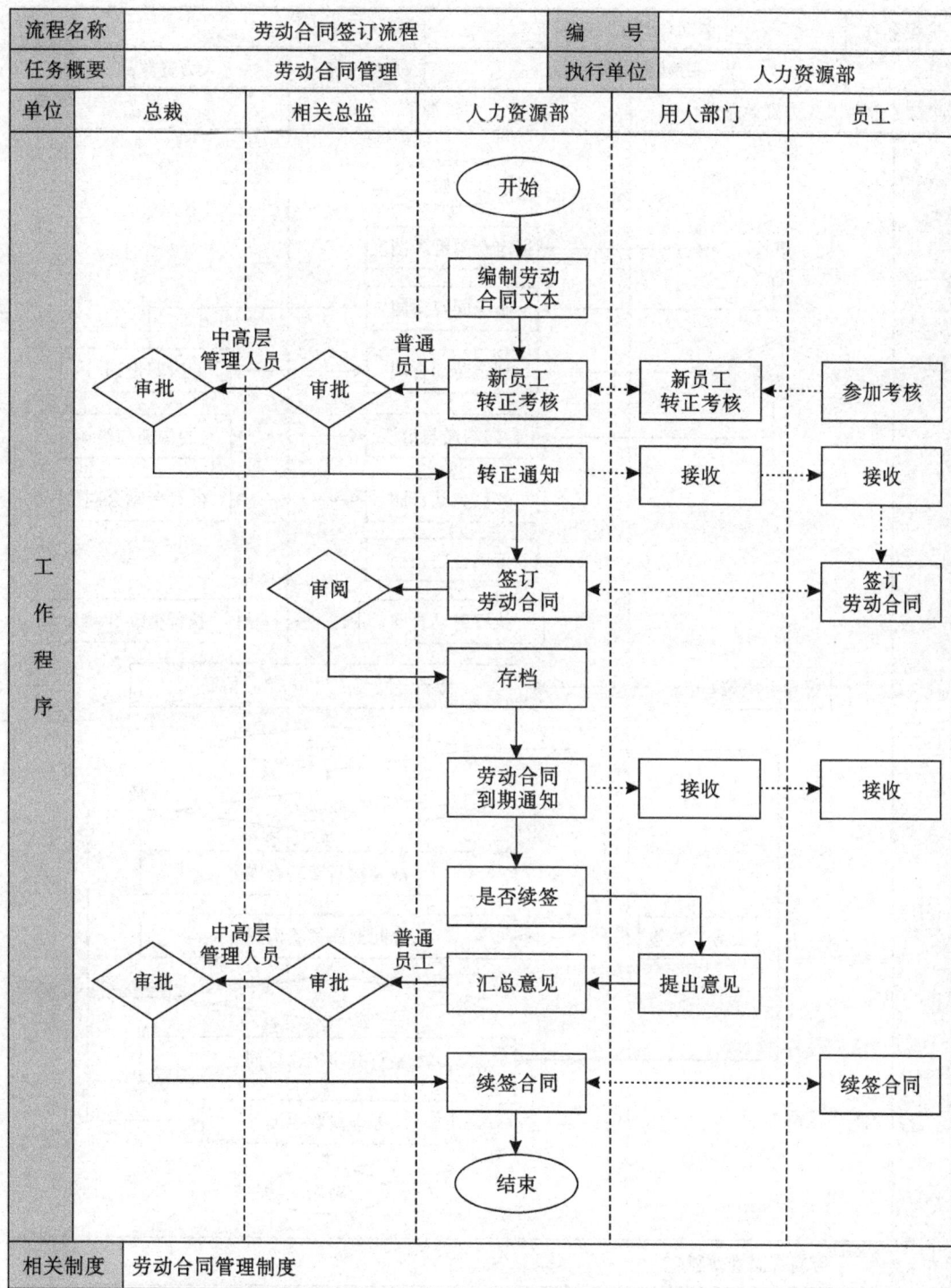

| 相关制度 | 劳动合同管理制度 |

9.1.3 劳动合同执行流程

流程名称	劳动合同执行流程		编 号	
任务概要	劳动合同管理		执行单位	人力资源部
单位	人力资源总监	人力资源部		员工
工作程序				

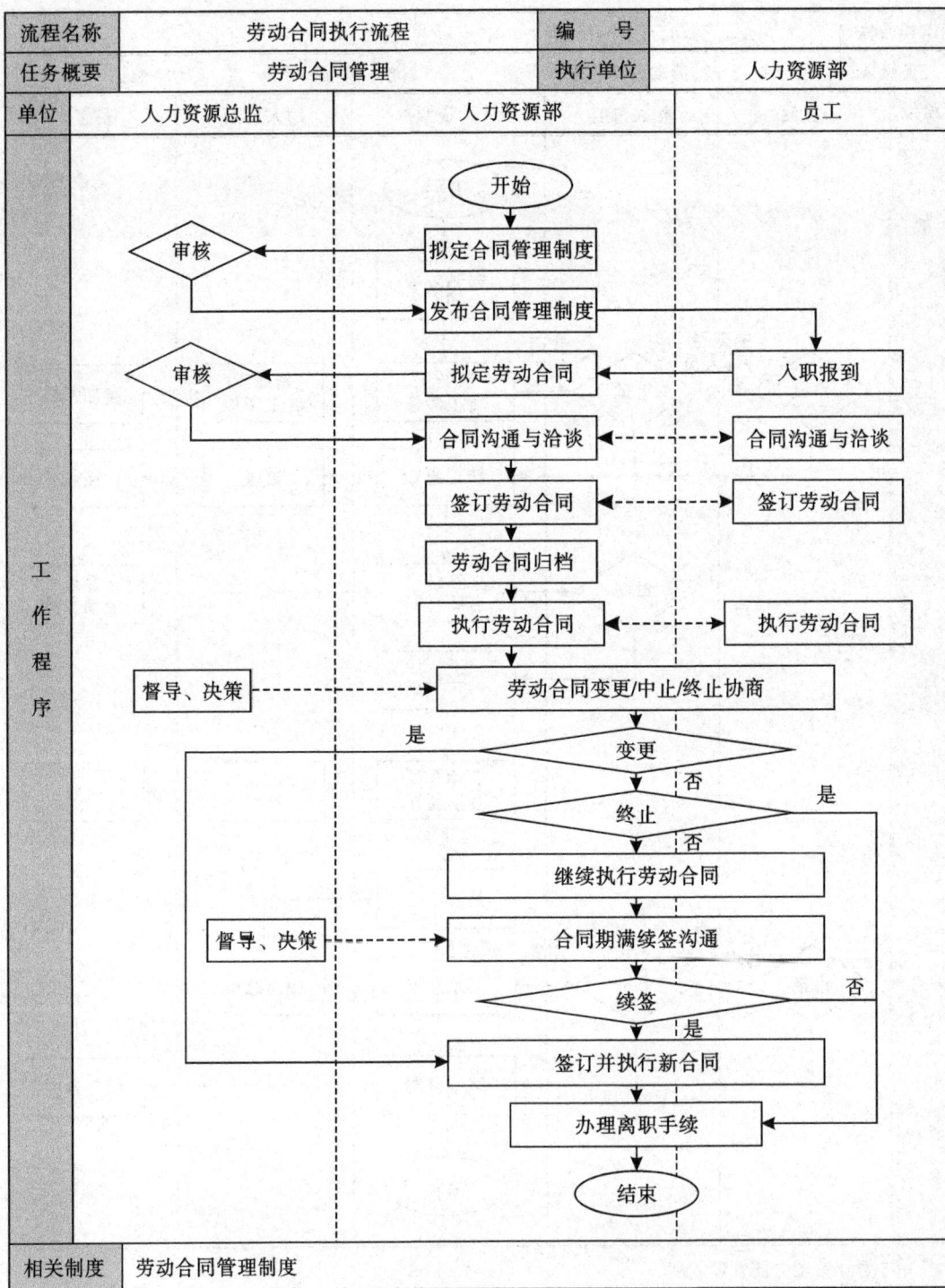

相关制度	劳动合同管理制度

9.1.4 劳动纠纷处理流程

流程名称	劳动纠纷处理流程		编　号	
任务概要	劳动纠纷处理管理		执行单位	人力资源部
单位	人力资源总监	人力资源部	员工	仲裁机构	法院

工作程序

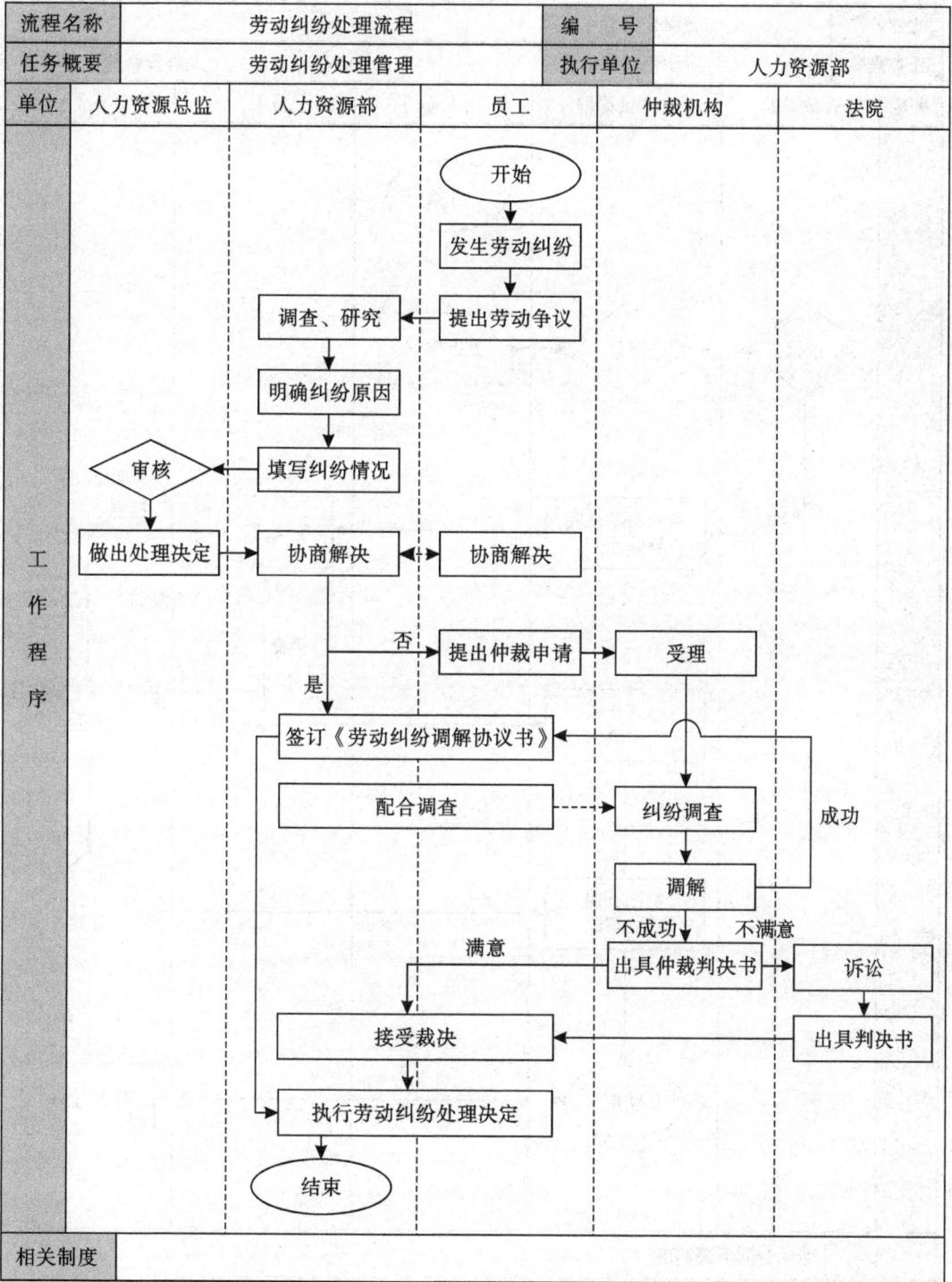

相关制度

9.1.5 劳动合同解除流程

流程名称	劳动合同解除流程		编　　号	
任务概要	劳动合同解除管理		执行单位	人力资源部
单位	行政总监	人力资源部	用人部门	员工	其他部门

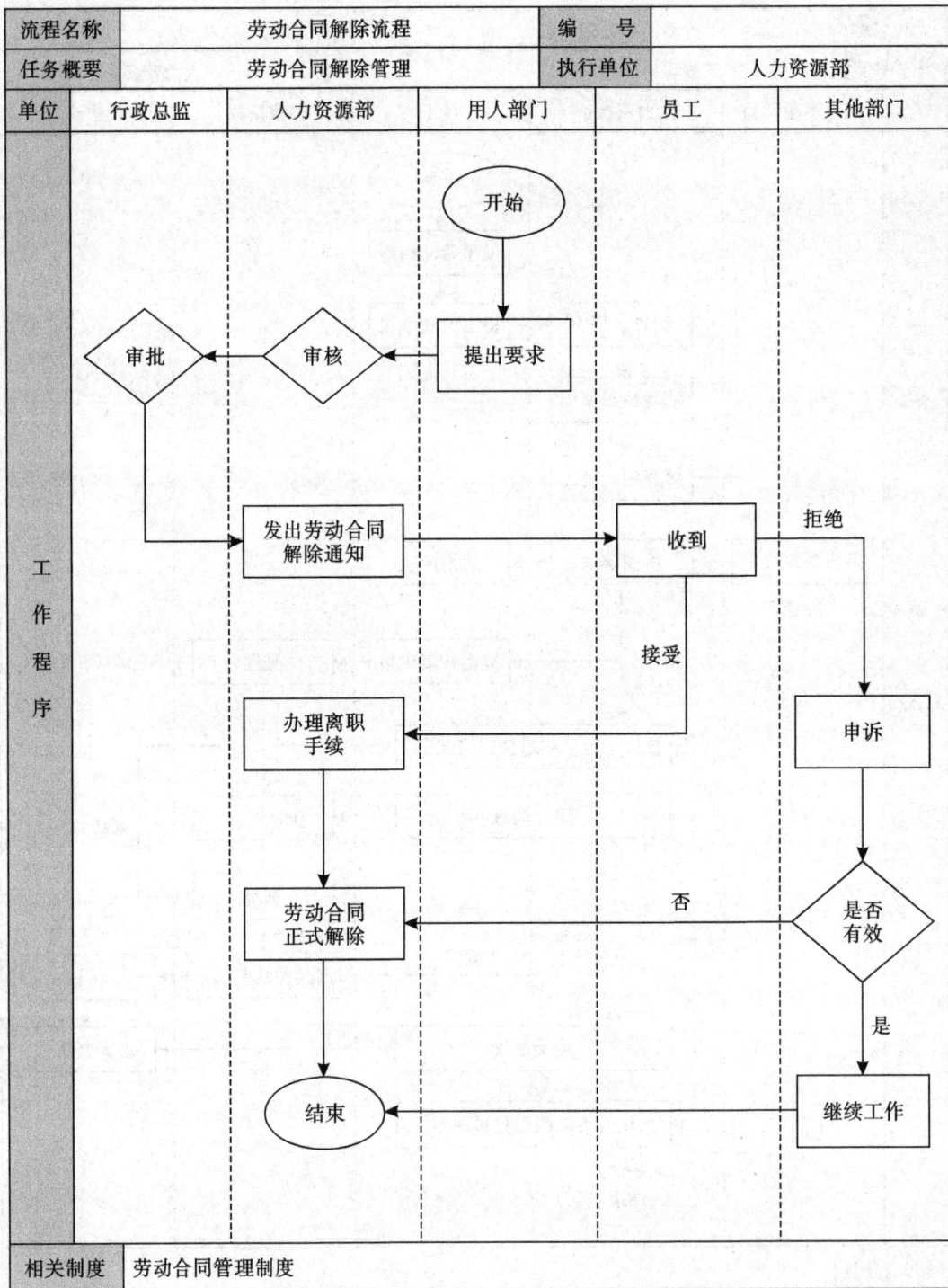

（工作程序流程图）

相关制度	劳动合同管理制度

134

9.2 员工劳动合同管理制度

9.2.1 劳动合同管理制度

以下是某公司的劳动合同管理制度，供读者参考。

第1条　目的

为依法规范员工的劳动关系，保障公司与员工双方的合法权益，特制定本管理制度。

第2条　适用范围

本制度适用于集团公司下属机构人员劳动合同的签订、续签、终止、解除、违约责任等事项的管理。

第3条　责任及权限

1. 人力资源部是公司全体员工劳动合同管理的归口和实施部门，具体职责是：

(1) 建立员工劳动合同台账，动态管理员工的劳动合同；

(2) 负责员工劳动合同的签订、续订、变更、终止、解除等工作；

(3) 负责劳动合同文本的撰写和修订工作；

(4) 负责竞业限制协议、保密协议、劳动合同变更协议等的撰写和修订工作；

(5) 负责劳动合同争议的处理工作；

(6) 处理与劳动合同相关的其他事宜。

2. 公司总经理及分管副总负责关键人员、核心人员、部门负责人及以上人员合同期限的审批，以及所有续订合同、无固定期限合同的最终审批工作。

3. 员工须服从人力资源部的安排，在规定时间内对合同签订、续签、变更等做出表态并书面反馈给人力资源部，对于在合同签订过程中出现争议的，可向人力资源部提出申诉。

第4条　劳动合同期管理

1. 劳动合同类别

劳动合同分固定期限劳动合同、无固定期限劳动合同和以完成一定工作任务为期限的劳动合同。

2. 劳动合同期的规定

(1) 经双方协商同意，公司部门负责人及以上人员、关键岗位人员、核心人员合同期为3~5年，其他岗位人员合同期为1~3年，具体视双方协商实际情况而定。

(2) 无固定期限劳动合同约定。

①公司与员工协商一致，可以订立无固定期限劳动合同，主要针对公司引进的高级管理人员、高级专业技术人员或绩效考核优秀的模范员工。

②具有下列情形之一的，公司应与员工订立无固定期限劳动合同：员工在公司连续工作满十年，或连续订立两次固定期限劳动合同，且员工没有出现本制度第7条规定的情形，续订劳动合同的。

③无固定期限合同的签订须由分管副总和总经理最终审批同意后方可签订，同时报集团人力资源部备案。

第5条　劳动合同的内容

1. 劳动合同的内容包括劳动合同期限，劳动纪律，工作内容，工作时间，劳动报酬，社会保险，合同的变更、续订、终止和解除，劳动争议处理，员工姓名、住址和居民身份证或者其他有效身份证件号码，法律法规规定应当纳入劳动合同的其他事项及双方须约定的其他事宜。

2. 公司出资培训须签订培训协议，具体实施办法详见《员工培训管理制度》；存在竞业限制或须保密的岗位还要签订竞业限制协议或保密协议；培训协议、竞业限制协议、保密协议及劳动合同变更协议均为劳动合同的附加文本，具有同等法律效力。

第6条　劳动合同的签订

1. 劳动合同签订和保管

（1）公司在聘用员工时，拟录用员工需提供与上一家单位终止、解除劳动关系的证明。

（2）员工进入公司报到的当天，需在人力资源部签订劳动合同。由于特殊原因未签的，需在入职的第一周签订劳动合同，员工入职后不同意签订劳动合同的不予录用。

（3）工作关系在总部的员工与总部签署劳动合同，包括总部驻外人员；工作关系在分支机构的员工与分支机构签署劳动合同。

（4）劳动合同一式三份。

2. 劳动合同变更

（1）由于签订劳动合同时所依据的客观情况发生重大变化或机构调整等原因，致使原合同无法履行的，经双方协商同意，可以变更原合同的相关条款，并作为劳动合同的附加文本。

（2）员工调动合同变更：跨部门的员工调动如出现重大条款变化的，需变更劳动合同或签订补充协议。

（3）合同续签流程。合同期满前45天，由公司人力资源部组织合同到期员工签字领取"合同续订申请表"，并在规定时间上交人力资源部；人力资源部同时组织相关人员对合同即将到期员工进行综合考评，并编制合同续订/终止员工名单及续订期限，报分管副总和总经理批准。获得批准后，对于需要终止劳动合同的员工，人力资源部负责提前30天向员工发放《终止/解除劳动合同通知书》；对于需要续订劳动合同的员工，人力资源部发放《续订劳动合同确认书》并续签劳动合同。

第7条　劳动合同的解除

具体办法见《员工离职管理制度》。

第8条　责任承担

1. 由于员工违反劳动合同约定或公司相关制度规定给公司造成损失的，公司有权依据有关规定追究员工经济或法律责任。

2. 员工培训服务期未满与公司解除劳动关系的，按培训协议执行。签订竞业限制协议、保密协议未按协议执行的，公司有权依据有关规定追究员工的经济或法律责任。

3. 因合同未及时签订、续订、变更、解除、终止等导致的劳动纠纷，由代表公司的劳动合同签订人承担相应责任。

4. 劳动争议处理不及时给公司带来损失的，由相关责任人承担。

第9条　附则

1. 本制度由总部人力资源部制定并负责解释，各机构遵照执行。各下属机构若在执行过程中提出相应调整需求，须经总部人力资源部批准后方可执行。

2. 本规定自发布之日起正式生效。

附件1: 续订劳动合同确认书

续订劳动合同确认书

_____员工:

您的合同即将于____年__月__日到期, 公司拟与您续签劳动合同, 续签合同期限为____年, 请收到确认书后将本人意见签署在确认书上, 并于七个工作日内递交人力资源部。若七个工作日内没有收到您的书面回复, 视同为合同到期终止, 公司将在十个工作日内下达"终止、解除劳动关系通知书"。

您是否同意续签劳动合同? □是 □否

您不同意续签的理由是: _____

员工签名:

领取日期:

附件2: 终止、解除劳动关系通知书

终止、解除劳动关系通知书

(本通知书一式两联, 公司、员工各持一联)

_____员工:

您于____年__月__日进入本单位, 现因_____,依据《中华人民共和国劳动法》____条____款, 自____年__月__日起公司将与您(终止或解除)劳动合同(关系), 请与 ____年__月__日办理好交接手续。

如对本决定有异议, 可向人力资源部提出, 人力资源部将在三个工作日内答复您。

员工签名:

领取日期:

9.2.2 工伤事故管理制度

以下是某公司的工伤事故管理制度, 供读者参考。

第1条 目的

为规范员工工伤事故处理流程, 明确各级人员责任, 保障员工与企业的利益, 特制定本制度。

第2条 范围

本制度适用于公司全体员工。

第3条 职责

1. 人力资源部

事故预防: 负责定期开展安全教育知识培训, 定期组织相关人员召开事故检讨会议, 监督稽查员工劳保用品的佩戴情况。

事故发生：发生工伤事故时负责工伤事故的报案、认定、理赔整个处理流程。

2. 生产部

加强员工安全教育知识培训，严格要求员工按规定佩戴劳保用品。

3. 采购部

负责及时购买伤残事故急救所需药品，如创可贴、药用酒精、药棉、红药水等；负责及时购买生产所需劳保用品，如防护眼镜、手套、口罩等。

4. 所有员工

所有员工要有较强的安全意识观念，了解工作的安全隐患处；生产部操机人员必须持证上岗，熟悉所操作机器的危险之处；上班时必须集中精神，不开小差，确保个人安全。

第4条　事故处理流程

1. 一般轻微可以在公司内部处理的工伤，伤者可到公司卫生部门治疗；较为严重需急救的，由事故部门负责将员工立即送往工伤定点医院治疗。

2. 发生工伤事故后厂内处理流程：由事故部门于当日24小时内将《工伤报告》提交人力资源部，以便出勤统计及工伤报案；未在24小时内提出《工伤报告》的，按公司行政奖惩规定执行，所有的《工伤报告》须由总经理签字审核。

3. 员工医疗终结后，须将所有的医疗费用单据（以工伤定点医院所开出的票据为准）交人力资源部，住院治疗的员工要有医院出具的"入院通知单"及"出院证明"。

第5条　保险申报、认定、理赔流程

1. 工伤申报

（1）工伤申报时间：必须在事故发生之日起一个月内申请。

（2）工伤申报所提供的材料："工伤认定申请表"、员工病历本原件及复印件、工卡复印件、伤者的身份证复印件、医疗发票原件。同时，要带上公司公章。

（3）"工伤认定申请表"中的受伤简述依据《工伤报告》详细填写，由人力资源部经理签名，并让伤者本人在"工伤认定申请书"上签字且加按指印，然后由法人代表签名同意工伤申报。结案时须带上本人及报案时所需资料及医疗发票原件（处理工伤须带上工伤本人及其身份证原件）。

（4）工伤申报时不用带伤者本人，报案结案一同办理时必须带上伤者本人。

2. 工伤鉴定

（1）在报案后两个月内，需工伤鉴定的，要到社保中心开具"工伤鉴定通知单"，依通知单到指定医院于指定时间做工伤鉴定。

（2）工伤鉴定完毕后，凭"领取鉴定结果通知单"于指定时间到鉴定中心领取鉴定结果。

3. 工伤理赔

（1）工伤理赔时带齐工伤报案及认定时的所有资料，并带上伤者本人，达到评级程度的人员须附带伤者一寸彩照及伤残部位四寸彩照。

（2）对于伤残程度达到评级的，依照法律规定的理赔标准进行理赔，未达到伤残程度的由社保单位将医疗费用直接转入公司银行账号。

（3）理赔时须带上公司银行账号及伤者本人银行账号。

（4）特别注意：对于CT检查费及其他非工伤所必需支付的住院医疗费用，必须先报社保中心审批，急诊需五个工作日后到社保中心补办申请，无审批申请的，社保中心不予受理。

第6条 工伤假计算

1. 一天以下的工伤假只需填写"请假单",注明工伤,经部门经理审批即可;一天以上三天以内的工伤假必须附有部门的《工伤报告》且经部门经理审核,人力资源部经理批准;三天以上的工伤假须由总经理核准,未按此程序进行的,一概以事假论处。

2. 在医疗终结后休养期间的工伤假,伤者需到部门报到,由部门负责人安排力所能及且不影响病情的工作。

第7条 各部门人员的责任追究

1. 人力资源部:按培训计划严格监督员工工作执行的规范性,由于监督不到位(非生产提出延期培训申请)造成培训达成率低于99%而发生工伤事故的,人力资源部负责人记警告一次。

2. 采购部:自接到生产部提出购买劳保用品申请之日起,超过两个工作日(非其他意外因素须得到总经理批准)未购买到劳保用品而造成员工工伤的,当事采购员记警告一次。

3. 生产部:厂长、生产部主管、生产部各组组长:当月安全知识培训达成率低于98%的记警告一次,当月部门工伤事故三起以上(或费用超过1 000元,工伤假期五天以上)的记小过一次。

4. 事故当事人:因工作责任心不够、违法操作机器等造成工伤事故的,事故当事人记警告一次。

第8条 附则

本制度自颁布之日起执行。

第10章 员工档案管理

10.1 员工档案管理流程

10.1.1 档案信息建立流程

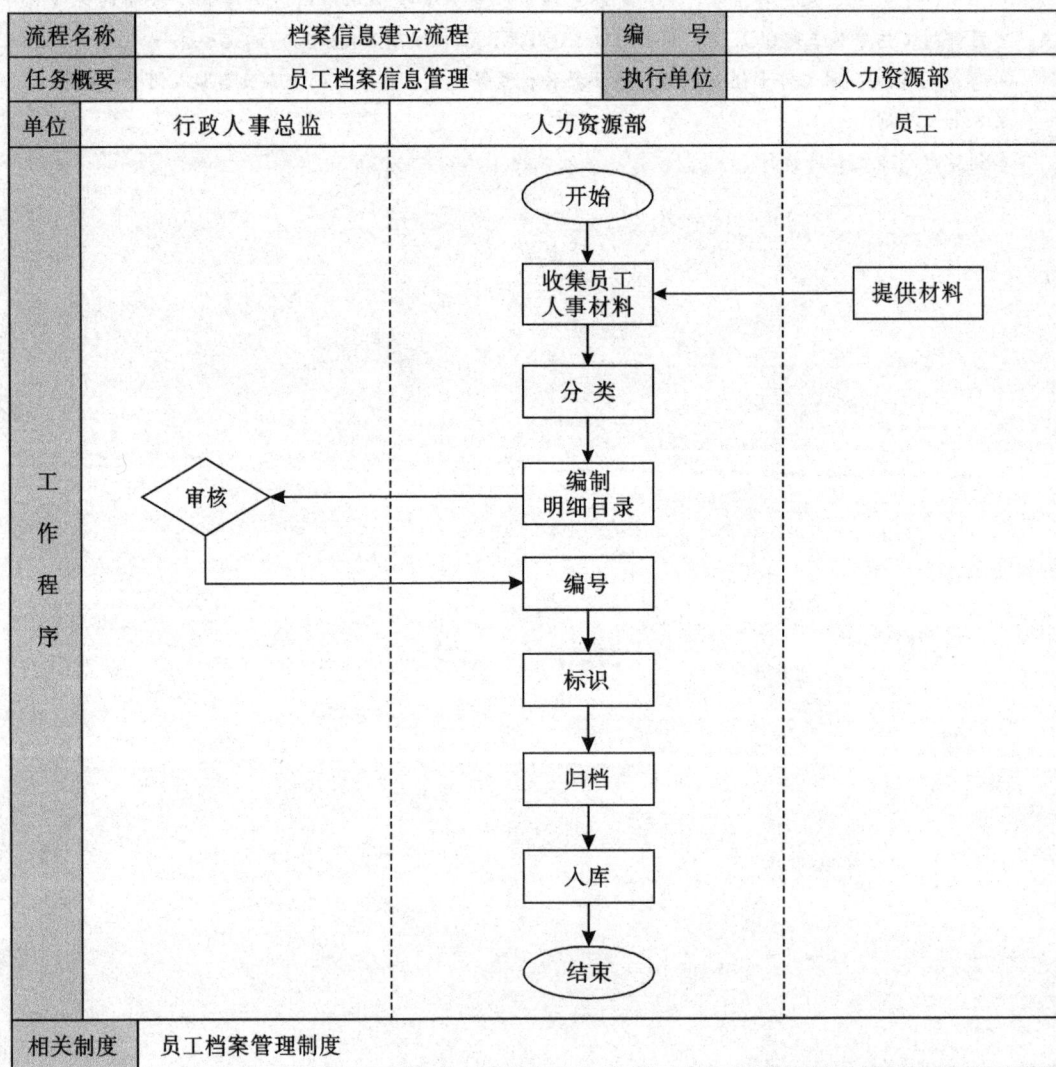

流程名称	档案信息建立流程		编　号	
任务概要	员工档案信息管理		执行单位	人力资源部
单位	行政人事总监	人力资源部		员工
工作程序		（流程图见下方）		
相关制度	员工档案管理制度			

工作程序流程图：

- 开始
- 收集员工人事材料 ← 提供材料（员工）
- 分类
- 编制明细目录 → 审核（行政人事总监）
- 编号
- 标识
- 归档
- 入库
- 结束

10.1.2 档案信息查阅流程

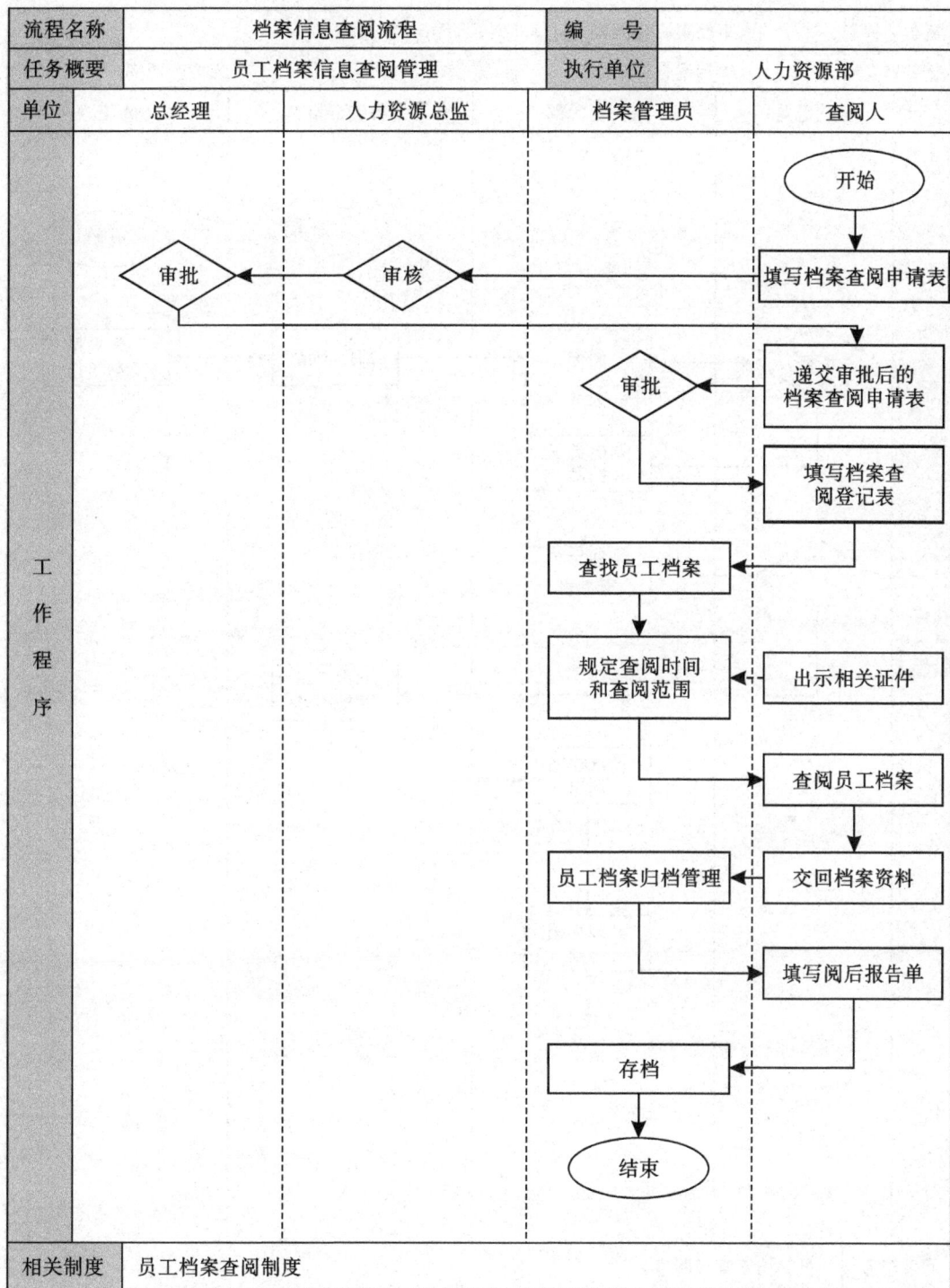

流程名称	档案信息查阅流程		编　号	
任务概要	员工档案信息查阅管理		执行单位	人力资源部
单位	总经理	人力资源总监	档案管理员	查阅人
工作程序				
相关制度	员工档案查阅制度			

流程图（工作程序栏）：

开始 → 填写档案查阅申请表 → 审核 → 审批

审批 → 递交审批后的档案查阅申请表 → 审批 → 填写档案查阅登记表 → 查找员工档案 ←

规定查阅时间和查阅范围 ← 出示相关证件

查阅员工档案 → 交回档案资料 → 员工档案归档管理 → 填写阅后报告单 → 存档 → 结束

10.1.3 人事档案调转流程

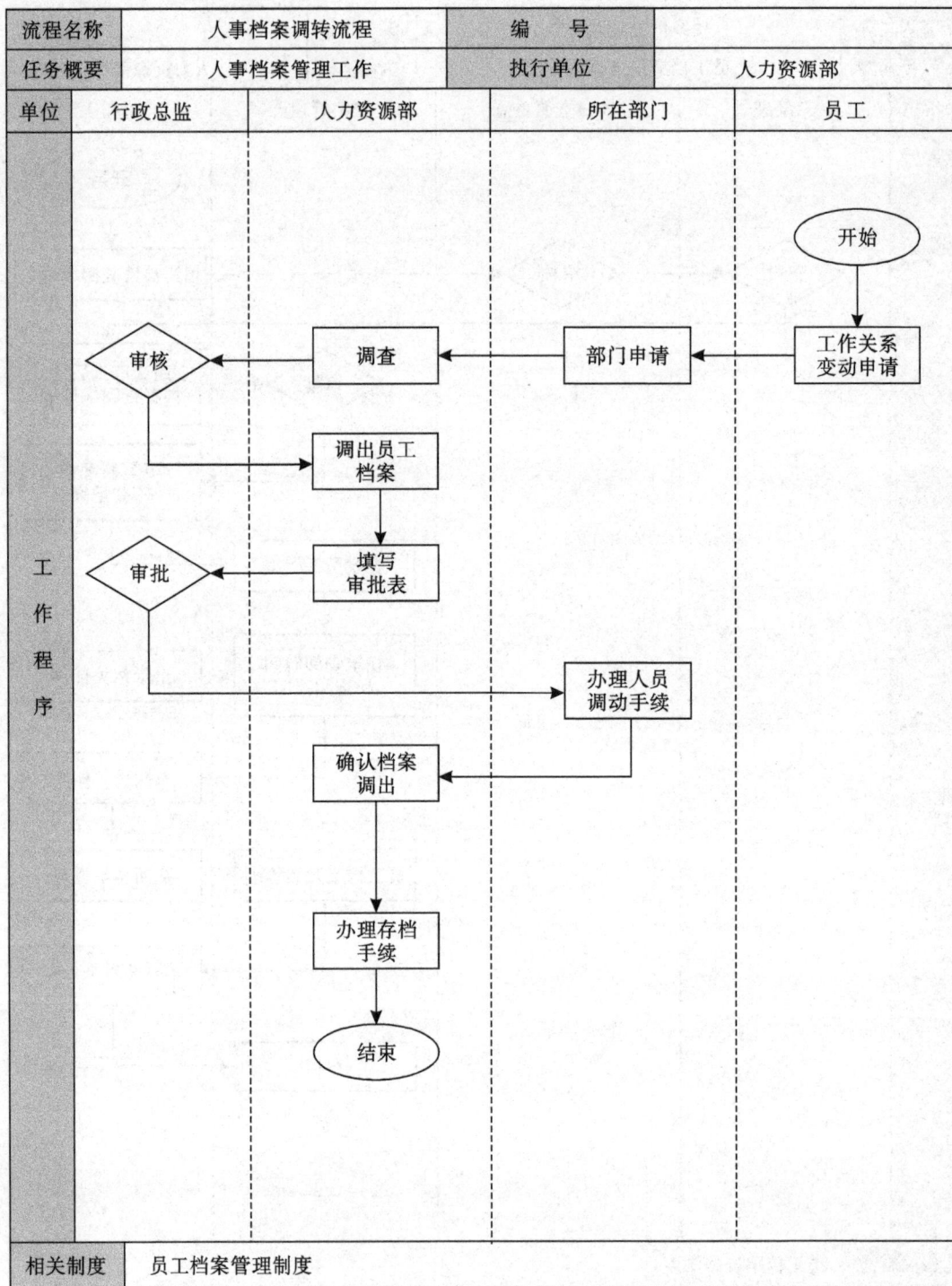

流程名称	人事档案调转流程		编　号	
任务概要	人事档案管理工作		执行单位	人力资源部
单位	行政总监	人力资源部	所在部门	员工
工作程序				
相关制度	员工档案管理制度			

工作程序栏流程图：

开始 → 工作关系变动申请 → 部门申请 → 调查 → 审核 → 调出员工档案 → 填写审批表 → 审批 → 办理人员调动手续 → 确认档案调出 → 办理存档手续 → 结束

10.2 员工档案管理制度

10.2.1 人事档案管理制度

以下是某公司的人事档案管理制度，供读者参考。

第1条 为规范人事档案管理，使人事档案管理程序化、流程化，特制定本制度。

第2条 员工人事档案是关于员工个人及有关方面历史情况的材料，由员工进厂时向公司提供的资料和本人在职期间工作业绩组成，其内容主要包括以下几点：

1. 职位申请表，由员工入职时，按普通作业人员和管理、技术人员分别填写；

2. 身份证复印件两张，学历证明复印件一份，近期一寸照片三张（以上资料员工入职时必须提供）；

3. 职称证、特种作业人员上岗操作证或资格证、体检证明、担保证明、面试记录、笔试记录、暂住证、就业证等（以上资料视情况可增减）；

4. 员工档案卡在员工入职后建立，作用是记录员工工作业绩，主要包括员工个人资料、入职后员工人事调动、薪资调整、培训、考评、奖惩等动态数据；

5. 在员工人事档案中，还要搜集员工工伤情况记录、受到表扬或被投诉的记录、员工对社会做出的突出事迹等，这对于全面、有效地考查员工表现具有重要作用。

第3条 人力资源部为入职者办理入职手续时要清点交缴的相关资料，对交缴资料不全的，应限期补全。

第4条 人事档案编码原则。编码采用八位数，第一位数字为公司分厂代码，第二位数字为工作性质代码，第三、第四位数字为部门代码，第五至第八位数字为流水号。

第5条 当天入职者的人事档案，人力资源部必须在当天将其录入计算机人事管理系统；员工的原始档案要在三天内归档保存。

第6条 员工所提供的资料在职期间有变化的，应以书面方式及时准确地向人力资源部报告，以便员工个人档案内有关记录得以相应更正，确保人事档案资料正确无误。

第7条 员工有调动、薪资调整、考评、奖惩等人事活动及个人资料有变化时，人事档案管理人员应及时记录或修改，确保人事档案的正确性。

第8条 公司人力资源部不得删除或销毁员工人事档案资料内容，并且必须严格保密，不得擅自向外扩散。

第9条 离职人员档案管理。员工离职后次月，人事档案管理员必须把离职人员档案提取归档到离职人员档案管理中心，不得随意销毁，档案保存期限为六年。

第10条 人事档案查阅、借阅、复印审批权限。

1. 主管级（含）以上员工人事档案：行政人事总监审批。

2. 主管级以下员工人事档案：人力资源部经理审批。

第11条 员工所提供人事档案的内容必须是个人的真实情况，不得提供不实或虚假资料。凡提供虚假资料者，一经查实，公司将予以解雇，并不作任何补偿。员工因提供虚假资料对公司造成经济损失的，公司将保留追究其法律责任的权利。

第12条　员工人事档案的使用。

1. 员工人事档案为公司管理的决策部门提供各种人事方面的基本数据，并为人事统计分析提供资料。

2. 公司人事决策人员可以通过对有效数据的分析，了解公司人员结构的变化情况，为制定公司人力资源发展规划提供依据。人力资源部要认真做好员工档案资料的收集、鉴别、整理、保管和利用工作，充分发挥员工档案资料的作用，为公司人力资源的规范化管理奠定扎实的基础。

第13条　本制度由人力资源部拟定，修改权和解释权归人力资源部。

第14条　本制度自批准公布之日起实施。

10.2.2 员工档案查阅制度

以下是某公司的员工档案查阅制度，供读者参考。

第1条　目的

为确保人事档案安全，规范人事档案的查阅管理，现根据公司档案管理工作和保密制度的有关规定，特制定本制度。

第2条　查阅人资格

1. 查阅人事档案时，原则上不能查阅本人及其亲属的人事档案。

2. 未经总经理批准，任何人不允许查阅同级人员的档案，下属不能查阅上级领导的档案。

3. 外单位人员查阅人事档案时，必须按要求办理完备的手续并经过总经理特批。

4. 查阅手续上未列出的资料内容一律不得查阅。

第3条　查阅档案的范围

1. 因人员晋升、调动、考核、福利、退休、内部审计、治丧等需要了解某个人的具体情况时，可以查阅人事档案。

2. 其他特殊情况需查阅人事档案的，必须经总经理批准。

3. 能够通过面谈了解某人情况的，不允许查阅人事档案。

4. 人力资源部档案管理人员不负责出具证明材料，经过批准或履行一定手续后，可以摘抄或复印人事档案中的有关部分，经档案管理人员审查无损后加盖印章并注明出处。

第4条　查阅审批程序

查阅人事档案者，必须填写查阅人事档案审批表，其中包括查阅档案的理由，查档人员的姓名、部门、职位等。上述内容均须全部填写清楚，经查阅人部门经理签字，报人力资源部经理审批后方能查阅，查阅主管级以上员工的档案须行政总监批准。

人事档案管理人员要认真审查查档人员的审批表及查档人员的证件，看其阅档理由是否充分、是否符合有关的规定和要求、手续是否齐备，最后再决定是否允许查阅。

第5条　阅档管理

1. 查阅人员只允许在指定阅档室查阅，不允许将档案带出阅档室。

2. 阅档时，必须两人以上同时在场。

3. 阅档人员必须严守阅览制度，不允许在档案上涂画、涂抹、篡改、批注，更不能拆散和抽出档案材料。

附件：员工档案查阅申请表

员工档案查阅申请表

查阅人姓名		所在部门		职务	
查阅对象的姓名		查阅对象的部门		查阅对象的职位	
查阅时间	____年__月__日__时—____年__月__日__时			查阅内容	
查阅原因					
部门经理签字		人力资源部经理签字			

第 11 章　办公用品管理

11.1 办公用品管理流程

11.1.1 办公用品购买流程

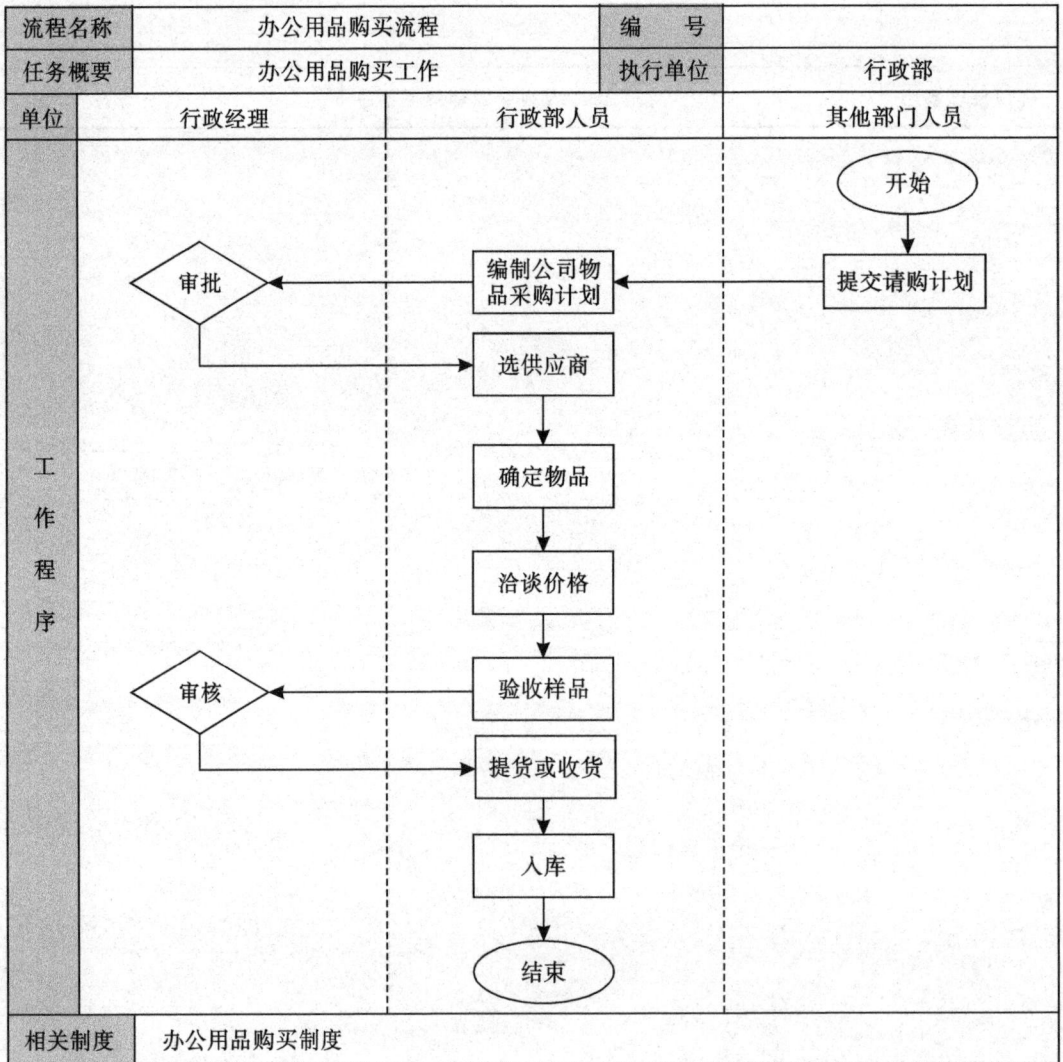

流程名称	办公用品购买流程		编　号	
任务概要	办公用品购买工作		执行单位	行政部
单位	行政经理	行政部人员		其他部门人员
工作程序				
相关制度	办公用品购买制度			

（工作程序流程图）

其他部门人员：开始 → 提交请购计划

行政部人员：编制公司物品采购计划 → 选供应商 → 确定物品 → 洽谈价格 → 验收样品 → 提货或收货 → 入库 → 结束

行政经理：审批、审核

11.1.2 办公用品入库流程

流程名称	办公用品入库流程		编　　号	
任务概要	办公用品入库工作		执行单位	行政部
单位	行政经理	行政部其他人员		行政部采购员
工作程序				
相关制度	办公用品购买制度			

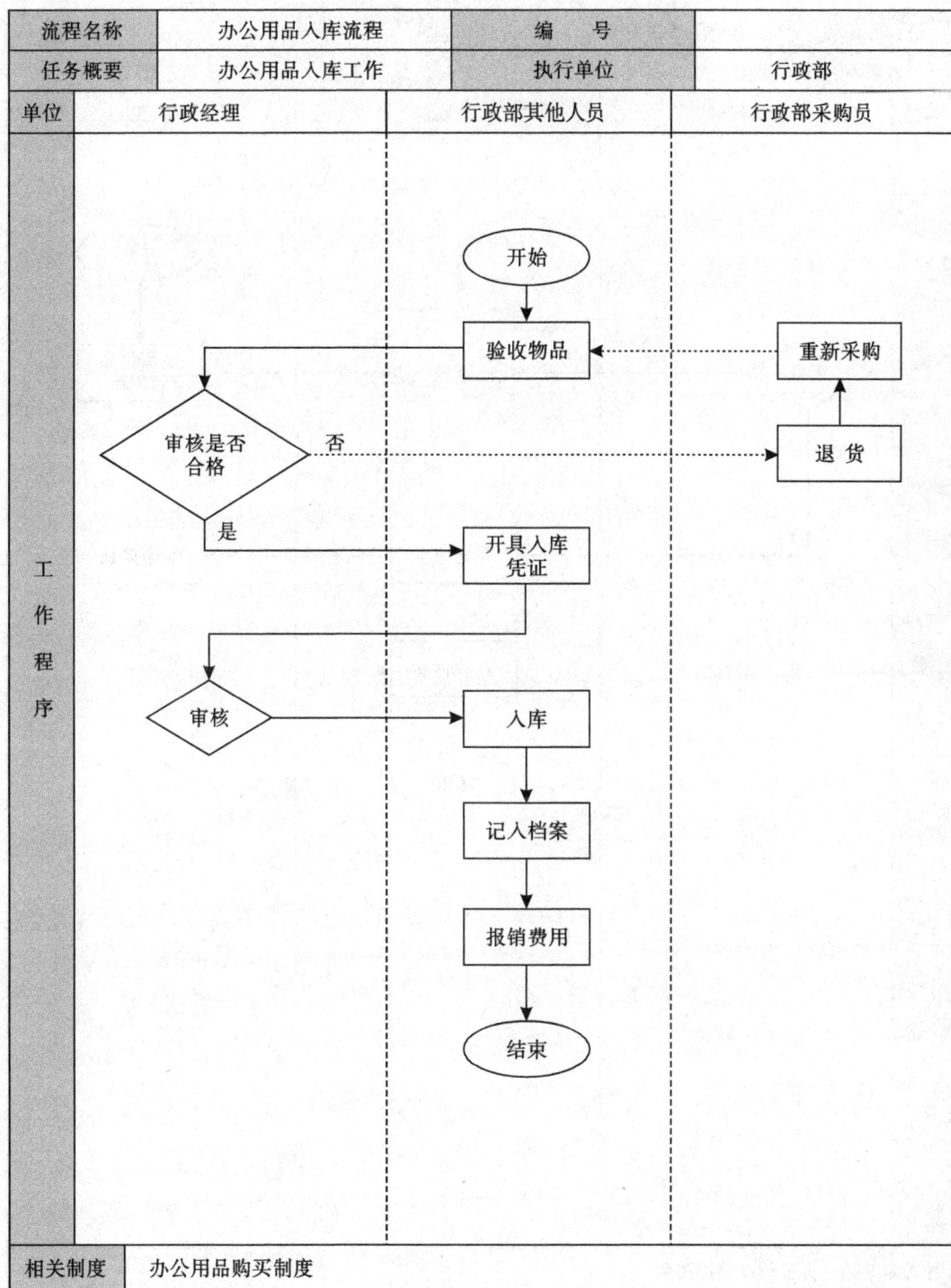

11.1.3 办公用品领用流程

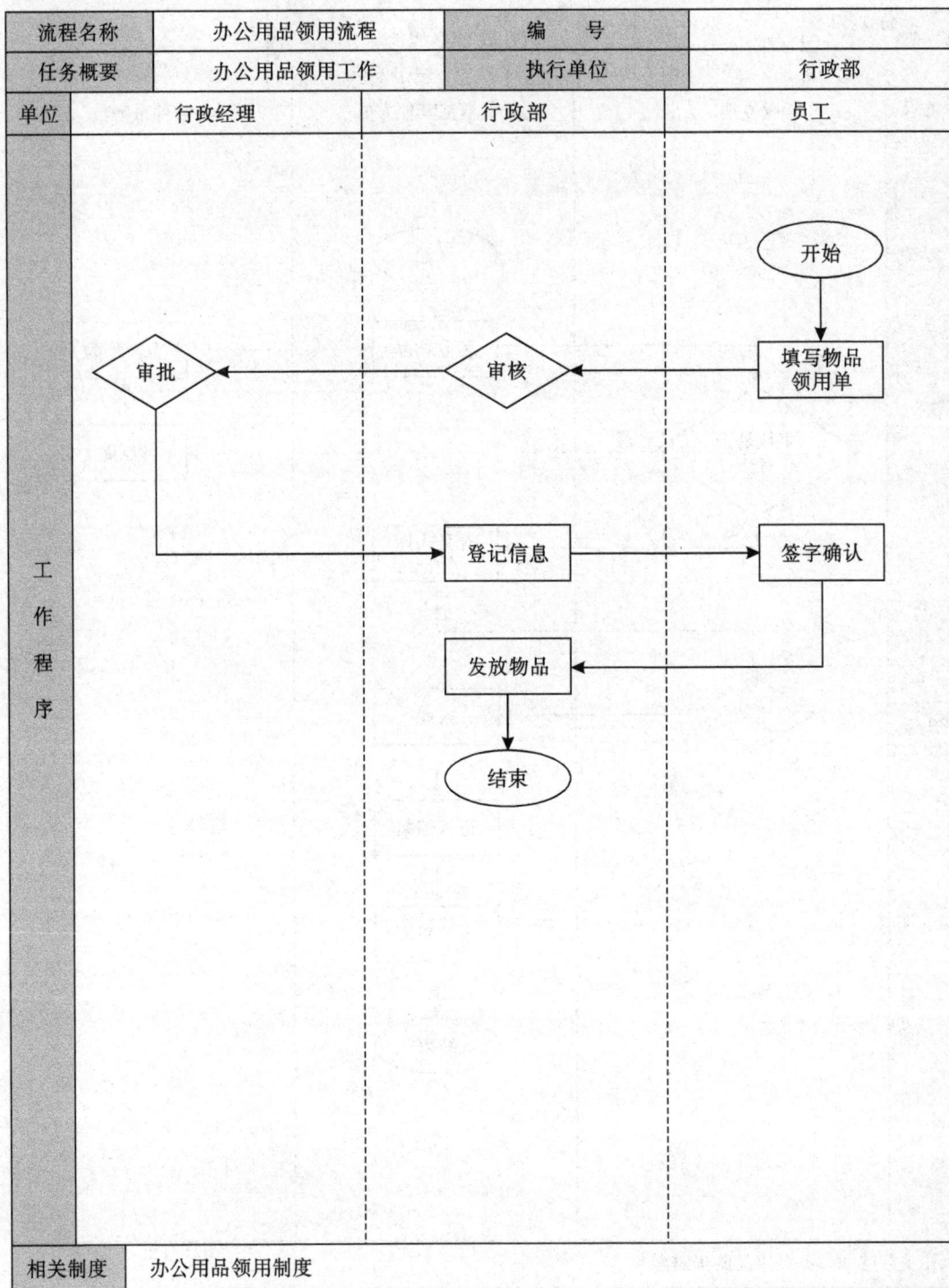

流程名称	办公用品领用流程	编 号	
任务概要	办公用品领用工作	执行单位	行政部
单位	行政经理	行政部	员工

工作程序	

```
                                              开始
                                               │
                                               ▼
 审批 ◄────────── 审核 ◄──────────────── 填写物品
                                            领用单

        └──────────► 登记信息 ──────► 签字确认

                     发放物品 ◄──────────┘
                        │
                        ▼
                      结束
```

相关制度	办公用品领用制度

11.1.4 办公资产盘点工作流程

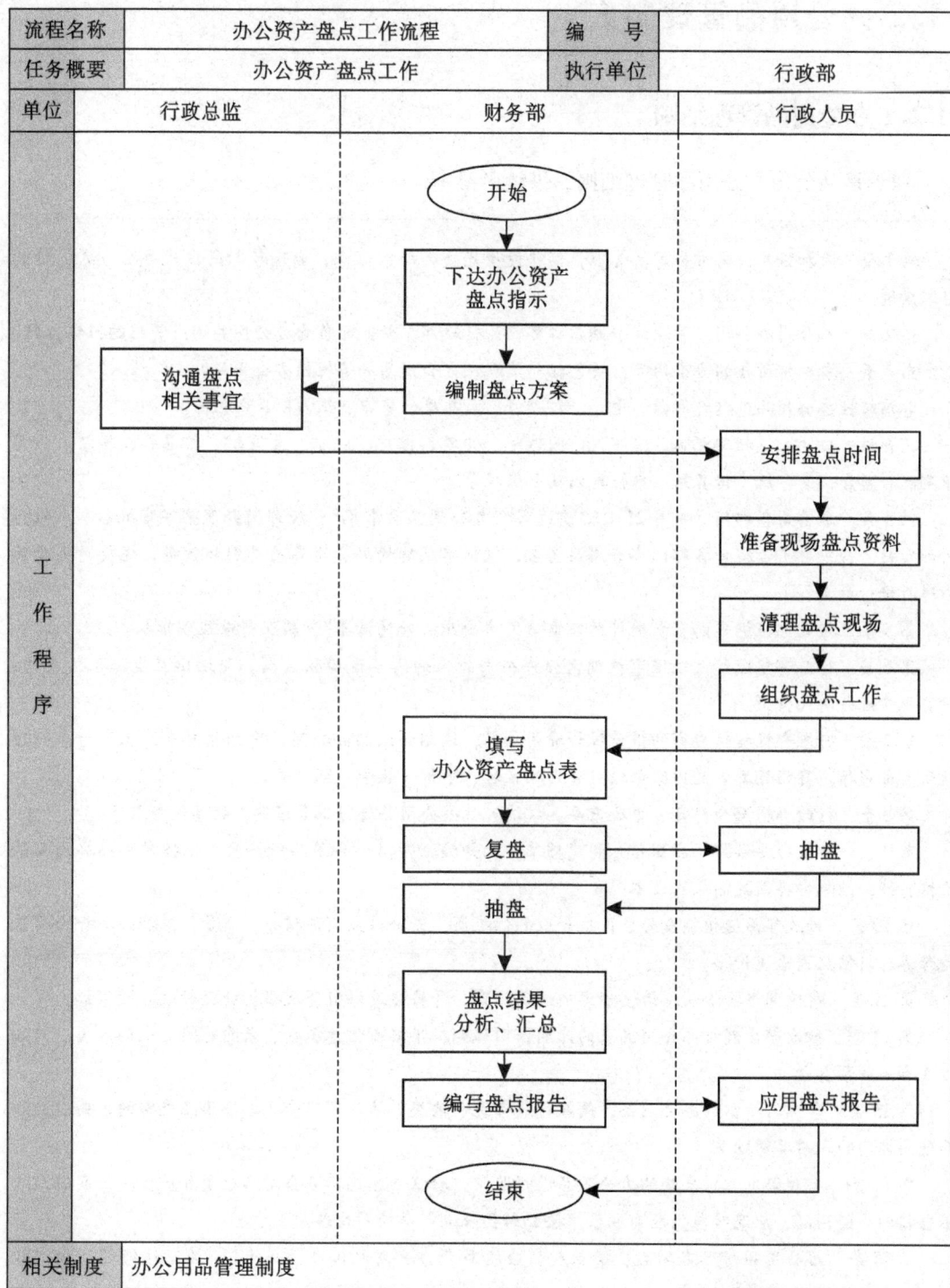

流程名称	办公资产盘点工作流程		编　　号	
任务概要	办公资产盘点工作		执行单位	行政部
单位	行政总监	财务部		行政人员

工作程序

```
                          ┌─────────────┐
                          │    开始     │
                          └──────┬──────┘
                                 ↓
                          ┌─────────────┐
                          │  下达办公资产  │
                          │   盘点指示    │
                          └──────┬──────┘
                                 ↓
   ┌─────────────┐      ┌─────────────┐
   │   沟通盘点   │←─────│  编制盘点方案  │
   │   相关事宜   │      └─────────────┘
   └──────┬──────┘
          │                                    ┌─────────────┐
          └───────────────────────────────────→│  安排盘点时间  │
                                                └──────┬──────┘
                                                       ↓
                                                ┌─────────────┐
                                                │ 准备现场盘点资料 │
                                                └──────┬──────┘
                                                       ↓
                                                ┌─────────────┐
                                                │  清理盘点现场  │
                                                └──────┬──────┘
                                                       ↓
                                                ┌─────────────┐
                                                │  组织盘点工作  │
                                                └──────┬──────┘
          ┌─────────────┐                              │
          │    填写     │←────────────────────────────┘
          │  办公资产盘点表 │
          └──────┬──────┘
                 ↓
          ┌─────────────┐            ┌─────────────┐
          │    复盘     │───────────→│    抽盘     │
          └──────┬──────┘            └──────┬──────┘
                 ↓                           │
          ┌─────────────┐                    │
          │    抽盘     │←───────────────────┘
          └──────┬──────┘
                 ↓
          ┌─────────────┐
          │   盘点结果   │
          │  分析、汇总   │
          └──────┬──────┘
                 ↓
          ┌─────────────┐            ┌─────────────┐
          │  编写盘点报告  │───────────→│  应用盘点报告  │
          └──────┬──────┘            └──────┬──────┘
                 ↓                           │
          ┌─────────────┐                    │
          │    结束     │←───────────────────┘
          └─────────────┘
```

相关制度	办公用品管理制度

11.2 办公用品管理制度

11.2.1 办公用品管理细则

以下是某公司办公用品管理细则，供读者参考。

第1条 为加强本公司办公用品管理，倡导健康优质、绿色环保、勤俭节约的现代办公方式，特制定本细则。

第2条 本公司办公用品管理统一的归口部门为行政部，财务部负责办公用品购买费用的报销工作。

第3条 本细则所指的办公用品主要包括非消耗性办公用品和消耗性办公用品。

非消耗性办公用品包括计算器、电话、订书机、打孔机、剪刀、纸刀以及白板等。

消耗性办公用品包括笔记本、签字笔、圆珠笔、铅笔、橡皮、胶水、复写纸、订书钉、笔芯、公司印刷品、墨盒、复印纸、传真纸、水性笔以及白板笔等。

第4条 本公司各部门于每月25日之前填写"办公用品需求单"，经部门经理签字审批后，上报行政部审核。行政部负责统计各部门办公用品需求，包括需采购的办公用品的类别和数量，还要对办公用品库存进行盘点。

第5条 行政部根据采购需求统计结果填写"办公用品采购清单"，提交行政经理审批。

第6条 行政部按照行政经理审批确认的办公用品采购清单选择供应商，先选出至少三家供应商，对其报价进行对比分析。

第7条 行政部根据供应商的报价统计费用预算，编制详细的办公用品费用预算表，上交行政经理及财务部审核。费用预算表的内容包括办公用品名称、单价、数量、总额等。

第8条 行政部根据公司日常办公需要，对消耗性办公用品进行批量采购，提高供给效率。

第9条 行政部要做好供应商信息的建档工作，并编制常用办公用品价格表，把握常用办公用品的价格行情，控制办公用品的采购成本。

第10条 行政部筛选信誉良好、价格合理的供应商，根据供应商的信誉、质量、报价，结合公司采购预算，与供应商洽谈价格。

第11条 行政部根据洽谈结果，确定候选供应商，并将候选供应商及报价提交行政经理审批。

第12条 行政部应制订办公用品采购计划，内容包括供应商信息调查、采购时间、采购人员、采购方式和采购预算等。

第13条 各部门所需的办公用品，须经行政部统一购买。涉及部门专业办公用品采购的，由行政部和使用部门的人员共同购买。

第14条 行政部负责对采购的办公用品进行验收，验收内容包括办公用品数量和质量。如发现质量不合格的办公用品，应及时与供应商联系，按公司要求进行退换货处理。

第15条 办公用品清点完毕后，清点人员应填写"办公用品入库登记表"，经行政经理审批通过后，开具"办公用品入库凭证"。

第 16 条　行政部根据实际情况计算需报销的费用，并到财务部办理报销手续。

第 17 条　各部门或员工提交"办公用品领用申请"，行政部在半个工作日内对提交的申请进行审批，确认办公用品发放的数量、类别和领用人。

第 18 条　为了降低资金占用，办公用品领用按照"用多少、领多少、以旧换新"的原则执行，各部门应根据实际情况限量领取。

固定资产类办公用品由行政部统一配备，最短领用周期为一年。

非消耗性办公用品的最短领用周期为半年。

消耗性办公用品使用完毕或有损坏，随时可以领取，领取时需上交旧的办公用品。

第 19 条　因个人工作失误、非正常使用等对办公用品造成重大异常损耗的，由责任人承担赔偿责任。

第 20 条　行政部填写"办公用品领用登记表"，登记实际发放办公用品的时间、经办人、领用人、领用部门等信息。

第 21 条　新入职员工，在入职当天发放配套的办公用品，包括中性笔、笔记本、文件夹等；如在入职后一个月内辞职，必须将领取的办公用品全部退回。

第 22 条　将"办公用品领用登记表"归档保存。

第 23 条　行政部对办公用品的使用、保养情况进行定期监督和调查。

第 24 条　各部门提交"办公用品损毁申请表"，行政部负责调查报废申请情况是否属实。

第 25 条　登记已作废处理的办公用品名称、编号、报废日期、处理方式等。

第 26 条　本细则报行政总监审批后，自发布之日起生效实施。

第 27 条　本细则执行后，公司原有的类似制度或与之相抵触的制度即行废止。

11.2.2 办公用品领用规定

以下是某公司的办公用品领用规定，供读者参考

第 1 条　为了规范公司办公用品的领用管理，控制办公用品销售成本，特制定本规定。

第 2 条　本规定作为公司所有办公用品的领用标准以及办公用品领用管理的基本依据。

第 3 条　行政部是公司办公用品领用管理的归口部门，应做到办公用品领用统一管理、统一配发。

第 4 条　员工个人办公用品。

1. 员工个人办公用品主要包括签字笔（芯）、圆珠笔（芯）、铅笔、橡皮、文具刀、尺子、墨水、笔记本、双面胶、透明胶、胶水（胶棒）、订书钉、回形针、信笺纸、大头针、燕尾夹、双面夹、纸杯以及纸篓等。

2. 员工个人办公用品的领用标准。

（1）公司领导每人每月按____元领用。

（2）中层管理人员每人每月按____元领用。

（3）一般管理人员每人每月按____元领用。

（4）一般员工每人每月按____元领用。

第 5 条　部门办公用品。

1. 部门所需用品包括传真纸、复（写）印纸、打印纸、墨盒、硒鼓、光盘、鼠标、办公桌椅、沙

发、文件柜、饮水机等。

2. 部门办公用品领用标准，具体内容如下所示。

部门				日期			
序号	名称	颜色	规格	单价	数量	备注	
1	办公桌						
2	办公椅						
3	文件柜						
4	计算机						
5	沙发						
6	饮水机						
7	打（复）印机						
8	打（复）印纸						
...	......						

第6条　行政部根据公司各部门办公用品的需求计划，每月发放____次，一般情况下安排在周一发放。

第7条　领用办法。

1. 行政部应保证公司各部门所需的办公用品能够及时供应，并根据经过审核的办公用品领用需求填制"办公用品分发通知单"，通知各部门领取办公用品。

2. 办公用品领用须申请人本人完成，不得由他人代领。

3. 对于部门申领的办公用品，经部门经理签字并交行政总监审核后方能执行。

4. 员工个人或各部门在领取办公用品时，须填写"办公用品领用登记表"，签字后方可领取。

第8条　注意事项。

1. 员工个人或部门领用的办公用品，金额超出预算的，行政部有权不予办理，经由总经理特批后方可执行。

2. 属于更换情况的办公用品，员工个人或部门领用人需在领用时将已使用过的物品交至行政部，若无旧品，则新品不得领用。

3. 行政部应于每月____日前协同库房管理人员汇总公司各部门办公用品的领用情况，并填制"月度部门办公用品领用汇总表"，详细记录各部门办公用品领用的名称、规格、数量、金额、领用人等信息。

4. 若办公用品已出库，但"办公用品领用登记表"中无领用人签字，行政部应将此类办公用品的金额计入仓储部经营成本，并上报总经理核准。

第9条　公司行政部拥有本规定的解释权。

第10条　本规定自公布之日起实行。

第 12 章 办公费用管理

12.1 办公费用管理流程

12.1.1 办公费用预算流程

流程名称	办公费用预算流程		编 号	
任务概要	办公费用预算管理		执行单位	行政部
单位	总经理	行政经理	行政人员	财务部
工作程序			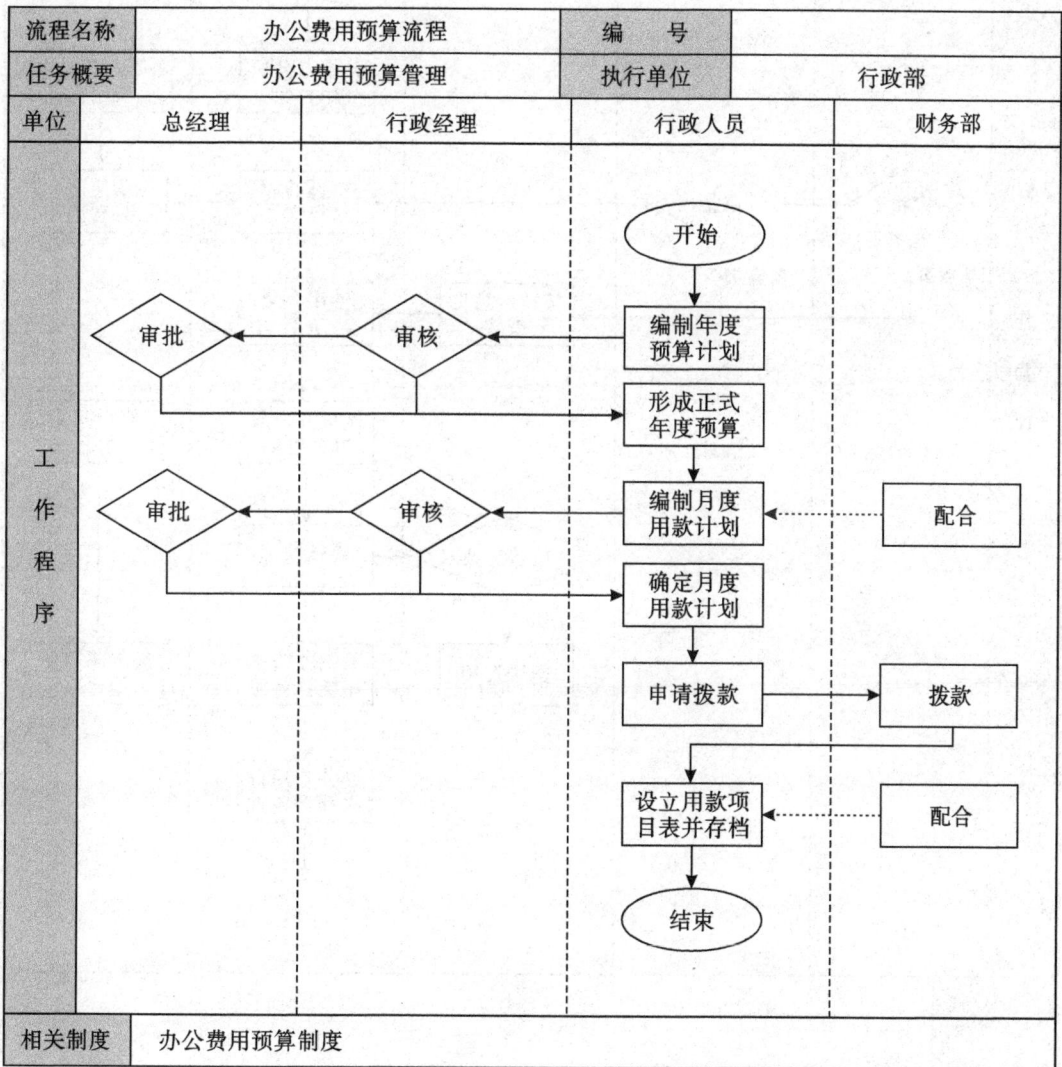	
相关制度	办公费用预算制度			

12.1.2 办公费用控制流程

流程名称	办公费用控制流程		编　号	
任务概要	办公费用开支、报销管理		执行单位	行政部
单位	总经理	行政经理	财务部	行政部	各职能部门

单位	总经理	行政经理	财务部	行政部	各职能部门
工作程序					

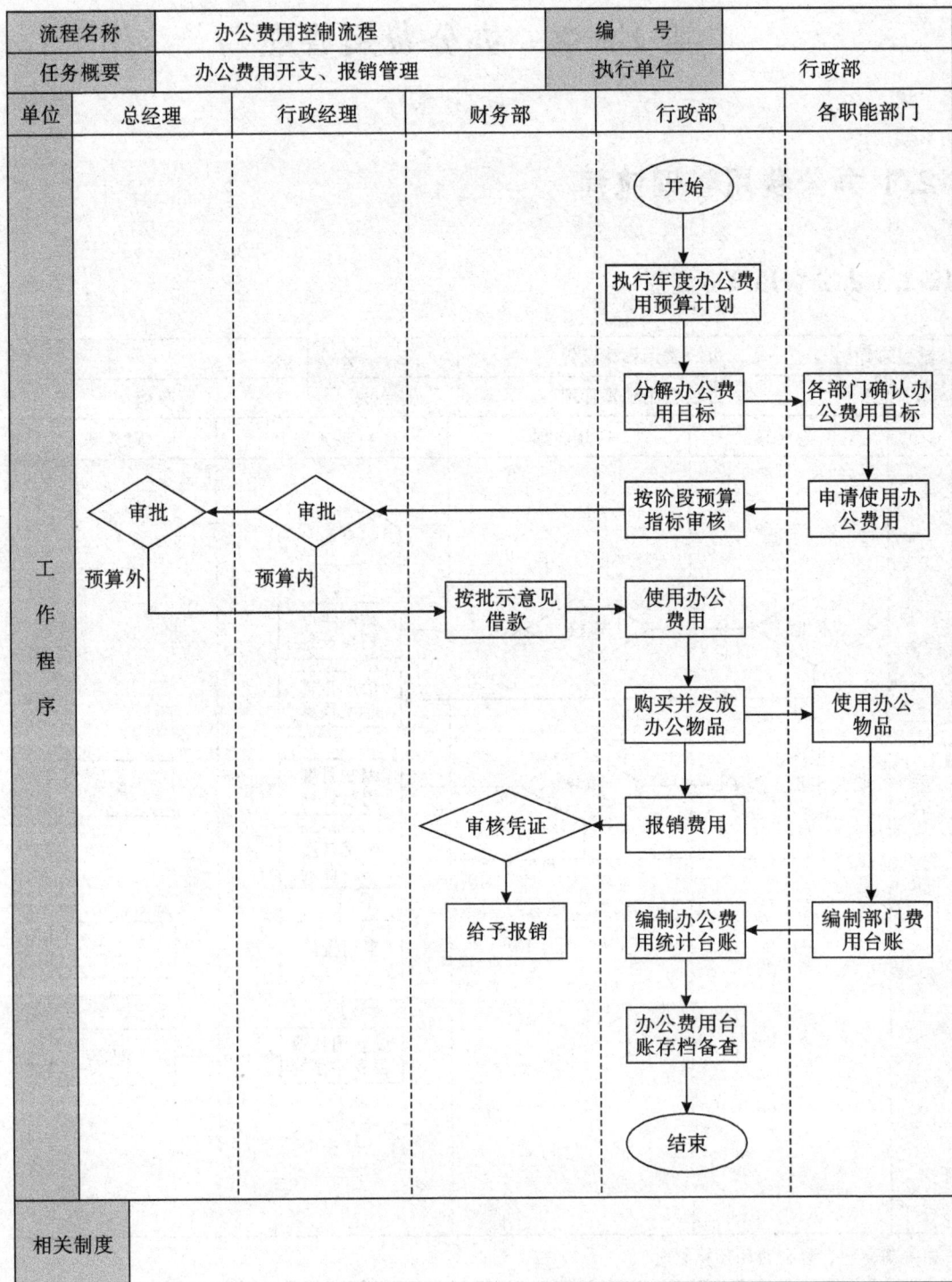

相关制度	

12.2 办公费用管理制度

12.2.1 办公费用预算制度

以下是某公司的办公费用预算制度，供读者参考。

第1章 总则

第1条 为了规范公司的办公预算行为，减少办公成本的浪费，特制定本制度。

第2条 本制度适用于公司进行办公预算的所有事项。

第3条 本制度中的办公费用是指公司在日常经营过程中，统一支付或由部门及个人支付但由公司承担的涉及公司正常办公的相关费用。

第4条 公司办公费用预算体系分为公司整体办公预算、部门办公预算及临时办公预算三部分。

第2章 办公费用预算的制定

第5条 公司整体办公预算与临时办公预算由行政部负责制定，部门办公预算由各部门负责人制定。

第6条 各办公费用预算制定部门所制定的办公费用预算分为年度办公费用预算与月度办公费用预算，其表现形式分为电子版与书面版两种，书面版应有部门负责人的签名。

第7条 年度办公费用预算（包括书面版与电子版）应在每年12月25日前交到行政部，月度办公费用预算（包括书面版与电子版）应于每月25日前交到行政部。

第8条 制定的办公费用预算中的项目应与实际发生的费用种类或报销单据名称保持一致，便于审核及校对。

第9条 临时办公费用预算中的项目应尽量符合实际可能发生的费用种类，其总额不能超过上年或上月预算的5%；超出的，预算制定人必须做出书面解释。

第10条 公司整体办公费用预算应明确各部门的预算金额，各部门的办公费用预算应明确部门每个成员的预算金额，临时办公预算应明确每个事项的花费金额。

第3章 办公费用预算的审批

第11条 办公费用预算由行政经理审核后转呈总经理审批。

第12条 行政经理应仔细审核各部门办公费用的合理性，以各部门办公费用预算的历史数据为依据，若发现差距较大，应将部门预算表退回相关部门重新制定或由部门负责人做出合理的书面解释。

第13条 各部门修改预算的时间不得超过两个工作日，预算的总审批应在每年12月29日或每月的29日前完成。

第14条 经过总经理审批后所形成的正式办公费用预算表由财务部保存原件、行政部保存复印件。

第4章 办公费用预算的执行

第15条 各部门所使用的所有办公费用应严格按照办公费用预算执行，否则财务部拒绝拨款。

第16条 各部门使用办公费用时，可向行政部提出申请，行政部负责统筹并向财务部提交用款申请，财务部在核对申请款项目与办公费用预算后，对在办公费用预算中的项目给予拨款。

第17条　行政部应设立用款项目的实际支出表并存档备查。

第5章　附则

第18条　本制度由总经理办公室负责制定，其解释权与修改权归总经理办公室所有。

第19条　本制度自总经理办公会审批后实施。

12.2.2 办公费用控制制度

以下是某公司的办公费用控制制度，供读者参考。

第1章　总则

第1条　为了规范公司办公费用的使用，杜绝办公费用的舞弊、超支，特制定本制度。

第2条　本制度适用于办公费用支出的所有相关事项。

第2章　预算内与预算外办公费用的拨付

第3条　经过批准的办公费用预算，行政部应于每月6日前以书面形式通知各相关部门，由各相关部门确定办公费用的使用目标。

第4条　各部门使用办公费用时，应向行政部提出申请，由行政部根据相应的预算指标进行审核，审核后交行政部经理审批。

第5条　财务部对审批后的用款申请单进行借款时，应核对其用款项目是否在各部门的费用预算内，若超出预算可拒绝借款，将用款申请单退回行政部。

第6条　用款申请超出预算的，须经总经理审批。

第7条　对超出预算的费用，使用部门应提供相关的报告，包括用款事项、花费的金额、花费的合理性等内容。

第8条　财务部根据总经理的批示进行借款并做详细记录。

第3章　办公费用的报销与记录存档

第9条　行政部在报销办公费用时，应提供相应的凭证，否则财务部可拒绝报销，其相差额度由当事人负责偿还。

第10条　财务部负责审核相应的报销凭证，经审核无误后给予报销。

第11条　各部门应编制部门办公费用台账，并于每月25日前由部门负责人签字后转交行政部，由行政部审核并编制综合办公费用使用台账。

第12条　部门与行政的办公费用台账要存档，由财务部定期检查。

第4章　附则

第13条　本制度由总经理办公室负责制定，其解释权与修改权归总经理办公室所有。

第14条　本制度自总经理办公会审批后实施。

第13章 印章、证照、文件资料与档案管理

13.1 印章、证照、文件资料与档案管理流程

13.1.1 印章使用管理流程

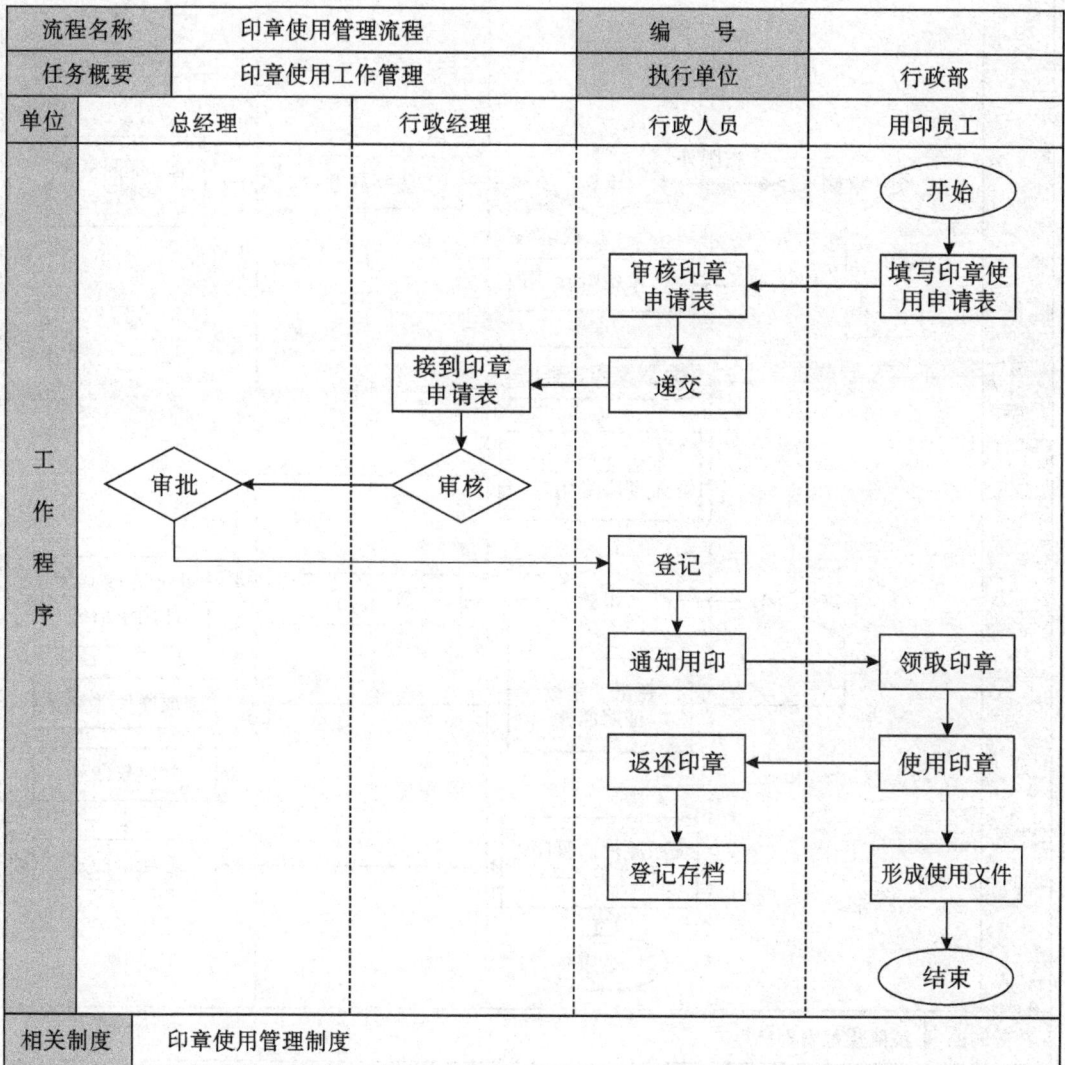

流程名称	印章使用管理流程		编　号	
任务概要	印章使用工作管理		执行单位	行政部
单位	总经理	行政经理	行政人员	用印员工
工作程序				
相关制度	印章使用管理制度			

工作程序流程图：

- 开始（用印员工）
- 填写印章使用申请表（用印员工）→ 审核印章申请表（行政人员）
- 审核印章申请表 → 递交（行政人员）
- 递交 → 接到印章申请表（行政经理）
- 接到印章申请表 → 审核（行政经理）
- 审核 → 审批（总经理）
- 审批 → 登记（行政人员）
- 登记 → 通知用印（行政人员）→ 领取印章（用印员工）
- 通知用印 → 返还印章（行政人员）
- 领取印章 → 使用印章（用印员工）
- 使用印章 → 返还印章
- 返还印章 → 登记存档（行政人员）
- 使用印章 → 形成使用文件（用印员工）
- 形成使用文件 → 结束

13.1.2 证照使用管理流程

流程名称	证照使用管理流程		编　号	
任务概要	证照使用工作管理		执行单位	行政部
单位	总经理	行政部	部门负责人	证照使用人员
工作程序				

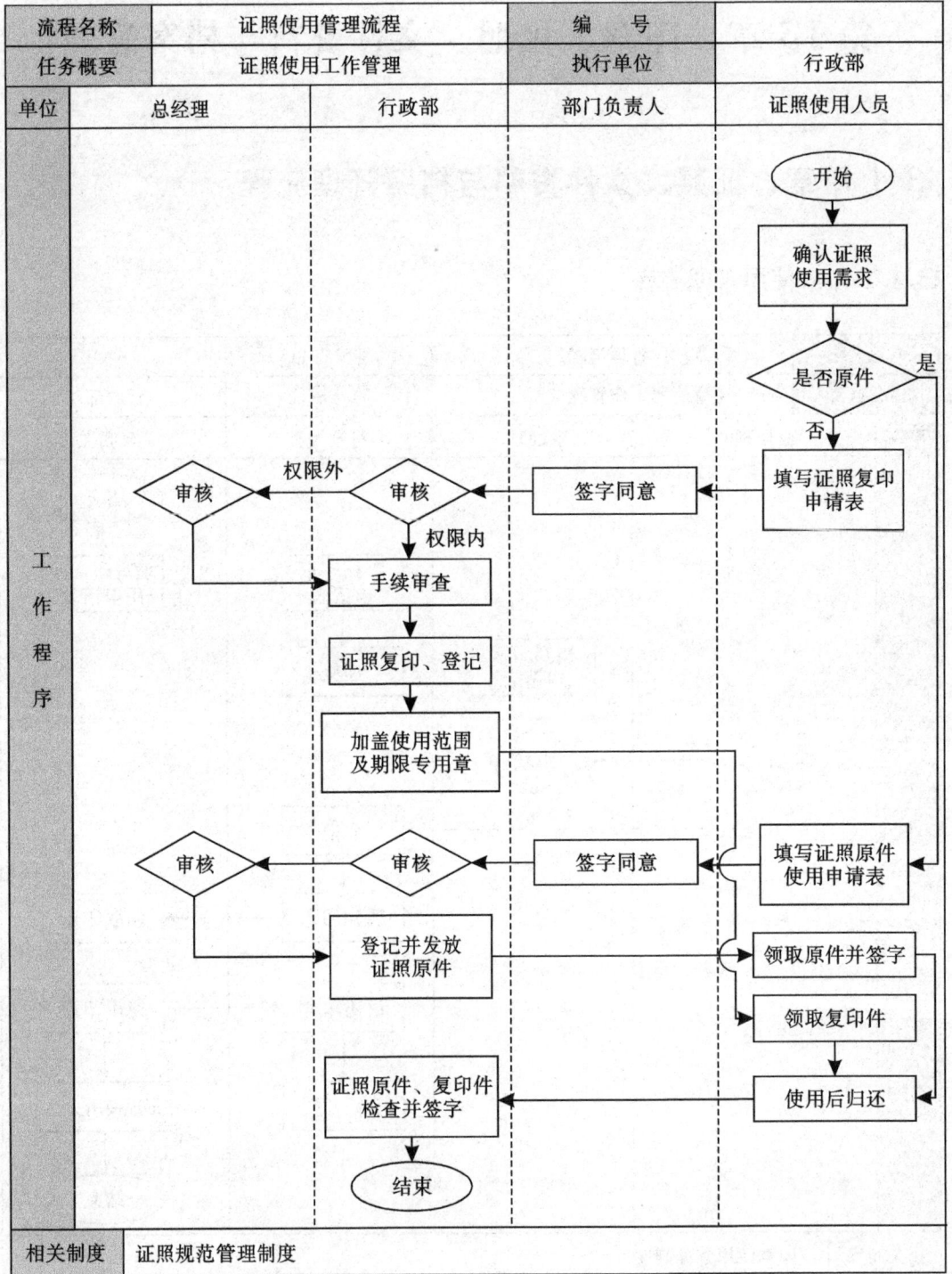

| 相关制度 | 证照规范管理制度 | | | |

13.1.3 文件资料管理流程

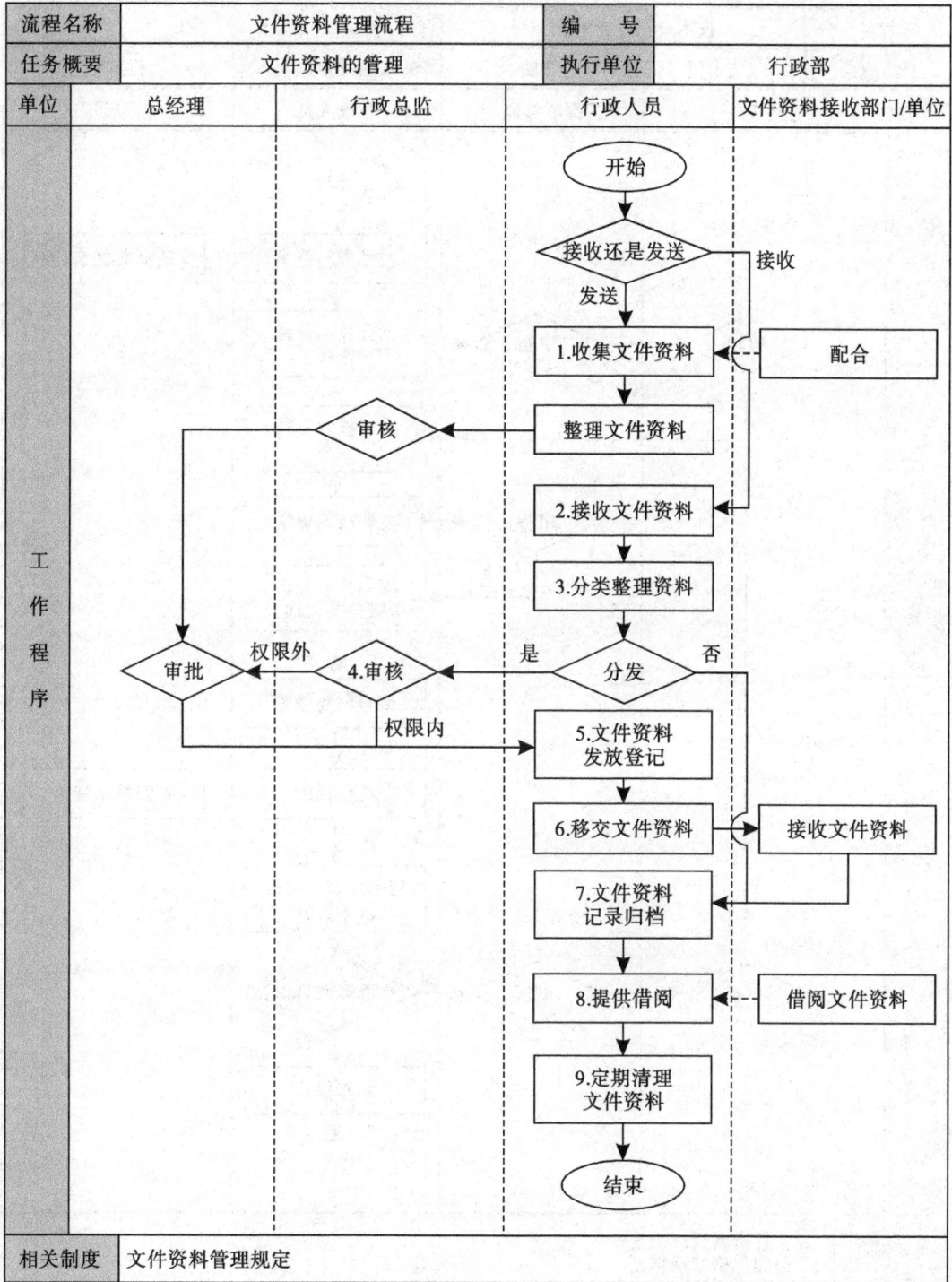

流程名称	文件资料管理流程		编　号	
任务概要	文件资料的管理		执行单位	行政部
单位	总经理	行政总监	行政人员	文件资料接收部门/单位
工作程序			开始 接收还是发送 —— 接收 发送 1.收集文件资料 ◄— 配合 整理文件资料 —► 审核 2.接收文件资料 3.分类整理资料 审批 ◄权限外◄ 4.审核 ◄是— 分发 —否► 权限内 5.文件资料发放登记 6.移交文件资料 ◄► 接收文件资料 7.文件资料记录归档 8.提供借阅 ◄-- 借阅文件资料 9.定期清理文件资料 结束	
相关制度	文件资料管理规定			

13.1.4 技术资料保密流程

流程名称	技术资料保密流程		编　号	
任务概要	技术资料保密工作的开展		执行单位	行政部
单位	总经理	行政总监	行政人员	相关部门
工作程序			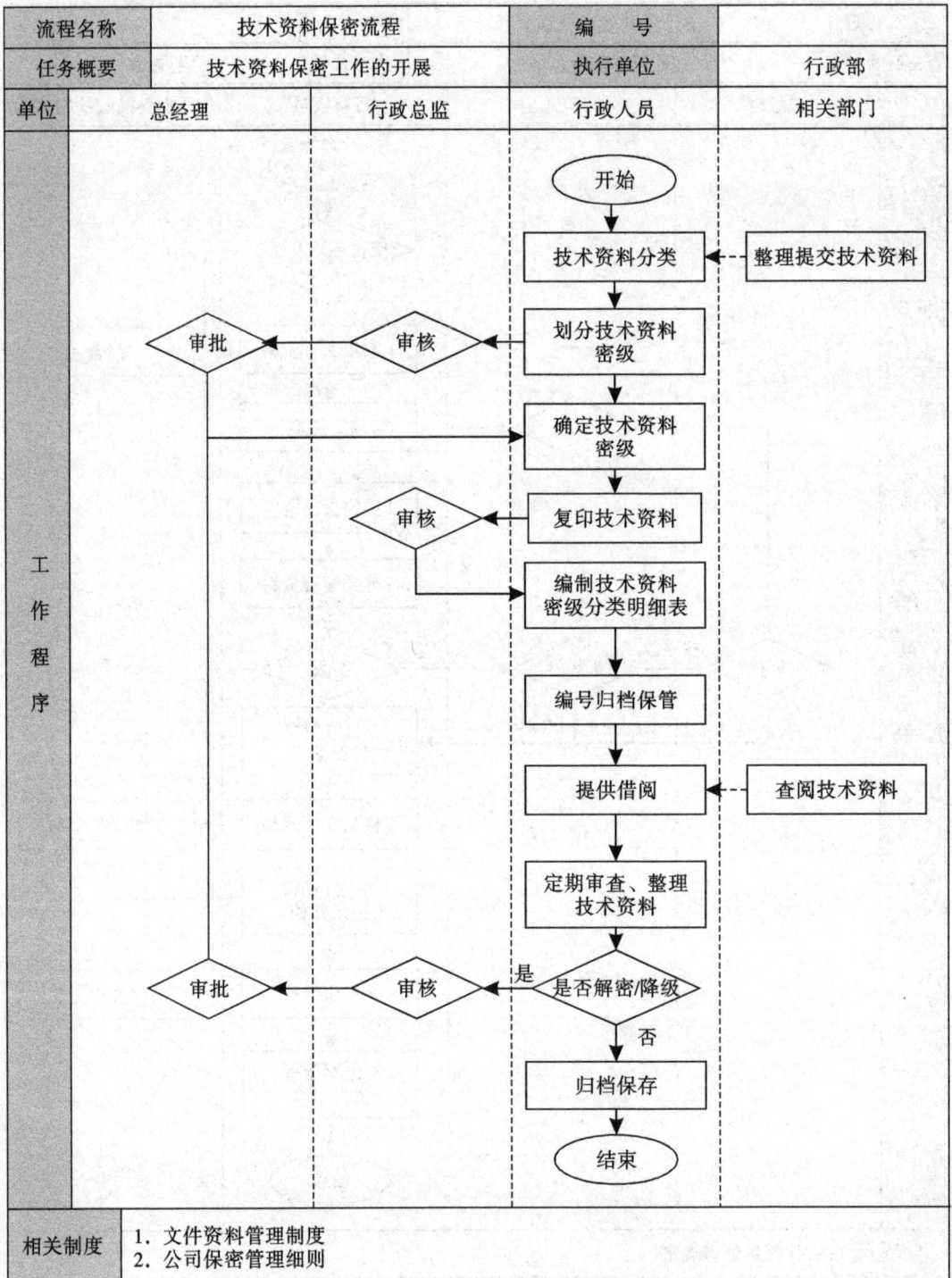	
相关制度	1. 文件资料管理制度 2. 公司保密管理细则			

13.1.5 文件借阅管理流程

流程名称	文件借阅管理流程	编 号	
任务概要	文件借阅管理	执行单位	行政部
单位	行政经理	行政部	员工

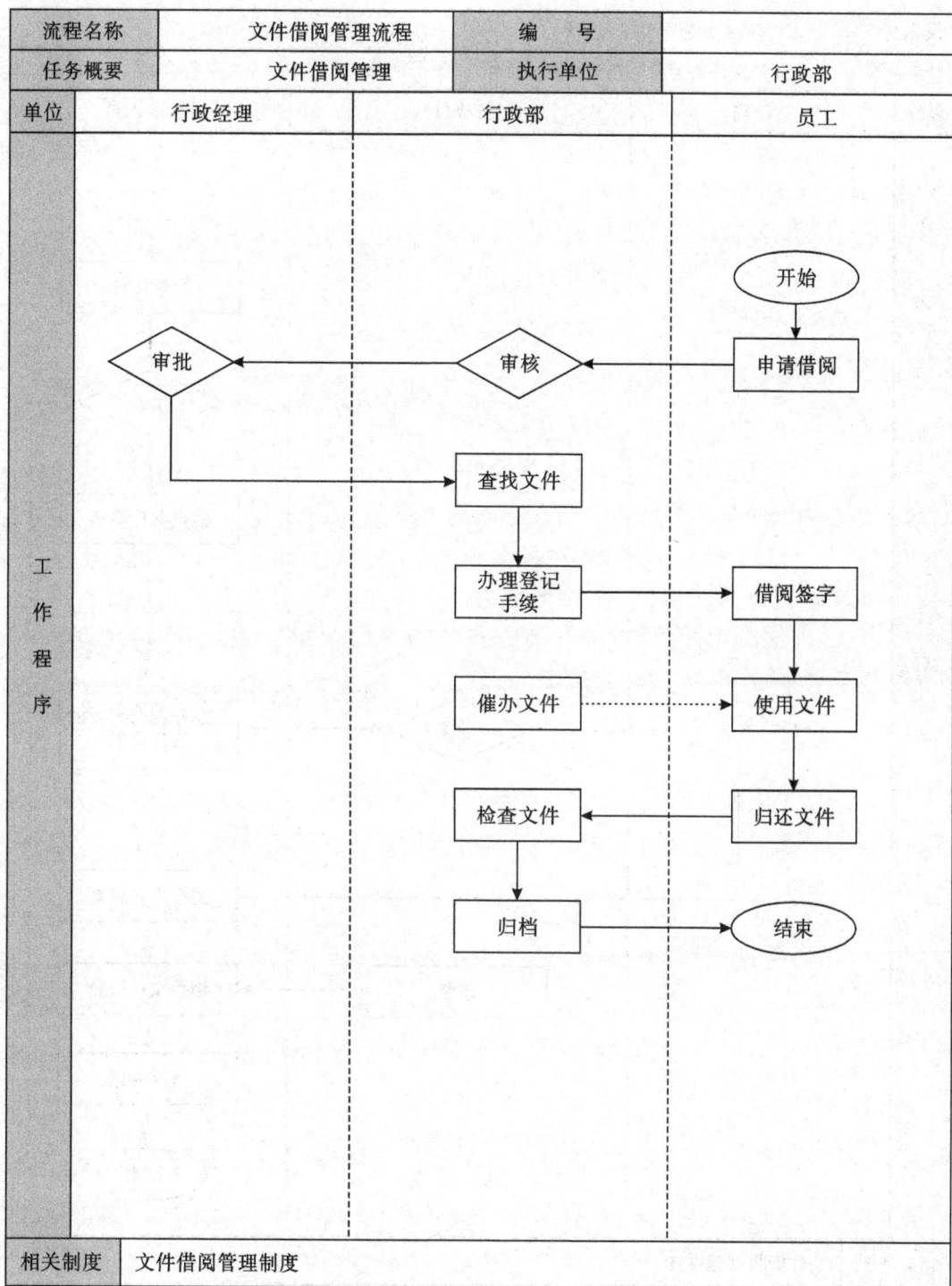

相关制度	文件借阅管理制度

13.1.6 办公文件销毁流程

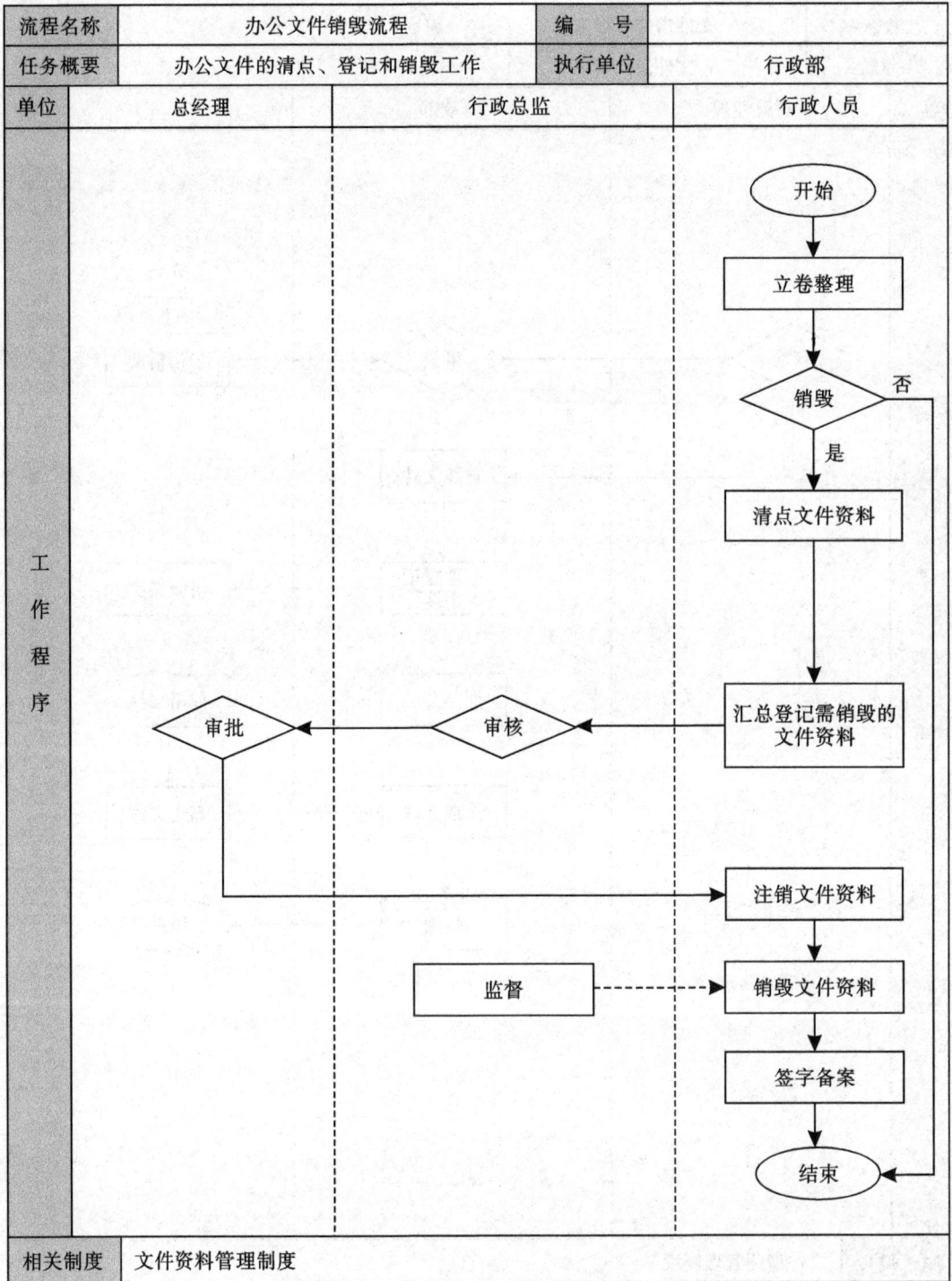

流程名称	办公文件销毁流程		编　号	
任务概要	办公文件的清点、登记和销毁工作		执行单位	行政部
单位	总经理	行政总监		行政人员
工作程序				开始 ↓ 立卷整理 ↓ 销毁 否→ 是↓ 清点文件资料 ↓ 汇总登记需销毁的文件资料 审批 ← 审核 ← ↓ 注销文件资料 监督 ⤏ 销毁文件资料 ↓ 签字备案 ↓ 结束 ←
相关制度	文件资料管理制度			

13.1.7 文件档案管理流程

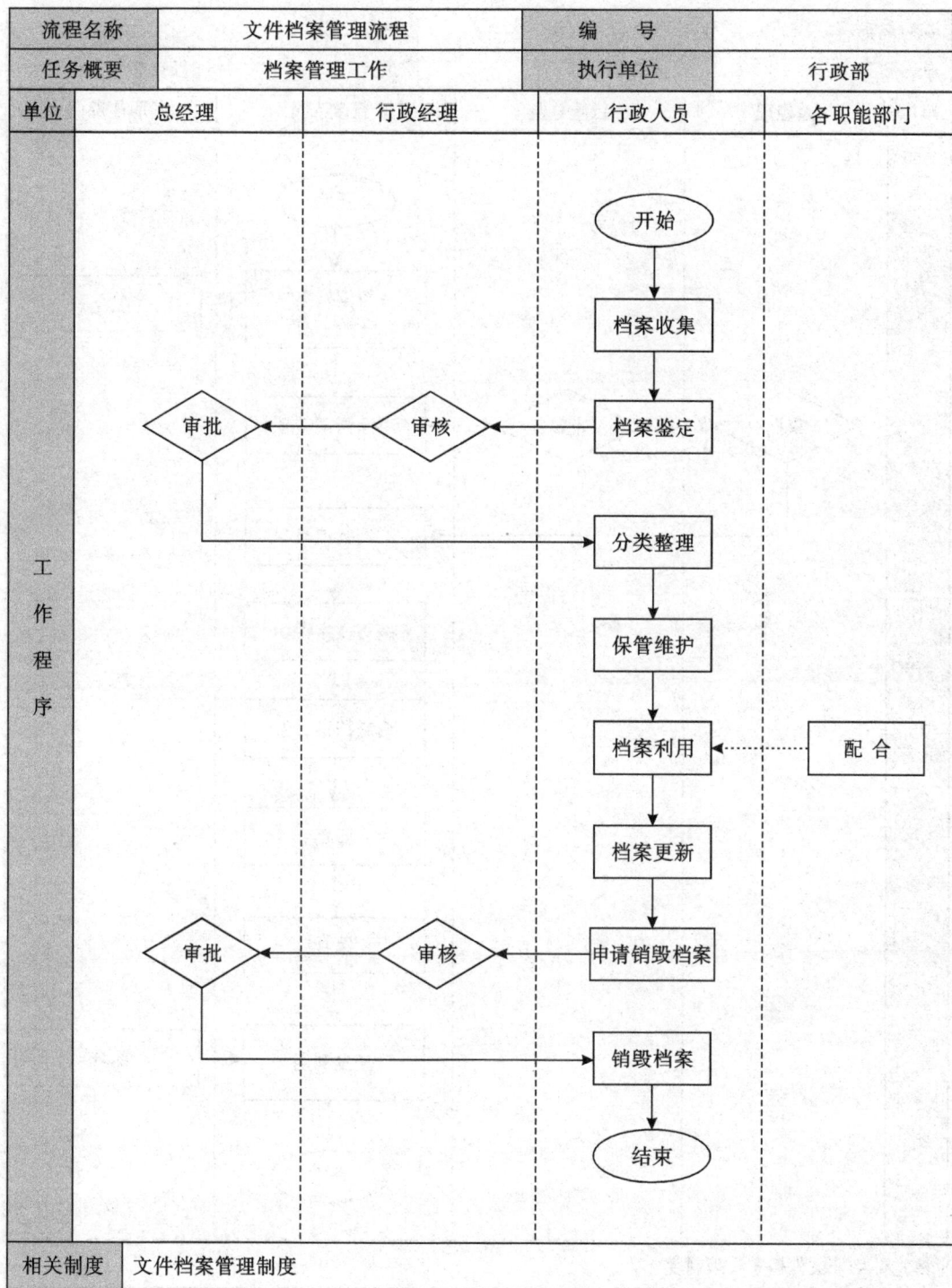

流程名称	文件档案管理流程		编　　号	
任务概要	档案管理工作		执行单位	行政部
单位	总经理	行政经理	行政人员	各职能部门

工作程序

```
                              开始
                               ↓
                             档案收集
                               ↓
   审批 ← 审核 ←            档案鉴定
    ↓
    └──────────────────→   分类整理
                               ↓
                             保管维护
                               ↓
                             档案利用 ◁‥‥‥ 配合
                               ↓
                             档案更新
                               ↓
   审批 ← 审核 ←           申请销毁档案
    ↓
    └──────────────────→   销毁档案
                               ↓
                              结束
```

相关制度	文件档案管理制度

13.1.8 声像档案管理流程

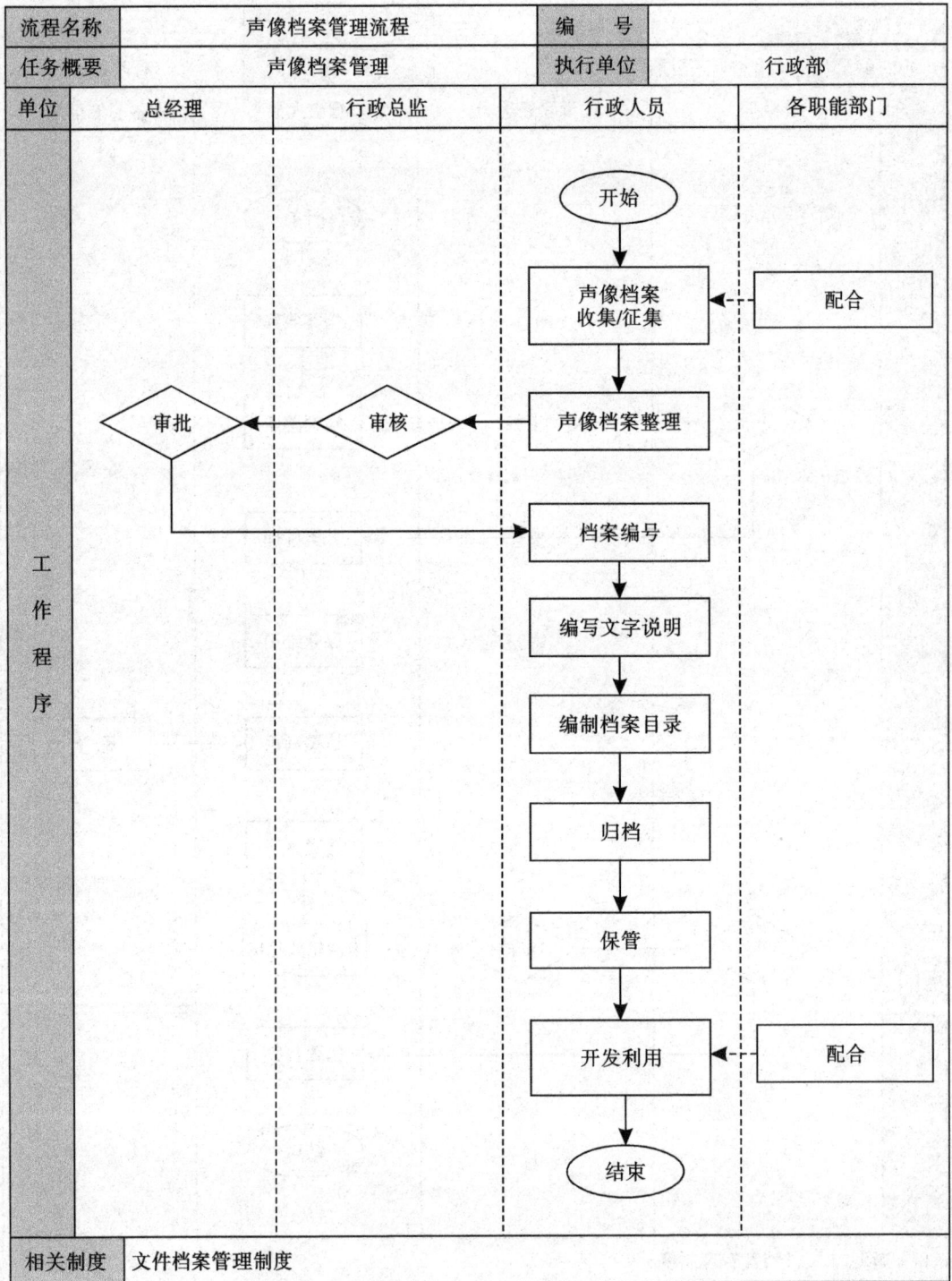

流程名称	声像档案管理流程		编　　号	
任务概要	声像档案管理		执行单位	行政部
单位	总经理	行政总监	行政人员	各职能部门

工作程序

```
                                      开始
                                       ↓
                        声像档案            配合
                        收集/征集  ◄----
                                       ↓
        审批 ◄── 审核 ◄──      声像档案整理
         │
         └────────────►  档案编号
                                       ↓
                                    编写文字说明
                                       ↓
                                    编制档案目录
                                       ↓
                                      归档
                                       ↓
                                      保管
                                       ↓
                        开发利用  ◄----  配合
                                       ↓
                                      结束
```

相关制度	文件档案管理制度

13.1.9 档案借阅管理流程

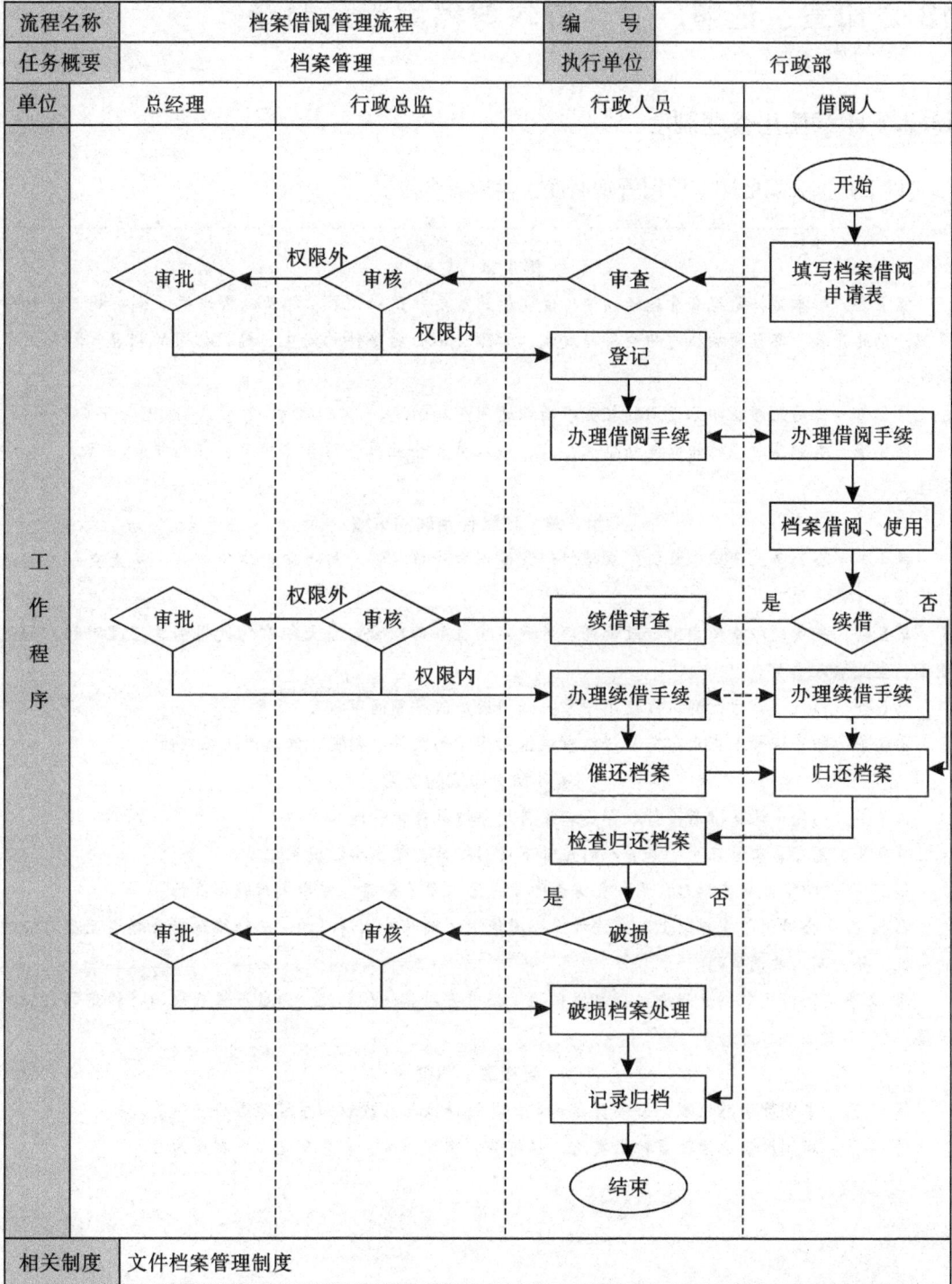

流程名称	档案借阅管理流程		编　　号	
任务概要	档案管理		执行单位	行政部
单位	总经理	行政总监	行政人员	借阅人
工作程序				

工作程序流程图：

- 开始 →
- 填写档案借阅申请表 → 审查 → 审核（权限外→审批；权限内→登记）
- 登记 → 办理借阅手续 ← 办理借阅手续
- 档案借阅、使用 → 续借（是→续借审查；否→归还档案）
- 续借审查 → 审核（权限外→审批；权限内→办理续借手续）
- 办理续借手续 - - → 办理续借手续
- 催还档案 → 归还档案
- 检查归还档案 ← 归还档案
- 破损（是→审核→审批；否→记录归档）
- 破损档案处理 → 记录归档
- 记录归档 → 结束

相关制度	文件档案管理制度

13.2 印章、证照、文件资料与档案管理制度

13.2.1 印章使用管理制度

以下是某公司的印章使用管理制度，供读者参考。

第1章 总则

第1条 印章是公司经营管理活动中行使职权的重要凭证和工具，印章的管理关系到公司正常经营管理活动的开展，甚至影响公司的生存与发展，为防止不必要事件的发生，维护公司的利益，特制定本制度。

第2条 公司凡涉及印章使用的相关事项均适用于本制度。

第3条 本制度所指的印章包括企业公章、法人章、企业章、财务专用章、部门章、人名章及各种事项章等。

第2章 印章使用时的审核

第4条 公司员工使用印章时，需填写印章使用申请单，将其与所需用印的文件一同上交行政部进行审核。

第5条 一般的印章使用由行政部经理负责审核，如部门章；重大印章的使用由总经理审核，如企业章、企业法人章等。

第6条 涉及法律方面的文件使用印章，必须经由法律顾问审核签字。

第7条 印章保管人在用印前应仔细审核需要用印的文件，确定印章使用的正确性。

第3章 印章的使用

第8条 用印申请批准后，行政部员工应将用印情况登记并通知用印。

第9条 用印员工需在用印保管人的监督下使用印章，禁止单独使用印章。

第10条 印章使用完毕后，用印凭据由印章保管人负责保存，定期交行政部存档。

第11条 公司的印章原则上不允许带出公司使用，确有特殊情况的，必须得到行政部经理及总经理的审批，并由两人共同使用。

第12条 因违反本制度而造成公司损失的，公司将对其进行惩处，造成严重后果的将移交司法机关处置。

第4章 附则

第13条 本制度由总经理办公室负责制定，其解释权与修改权归总经理办公室所有。

第14条 本制度自总经理审批后实施，以前类似制度作废，相关事宜以本制度为准。

13.2.2 证照规范管理规定

以下是某公司的证照规范管理规定,供读者参考。

第 1 条 公司证照是公司经营的重要依据,为加强对公司证照的管理,特制定本规定。

第 2 条 公司的证照包括《企业法人营业执照》及副本、特许经营许可证等。

第 3 条 公司证照统一由行政部负责保管。

第 4 条 公司新办理的证照与年审后的证照必须在当日下午及时交回行政部,不允许在外面滞留,特殊情况经行政经理批准后,必须于第二日交到行政部,否则给予办理人相应的行政处罚。

第 5 条 公司各业务部门需要使用和复印证照时,应填写证照使用或复印申请单,向行政部提出申请。

第 6 条 行政部人员在得到行政部经理和总经理的审批同意后,方可办理相关手续。

第 7 条 行政部在其他业务部门使用或复印证照时要做好相关记录,包括证照的使用者、使用时间、用途及归还时间等内容,并由使用者签字确认。

第 8 条 未经授权禁止任何人私自使用或复印公司的证照,否则造成的后果由当事人承担,行政部负连带责任。

第 9 条 行政部应时刻留意证照的年检时间,在规定的期限内完成证照的年检工作,此项记入行政部的年终考核项目。

第 10 条 证照的相关管理人员在离职时要办理好证照的相关交接手续,否则不予办理离职。

第 11 条 本规定由总经理办公室制定,自颁布之日起实施。

13.2.3 文件资料管理制度

以下是某公司的文件资料管理制度,供读者参考。

第 1 章 总则

第 1 条 为了规范公司对文件资料的管理,防止公司的受控文件及密级文件资料外流,提高文件的利用效率,特制定本制度。

第 2 条 本制度适用于与文件资料相关的各种事项。

第 2 章 文件资料的日常管理

第 3 条 公司的文件资料由行政部负责统一收集、保管、控制,其他部门协助行政部工作。

第 4 条 公司文件资料的密级分为绝密、机密、秘密及普通文件四类,其参阅权限如下所述。

1. 绝密类,总经理、副总经理级别的人员可参阅。

2. 机密类,各部门经理及以上级别的人员可参阅。

3. 秘密类,各部门主管及以上级别的人员可参阅。

4. 普通类,普通职工及以上级别的人员可参阅。

这里应注意,经总经理特别授权的人员可参阅任何级别的文件资料。

第 5 条 行政部应按照资料文件的密级、内容、大小、使用部门等要素将文件资料归档并加盖密级印章，妥善保管，以便查询。

第6条　公司的文件资料禁止外传、外流，如有违反，将根据具体情况以及给公司造成的损失进行处理。

第7条　各部门在使用文件时应妥善保管，不得在文件上乱写乱画，违规者将受到处罚。

第8条　负责文件保管的人员在离职前要做好文件的交接工作，否则不予办理离职。

第3章　文件资料、公函的收发

第9条　行政部收到外来文件后要做好登记工作并提交行政经理参阅，行政经理拟写出待办事项后，经总经理审批通过方可办理。

第10条　行政经理应从总经理的批示中筛选出待办事项并下发到各执行部门，由各执行部门进行办理。

第11条　行政人员应催促各执行部门办理相关事项，并于办理完毕后及时将文件注销及归档。

第12条　由行政部拟写准备发放的文件涉及相关部门的，应由各部门经理会签，行政部根据会签意见做出修改后方可报行政经理及总经理审批。

第13条　总经理批示过的文件行政部应进行登记、盖章，根据需要将其分给或投寄给相应的有权参阅的人员。

第14条　行政部收到外来公函后，应将其登记并进行分类整理。

第15条　对于没有明确收函人的公函，行政人员应根据需要于参阅后回复。

第4章　图书与报刊资料

第16条　公司员工因工作需要查阅图书资料、订阅报刊时，可向行政部提出申请，由行政部统一安排后报行政经理与总经理审批。

第17条　行政部购买图书报刊时可根据总经理的批示向财务部借款，凭购买凭证向财务部报销费用。

第18条　购买后的图书资料经行政部登记、编号、整理、入馆后方可办理借阅。

第19条　行政人员要做好图书的登记借阅工作，确保公司的图书资料不流失。

第20条　对于逾期不还且不办理延长借阅手续的人员，行政部有权直接通知人事部从借阅者的工资中扣除图书费用。

第5章　技术资料

第21条　技术资料是公司赖以生存的根本所在，行政部应指派专员对公司的技术资料进行保管。

第22条　公司的技术资料一律不允许外借，行政人员复印技术资料时必须得到行政经理的审批同意。

第23条　员工需要技术资料时可向行政部申请借阅，但只可借阅技术资料的复印件，技术资料的原件一律不允许外借。

第24条　行政经理应根据技术资料借阅申请人的权限谨慎审批。

第25条　行政人员必须做好技术资料的借阅登记工作，借阅到期后要及时将技术资料收回、存档，若因行政人员的工作失误造成技术资料外流，由当事人承担全部责任。

第6章　文件资料的换版与销毁

第26条　各执行部门的文件因自然损耗需要更换时，可向行政部提出申请。

第27条　行政部确认文件需要更换后，应先将旧文件收回，然后再发放新文件。

第28条 收回的旧文件应及时销毁，以免外流。

第29条 行政人员应定期整理文件资料，将不需要、过时、用过的文件资料造册登记，准备销毁。

第30条 销毁文件资料的目录必须得到行政经理的审批，严禁未经授权擅自销毁文件资料。

第7章 附则

第31条 本制度由总经理办公室负责制定，其解释权与修改权归总经理办公室所有。

第32条 本制度自总经理办公会审批后实施。

13.2.4 文件档案管理制度

以下是某公司的文件档案管理制度，供读者参考。

第1章 总则

第1条 为了规范公司文件档案的管理工作，提高文件档案的利用效率，特制定本制度。

第2条 本制度适用于档案资料的收集、整理、借阅等各项事宜。

第3条 本制度中的文件档案包括文件与声像两种形式所形成的档案。

第2章 文件档案的收集

第4条 文件档案的收集工作由公司行政部与各部门共同执行。

第5条 各部门指定兼职的档案管理员负责收集本部门相关的文件资料，并保持人员稳定，人员变动时要及时通知行政部。

第6条 若一项工作由几个部门共同完成，所形成的资料由主办部门负责收集。

第7条 行政部负责收集公司发出的文件、资料及公司会议所形成的文件、决议、声像等资料。

第8条 档案的收集范围。

1. 重要的会议材料，包括会议的通知、报告、决议、重要领导讲话、会议简报、会议记录等。

2. 上级机关下发的有关本公司的指示、命令、决议、规定等文件。

3. 本公司对上级机关的请示与上级机关的批复。

4. 公司对外的正式发文以及有关企业的往来文书。

5. 公司的各种工作计划、工作总结、工作报告、统计报表等文件。

6. 公司与有关单位签订的合同、协议等。

7. 公司干部任免，员工的工资、福利以及对员工的奖励、处罚等文件。

8. 本公司的历史沿革、大事记及反映本公司重要活动的剪报、照片、录音、录像等。

9. 反映公司的生产、技术、科研、营销等活动的有价值的技术文件、图纸、信息、财务资料、市场营销资料等。

第9条 行政部负责文件档案的类别划分、编目工作，并将此通知各部门兼职档案员。

第10条 各部门的文件档案员要在日常工作中，将所收集到的档案资料按照档案的目录进行存放及登记。

第11条 各执行部门的人员应将处理完毕的文件或经过批存的文件及时交兼职档案员统一保管。

第3章 档案的鉴定、归档

第12条 各部门兼职档案员，应每半年将手中收集到的档案移交行政部一次，由行政部组织人员对所收集到的档案进行鉴定。

第 13 条　技术资料由行政经理、技术主管及档案管理专员共同鉴定，没有参考价值、无意义的技术资料不进行保存，上报后及时销毁。

第 14 条　行政人员将收集到的档案按照文件的年限、文件的形成规律及特点、文件之间的联系、文件的密级、价值的大小等因素分类妥善保存。

第 15 条　归档要求。

1. 归档文件应保持完整，每份文件的份数、页数均不可缺失。

2. 每份文件的正附件及与之相关的请示、批复、原件、印件等归于已出。

3. 不同年度的文件原则上要分开放，单跨年度的请示与批复以批复年度为准，跨年度的规划放在规划资料的第一年，跨年度的总结放在总结资料的最后一年，跨年度的会议以会议开始的年度为准。

4. 绝密文件单独归档，与绝密文件相关的文件可以与绝密文件放在一起。

5. 密不可分的文件材料须放在一起。

6. 卷内的文件必须编制页码。

第 16 条　填写卷内文件目录要使用钢笔，字迹要工整、清晰。

第 17 条　立卷后的档案应由档案员重新确定目录并装订成册，妥善保存。

第4章　档案的借阅

第 18 条　公司员工因工作需要可向行政部申请借阅档案。

第 19 条　行政部根据借阅者的权限进行审批，审批后借阅者须在借阅登记表上签字确认。

第 20 条　借阅到期后，借阅者可办理续借手续，否则档案将由行政部强行收回并禁止该员工下次借阅。

第 21 条　员工所借阅的公司档案只允许在公司内部参阅，不允许带出公司。

第 22 条　外单位来公司查阅技术资料的，须持总经理批示意见。绝密、机密技术资料不允许查阅。

第 23 条　公司员工查阅公司的绝密、机密档案时，必须经过总经理的授权且只能查阅与工作相关的内容。

第 24 条　绝密、机密档案只能在档案室内查阅，禁止将其带出档案室。

第 25 条　严禁私自复印、摘录机密技术资料，如违反，一经发现做辞退处理并追究相关责任。

第 26 条　公司档案资料的借阅必须由本人亲自办理，不允许转借、代借。

第 27 条　公司员工借阅的档案资料若丢失，须立即上报行政部，由行政部进行处理，处理结果未出来之前，禁止再次借阅公司档案。

第 28 条　公司员工不得对所借阅的公司图纸、资料进行损害、删改、涂抹、剪贴等。

第5章　附则

第 29 条　本制度由总经理办公室负责制定，其解释权与修改权归总经理办公室所有。

第 30 条　本制度经总经理办公会审批后实施。

13.2.5 公司保密管理细则

以下是某公司的公司保密管理细则，供读者参考。

第1章　总则

第 1 条　根据《中华人民共和国保守国家秘密法》《科学技术保密规定》《关于禁止侵犯商业秘密行

为的若干规定》和《关于加强科技人员流动中技术秘密管理的若干意见》的精神，结合我公司《企业知识产权管理规定》及具体情况，为保障公司整体利益和长远利益，使公司长期、稳定、高效地发展，适应激烈的市场竞争，特制定本细则。

第2条　公司秘密是指不为公众所知悉、能为公司带来经济利益、具有实用性并经公司采取保密措施的技术信息和经营信息。

1. 本细则所称"不为公众所知悉"，是指该信息不能从公开渠道直接获取。

2. 本细则所称"能为公司带来经济利益、具有实用性"，是指该信息具有确定的可应用性，能为公司带来现实的或潜在的经济利益和竞争优势。

3. 本细则所称"公司采取保密措施"，包括订立保密协议，建立保密制度及采取其他合理的保密措施。

4. 本规定所称"技术信息和经营信息"，包括内部文件、设计、程序、产品配方、制作工艺、制作方法、管理诀窍、客户名单、货源情报、产销策略、招投标中的标底及标书内容等信息。其中，"技术信息"包括但不限于设计图纸（含草图）、试验结果和试验记录、工艺、配方、样品、数据、计算机程序等。技术信息可以是由特定的、完整的技术内容构成的一项产品、工艺、材料及其改进技术方案，也可以是某一产品、工艺、材料等技术或产品中的部分技术要素。

第3条　所有公司员工都有义务和责任保守公司秘密。

第4条　本细则适用于本公司所有员工。公司所有人员，包括技术开发人员、销售人员、行政管理人员、生产和后勤服务人员等（以下简称"工作人员"）都负有保守公司商业秘密的义务。

第2章　公司秘密的范围

第5条　公司生产经营、发展战略中的秘密事项。

第6条　公司就经营管理做出重大决策中的秘密事项。

第7条　公司生产、科研、科技交流中的秘密事项。

第8条　公司对外活动（包括外事活动）中的秘密事项以及对外承担保密义务的事项。

第9条　维护公司安全和追查侵犯公司利益的经济犯罪中的秘密事项。

第10条　客户及其网络的有关资料。

第11条　其他公司秘密事项。

第3章　秘级分类

第12条　公司保密事项分为三类：绝密、机密、秘密。

第13条　绝密事项是指与公司生存、生产、科研、经营、人事有重大利益关系，泄露会使公司的安全和利益遭受特别严重损害的事项，主要包括以下几项。

1. 公司股份构成、投资情况、新产品、新技术、新设备的开发研制资料、各种产品配方、产品图纸、模具图纸。

2. 公司总体发展规划、经营战略、营销策略、商务谈判内容及载体，正式合同和协议文书。

3. 按档案法规定属于绝密级别的各种档案。

4. 公司重要会议纪要。

第14条　机密事项是指与本公司的生存、生产、科研、经营、人事有重要利益关系，泄露会使公司安全和利益遭到严重损害的事项，主要包括以下几项。

1. 尚未确定的公司重要人事调整及安排情况，人力资源部门对干部的考评材料。

2. 公司与外部高层人士、科研人员来往情况及其载体。

3. 公司薪金制度，财务专用印鉴、账号，保险柜密码，月、季、年度财务预算与决算报告及各类财务、统计报表，计算机开启密码，重要电子文件的内容及其存放位置。

4. 公司大事记。

5. 各种产品的制造工艺、控制标准、原材料标准、成品与半成品检测报告、进口设备仪器图纸及相关资料。

6. 按档案法规定属于机密级别的各种档案。

7. 获得竞争对手情况的方法、渠道及公司相应对策。

8. 外事活动中内部掌握的原则和政策。

9. 公司总监（助理级别）以上干部的家庭住址及外出活动去向。

第15条 秘密事项是指与本公司生存、生产、经营、科研、人事有较大利益关系，泄露会使公司的安全和利益遭受损害的事项，主要包括以下几项。

1. 消费层次调查情况，市场潜力调查预测情况，未来新产品市场预测情况及其载体。

2. 广告企划、营销企划方案。

3. 总经办、财务部、商务审核部等有关部门所调查的违法、违纪事件及责任人情况和载体。

4. 生产、技术部门以及财务部的安全保卫措施情况。

5. 各类设备图纸、说明书、基建图纸，各类仪器资料，各类技术通知、文件等。

6. 档案法规定属于秘密级别的各种档案。

7. 各种检查表格和检查结果。

第4章　各密级内容知晓范围

第16条 绝密级：董事会成员、总经理、监事会成员及与绝密内容有直接关系的工作人员。

第17条 机密级：总监（助理）级别以上管理人员以及与机密内容有直接关系的工作人员。

第18条 秘密级：部门经理级别以上管理人员以及与机密内容有直接关系的工作人员。

第5章　保密措施

第19条 公司员工必须具有保密意识，做到不该问的绝对不问，不该说的绝对不说，不该看的绝对不看。

第20条 总经理全面负责保密工作，各部门负责人为本部门的保密工作负责人，各部门及下属单位必须设立兼职保密员。

第21条 对外交往与合作中需要提供公司秘密事项的，须经总经理批准。

第22条 严禁在公共场合、公用电话、传真上交谈及传递保密事项，不准在私人交往中泄露公司秘密。

第23条 公司员工发现公司秘密已经泄露或可能泄露时，应立即采取补救措施并及时报告总经办，总经办须及时做出相应处理。

第24条 董事长、监事会主席、总经理、总监（助理）办公室及各机要部门必须安装防盗门窗、严加保管钥匙，非本部人员要在获准后方可进入，人走要落锁，清洁卫生要有专人负责或者在专人监督下进行。

第25条 配有计算机、复印机、传真机的部门，要依据本细则制定本部门保密细则，并加以严格执行。

第 26 条 文档人员、保密员工作变动时应及时办理交接手续，交由主管领导签字。

第 27 条 小车司机对领导在车内的谈话内容须严格保密。

第 6 章 保密环节

第 28 条 文件打印

1. 将文件原稿提供给单位领导签字，签字领导须对文件内容负责，文件中不得出现对公司不利或不该宣传的内容，同时要确定文件编号、保密级别、发放范围、打印份数。

2. 打印部门要做好登记，打印校对人员姓名应在发文单中反映，保密文件应由总经办负责打印。

3. 打印完毕，所有文件废稿应全部销毁，计算机存盘应消除或加密保存。

第 29 条 文件发送和电子邮件（E-mail）的使用

1. 文件打印完毕，由文印室专员负责转交发文部门并作登记，不得转交无关人员。

2. 发文部门下发文件应认真做好发文记录。

3. 保密文件应交由发文部门负责人或其指定人员签收，不得交给其他人员。

4. 剩余文件应妥善保管，不得遗失。

5. 发送保密文件应由专人负责，严禁未转正员工发送保密文件。

6. 工作期间禁止使用个人 E-mail。员工在上班期间，应用企业的个人邮箱进行信息的传递和发送。

第 30 条 文件复印

1. 原则上保密文件不得复印，特殊情况由总经理批准执行。

2. 文件复印应做好登记。

3. 复印件只能交给部门主管或其指定人员，不得交给其他人员。

4. 一般文件复印应有部门负责人签字并注明复印份数。

5. 复印废件应即时销毁。

第 31 条 文件借阅

借阅保密文件必须经借阅方、提供方领导签字批准，提供方加以专项登记，借阅人员不得摘抄、复印，更不得向无关人员透露。确需摘抄、复印时，要经提供方领导签字确认并注明。

第 32 条 传真件

1. 传递保密文件时，不得使用公用传真机。

2. 收发传真件应做好登记。

3. 保密传真件收件人只能为部门主管负责人或其指定人员，不得为其他人。

第 33 条 录音、录像

1. 董事长、总经理等领导的讲话等一切与公司利益安全关系重大的录音、影像均为保密材料。

2. 录音、录像应由指定部门整理并确定保密级别。

3. 保密录音、录像材料由总经办负责存档管理。

第 34 条 档案

1. 档案室作为材料保管重地，无关人员一律不准出入。

2. 借阅文件应填写申请借阅单，并由主管领导签字确认。

3. 秘密文件限下发范围内人员借阅，特殊情况须经总经办批准。

4. 秘密文件保管应与普通文件区别开，按等级、期限加强保护。

5. 档案销毁应经鉴定小组批准后指定专人（两人以上参加）监销，并做好登记。

6. 档案材料不得借给无关人员查阅。

7. 秘密档案不得复印、摘抄，特殊情况须经总经理批准后执行。

第35条 客人活动范围

1. 保卫部门应加强保密意识，无关人员不得在机要部门出入。

2. 客人到公司参观、办事时，应遵循公司出入管理规定，无关人员不得进入。

3. 客人到公司参观时，不得让其接触公司文件、货物、营销材料等保密件。

第36条 保密部门管理

1. 与保密材料相关的部门均为保密部门，如董事长、监事会主席、总监（助理）办公室，传真室，收发室，档案室，文印室，工艺室，研发室，实验室，配料室，化验室以及财务部，人力资源部等。

2. 各部门须设兼职保密员加强保密工作。

3. 保密部门出入人员应进行控制，无关人员不得进入、停留。

4. 保密部门对外材料交流应由保密员操作。

5. 保密部门应根据实际情况制定保密细则，做好保密材料的保管、使用和记录等工作。

第37条 会议

1. 所有重要会议由总经办协助相关部门做好保密工作。

2. 参加会议人员应严格控制，无关人员不得参加。

3. 会务组应认真做好到会人员签到、材料发放及登记工作。

4. 保卫人员应认真鉴别到会人员，无关人员不得入内。

5. 会议录音、摄像人员由总经办指定。

6. 会议纪要整理由总经办指定人员在指定地点整理。

第38条 保密协议

1. 公司可以按照有关法律规定，与工作人员签订保密协议。该保密协议可以与劳动合同合并，可以与有关知识产权权利归属协议合并，也可以单独签订。

2. 签订保密协议时，应当遵循公平、合理的原则，其主要内容包括保密的内容和范围、双方的权利和义务、保密期限、违约责任等。

技术保密协议可以在有关人员调入公司时签订，也可以与已在公司工作的人员协商后签订。拒不签订保密协议的，公司有权不调入，或者不予聘用。

3. 承担保密义务的科技人员享有因从事技术开发活动而获取相应报酬和奖励的权利。公司无正当理由，拒不支付奖励和报酬的，科技人员或有关人员有权要求变更或终止技术保密协议。保密协议一经双方当事人签字盖章，即产生法律效力，任何一方违反协议，另一方都可以依法向有关仲裁机构申请仲裁或向人民法院提起诉讼。

第39条 竞业限制条款

1. 公司可以在劳动聘用合同、知识产权权利归属协议或者保密协议中，与工作人员协商，约定竞业限制条款，约定有关人员在离开公司后一定期限内不得在生产同类产品、经营同类业务或在有竞争关系、其他利害关系的单位内任职，或者自己生产、经营与公司有竞争关系的同类产品或业务。凡有这种约定的，公司应向有关人员支付一定数额的补偿费。竞业限制的期限最长不得超过三年。

2. 竞业限制条款一般应当包括竞业限制的具体范围、竞业限制的期限、补偿费的数额及支付方法、违约责任等内容。但与竞业限制内容相关的商业秘密已为公众所知悉，或者已不能为公司带来经济利益或竞争优势，不具有实用性，或负有竞业限制义务的人员有足够证据证明该公司未执行与员工所签相关协议条款，受到显失公平的待遇以及公司违反竞业限制条款，不支付或者无正当理由拖欠补偿费的，竞业限制条款自行终止。

第40条　员工离职规定

1. 公司工作人员离开公司时，必须将有关本公司技术信息和经营信息的全部资料（如试验报告、数据手稿、图纸、电子文件和调测说明等）交回公司。

公司工作人员离开公司时，公司可以书面或口头形式向该人员重申其保密义务和竞业限制义务，并可以向其新任职的单位通报该人员在原单位所承担的保密义务和竞业限制义务。在科技人员或有关人员调入公司时，公司应当了解该人员在原单位所承担的保密义务和竞业限制义务，并自觉遵守上述协议。

2. 公司工作人员离开公司后，利用在公司掌握或接触的由公司所拥有的商业秘密，并在此基础上做出新的技术成果或技术创新，有权就新的技术成果或技术创新予以实施或者使用，但在实施或者使用时利用了公司所拥有的，且其本人负有保密义务的商业秘密时，应当征得公司的同意，并支付一定的使用费；未征得公司同意或者无证据证明有关技术内容为自行开发的新技术成果或技术创新的，有关人员和用人单位应当承担相应的法律责任。

第7章　违纪处理

第41条　对违反本细则的人员，公司将视情节轻重，分别给予教育、经济处罚和纪律处分，泄露公司秘密尚未造成严重后果的，予以警告处分，处以100~1 000元的罚款。情节特别严重的，公司将依法追究其刑事责任。

第42条　利用职权强制他人违反本制度的，予以除名，并处以1 000元以上的罚款。

第43条　泄露公司秘密造成严重后果的，予以开除，并处以10 000元以上的罚款，必要时依法追究其法律责任。

第8章　附则

第44条　本细则由总经办负责制定，总经理审阅后报董事会批准，由总经办执行。

第45条　本细则由总经理办公室负责解释，自发布之日起执行。

第14章 会议、提案、行政事务与法务管理

14.1 会议、提案、行政事务与法务管理流程

14.1.1 会议组织管理流程

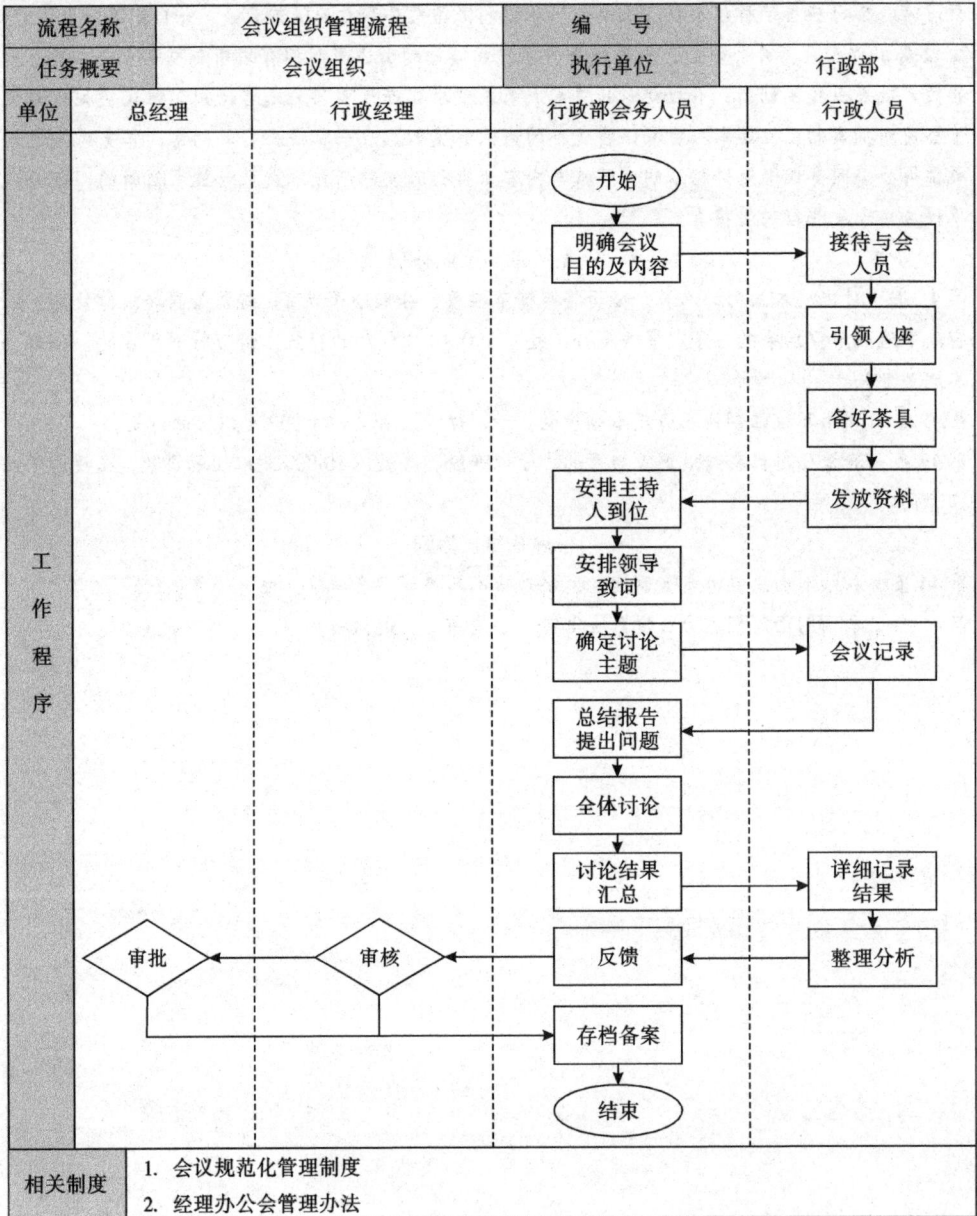

流程名称		会议组织管理流程		编　号	
任务概要		会议组织		执行单位	行政部
单位	总经理	行政经理	行政部会务人员		行政人员

| 工作程序 | 开始 → 明确会议目的及内容 → 安排主持人到位 → 安排领导致词 → 确定讨论主题 → 总结报告提出问题 → 全体讨论 → 讨论结果汇总 → 反馈 → 存档备案 → 结束；审批 ← 审核；接待与会人员 → 引领入座 → 备好茶具 → 发放资料；会议记录；详细记录结果 → 整理分析 |

| 相关制度 | 1. 会议规范化管理制度
2. 经理办公会管理办法 |

176

14.1.2 提案成果管理流程

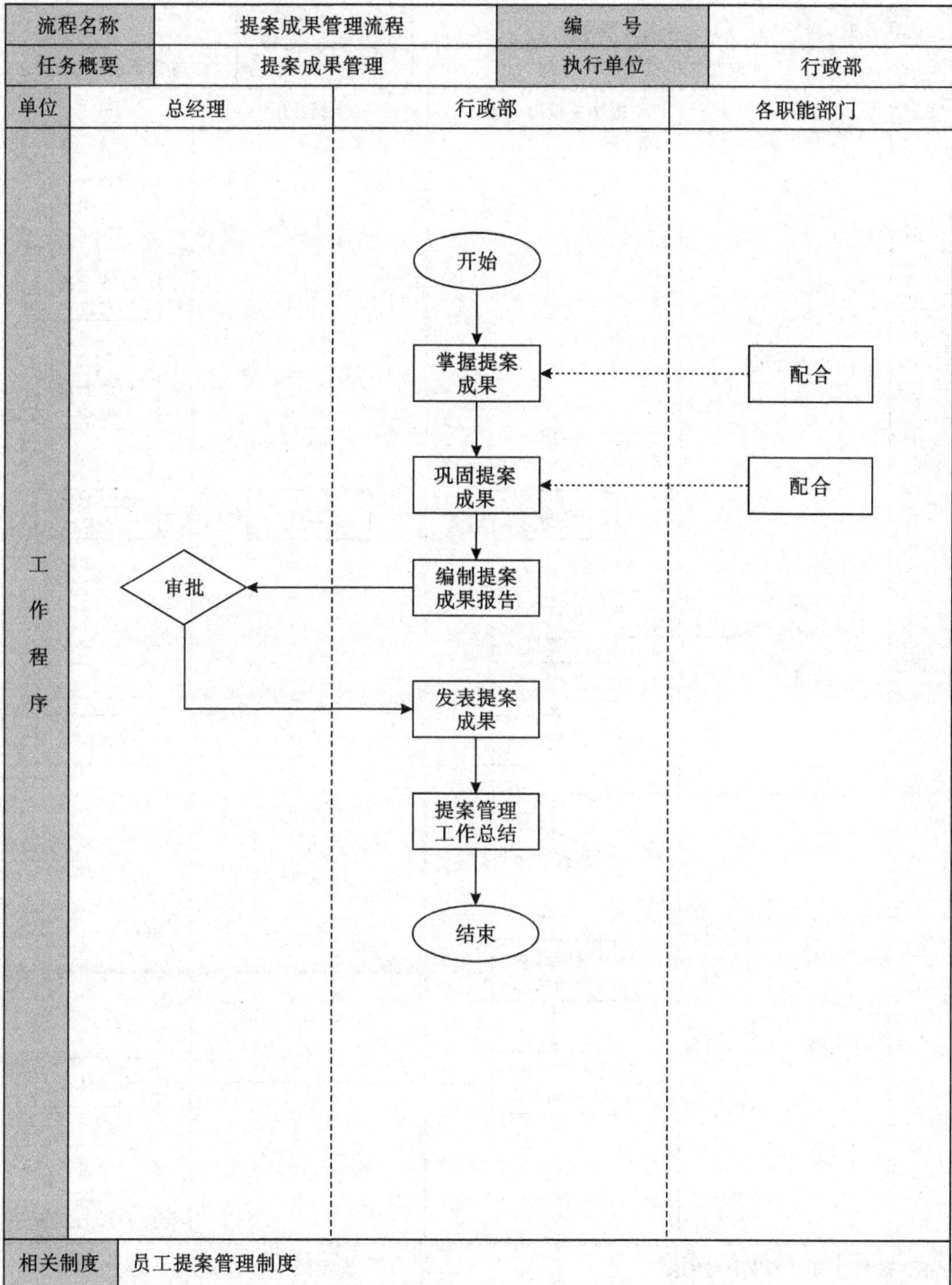

流程名称	提案成果管理流程		编 号	
任务概要	提案成果管理		执行单位	行政部
单位	总经理	行政部		各职能部门

工作程序

```
                    ┌──────┐
                    │ 开始 │
                    └──────┘
                       │
                       ▼
                  ┌────────┐           ┌──────┐
                  │掌握提案│◀┈┈┈┈┈┈┈┈│ 配合 │
                  │  成果  │           └──────┘
                  └────────┘
                       │
                       ▼
                  ┌────────┐           ┌──────┐
                  │巩固提案│◀┈┈┈┈┈┈┈┈│ 配合 │
                  │  成果  │           └──────┘
                  └────────┘
                       │
                       ▼
      ┌──────┐    ┌────────┐
      │ 审批 │◀───│编制提案│
      └──────┘    │成果报告│
         │        └────────┘
         │
         │        ┌────────┐
         └───────▶│发表提案│
                  │  成果  │
                  └────────┘
                       │
                       ▼
                  ┌────────┐
                  │提案管理│
                  │工作总结│
                  └────────┘
                       │
                       ▼
                    ┌──────┐
                    │ 结束 │
                    └──────┘
```

相关制度	员工提案管理制度

14.1.3 员工提案管理流程

流程名称	员工提案管理流程		编 号	
任务概要	对员工的提案进行管理		执行单位	提案系统办公室
单位	总经理	提案系统办公室	上级主管	员工

工作程序

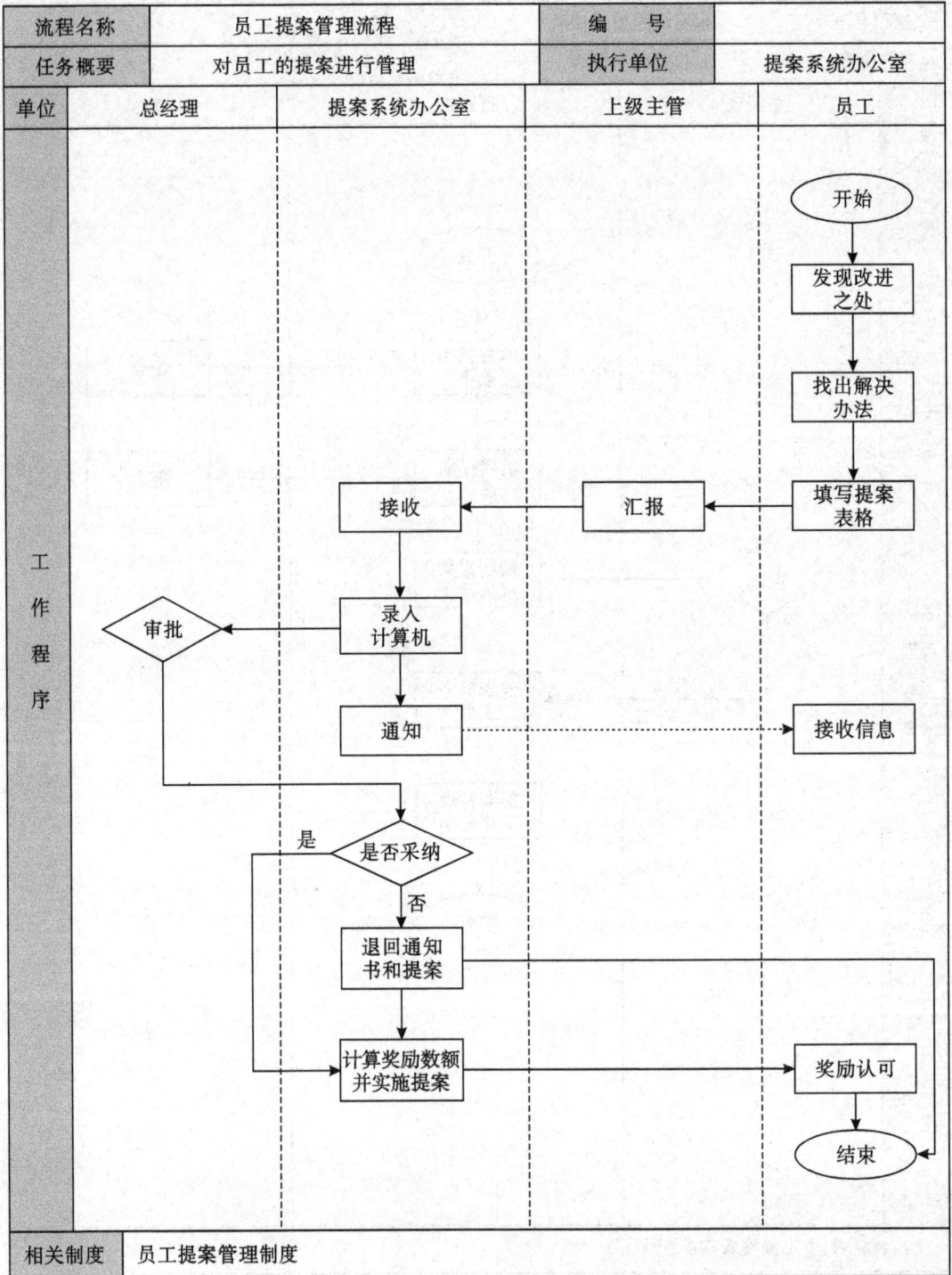

相关制度	员工提案管理制度

14.1.4 行政督办管理流程

流程名称	行政督办管理流程	编　号	
任务概要	行政督办工作管理	执行单位	行政部
单位	总经理	行政部	督办人	承办人

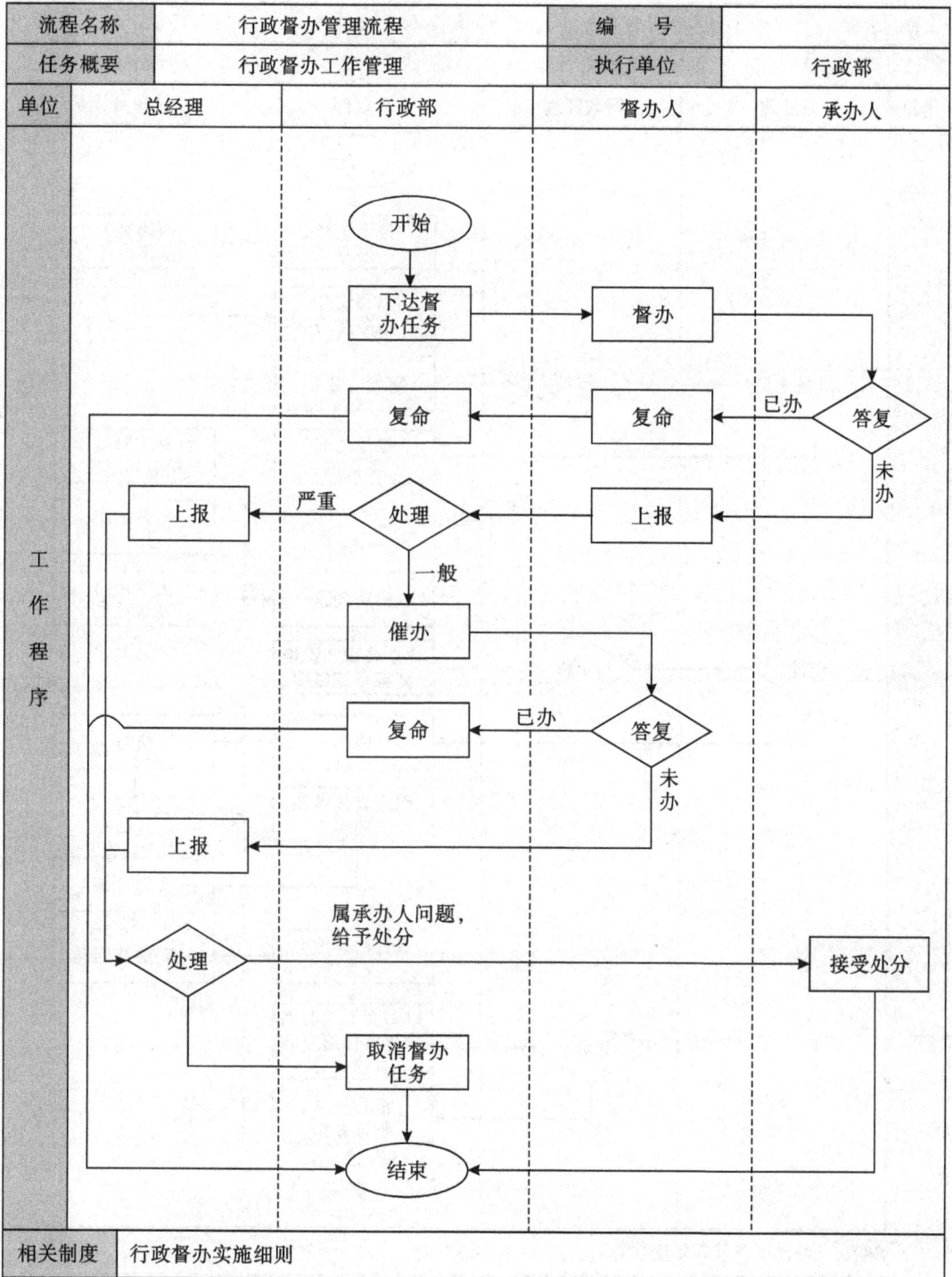

相关制度	行政督办实施细则

14.1.5 法律事务管理流程

流程名称	法律事务管理流程	编　号	
任务概要	法律事务管理	执行单位	行政部
单位	总经理　　行政经理	行政部	法律事务人员

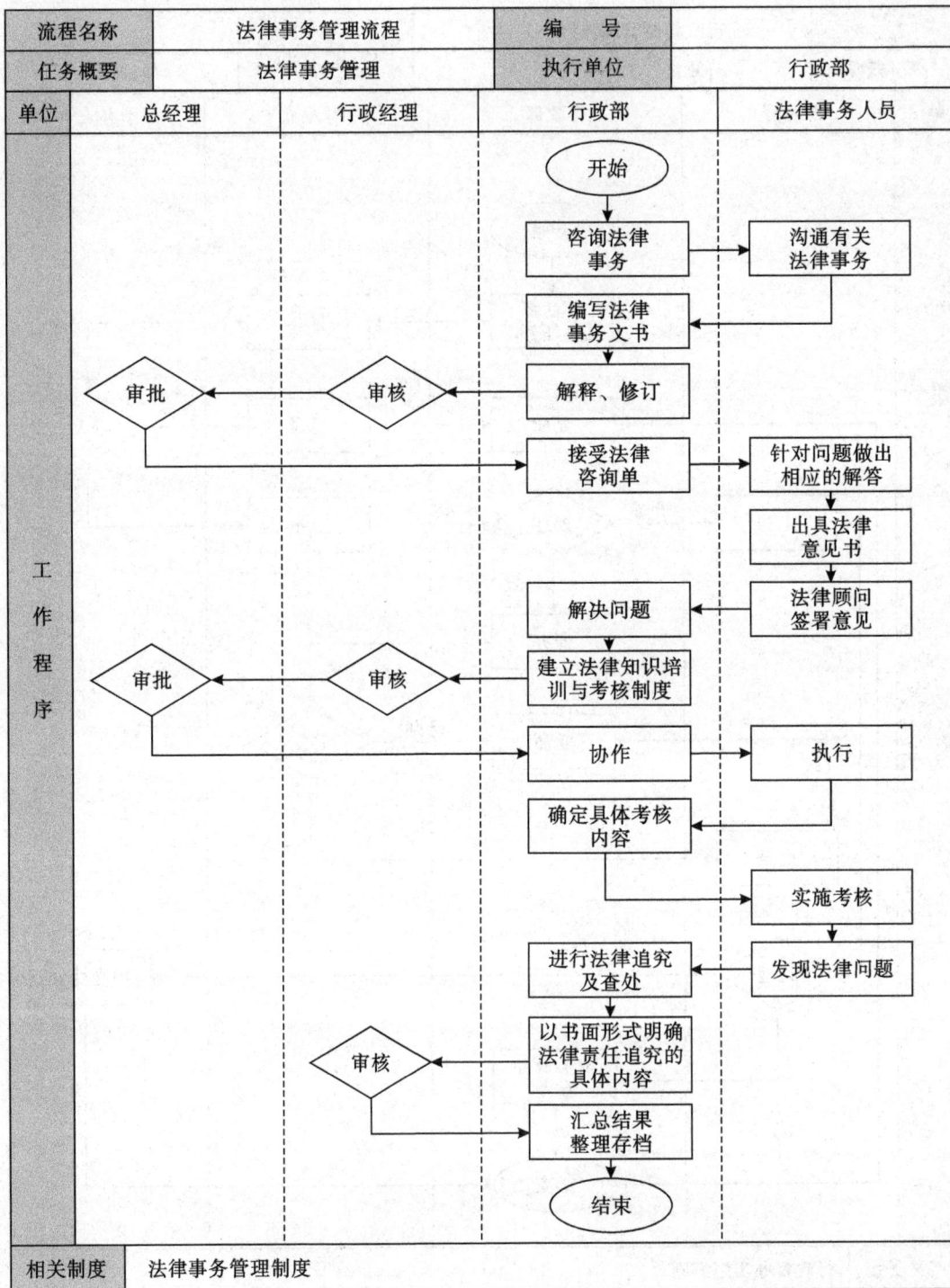

工作程序

开始

咨询法律事务 → 沟通有关法律事务

编写法律事务文书

解释、修订 → 审核 → 审批

接受法律咨询单 → 针对问题做出相应的解答

出具法律意见书

法律顾问签署意见

解决问题

建立法律知识培训与考核制度 → 审核 → 审批

协作 → 执行

确定具体考核内容

实施考核

发现法律问题

进行法律追究及查处

以书面形式明确法律责任追究的具体内容 → 审核

汇总结果整理存档

结束

相关制度	法律事务管理制度

14.2 会议、提案、行政事务与法务管理制度

14.2.1 会议规范化管理制度

以下是某公司的会议规范化管理制度，供读者参考。

第1章 总则

第1条 目的

1. 集思广益，促进沟通，统一思想。

2. 提高会议效率，缩短会议时间，保证会议质量。

第2条 适用范围

1. 公司级会议，包括公司员工大会、公司部门经理大会、公司职工代表大会等。公司级会议应经总经理批准，各相关部门负责组织召开，公司领导参加。

2. 专业性会议，包括公司业务系统、行业系统、管理系统组织召开的会议。专业性会议应由公司领导批准，各业务主管部门负责组织召开，相关业务分管领导参加。

3. 系统或部门工作会议，包括各职能部门、各车间、科室召开的会议。系统或部门工作会议应由部门、车间、科室的领导批准，并报公司行政部备案，由单位领导负责组织，公司领导视情况派员参加。

4. 公司、各部门、车间、班组会议，包括基层单位领导根据员工工作、生活情况组织召开的会议，上一级领导也可参加。

5. 上级或外单位在本公司召开的会议（现场会、报告会、演讲会等）或公司的业务会，包括生产现场管理、物料管理、车辆管理、员工管理、伙食管理等会议。此类会议应由行政部或主管部门组织召开，分管的公司领导参加。

第2章 会议安排

第3条 例行会议的安排

为避免会议过多或重复，全公司正常性会议一律纳入例会制，原则上要按例行规定的时间（每星期、每月、半年、年度）、地点、内容、时长组织召开，一般不再另行通知。例行会议（简称"例会"）安排如下。

1. 行政例会安排如下表所示。

行政例会安排表

行政例会名称	会议内容
1. 董事常务会	研究公司重大事项、决策、任免等
2. 董事代表会	部署、研讨公司重大工作事项等
3. 董事办公会	研究、布置董事会工作及任免事宜

(续)

行政例会名称	会议内容
4. 总经理办公会	研究、布置公司行政工作，讨论、决定公司行政工作的重大问题，听取工作汇报
5. 公司事务性会议	月、半年、年工作例会由公司总经理主持，主要领导参加
6. 公司年度员工大会	总结工作、布置工作、表彰先进
7. 公司经营分析会	汇报经营计划执行情况和经营活动成果，评价各项指标完成情况，指出主要问题，提出改进措施等
8. 质量分析会	汇报、总结上个月产品质量情况，讨论、分析质量事故（问题），研究、决定质量改进措施
9. 安全工作会（含治安、消防工作会）	汇报总结上一季度公司在安全生产、治安、消防方面的工作情况，分析处理事故，检查、分析事故原因，研究、确定安全防范措施
10. 技术工作会（包括生产技术准备会）	汇报并总结当月技术改造、新产品开发、科研、技术以及日常生产技术准备等工作的完成情况，布置下月工作任务，研究解决有关技术问题的措施方案，制定员工专业技术考核方案等
11. 生产调度会	调度、平衡生产进度，研究解决各车间、科室不能自行解决的重大问题
12. 车间办公会	检查、总结、布置车间的各项工作
13. 班组、科室班前会	检查、总结班组及科室前一天的工作，布置当日工作任务和注意事项，指出存在的问题
14. 各部门、各级单位工作例会	检讨及总结、布置工作
15. 班组长以上管理人员大会	总结上季（半年、全年）工作情况、部署本季工作任务，表彰、奖励先进集体和个人

2. 论文、成果发布会，包括质量控制成果发布会、科技成果发布会、信息发布会、企管成果发布会等。

3. 民主管理会议，包括职工代表大会、部门（车间）职工大会、工会代表大会（党团员代表大会、妇女代表大会）、生活福利委员会、生产管理委员会等。

第4条　临时性会议的安排

1. 临时性会议主要指涉及多部门、多单位参加的非例会性质的会议，由行政部负责统筹安排、删减合并。

2. 该类会议的召开，均须于会议召开前____个工作日报行政部经理或分管领导批准，由行政部统一安排。

3. 凡已列入计划的会议如需改期，或临时召开的会议，一般应提前两个工作日报行政部调整会议计划或审批。公司要建立正常、有规律的会议秩序，未经行政部批准，任何人不得随意打乱正常的会议计划。

4. 行政部应提前对会议的安排进行检查，若发现会议准备不充分、重复、无多大作用，行政部有权拒绝安排。

5. 对于参加人员相同、内容接近、时间相近的多个会议，行政部有权安排合并召开。

6. 每次会议，特别是专题会议，议题不宜太多，最好一事一议或两三事一议，以保证问题研讨解决的深度和效果。

7. 各部门会期必须服从行政部的统一安排，各部门小会不应安排在全公司例会的同期召开，与会人员不发生时间上的冲突除外。会议安排应坚持"小会服从大会、局部服从整体"的原则。

第3章 会议准备

第5条 做好准备工作

所有会议的主持人、召集单位、与会人员及与会领导都应做好准备工作。

第6条 明确参加人员

1. 对会议所要实现的目标负有主要或直接责任的人员。

2. 具有会议中心议题专业知识及经验的人员。

3. 与会后行动直接相关人。

4. 有能力或权力参与会议决议讨论者。

5. 议论问题的会议人数一般不超过20人。

6. 无关人员不允许参加指定的会议。

第7条 选择开会地点

1. 选择大小适中、距离合适的地点召开会议。

2. 会场内外应干净卫生、安静、通风，照明及室温适宜。

3. 座位空间适宜。

4. 便于停车、进出、疏散。

第8条 安排会议时间

1. 会前做好调查，尽量安排在与会人员都能集中精力开会的时间段召开。

2. 尽量选择与会关键人员的最佳开会时间。

3. 力求用最短的会议时间，达到最佳的会议效果。

4. 把握好开会时机。

(1) 若会议议题需要大家充分酝酿和研讨，要提前通知，留出足够的时间让大家准备。

(2) 时间性强的会议要提前召开，留出与会人员执行、落实会议精神的时间。

第9条 安排会议议程

会议议程一般由主办单位拟定，包括会议内容、讨论事项、达到的目的、参加人员、时间、地点、大约时长、需要发言的人员、内容和要求等。安排议程时，需要注意以下六个事项。

1. 注意引导、归纳、提升会议议题。

2. 重点及重要议题要安排在会议前一时间段讨论。

3. 明确或控制会议中各议题的时长，不要失控或自流。

4. 控制议题的数量，保证议而有决，有效地解决问题。

5. 连续 2~3 个小时以上的会议应安排 10 分钟左右的休息时间。

6. 需印发的资料应提前发放,以便与会人员提前明确会议内容,提出自己的看法,从而收到良好的会议效果,减少开会宣读、阅读、演讲的时间。

第 10 条　布置会场

会场布置工作主要包括会场空间、座位、条幅标语以及音响、投影、照明等设施设备的安排等。布置会场时,应注意以下四个事项。

1. 会场空间安排应便于进出、流动。

2. 座位的安排要有利于主要与会人员听清、看清、相互交流,便于记录、阅读。

3. 会议必需的设备应有质量保证,并经过事前检查与演示。

4. 会场应设"禁止抽烟""请勿大声喧哗""请关闭通信工具"等警示牌。

第 11 条　拟定并发布会议通知书

1. 会议通知书的内容主要包括参加人员名单、会期、开始时间、地点、需要准备的事项及要求等。

2. 拟定会议通知书时,文字要明白、清楚,无歧义、无漏项。用电话或其他形式通知也要写出通知底稿。

3. 无记名参加的人员,通知上要写明范围、对象及职务。

4. 对于重要会议,为保证与会人员精力集中,既要预先通知也要正式通知。

5. 书面通知要注明经办联系人、电话号码、职务以及通知开会的部门(或单位)并盖章,其中包括需准备发言或提供资料的具体要求。

6. 应提前发布通知,给与会人员留出充分的准备时间。对于重要的会议,通知发布后,一定要跟踪会议准备情况,保证开会时各方面均准备到位。

7. 对会议关键或决定性人员,要面对面或反复核实其准备情况,征求其对会议准备和开展的意见。

第 4 章　会中服务与进程管理

第 12 条　与会人员签到

1. 行政部会务人员应事先准备好签到表格、牌、卡或签到花名册等物品。

2. 签到完毕后,工作人员应尽快统计出应到、实到人数以及未到人员名单,交大会主持人。

第 13 条　会场服务

1. 引导座位:工作人员按事前安排好的座位引导与会人员尽快就座,特别要注意主要领导人员和主席台就座人员的座次位置。

2. 分发会议文件、材料:重要文件要发到个人或主要负责人手里,可事先认领签收,也可提前到会场认领签收。

3. 内外联系、传递信息:要做好内外联系及信息传递工作,包括大会进行中领导对外要办的事项、外来人员电话接听、重要日程安排布置、外来记者接待陪同等事项。

4. 维护会场秩序:保证会场内外安静,注意周围的警戒和保卫,严防各种事故发生。

5. 处理会中临时事项:承办主要领导或重要与会人员交办的事情。

6. 其他服务,主要包括:

(1)对会中一般需用物品应有余量准备,以备不时之需;

(2)保持会场通风、采光和地面干净;

(3)若会议时间长,应准备茶水。

7. 需提供食宿的,应有专人负责管理。

第14条 会议进程管理

1. 会议主持人应熟悉会议议程、主要文件精神、会议主要议题、会议目的。

2. 会议主持人和主讲人应按时到位，与会人员应在开会前10分钟进入会场，由主持人清点人数，并按时开会。

3. 会议主持人要注意基层与会人员的想法、看法。

4. 会议主持人不要轻易发表意见，要学会倾听大家的意见、集中大家的意见，更不要和与会人员发生争吵。

5. 会议开始前，要明确应该讨论的问题，及时纠偏，不要挫伤与会人员的积极性，要善于引导。

6. 会议效果取决于会议准备，主持人应把握会议进程及组织领导技巧，声音要洪亮、举止要得体，要克服不良习惯和动作。

7. 会务人员要及时引导并提醒会议进行中出现的各种情况。

8. 科学安排议程，注意把握中间休息的时间和会议节奏。

9. 要避免中途退席，特别是主要与会人员退席。

10. 不得随意改变议程安排。

11. 当议论已达到预期目的时，应及时小结并引导转换议题。

12. 注意会议记录的质量，由专人负责写会议纪要，保证通过审核。

13. 引导与会人员围绕会议的中心议题畅所欲言，不得相互批判、人身攻击，不要带情绪发言。

14. 对会上各抒己见的发言不得会后追究。

第15条 会议记录

1. 会议记录的内容主要包括以下几点。

(1) 会议的组织情况。

(2) 会议的名称、时间、地点、出席人员情况、主持人等。

(3) 会议的议题，讨论发言情况，形成的决议、纪要、决定等。

2. 会议记录是形成会议结论性文件的基础，应具有可综合分析、判断、提升的特点，这样才能形成高质量的会议结论文件。

3. 会议记录应采用专用的记录本。

4. 会议记录应由具备一定素质的人员负责，即对本会议内容熟悉，笔录能力、速度、归纳分析以及总结能力都较强的人员。

第5章 会后工作

第16条 整理会议记录，形成纪要、决议等结论性文件

1. 分析、总结、提升会议记录，形成会议结论性材料的提纲，以及具体的事项、事例等。

2. 按提纲和中心议题起草会议结论性材料。

3. 会议纪要应记实、扼要、精到，主要包括以下两部分内容：

(1) 会议简况，时间、地点、参加人员、议题，会议结果；

(2) 会议的主要精神，这部分是会议纪要的重点。

4. 对会议纪要等结论材料进行审批，打印签发。

5. 文件分发、存档。

第17条 逐项落实会议精神，并指定专人检查会议精神的落实情况。

第18条 会议主持单位对会务情况进行总结，不断提高会议组织举办的能力。会务总结与会议记录、会议简报、会议文件等一并作为完整的案卷归入档案。

第6章 附则

第19条 本制度由行政部负责拟定、解释及归口管理。

14.2.2 经理办公会管理办法

以下是某公司的经理办公会管理办法，供读者参考。

第1章 总则

第1条 目的

为规范本公司经理办公会的程序与要求，确保会议召开的质量，尽可能减少会议数量，缩短会议时间，达到预期效果，特制定本办法。

第2条 适用范围

本办法适用于本公司经理办公会的管理工作。公司经理办公会是公司重要的决策会议，根据工作情况由总经理提出并主持召开；总经理不在岗时，由总经理指定的代理负责人提出并主持召开。

第3条 经理办公会的议题范围

经理办公会的议题主要包括以下十个方面的内容。

1. 确定公司的规章制度。

2. 确定公司的组织机构及各岗位的工作职责。

3. 聘任或解聘除应由董事会聘任或解聘以外的管理人员。

4. 确定公司职工的工资、福利、奖惩办法。

5. 拟订、评审公司发展规划以及公司业务计划。

6. 公司市场营销情况、生产质量、技术工作情况、财务经营情况等重大经营情况的分析决策。

7. 确定公司资金、资产管理的权限，以及重要合同的审定、签订权限。

8. 拟定对外投资、对外合作方案。

9. 数据分析研究。

10. 其他重要工作。

第4条 相关人员的职责

1. 总经理主持经理办公会的召开，确定会议决议，签发会议纪要。

2. 行政部负责经理办公会的组织工作，记录会议内容，形成经理办公会会议纪要，跟踪落实会议决议并考核执行情况。

3. 各职能部门经理准备好会议所需的各项资料、文件，准时参加会议，并向本部门人员传达会议决议及安排执行。

第2章 经理办公会的安排

第5条 公司经理办公会的参会人员

经理办公会的参会人员主要包括公司总经理、副总经理、总经理助理、总工程师、副总工程师、公司董事、相关职能部门负责人、行政部记录人员。根据会议议题的内容，经会议主持人同意，可扩大会议的列入对象。

第6条 公司经理办公会的主要形式

公司经理办公会分例会与临时会议两种方式。

1. 例会，即定时召开，原则上为每季度的第一、第二周。

（1）市场营销分析会：分析上一季度市场营销执行情况及存在的问题，评估市场营销各方面的工作情况，肯定成绩，提出问题和改正措施。

（2）生产、技术、质量分析会：汇报总结上季度生产、技术、质量及新产品开发的情况，讨论存在的问题，研究确定改正措施。

（3）财务活动分析会：汇报上季度资金运用、成本、费用、利润等的执行情况，分析成本、利润、资金使用方面存在的问题，提出解决问题的办法。

2. 临时会议，根据工作情况由总经理临时确定。

第3章 经理办公会的准备、召开与跟进

第7条 会议准备

1. 会议时间：经理办公会分周会和月会，周会于每周一10点至12点举行，月会与每月的最后一个周会（最后一周周五）合并举行，如遇特殊情况另行通知。

2. 与会人员：与会人员为各部门负责人及以上的管理人员。需要其他人员参加时，另行通知。

3. 会议地点：公司会议室。

4. 与会人员准备周工作总结、月工作总结。

（1）周工作总结是对本周工作做出总结及对下周工作做出计划，在计划中需将工作任务落实到具体日期。周工作总结应于每周五下午17：30前统一交到行政部，行政部经理负责集中并交总经理审阅。

（2）月工作总结是对本月工作做出总结及对下月工作做出计划，在计划中须将下月工作任务落实到每周。月工作总结应于每月最后一周的周四17：30前统一交行政部，再集中交总经理审阅。

5. 总经理办公会由行政部组织、通知，包括会场的整理、相关资料的准备分发、参会者签到、会议记录等。

第8条 会议组织

1. 行政部人员于会前五分钟到达会场，检查会务落实情况，做好会前准备。

2. 总经理主持会议，在会议开始后，将会议的议题、议程、需解决的问题及达到的目标进行必要的说明。

3. 各部门负责人总结本部门上一周的工作内容及本周的工作计划，提出需解决的问题。

4. 总经理根据会议进行情况对议程进行控制，根据需要限定发言时间，中止与议题无关的发言，以确保议程顺利推进。

5. 总经理部署、安排会议决议事项，明确决议事项实施的程序、实施人（部门）、达到的标准和时间及会后的跟进。

第9条 会议记录及纪要

1. 以专用会议记录本做好会议的原始记录，并据此整理会议纪要。

2. 会议纪要应于次日十二点前呈报会议主持人审核并签发。

3. 会议纪要应发放到各与会部门，并在人力资源部存档、保管。

4. 会议纪要作为公司的机密文件，不得擅自外泄。其调阅应严格按公司文档管理制度和保密制度的有关规定执行。

第10条　会议决议及执行

1. 行政部对会议形成的决议进行跟进，各执行部门须针对决议执行情况向行政部进行反馈；对执行过程中出现的问题及时沟通，如有必要可及时向上级反馈。

2. 行政部在追踪执行过程中，对未按会议决议执行或未执行到位的部门及个人应及时给予提醒。

3. 会议决议的执行情况应纳入每月的月度考核。每项工作未按时执行或未执行到位的，要对责任部门进行扣罚，每项＿＿＿元。

4. 行政部于下次经理办公会上汇报上一次会议决议的执行情况。

第4章　会议纪律

第11条　与会人员必须按时到会，不得迟到、早退、缺席；确有事情需要处理时，应提前请假，经总经理批准后，报行政部备案。违反上述纪律者，按公司考勤管理制度中的有关规定执行。

第12条　会议期间，所有与会者的手机须调至振动状态或关机；如因接听电话或临时有事需离开会场，须经总经理同意。

第13条　会议期间，不得做与会议内容无关的事情，包括打瞌睡、看书报、交谈与会议议题无关的话题等。

第5章　附则

第14条　本办法由行政部负责起草、解释及归口管理。

第15条　本办法经总经理审批后生效，自颁发之日起执行。

14.2.3 员工提案管理制度

以下是某公司的员工提案管理制度，供读者参考。

第1章　总则

第1条　目的

本着下列五个方面的目的，依据公司的相关规定及实际情况，特制定本制度。

1. 全面推行企业全员参与制，认真贯彻公司"尊重知识、尊重人才"的文化理念，充分发挥广大员工的聪明才智，调动全体员工的积极性、主动性和创造性。

2. 鼓励全体员工提出合理化建议及各项能给公司带来更大经济效益的提案。

3. 推动公司提案改善和技术革新、技术开发活动的开展。

4. 加强科技成果的管理、推广和应用，不断提高科技水平。

5. 改善管理体制，优化流程，提高效率，节约成本，增强企业活力。

第2条　相关定义

1. 本制度所称的合理化建议，主要是指有关改进和完善生产、经营管理等方面的办法及措施。

2. 本制度所称的技术革新、技术开发，主要是指对科学技术、业务的开发和对生产设备、工具、工艺技术等方面进行改造和挖潜。

第3条　提案审定委员会（简称"审委会"）及其职责

1. 为更好地组织实施本制度，公司专门成立了审委会，成员由各部门经理、主管组成，行政部经理任执行组长，公司总经理指定一名厂长（或生产总监）任审委会主任。

2. 审委会主要担当以下职责。

（1）负责员工提案的审议审核工作。

（2）与研讨员工提案项目评审相关的事项。

（3）提案项目奖金金额的研议事项。

（4）提案项目实施成果的检讨事项。

（5）其他有关提案制度的研究改进事项。

3. 审委会执行组长及协助执行者主要承担收集提案，并对所有提案改善内容加以初步审查后转呈审委会进行审核、评估的职责。

第4条　提案相关部门或单位的职责

负责提案可行性及经济价值的评估工作，以专家的身份，从提案的实务执行面给予建议，并评估是否可行。

第2章　提案范围

第5条　A类提案——问题点提案

此类提案专门针对工作现场存在的问题点或针对现有问题提出解决办法，包括工作现场的改善、工业安全、厂房与设备设施维护、物料搬运、产品储存与防护、5S等。

第6条　B类提案——生产技术类提案

此类提案应具有建设性或创新性，并达到提高生产效率或产品质量的目的，包括生产技术的创新、工艺流程和工艺规程的改进、作业程序和操作方法的改进、生产设备设施和工装夹具的改良等。

第7条　C类提案——成本类提案

此类提案旨在降低成本，包括原材料的节省、废物利用、节能减耗等。

第8条　D类提案——管理类提案

此类提案也应具有建设性或创新性，并达到完善管理制度、消除管理隐患、提高运营效率的目的，包括管理程序、管理制度与管理方法的改进等。

第3章　提案的申请、审核

第9条　提案的申请程序

1. A类提案申请：由提案申请人填写"现场问题记录单"，直接交所属部门经理或行政部经理。口头申报无效。

2. B、C、D类提案申请：由提案申请人填写"员工提案申报表"，并附上具体可行的实施方案，以E-mail的方式或书面方式送至行政部。口头申报无效。

员工提案申报表

填表人：　　　　　　　　　　　　　　　　填表日期：_____年___月___日

姓名		工号	
部门名称		职务	
提案名称			
提案编号			
改善原因			
现状说明			

（续）

改善建议（详细说明）			
部门主管核示		评审小组决议	
评价			

3. 提案的内容不得偏于批评，内容不得无具体实施办法。否则，行政部将视为"内容不全"拒绝上交审委会审定。

第10条　提案审核程序

1. 行政部在收到"现场问题记录单"或"员工提案申报表"后进行登记、编号，并就改善的问题类别分类存档。

2. 行政部经理（或审委会执行组长）界定提案内容作业的相关部门或单位，并将提案提交评审。

（1）A类提案直接由提案内容作业的相关部门或单位的负责人鉴定，予以实施。

（2）B、C、D类提案须经提案内容作业的相关部门或单位审核。

①若2/3以上人员评估该提案"可行"，则将提案交给审委会评审复议。

②若2/3以上人员评估该提案"不可行"，则提案否决。

③若专家评审结果介于①与②之间时，则交由审委会审核。

（3）为避免评审人对提案人的主观看法和印象影响评审结果的公平性与公正性，行政部应对提案人的姓名进行保密，只提供提案文件资料。

3. 属于上述①③两种情况的提案，应送交提案审委会审核。

（1）审委会召开评审会议或做出书面决议，必要时应邀请提案人至评审会议中进行提案说明，最好邀请与此提案内容可能有关的部门负责人参会。

（2）审委会对B、C、D类提案的评审结果。

①若2/3以上委员审核该提案"通过"，则将提案向执行单位发布，后者据以执行。

②若2/3以上委员审核该提案"不通过"，则提案否决。

③若2/3以上委员审核该提案"修正再核"，或与会人员评审结果介于①与②之间，则再次召开审核会议重新评定（可邀专家一起研讨）。

第11条　提案审核结果

提案审核结果应由行政部经理反馈给提案申请人。

1. "被采纳"的提案，要向执行单位发布，由后者组织实施，审委会负责跟进监督。

2. "被保留"的提案，由审委会定期审议，公开征集解决方案。

3. "不予采纳"的提案，要通知提案申请人，并说明理由。

第4章　提案执行及其效果评估

第12条　提案的执行

1. 提案经审委会审核认定"被采纳"后上报总经理，经总经理批准后方予实施。

2. 提案的执行单位在接到提案实施指令后，要组织制定作业执行时程、负责人、所需人力与经费以及成果评估方案等。

3. 若规模较大、作业较复杂的提案，需要跨部门合作才能完成时，行政部经理应及时做好相关单位的协调工作。

4. 提案实施所需经费开支须报审委会批准核定。财务部每年按自有收入的0.1%左右做出安排，由审委会掌握使用。

5. 任何个人及部门负责人不得擅自实施提案，由此引起的一切损失均由当事人承担，情况严重者予以开除。

第13条 提案执行效果的评估及鉴定

1. A类提案执行效果由部门经理及相应的主管评估、鉴定，并将详细的鉴定报告及"现场问题改善评分表"交行政部复核。

2. B、C、D类提案实施后，由实施部门经理或主管填写《提案执行效果报告》，并备齐下列资料上报审委会。

（1）研究报告、测试和实验报告。

（2）技术设计方案，包括数据、图表、照片等。

（3）治理标准、技术（管理）对比分析报告。

（4）效益分析报告、标准化审查报告等。

3. 审委会在收到《提案执行效果报告》后，一般应于15个工作日内根据该项目创造性大小、应用范围、投资回收期长短、经济效益、职务相关性等进行综合评定，并将结果上报总经理。

4. 重点的提案项目成果，可由公司根据其应用价值上报政府行政机关进行评估、鉴定，并申请专利。

第5章 提案奖励办法

第14条 A类提案奖励办法

1. 提出存在的问题点及可行的解决办法，被采纳并取得成效者，每一单项发放200~1 000元的奖励。

2. 提出存在的问题点，经相关作业部门、审委会评定后未采用者，发给50元的奖励。

第15条 B、C、D类提案奖励办法

1. 提案奖励

（1）提案经审委会评定后被保留，但仍积极提交提案，累积"被保留"提案达两项者，发给提案人奖金100元。

（2）提案经审委会评定后不被采纳，但仍积极提交提案，并通过专家评审累计达三项者，发给提案人奖金50元。

2. 成果奖励

提案被正式采纳且取得一次性成效者，按其单项节省金额折算，予以一次性奖励。

3. 特殊奖励

（1）提案被采用实施后，应定期追踪其效益：

①取得短期成效者，如临时改善措施，自提案实施之日起三个月内，按其所节省金额进行折算，予以一次性奖励；

②取得长期成效者，如技术革新、工艺改进、设备工具改善等，自提案实施之日起一年内，能计算出节省金额的提案，按季度进行奖励；不能计算出节省金额的提案，折算后一年内给予一次性奖励。

（2）金额节省奖励标准如下：

①节省金额在 10 万元以下的，奖励 30%；

②节省金额在 10 万 ~ 100 万元的，奖励 15%、20%、25% 不等；

③节省金额在 100 万元以上的，奖励 10%。

4. 专利奖励

获国家专利认定的提案项目成果，将按国家专利管理的相关规定给予奖励。

第 16 条　团体特别奖励办法

1. 提案奖励以提案项目为准，合创项目的奖金由合创人平分。

2. 行政部每半年汇总一次所有提案记录，作为半年、年度绩效考核的参考之一。

（1）提案项目合创人在五人以上的，记部门集体嘉奖一次。

（2）提案通过三项以上的，记部门经理小功一次。

（3）B、C、D 类提案每通过一项，部门主管、经理均记大功一次，并以此作为考核优秀经理和优秀部门的依据之一。

第 17 条　不考虑纳入奖励范围的情形

1. 属工作职责范围内或与部门负责人安排、指定任务相关的提案。

2. 公司委派或指定专门研究的事项或与其相关的提案。

3. 已被他人提出并已获奖的提案。

4. 攻击团体或个人的提案。

5. 与《中华人民共和国专利法》有抵触的提案。

第 6 章　附则

第 18 条　任何提案人不得借用公司已定方案（包括未执行的方案），否则视为无效提案，并给予行政处分；对弄虚作假而骗取荣誉者，公司将撤销奖励，索回奖金，并记大过一次，情节严重者予以开除，直至追究其刑事责任。

第 19 条　审委会应按提案提交的先后顺序进行审核、评定。审委会成员不得以任何理由隐瞒、夸大或缩小提案成果，不得无故拖延对提案的鉴定。

第 20 条　本制度经总经理同意后公布实施，修订时亦同。

14.2.4 行政督办实施细则

以下是某公司的行政督办实施细则，供读者参考。

第 1 章　总则

第 1 条　目的

为更好地促使公司的制度、事项、任务、计划能及时有效地贯彻实施，提高各系统及部门人员的办事效率，特制定本细则。

第 2 条　适用范围

本细则适用于下列内容或事项的督办。

1. 公司领导重要批示的落实情况。

2. 公司的重要工作部署、重要决定事项、会议决定和紧急通知等的落实情况。

3. 各业务系统对工作部署、生产例会、经理办公会决议等的落实情况。

4. 文件的处理办理情况。

5. 公司下达的督办事项。

6. 主管业务领导交办的事项等。

第3条 相关部门及人员的职责

1. 上述内容的督办事宜由行政部负责。

2. 所有经过行政部组织召开的会议都必须做正式的会议记录，并形成会议纪要，记录在督办日志本上。

3. 高层领导人布置下属任务时，需要将自己的一些重要命令及任务布置记录存放在本公司的行政督办系统。

第2章 行政督办原则

第4条 应遵循的原则

督办工作应遵循"领导负责""分流承办""实事求是"的原则。

1. 领导负责的原则

(1) 督办工作要置于主管业务领导的有效控制之下，坚持"主管业务领导、行政部经理主管"的原则。

(2) 督办事项（文件办理除外）要经有关业务领导审批后才能立项。

(3) 行政部经理要将督办事项的进展情况及时报告主管业务领导，遇有重大问题时，应请主管业务领导出面协调。

(4) 督办结果上报前须经主管业务领导审核。

2. 分流承办的原则

(1) 行政部应根据主管业务领导的指示、要求和意图开展督办工作，既不能直接处理督办的任务，也不能代替相关职能部门、中心的工作，必须坚持分流承办的原则，对督办事项及时进行任务分解，下达至有关单位具体实施。

(2) 对涉及几个部门的督办事项，要明确牵头负责的单位和领导，做好协调工作。

3. 实事求是的原则

行政部在督办工作的过程中，必须坚持实事求是的原则，较全面地了解和反映各项工作在实施过程中的情况，避免形式主义，要善于及时发现和反映问题。

第3章 行政督办的具体操作

第5条 督办任务分级

1. 把所有的督办任务分成三级：A级任务，催办两次；B级任务，催办一次；C级任务，督办，不催办。

2. 若任务在计划时间之前完成，为"提前完成"。

3. 若任务在计划时间之内完成，为"按期完成"。

4. 若任务在计划时间之内未完成，则督办变成催办，督办人员要和任务执行单位确认任务完成的时间。

第6条 任务督办程序

针对主要工作事项，包括会议、决议的落实等任务进行督办，具体程序如下所述。

1. 下令者将命令列入督办系统，内容包括受令人、时限、具体说明、标准。

2. 按时限查问进度，如未完成，追问预期完成时间。

3. 定期编写督办结果报告，注明工作的完成情况，未完成工作的责任人姓名、原因及预期完成时间。

4. 每月底汇总督办工作结果。

第7条　计划制订及执行督办程序

1. 上级部门下达任务给直接下级部门。下级部门收到任务通知书后，应先根据任务要求制订本部门的相应计划，然后按照计划完成任务。

2. 行政部需要对计划制订过程及执行情况进行督办。

（1）如果任务按要求和期限完成，计划督办人员应于四个小时内向上级部门复命。

（2）如果计划督办人员在检查下级部门的任务进度时发现已拖延，则下达"任务催办单"，督促下级部门明确完成的时间，并在规定时间内尽快完成任务。

任务催办单

任务编号		任务等级		任务计分	
任务名称					
任务下单人		受令人		参与人	
具体要求					
协调部门					
任务下达时间				预期完成时间	
催办时间	第一次催办			第二次催办	
	第三次催办				
复命时间	第一次复命			第二次复命	
	第三次复命				
完成时间	第一次完成			第二次完成	
	第三次完成				
催办人（签字）					
任务概述					
特别要求					
主动复命					
验收结果					
验收人（签字）					
备注					

督办人：　　　　　　　　　　　　　　　　　　　发出日期：_____年___月___日

签收人：　　　　　　　　　　　　　　　　　　　签收日期：_____年___月___日

（3）如果下级部门的任务未按期完成或完成得不符合要求，则由计划督办人员下达"任务商讨书"，通知下级部门负责人于四个小时之内找上级部门负责人进行商讨。商讨结果如下：

① 标准正常，督促下级部门尽快完成；

② 标准不符合实际，上级修改标准或要求，并规定新的完成期限。

第 8 条　行政督办工作总结

行政部对承办单位报来的落实情况要认真审查，整理后送主管业务领导及总经理审阅，同时做好材料的归档工作。

第 4 章　行政督办工作的考核与奖惩

第 9 条　行政督办工作考核

公司将行政督办工作列入责任制考核内容，具体有以下两点。

1. 督办工作的运行情况，包括部门领导重视、专人负责、工作程序规范等。

2. 督办工作的质量，即督办事项办理落实的时效性、内容的全面性及督办报告的质量。

第 10 条　督办结果的奖惩

1. 对在考核中成绩显著，或上报督办材料积极，反映带有普遍性的问题且有较高参考价值的，在责任制考核中给予奖励。奖励办法另行规定。

2. 对未按时办结、被退办、办理质量不高的，在责任制考核中给予处罚。处罚办法另行规定。

第 5 章　附则

第 11 条　本细则由行政部负责解释，报总经理审批后，自下发之日起执行。

14.2.5 法律事务管理制度

以下是某公司的法律事务管理制度，供读者参考。

第 1 章　总则

第 1 条　为加强和完善公司法律事务管理，建立健全公司法律事务管理体系，现根据国家有关法律法规及公司法律事务管理规定，结合本公司实际情况，特制定本制度。

第 2 条　法律事务工作以维护公司利益，防范法律风险和解决经营管理活动中遇到的法律问题为基本任务。

第 3 条　法律事务管理体制。

1. 按照分级与授权的原则开展法律事务管理工作。

2. 公司专门设立法律事务部，直属总经理领导，作为总经理在法律方面的参谋和助手。其主要职能如下：

（1）从法律角度为公司的经营管理活动提供法律依据；

（2）发挥监督职能，防止公司生产、物资、供销、运输、财务、用工、纳税、融资等方面偏离国家法律轨道。

3. 以外聘的法律顾问和律师为社会资源支持。必要时，可聘请律师事务所为公司法律咨询机构。

4. 公司建立律师审查制：凡公司的重大经营活动、决定、文本和合同，均须由律师事先审核，并出具法律意见书。

第2章 日常法律事务的管理

第4条 公司根据各部门及下属单位的业务开展和工作需要签发授权书，授予相关负责人签署经济合同、劳动合同、在银行开立账户等法律事务的权限，期限为一年。相关人员在权限范围内行使职权。

第5条 公司的主要印章，如行政公章、合同专用章和财务专用章等，对外代表企业，须对其使用进行严格管理。部门印章只在业务和内部往来中使用，对外不具备任何法律效力。

各部门及下属单位对印章的使用应严格遵循公司的《印章管理制度》。

第6条 各部门及下属单位应加强对空白法律文件，如空白合同（特别是格式合同）、法定代表人身份证明书、授权委托书的管理。

1. 合同的管理应严格遵循公司的《合同协议管理办法》。

2. 授权委托书应由公司法定代表人签字，并加盖公司公章。

第7条 依照分级管理原则，公司将对各部门及下属单位的日常法律事务进行三级管理。

1. 凡属下列情形之一的，属重大法律事项：

（1）超出本制度"第4条"各部门及下属单位授权书权限的法律事务，报总经理批准；

（2）各部门及下属单位主动发出法律意见书、律师函、公司函或在媒体发布声明、启事等法律文书，涉及金额达____万元以上的，应提前三日报总经理批准；

（3）各部门及下属单位接到对方上述的法律文书后，应于三日内向总经理汇报。

2. 凡属下列情形之一的，为一般法律事项：

（1）在本制度"第4条"各部门及下属授权书权限范围内，但案件性质及损失严重、影响突出的法律事务，应报法律事务部备案。

（2）各部门及下属单位主动发出法律意见书、律师函、公司函或在媒体发布声明、启事等法律文书，涉及金额在____万元以内的，应提前三日报法律事务部备案。

3. 在各部门及下属单位授权书权限范围内的可自行处理。

第8条 公司将法律事务工作纳入年度工作总结的内容，法律顾问应于年度总结时提交"年度法律顾问工作清单"。

第3章 特别法律事务管理

第9条 特别法律事务是指人民法院（仲裁机构）、当事人及其他参与人为解决案件所进行的全部活动的诉讼仲裁事务，行政复议、行政处罚听证等特别事务。

第10条 法律事务部是公司特别法律事务的归口管理部门。

第11条 公司主动起诉或提请仲裁的，应按如下程序办理：

1. 法律事务部应做好起诉前的准备工作，收集、整理各种有利和不利的证据；

2. 在起诉前十日内，法律事务部提出书面报告，并附上拟聘律师及其法律意见书和起诉书（申请书）；

3. 总经理征询律师意见后做出决定。

第12条 公司接到对方律师起诉前的律师函，或接到法院、仲裁机构《应诉通知书》的，根据案件性质、可能遭受的损失和危机程度进行分级处理。

1. 属于合同纠纷性质或标的金额在____万元以上，或已由媒体曝光的纠纷，法律事务部必须在两日内向总经理汇报，并在七日内提出书面报告，附上拟聘律师及其法律意见书、答辩书。

2. 属于一般民事合同纠纷或标的金额在____万元以内的，法律事务部应在七日内提交书面报告，附上拟聘律师及其法律意见书、答辩书。

3. 总经理征询律师意见后做出决定。

第13条 法律事务部接到行政机关的行政决定书和行政处罚决定书后，必须在三日内上报总经理，决定是否复议或提起行政诉讼。

第14条 法律事务部在接到行政机关予以重大行政处罚的口头警告或书面听证告知书后，必须于次日报告总经理，决定是否聘请代理人，准备参加听证。

第15条 法律事务部根据公司规定的授权权限、案件性质和危机程度上报案件进展情况。

1. 属于合同纠纷性质或标的金额在____万元以上，或须总经理决策的案件，应根据需要，"一事一报""一事一请示"。

2. 各部门及下属单位授权范围内的其他案件，在每季度末最后一个工作日前知会公司法律事务部备案。

第16条 案件处理完毕后，法律事务部应于15日内上交结案报告，内容包括纠纷的产生、争议事项和金额、案件结果、总结分析，并附和解协议、调解书、裁定或判决书等复印件。

第17条 公司应建立特别法律事务案件档案，包括各种法律文书、证据、内部报告和批复，并在装订成册后归档。

第4章 法律事务人员管理

第18条 公司法律事务人员必须忠于职守，信守职业道德，遵守法律法规，保守公司秘密，不得损害国家、公共利益和企业利益。

第19条 公司法律事务人员应自觉更新知识，了解相关法律信息，以较高的专业水平为公司提供优质的法律服务。

第20条 对法律事务人员的工作过失、不力行为，公司将按处罚规定予以处罚。严重的将通报主管部门取消其执业资格，或追究其刑事责任。

第21条 按国家规定，法律顾问须参加执业资格考试，合格后在国家主管部门注册。

第5章 附则

第22条 本制度由公司综合管理部负责解释、补充和修订。

第23条 本制度经总经理办公会审议通过后，自颁发之日起执行。

14.2.6 合同协议管理办法

以下是某公司的合同协议管理办法，供读者参考。

第1章 总则

第1条 为规范公司的合同协议管理工作，保障公司的正当、合法利益，现根据《中华人民共和国合同法》（以下简称《合同法》）及相关法律法规，结合本公司实际情况，特制定本办法。

第2条 本办法所指的"合同协议"包括但不限于下列七类。

1. 合资合作经营企业的合同及章程。

2. 股权转让协议。

3. 借款合同、担保合同。

4. 招标采购合同、投标书等。

5. 生产设备维修养护合同。

6. 清洁绿化等外包合同。

7. 其他合同。

第3条　公司所有合同协议的谈判、签订、履行、解除、终止，都必须按照《合同法》及相关法律法规执行。

第2章　合同审批权限

第4条　公司及下属单位的产权整合、股权转让、借款、担保和对外投资等事务，均由公司综合管理部统一管理，相关合同由主管业务副总、法律顾问、总经理进行审批。

第5条　公司各级管理人员应在公司法定代表人签发的授权书确认的授权范围内行使经济合同的审批权限，超过规定金额和权限的合同须报总经理批准。

第6条　合同的谈判、审批、签订、履行、解除、终止的全过程，法律顾问均可根据实际需要介入。法律顾问应在公司合同签订前出具《律师合同审查意见书》。

第3章　合同的谈判与签订

第7条　合同的谈判。

1. 新设公司的投资项目谈判应设谈判小组，成员由总经理、投资拓展部、综合管理部法务室、项目小组共同组成。

2. 不设公司的投资项目谈判由投资拓展部、综合管理部法务室共同负责。

3. 其他合同由相关业务部门两人以上相关人员共同负责。

第8条　报主管业务副总、法律顾问、总经理审批的合同，须按授权书确认的审批权限、合同审批单、合同审批制度及合同审批流程的相关规定执行。

第9条　合同的签订。

1. 原则上，须经总经理批准的合同要由法定代表人签署，并加盖公章。

2. 其他合同由各部门及下属单位根据授权书的职权签署，并加盖公章。

第10条　合同谈判与签订时，应注意重点审查下列四项内容。

1. 对方的主体资格，包括营业执照、经营范围、资质证书、注册资本等。

2. 授权委托书，包括受托人及身份证复印件、受托事项及权限、有效期等。

3. 对方的履约能力，包括有无违约记录、银行信誉、股东背景等。

4. 合同条款的完备和严谨，特别是对于违约责任的约定应明确合理，经办人应充分估计违约风险，建议在合同中约定仲裁条款。

第11条　合同应采用书面形式，行政主管部门有示范文本的应使用该范本，没有的则使用本公司的合同范本。采取电子数据交换和 E-mail 形式的合同，须打印存档。

第4章　合同的履行

第12条　各级经办人应本着认真负责的态度保证合同的履行，注意保存双方的往来文件、函件和数据电文。发生可能中止履行、不能履行或合同变更、解除或终止等情形时，应及时向法务室和主管领导汇报。

第13条　因执行合同需申请资金支付或资金调拨的，应由各级经办人向财务部出示合同副本，提出申请。

1. 资金申请或调拨手续经财务部相关人员核对无误后方可办理。合同履行与条款不一致时，应及时向法务室和主管领导报告。

2. 财务部若发现合同的付款手续、金额与合同条款严重不符，应及时向法务室和总经理汇报。

第14条 法务室文员应按合同档案管理制度，将合同正本（至少一份）、合同审批单和《律师合同审查意见书》原件存档、备案。

第5章 附则

第15条 本办法由公司综合管理部法务室负责制定、修订和对外解释。

第16条 本办法经总经理审批后，自颁发之日起生效。

第15章 员工考勤、出入与假务管理

15.1 员工考勤、出入与假务管理流程

15.1.1 员工考勤管理流程

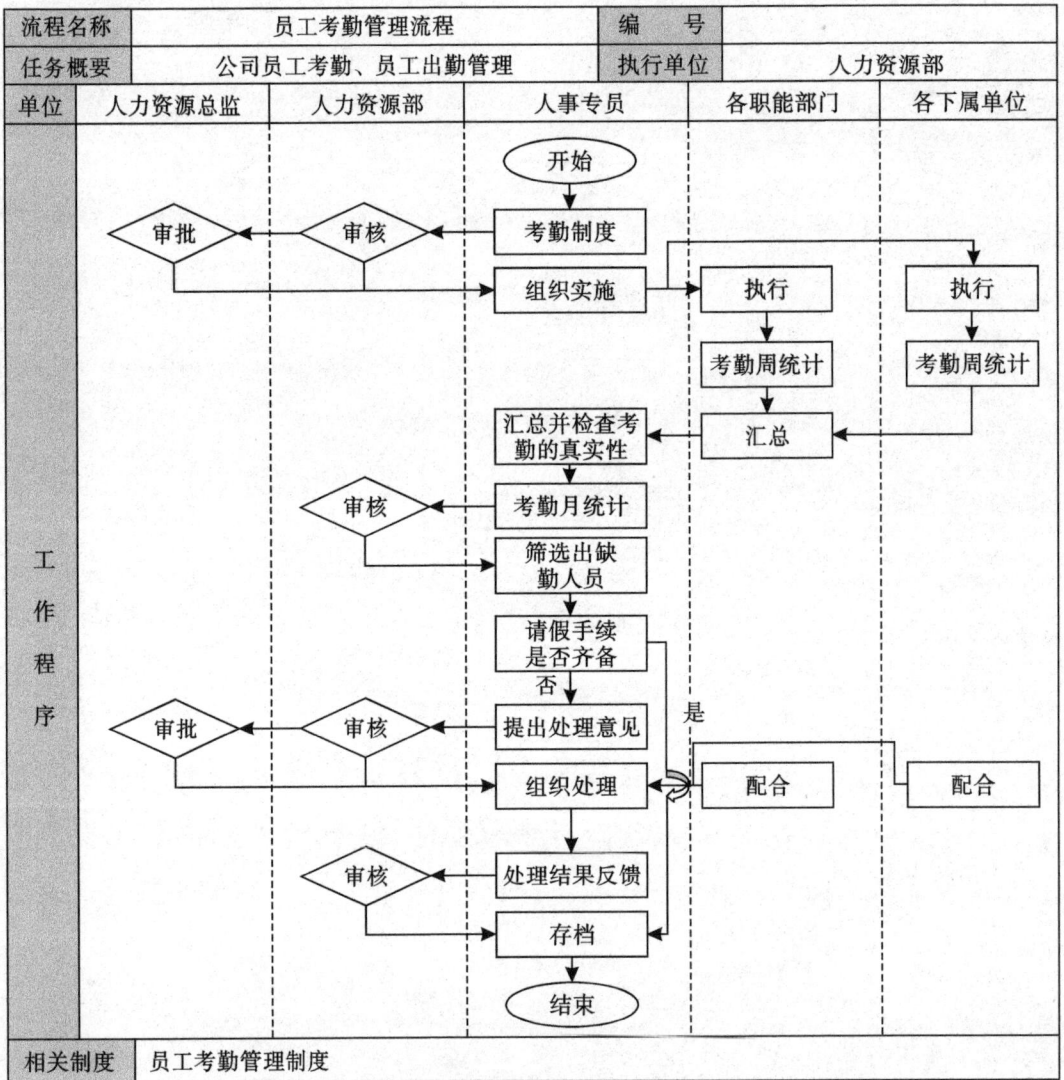

流程名称	员工考勤管理流程		编　号	
任务概要	公司员工考勤、员工出勤管理		执行单位	人力资源部
单位	人力资源总监　　人力资源部　　人事专员　　各职能部门　　各下属单位			
工作程序				
相关制度	员工考勤管理制度			

工作程序流程图：

- 开始（人事专员）
- 考勤制度 → 审核（人力资源部）→ 审批（人力资源总监）
- 组织实施（人事专员）→ 执行（各职能部门）／执行（各下属单位）
- 执行 → 考勤周统计（各职能部门）
- 执行 → 考勤周统计（各下属单位）
- 考勤周统计 → 汇总（各职能部门）← 考勤周统计（各下属单位）
- 汇总 → 汇总并检查考勤的真实性（人事专员）
- 考勤月统计（人事专员）→ 审核（人力资源部）
- 筛选出缺勤人员（人事专员）
- 请假手续是否齐备 —否→ 提出处理意见（人事专员）→ 审核（人力资源部）→ 审批（人力资源总监）
- 请假手续是否齐备 —是→ 配合（各职能部门）／配合（各下属单位）
- 组织处理（人事专员）← 配合
- 处理结果反馈（人事专员）→ 审核（人力资源部）
- 存档（人事专员）
- 结束

200

15.1.2 员工出入管理流程

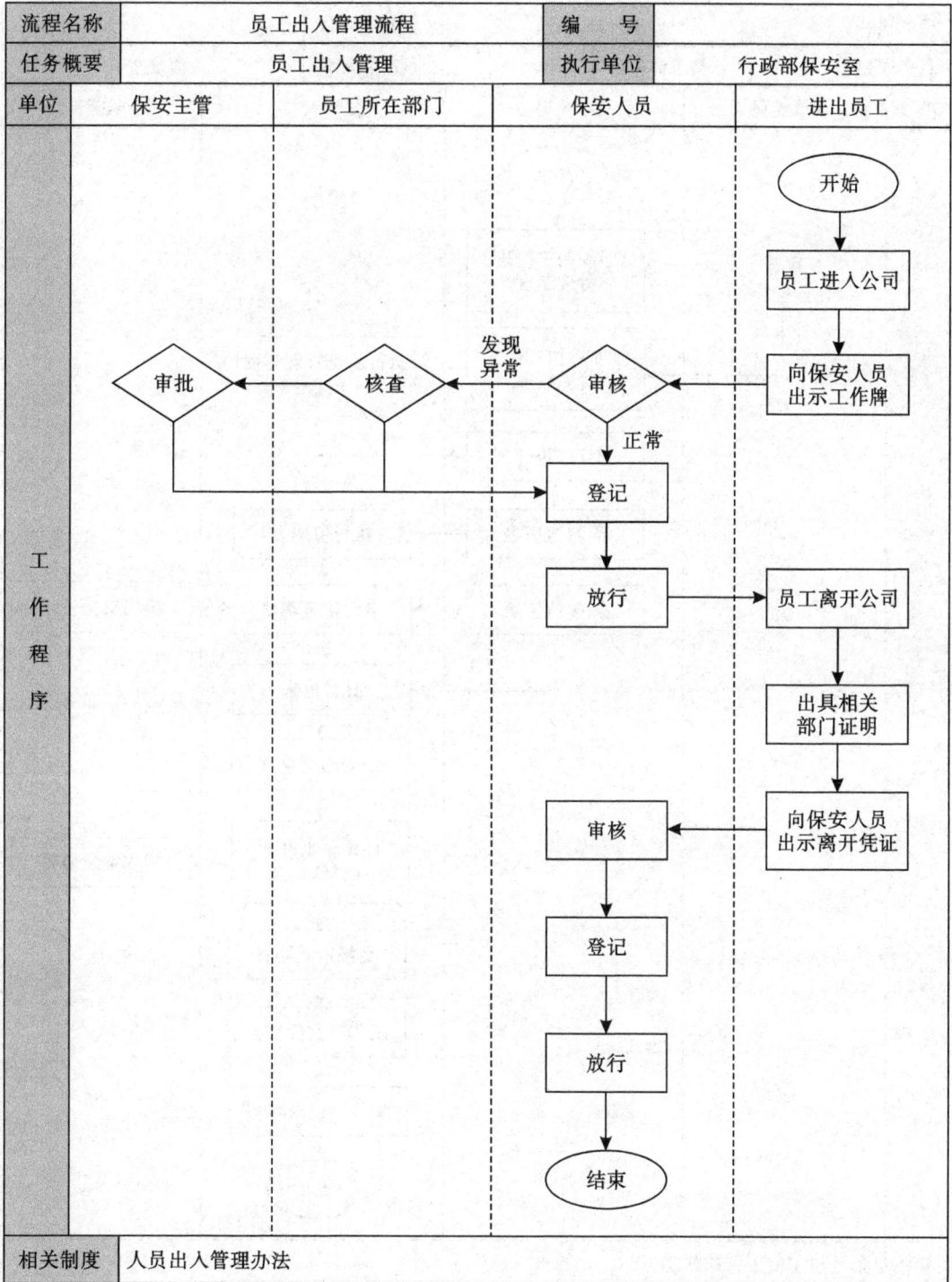

流程名称	员工出入管理流程		编　号	
任务概要	员工出入管理		执行单位	行政部保安室
单位	保安主管	员工所在部门	保安人员	进出员工

工作程序

开始 → 员工进入公司 → 向保安人员出示工作牌 → 审核

审核 —发现异常→ 核查 → 审批
审核 —正常→ 登记

登记 → 放行 → 员工离开公司 → 出具相关部门证明 → 向保安人员出示离开凭证 → 审核 → 登记 → 放行 → 结束

相关制度	人员出入管理办法

15.1.3 员工值班管理流程

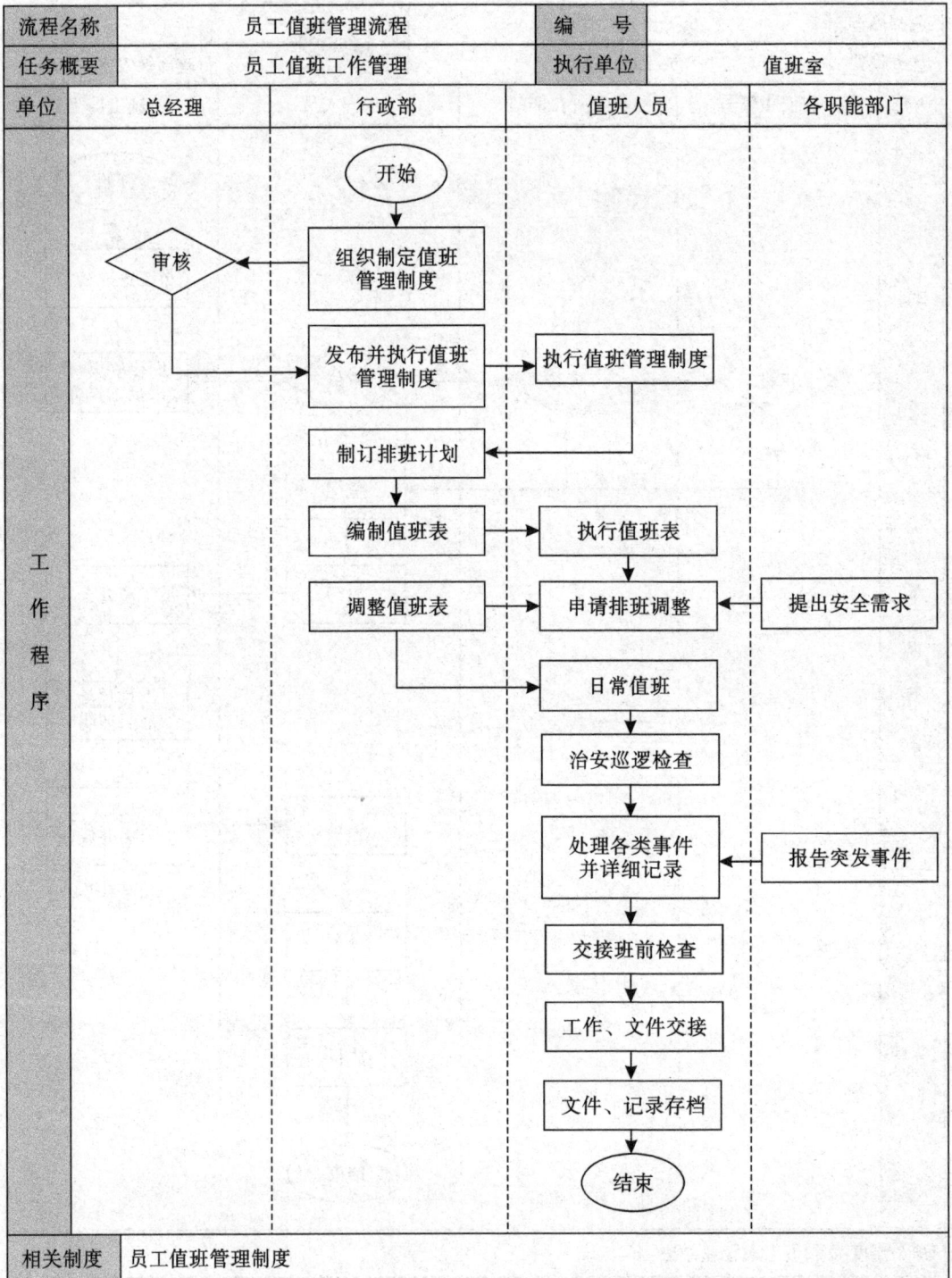

流程名称	员工值班管理流程		编　号	
任务概要	员工值班工作管理		执行单位	值班室
单位	总经理	行政部	值班人员	各职能部门
工作程序	审核	开始 组织制定值班管理制度 发布并执行值班管理制度 制订排班计划 编制值班表 调整值班表	执行值班管理制度 执行值班表 申请排班调整 日常值班 治安巡逻检查 处理各类事件并详细记录 交接班前检查 工作、文件交接 文件、记录存档 结束	提出安全需求 报告突发事件
相关制度	员工值班管理制度			

15.1.4 员工请假管理流程

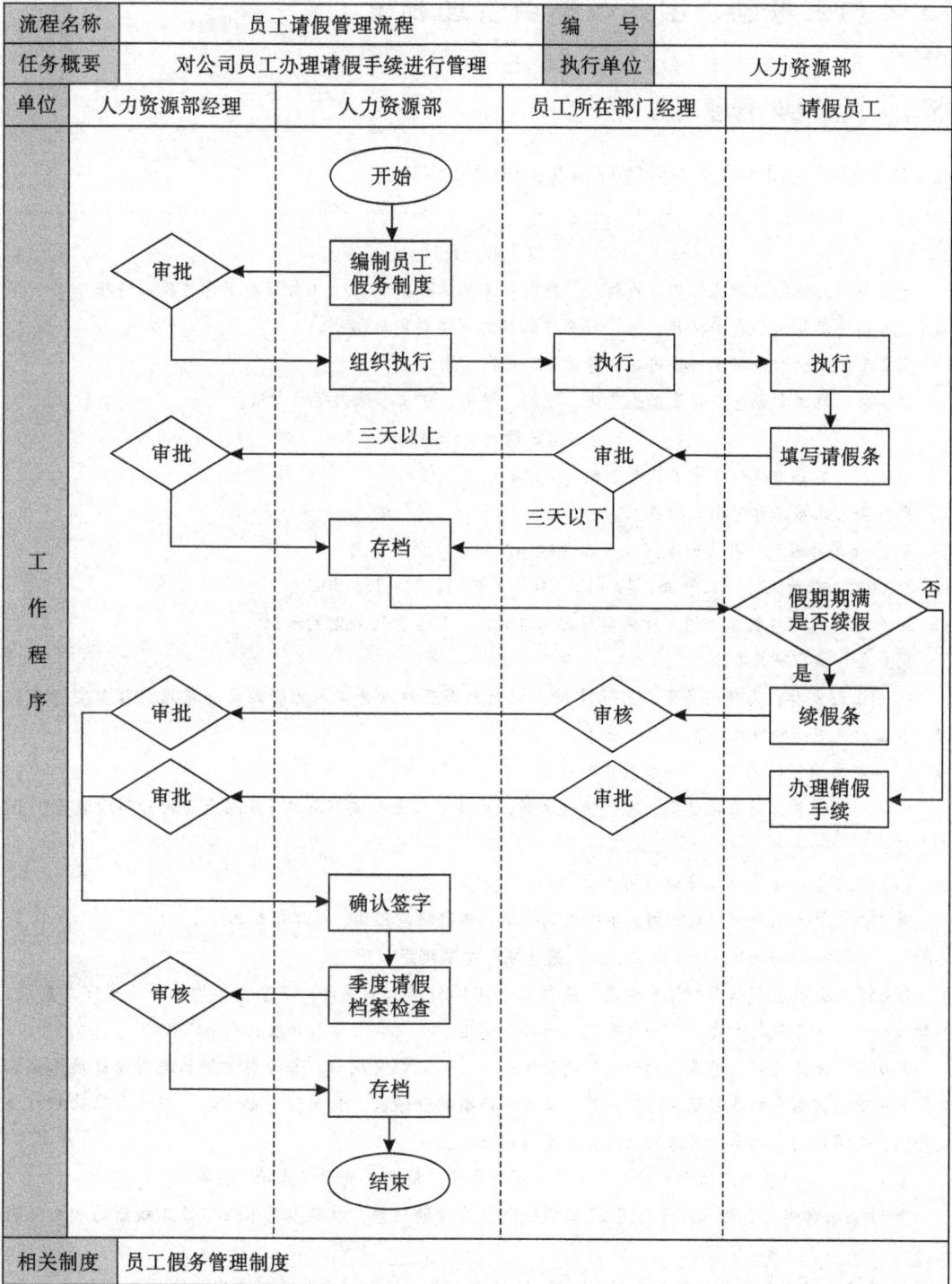

流程名称	员工请假管理流程		编　号	
任务概要	对公司员工办理请假手续进行管理		执行单位	人力资源部
单位	人力资源部经理	人力资源部	员工所在部门经理	请假员工
工作程序				
相关制度	员工假务管理制度			

工作程序流程图：

- 开始
- 编制员工假务制度 → 审批
- 组织执行 → 执行 → 执行
- 填写请假条
- 审批（三天以上）← 审批 ← 三天以下 → 存档
- 假期期满是否续假（否/是）
- 续假条 → 审核 → 审批
- 办理销假手续 → 审批 → 审批
- 确认签字
- 季度请假档案检查 → 审核
- 存档
- 结束

15.2 员工考勤、出入与假务管理制度

15.2.1 员工考勤管理制度

以下是某公司的员工考勤管理制度，供读者参考。

第1章 总则

第1条 为保障公司良好的工作秩序，提高员工的工作效率，树立良好的工作作风，现根据《中华人民共和国劳动法》及相关法规，结合公司实际情况，特制定本制度。

第2条 本制度适用于与公司签订劳动合同的所有员工。

第3条 员工考勤包括对员工上下班、迟到、早退、旷工、休假等的考核。

第2章 工作时间

第4条 本公司执行正常工作时间制、多班制。

第5条 正常工作时间制的要求。

1. 每周工作五天，即周一至周五为工作时间，周六、周日休息。

2. 每日上班时间为：上午08：30～12：00，下午13：00～17：30。

3. 外勤人员可根据工作的实际需要安排工作时间，不受上述规定的限制。

第6条 多班制的要求。

1. 因工作需要，由部门负责人提出申请，报副总经理批准并交人力资源部备案后，可以实行多班制，员工按照不同的班次轮流上岗、公休。

2. 实行多班制的部门，应当执行下列规定。

（1）为保证员工的身体健康，在安排班次时，要使员工上一班下岗与下一班上岗的时间间隔至少10个小时；

（2）夜班员工享有夜班津贴（每人每班次____元）。

第7条 员工应严守作息时间，不得迟到早退，不得随意离岗，更不得旷工。

第3章 考勤规定

第8条 公司上下班实行打卡制度。除副总经理级别以上人员外，其余员工均应严格遵守本制度，严禁代打卡。对于代打卡员工，一经发现，一次扣发当事人（代打卡人和委托人）人民币____元。

第9条 无论迟到、早退，无论大门是否开启，上下班都要刷卡。若公司考勤系统内没有员工刷卡记录且没有任何形式的请假记录时，按旷工处理；遇有特殊情况，如忘带考勤卡时，应于上班前到前台处登记，说明理由，此类情况原则上每月不得超过三次。

第10条 公司各部门的考勤统一由人力资源部管理，前台文员予以监督、检查。

第11条 各部门负责人应于当月27日前递交本月考勤记录，以及本月本部门员工缺勤的相关证明文件。

第12条 前台文员负责于当月27日前统计员工出勤、缺勤记录，填写考勤报表，包括员工姓名、

应出勤天数、实际出勤天数、请假天数、迟到次数、早退次数以及旷工时间等。

第 13 条 超过规定上班时间未到岗者，视为迟到。

1. 迟到每月累计不超过三次（含三次）的，不予处罚；超过三次（每次 10 分钟以内）的，每次扣款 10 元。

2. 迟到 10 分钟以上 20 分钟以内的，每次扣款 15 元。

3. 迟到 20 分钟以上 30 分钟以内的，每次扣款 30 元。

4. 迟到 30 分钟以上 60 分钟以内的，每次扣款 50 元。

5. 迟到 60 分钟以上的，按旷工处理，即扣除当日工资。

6. 迟到每季度累计超过五次（不含）的，每超一次追加扣款 50 元。

第 14 条 早于规定下班时间提前离岗者，视为早退。

1. 早退 10 分钟以内的，每次扣款 10 元。

2. 早退 10 分钟以上 20 分钟以内的，每次扣款 20 元。

3. 早退 20 分钟以上 30 分钟以内的，每次扣款 30 元。

4. 早退 30 分钟以上的，按旷工处理，即扣除当日工资。

5. 月累计三次早退者，予以辞退，公司不支付任何经济补偿金。

第 15 条 若员工在工作时间必须临时离岗，应向部门经理请假，时间不得超过 1 个小时，否则按擅自离岗处理。

1. 擅自离岗者书面警告一次，并按旷工处理，即扣除当日工资。

2. 擅自离岗月累计超过两次者，立即予以辞退。

第 16 条 凡属下列情况之一的，视为旷工。

1. 未经请假或请假未准而缺勤的，扣除本人所旷工时的工资。

2. 工作时间内擅离工作岗位或处理私人事务的，扣除本人所旷工时的工资。

3. 超过批准的假期又未及时报上级续假，以及未提供有关证明的，扣除本人所旷工时的工资。

4. 以续假的理由请假而休息者，扣除本人所旷工时的工资。

5. 不服从单位、部门职位调整及分配，逾期不到岗的，扣除本人所旷工时的工资。

6. 迟到 60 分钟，早退、擅离职守超过 30 分钟的，扣除本人所旷工时的工资。

7. 每月旷工累计达三次或三天以上者，予以辞退，不支付任何经济补偿金。

第 17 条 培训学员的考勤规定。

1. 参加公司内部培训、学习的员工，应填写培训签到表，由培训主办方向人力资源部提供考勤情况。

2. 外出参加培训的学员，根据被批准的实际在外天数，由所在部门统计后报行政部备案审查。

第 4 章 附则

第 18 条 本制度的制定、修改、解释权归公司人力资源部所有。

第 19 条 本制度经公司内征求员工意见，报总经理办公会集体研究并批准后方可施行，修改时亦同。

15.2.2 人员出入管理办法

以下是某公司的人员出入管理办法，供读者参考。

第1章　总则

第1条　目的

为确保公司财物及治安安全，使人员出入管理有序，维护公司利益，特制定本办法。

第2条　适用范围

本办法适用于所有进出公司的人员。

第2章　人员出入管理

第3条　本公司员工出入

1. 本公司员工上下班，凭胸卡出入。

2. 员工上班时间因公外出办事，须凭经部门负责人签章的"员工外出登记表"在门卫处登记，写明事由，员工返回后核签返回时间。

3. 员工上班时间请假出公司，当日不能返回的，应按规定办理请假手续并于打卡后方可离开公司。

第4条　非公司人员出入

1. 洽公人员

(1) 接洽业务的客户如有必要出入公司时，须凭业务主管部门经理填写、行政部经理核签的"洽公人员出入证"出入。

(2) "洽公人员出入证"一式三联，第一联由填单部门自存，第二、第三联经门卫签注进入公司的时间后，第二联交洽公人员暂存，第三联暂存门卫室。

(3) 公事洽谈完毕后，本公司洽谈人应在"洽公人员出入证"上签章，门卫在第二联签注离开公司的时间，第二联留门卫室存查，第三联于第二日上午送行政部存查。

2. 参观人员

(1) 如有必要参观公司，经办人或申请人应按经划定准许参观的路线填写"参观申请登记单"（一式若干联），经行政部经理核准后通知各有关部门并派员引导参观。

(2) 进入公司时，门卫应在"参观申请登记单"（参观联）上签注进入公司的时间，离开公司时签注离开的时间，于第二日送行政部存查。

(3) 若参观非经划定准许参观的区域时，须呈总经理核准。

(4) 本公司副总经理级别及以上人员陪伴宾客参观时，可事前免办申请手续，但应于当日内补填"参观申请登记单"，由门卫签注出入时间后送行政部存查。

(5) 参观时间以正常上班时间为限，若遇节假日，事先来函核准者及本公司人员亲友经值班经理核准者不在此限。

第3章　胸卡及出入证管理

第5条　员工胸卡管理

1. 公司员工胸卡由行政部负责监制。

2. 出入公司应佩挂胸卡，对未按规定佩挂胸卡者，门卫有权纠正。

3. 遗失胸卡应即时向行政部申请补发，并交工本费5元。遗失胸卡找到后须立即缴回；不立即缴回者，一经发现,记警告一次。

4. 使用他人胸卡蒙混出入公司者,一经发现,记警告一次。

5. 公司员工因胸卡遗失等原因申请补发者,在未拿到正式胸卡前,应申请领取出入证。

6. 胸卡补领后须将出入证归还行政部。将出入证借给他人使用或借故不予归还者,行政部将通知使用人所属部门负责人限其两天内归还并记警告一次。如遗失,交工本费10元。

第6条 非公司人员出入证管理

1. 公司宾客、来公司洽商事务需停留三天(含)以上者,由接待部门或主办部门的经理负责到行政部保卫主管处为来宾办理出入证。办证时,须填写"出入证申领登记表",并交10元押金。

2. 非公司人员离开时,应由接待部门或主办部门的经理将出入证收回并交予行政部保卫主管,保卫主管届时退回押金。

3. 非公司人员遗失出入证者,扣罚接待部门或主办部门经理交来的10元押金,并立即换制,以防他人留用。如借予他人使用被查实者,即取消其出入本公司的资格,并承担借用人造成公司权益损失的赔偿责任。

第4章 附则

第7条 禁止携带照相机、摄影机进入公司;经行政总监、总经理批准者不在此限,但须严加管制,不得拍摄非指定范围内的摄影标的。

第8条 人员出入管理如有异常情形时,门卫应立即填报"人员出入管理异常报告单"(一式两联),第一联留存,第二联交行政部经理。

第9条 本办法由行政部制定并负责解释,经行政总监审核、总经理批准后施行,修改时亦同。

第10条 本办法自颁布之日起施行,公司已有的相关规定自行终止。

15.2.3 员工值班管理制度

以下是某公司的员工值班管理制度,供读者参考。

第1章 总则

第1条 为规范对公司员工值班的管理,保障公司工作的正常进行及财务安全,特制定本制度。

第2条 本制度适用于公司员工值班的相关事宜。

第3条 本公司的员工值班分普通员工值班与节假日管理人员值班。

第2章 普通员工值班

第4条 公司普通员工的值班时间分为两种。

1. 工作日值班:当日下班后至第二日上班前。

2. 休息日值班:白班,早8:00至晚8:00。

夜班,晚8:00至早8:00。

第5条 公司值班人员由办公室职员轮流担当,行政部负责安排值班次序并公布。

第6条 公司将给予夜班值班人员一定的补贴。

第7条 值班人员的工作职责如下。

1. 接待来往的宾客并做好记录,包括来访时间、来访目的、寻找的相关人员等。

2. 监查下班后的人员进出,防止公司财产失窃。

3. 接听与公司相关的电话并做好记录。

4. 接收邮件、公函等并做好相关的记录。

5. 不停地巡视，防止公司发生火灾、漏水、安全等事故。

6. 处理或上报突发事件。

7. 公司领导临时交办的其他事项。

第8条　值班人员要严格遵守保密制度，不得泄露公司的内部情况。

第9条　发生突发事件时，在值班人员权限范围内的由值班人员自己处理；超出值班人员权限的，须立即上报，由上级相关领导进行处理。

第10条　值班人员处理突发事件得当，减少公司损失的，公司将视情况给予奖励。

第11条　值班人员除巡视外不得擅离值班室，更不允许在值班室内喝酒、打牌、打麻将等。

第12条　当日值班人员不允许私自替班、换班，确因故不能在当日值班者，应提前上报行政部，由行政部做出人员调整安排；否则一经发现，将做出严肃处理。

第13条　当日值班人员在值班结束后应撰写值班报告，并将值班过程中处理的事项向主管领导汇报。

第14条　值班人员的交接班纳入考勤体系，不得迟到、早退。

第3章　管理人员值班

第15条　公司管理人员值班的时间主要为节假日。

第16条　公司值班管理人员为各部门经理（含）级别以上人员。

第17条　公司管理人员的值班名单由行政部负责出具及通知。

第18条　公司各级管理人员应给公司员工做出表率，在值班期间若擅离职守，经发现或接到报告后将加大处罚力度。

第4章　附则

第19条　本制度由行政部制定，其解释、修改权亦归行政部所有。

第20条　本制度经总经理办公会审批，自颁布之日起实行。

15.2.4　员工假务管理制度

以下是某公司的员工假务管理制度，供读者参考。

第1章　总则

第1条　目的

为完善公司休假制度，保障员工合法权益，现根据国家有关规定，结合本公司特点，特制定本制度。

第2条　适用范围

本制度适用于本公司正式员工，临时工假务管理按双方签订的劳动合同执行。

第2章　假期规定

第3条　法定节假日的具体规定

法定节假日共计11天，具体如下。

1. 元旦：一天，1月1日。

2. 春节：三天，农历正月初一、初二、初三。

3. "五一"国际劳动节：一天，5 月 1 日。

4. "十一"国庆节：三天，10 月 1 日、2 日、3 日。

5. 清明节：一天。

6. 端午节：一天，农历五月初五。

7. 中秋节：一天，农历八月十五。

第 4 条　年假的具体规定

1. 员工在公司工作满一年以上的，可享受年假。其中，工龄满 1 年而不满 5 年者，年休假 5 天；工龄满 5 年而不满 10 年者，年休假 7 天；工龄满 10 年而不满 20 年者，年休假 10 天；工龄满 20 年以上者，年休假 14 天。

2. 年假的时间计算不包括公休假日。

3. 员工在本年度内，事假累计超过 14 天或病假累计超过 30 天，以及病、事假累计超过 40 天者，不享受年假。已享受本年年假后，当年累计事假超过 14 天者，取消下一年度年假。

4. 原则上，员工年假应一次休完。年假当年未休的，过期不补。

5. 员工应在休假期间探亲，如休假期短，以探亲假天数减去应享受的年休假天数的差额天数补足。本年度休年假者，不再享受探亲假。

6. 年假期间，计发基本工资、绩效工资。

第 5 条　婚假的具体规定

1. 凡公司员工达到法定婚龄，男 22 周岁、女 20 周岁，可享受 3 天有薪婚假。如果结婚双方不在一地，视路程远近另给路程假，路费自理。

2. 婚假应在领取结婚证之日起一年内休完。

3. 婚假期间，计发基本工资。

第 6 条　产假的具体规定

1. 女员工产假为 90 天，其中产前休假 15 天，难产增加产假 15 天。多胞胎生育的，每多生育 1 个婴儿，增加产假 5 天。

2. 晚育（24 周岁后初育）女员工，除享受国家规定的 90 天产假外，增加奖励假 30 天。

3. 女员工怀孕不满 4 个月流产的，根据医院开具的证明，可享受 15~30 天的假期；怀孕满 4 个月以上流产的，可享受 42 天假期。

4. 女员工产假期间，计发基本工资。

第 7 条　护理假的具体规定

1. 护理假指妇女生育期间，其丈夫需要护理妻子的假期，为 15 天。

2. 护理假期间，计发基本工资。

第 8 条　丧假的具体规定

1. 员工本人的直系亲属（指双方父母、配偶、子女）死亡时，员工可享受 5 天的丧假，如死亡亲属在外地，需回家料理丧事，可根据实际需要给予路程假，路费自理。

2. 丧假期间，计发基本工资。

第 9 条　事假的具体规定

1. 员工请事假，在本年度内累计超过 14 天者，不再享受年假；已享受年假的，当年累计事假超过 14 天者，取消下一年度年假。一年内请事假超过 14 天者，按旷工处理。

2. 员工请事假期间，计发保障工资。

第10条 病假的具体规定

1. 病假指员工因病或非因工负伤需停止工作进行治疗的假期。3天以上的病假应出具医院的证明。

2. 员工休病假两天以上至两个月以内的，计发职级工资、保障工资。

3. 连续病假两个月，第3个月仍不能正常上班的，根据本人实际工作年限和在本单位工作年限，给予3~24个月的医疗期。医疗期的界定按劳动部《企业员工患病或非因工负伤医疗期规定》执行。医疗期的工资待遇如下。

（1）医疗期在3个月以内者，从第3个月起计职级工资和保障工资的80%；医疗期在6个月以内者，从第4个月起计发职级工资和保障工资的70%。

（2）医疗期为9个月、12个月、18个月、24个月的员工，其医疗期累计超过6个月时，停发病假工资，改发疾病救济费，疾病救济费的支付标准为职级工资和保障工资的50%。

4. 员工患病或非因工负伤在医疗期内从事第二职业的，终止其医疗期并解除劳动合同。

5. 医疗期满者，应凭指定医院证明，申请恢复工作或延长医疗期。

第11条 工伤假的具体规定

员工因工负伤，法定的医疗期间工资照发，具体参照相关法律规定执行。

第12条 公假的具体规定

1. 因参加政府举办的资格考试（不以就业为前提者）、征兵及参加选举者，可请公假，假期视实际需要而定，工资照发。

2. 员工因搬家、修房、开家长会等请假，在一个月内不超过两天的，按公假处理，计发基本工资。

第3章 假务管理

第13条 员工请假审批规定

1. 一般员工请假3天（含）以内者，向部门负责人书面请假，由部门负责人审批，送人力资源部备案；3~14天者，应填写"请假申请单"，经部门负责人批准后，人力资源部签署意见，报公司主管领导审批。

2. 中层管理岗位人员请假应填写"请假申请单"，由部门负责人、人力资源部签署意见，公司主管领导审批，并报总经理。

3. 公司领导请假也应填写"请假申请单"，经公司总经理审批后交人力资源部备案。

第14条 请假手续的办理

员工请假须按规定提供有关证明，办理请假手续，将工作移交后方可离开岗位，休假期满应立即向原批准部门销假。因特殊情况不能及时办理请假手续的，回岗后应马上补办。

第15条 请假期间的工资发放

1. 员工请假时，除年假扣除公休假日外，其他假期天数均以日历天数连续计算。

2. 所有休假期间均不计发午餐补贴。

3. 员工全年月平均工作天数为21天，日工资按此进行折算。

第4章 附则

第16条 本制度由人力资源部负责制定、修订与解释。

第17条 本制度报总经理审批后，自颁发之日起施行。之前的所有相关规定自即日起废止。

15.2.5 员工加班管理办法

以下是某公司的员工加班管理办法，供读者参考。

第1条 为规范员工加班管理，使工作有序开展，同时维护员工合法利益，现根据国家有关法律法规，特制定本办法。

第2条 全体员工应当充分利用工作时间，高效优质地完成本职工作。

第3条 确因时间紧且任务量大，在规定时间内不能完成工作，由员工提出申请并经部门主管及副总经理审核认定或由公司统一安排的，称为加班。

第4条 员工加班须先填写"加班申请单"，此单作为记录加班时间、安排调休、发放加班工资的依据。

第5条 "加班申请单"经部门主管审批后，须及时送交人力资源部备核；部门主管、副经理、经理加班的，须报副总经理审批，并告知人力资源部备案，未进行事前报批的一律不计加班。

1. 平时加班的，应于当天下班前30分钟，将"加班申请单"送交人力资源部备核，否则加班不予核算统计。

2. 周六日等其他法定节假日加班的，须先报批，在周五或法定节假日前一天下班前30分钟将审批后的"加班申请单"送交人力资源部备核，否则一律不计加班。

3. 若有特殊情况，事后须按程序报批，及时补交"加班申请单"，否则一律不计加班。

第6条 加班费计算以"加班申请单"为依据，按相关规定执行；员工公休日加班时间若上午超过12：30或下午超过18：30，公司将给予10元/餐的餐补（公司统一安排工作餐的，取消此餐补），其他特殊情况报部门主管领导批准。

第7条 休息日与平时调班者不算加班。

第8条 员工加班时间采用调休时间冲抵的，加班时间须在当月调休冲抵完，不得累积到下月，特殊情况可延后一个月，但须经部门负责人同意、副总经理审核、总经理批准、人力资源部备案。

第9条 员工若请假调休，可用来调休的加班时间必须是在请假时间以前发生的，不能用请假后发生的加班时间（可调休的时间）冲抵；未产生的调休假期不得提前使用；加班时间一律不允许调至春节假期，特殊情况须报上级同意、副总经理审核、总经理批准、人力资源部备案。

第10条 调休原则上不能影响本岗位工作，须按请假规定程序事先报批。

第11条 部门主管及相关领导须对加班的工作内容、时间进行如实审核，人力资源部有权对员工实际加班情况进行核查。

第12条 本办法自颁布之日起生效，之前相关规定与本办法相抵触的，按本办法执行。未尽事宜另行通知。

第 16 章　员工出差管理

16. 1 员工出差管理流程

16. 1. 1 出差计划制订流程

流程名称	出差计划制订流程	编　号	
任务概要	出差计划管理	执行单位	人力资源部

单位	人力资源部	出差员工所在部门	出差员工

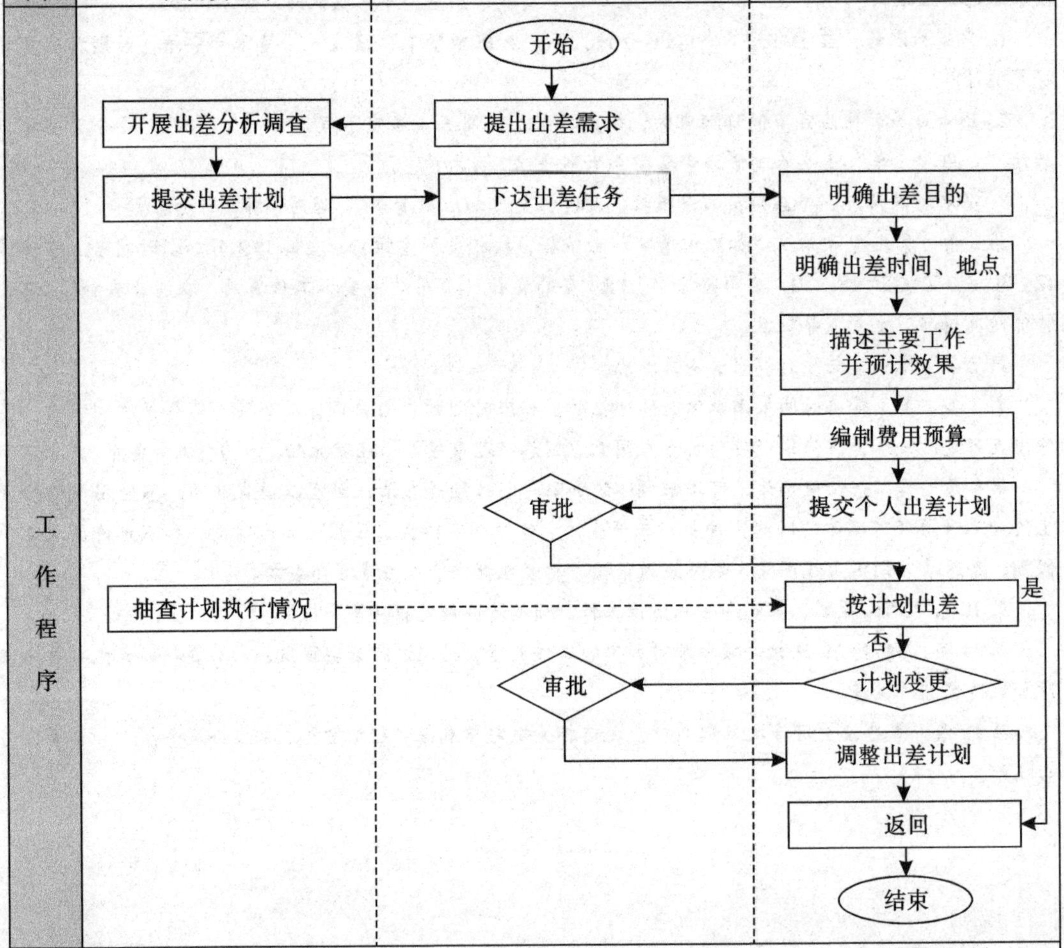

工作程序
开始
提出出差需求
开展出差分析调查
提交出差计划
下达出差任务
明确出差目的
明确出差时间、地点
描述主要工作并预计效果
编制费用预算
提交个人出差计划
审批
按计划出差
抽查计划执行情况
是
否
计划变更
审批
调整出差计划
返回
结束

相关制度	员工出差管理细则

16.1.2 出差审批管理流程

流程名称	出差审批管理流程		编　号	
任务概要	出差审批管理		执行单位	人力资源部
单位	行政总监	人力资源部	财务部	出差人员所在部门	出差人员

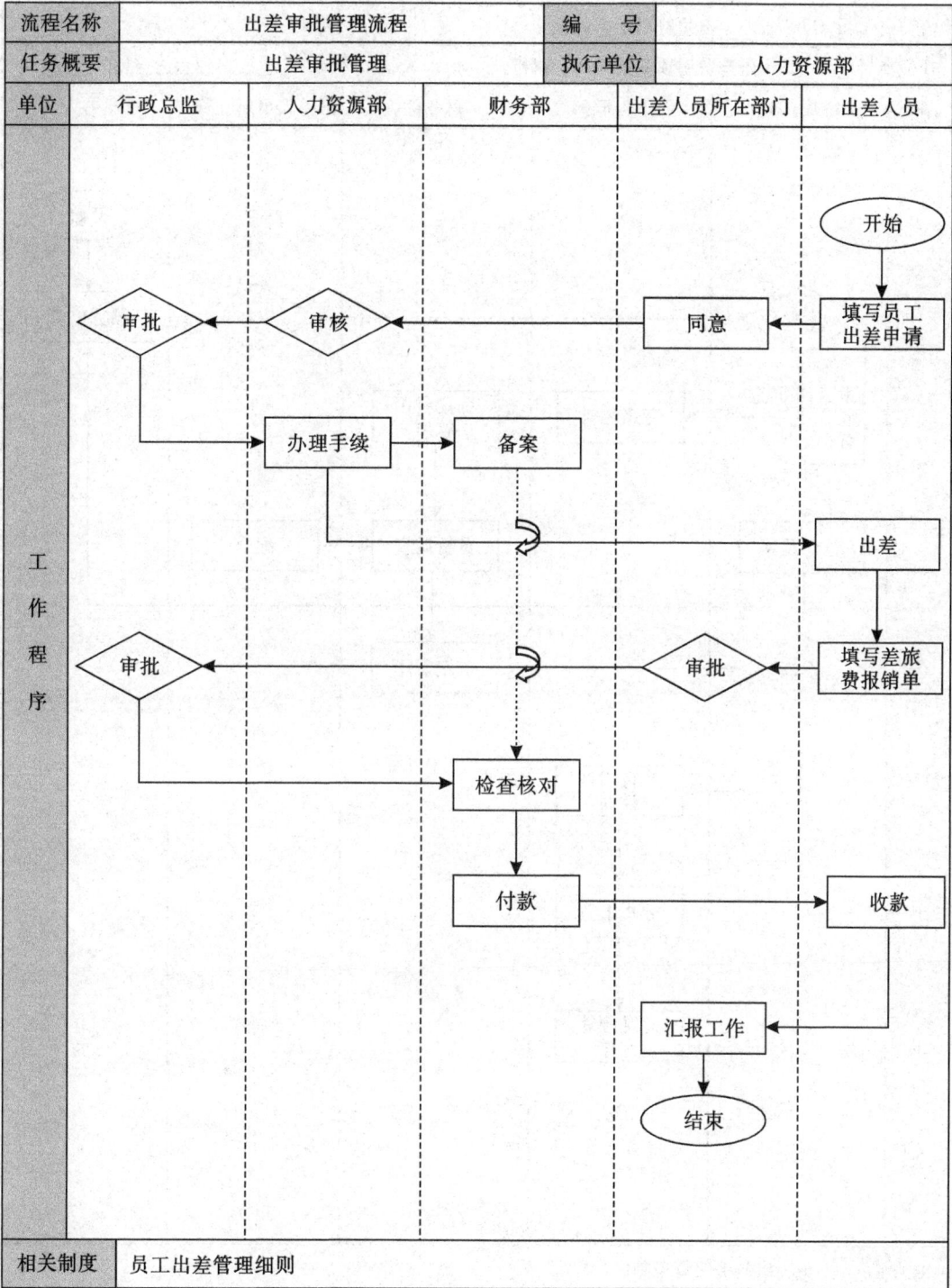

相关制度	员工出差管理细则

16.1.3 出差费用预算流程

流程名称	出差费用预算流程		编　　号	
任务概要	出差费用预算的编制、执行		执行单位	人力资源部
单位	行政总监	人力资源部	财务部	出差人员所在部门	出差人员

（工作程序）

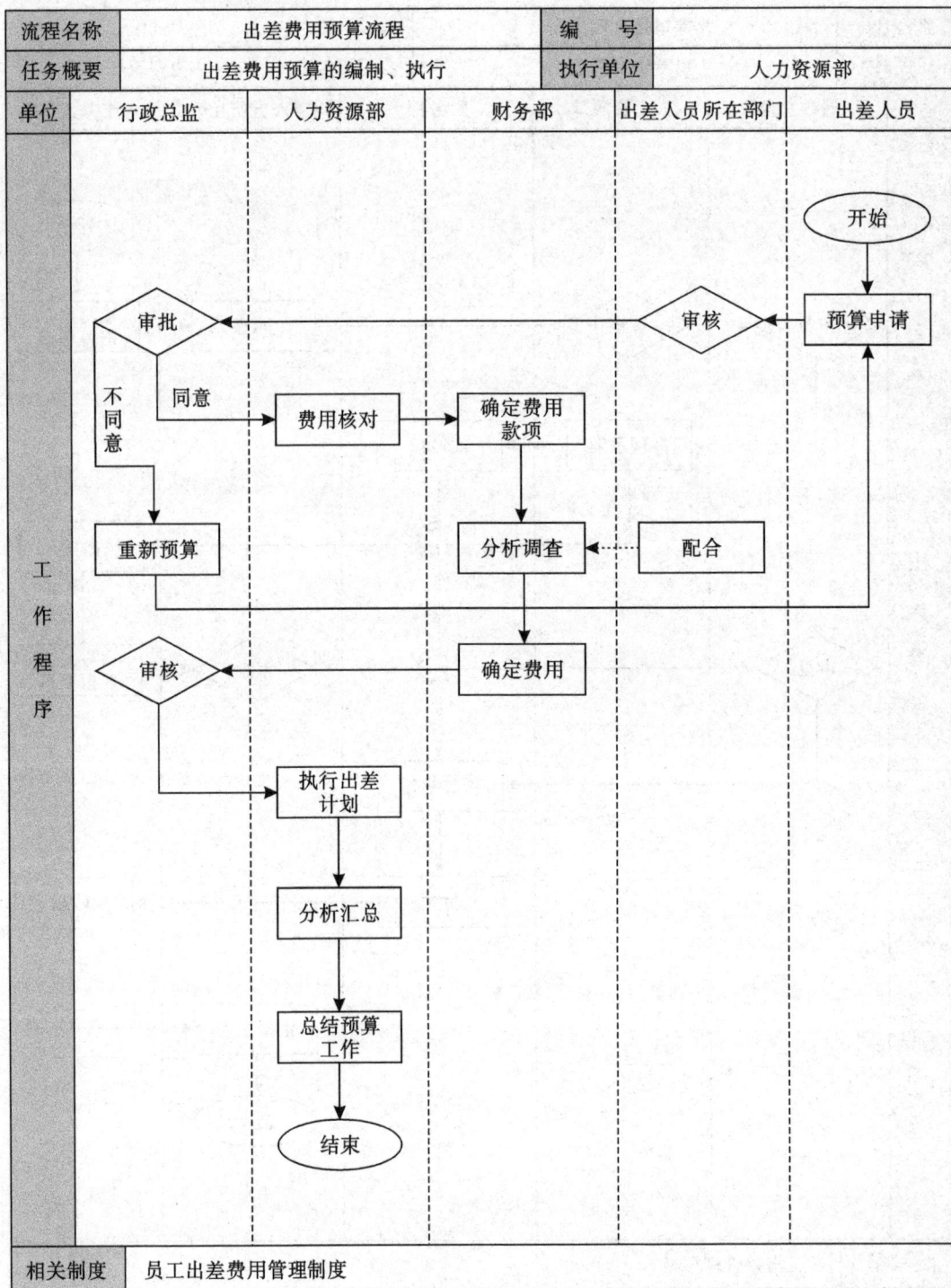

相关制度	员工出差费用管理制度

16.1.4 出差汇报管理流程

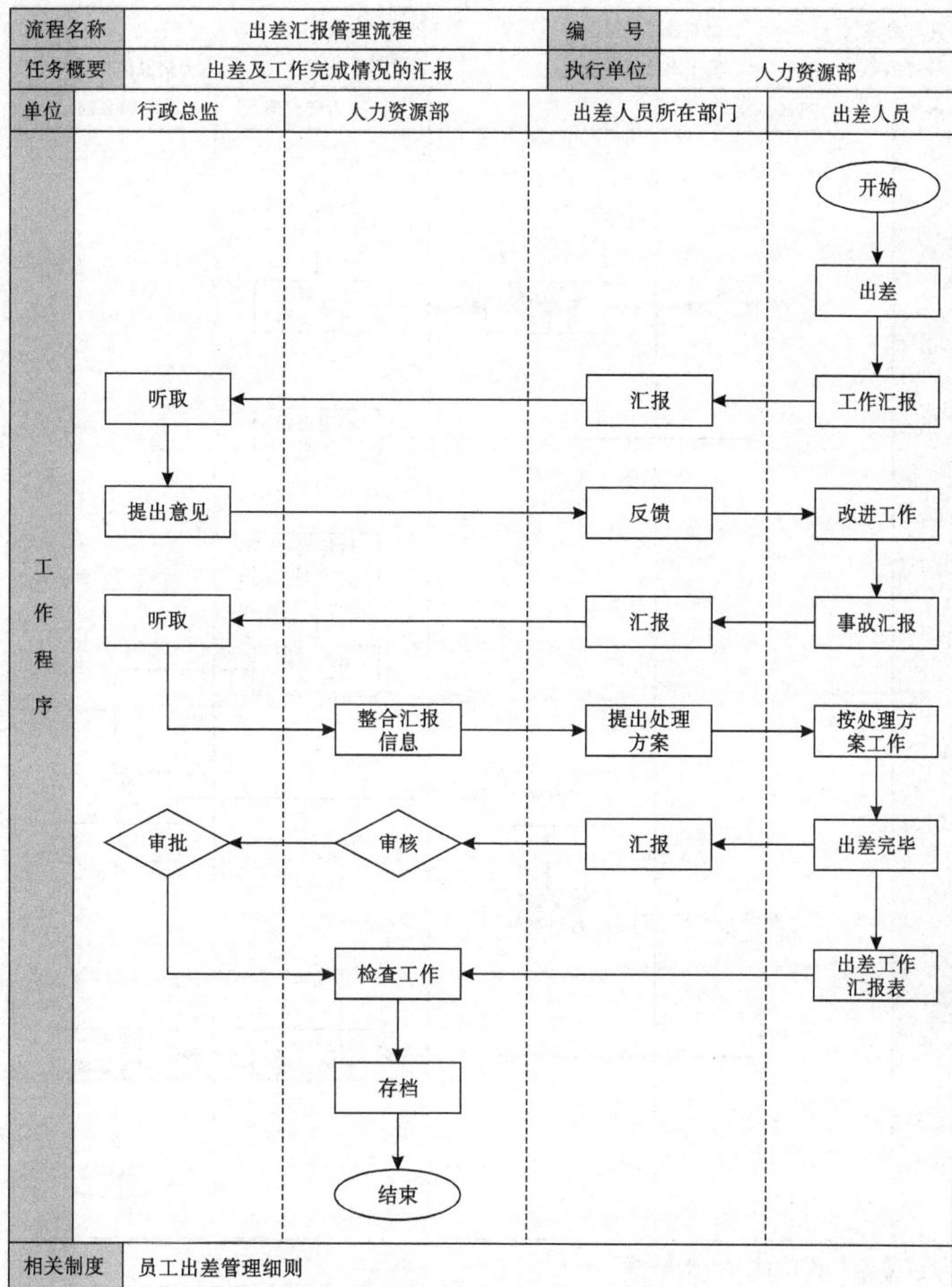

流程名称	出差汇报管理流程		编 号	
任务概要	出差及工作完成情况的汇报		执行单位	人力资源部
单位	行政总监	人力资源部	出差人员所在部门	出差人员

工作程序

行政总监	人力资源部	出差人员所在部门	出差人员
			开始
			出差
听取		汇报	工作汇报
提出意见		反馈	改进工作
听取		汇报	事故汇报
	整合汇报信息	提出处理方案	按处理方案工作
审批	审核	汇报	出差完毕
	检查工作		出差工作汇报表
	存档		
	结束		

相关制度	员工出差管理细则

16.1.5 出差费用报销流程

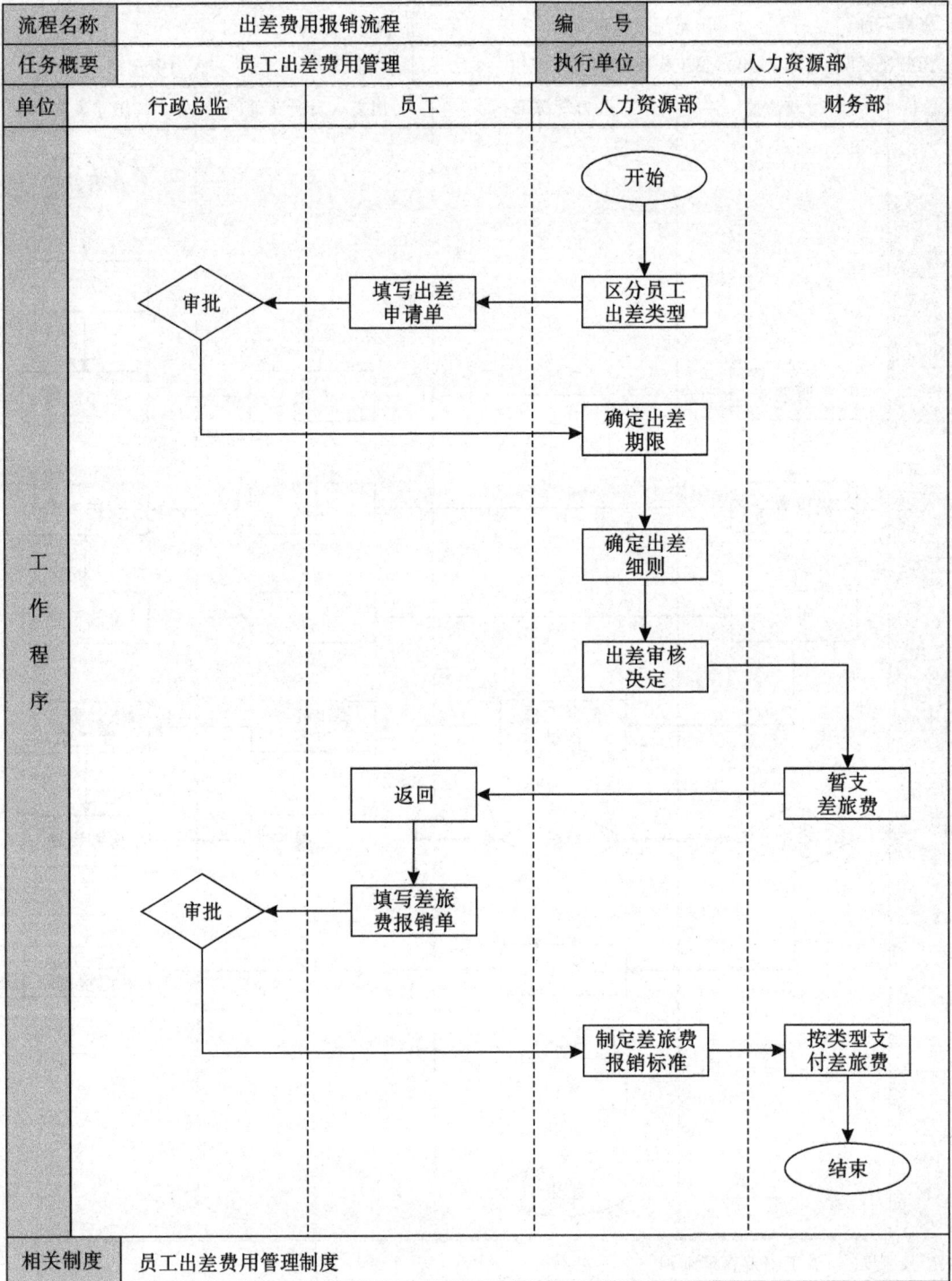

流程名称	出差费用报销流程		编　号	
任务概要	员工出差费用管理		执行单位	人力资源部
单位	行政总监	员工	人力资源部	财务部
工作程序				
相关制度	员工出差费用管理制度			

工作程序流程：

开始 → 区分员工出差类型 → 填写出差申请单 → 审批 → 确定出差期限 → 确定出差细则 → 出差审核决定 → 暂支差旅费 → 返回 → 填写差旅费报销单 → 审批 → 制定差旅费报销标准 → 按类型支付差旅费 → 结束

16.1.6 出差管理工作流程

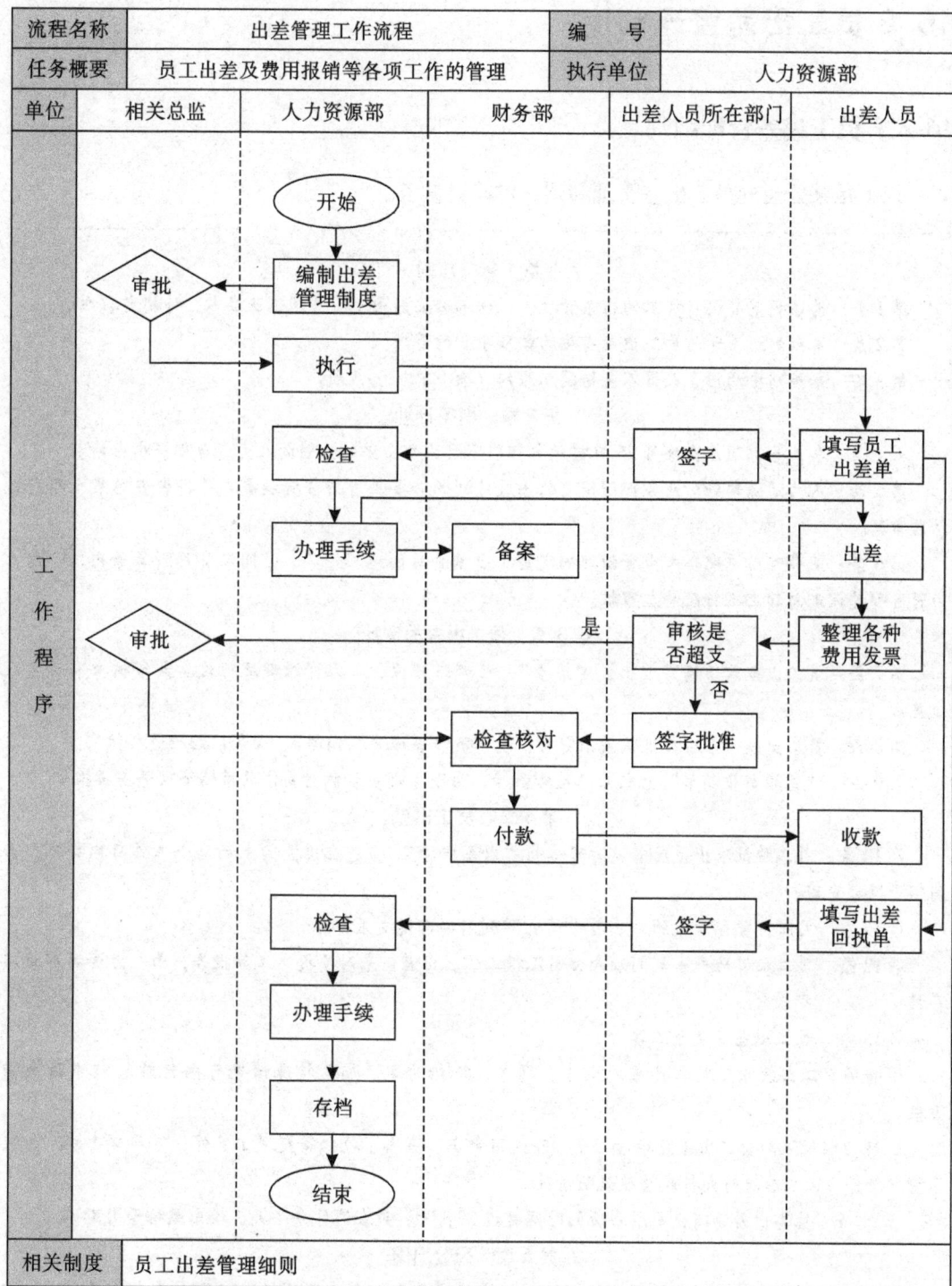

流程名称	出差管理工作流程		编　　号	
任务概要	员工出差及费用报销等各项工作的管理		执行单位	人力资源部
单位	相关总监	人力资源部	财务部	出差人员所在部门	出差人员

工作程序

开始 → 编制出差管理制度 → 审批

执行

检查 ← 签字 ← 填写员工出差单

办理手续 → 备案　　出差

审批 ← 审核是否超支（是）　整理各种费用发票

签字批准（否）

检查核对

付款 → 收款

检查 ← 签字 ← 填写出差回执单

办理手续 → 存档 → 结束

相关制度	员工出差管理细则

16.2 员工出差管理制度

16.2.1 员工出差管理细则

以下是某公司的员工出差管理细则，供读者参考。

第1章 总则

第1条 为了规范公司对员工的出差管理，减少不必要的出差，节约企业成本，特制定本细则。

第2条 本细则适用于与员工出差有关的各项事宜的管理。

第3条 本细则中的出差人员不包括副总级别（含）以上的人员。

第2章 出差计划

第4条 各业务部门应在每月25日前就本部门下月需要出差的计划向人力资源部提出申请。

第5条 人力资源部针对业务部门提交的出差计划的必要性进行分析调查，并将调查结果上报行政总监审批。

第6条 业务部门应配合人力资源部确定员工出差的目的地、任务、时间及费用预算等内容，由人力资源部整理汇总后上报行政总监审批。

第3章 员工出差的审批

第7条 员工出差前须填写"出差申请表"，经部门经理、人力资源部及行政总监审核批准后方可出差。

第8条 员工出差回来后在报销差旅费时，须填写"差旅费报销单"，由部门经理进行核实。

第9条 "差旅费报销单"经行政总监审批后，由财务部负责核对具体的报销事项并安排报销。

第4章 员工出差

第10条 员工被批准出差后若没时间填制"出差申请表"，可在出差回来后两个工作日内补齐，否则不予报销费用。

第11条 员工可凭批准过的"出差申请表"到财务部借支差旅费。

第12条 员工在外地出差期间须向公司汇报工作，出差回来后要提交工作报告，由人力资源部核实存档。

第13条 员工出差的交通工具。

1. 普通员工出差的交通工具应以火车、汽车、轮船为主，如遇特殊情况可向行政总监申请乘坐飞机。

2. 部门经理级别员工出差可申请带车，除使用火车、汽车、轮船等交通工具外，可乘坐飞机，但应尽量少乘并在回来后及时向行政总监说明情况。

第14条 员工出差返回公司所在地的时间超过22：00，可在家休息半天，按出差给予补贴。

第5章 因公出国

第15条 员工申请出国出差时，除须填制"出差申请表"外，还须拟定出国出差申请报告，详细说明出国的必要性、办理业务的内容、目标国及出国时间等内容。

第 16 条　员工因公司业务出国必须得到公司财务总监、行政总监及总经理的审批。

第 17 条　需要出国的员工应将自己的相关证件交予人力资源部，由人力资源部负责办理出国手续。

第 18 条　凡因公出国的人员出差回国后须上交一份翔实的出差报告，并由行政总监会同人力资源部进行审核，人力资源部要做好记录。

<h4 style="text-align:center">第 6 章　附则</h4>

第 19 条　本管理细则由人力资源部制定，其解释权、修改权归人力资源部所有。

第 20 条　本管理细则由总经理办公会审批，自颁布之日起实施。

16.2.2 员工出差费用管理制度

以下是某公司的员工出差费用管理制度，供读者参考。

<h4 style="text-align:center">第 1 章　总则</h4>

第 1 条　为了规范对员工出差费用的管理，使员工出差费用管理有据可依，特制定本制度。

第 2 条　本制度适用于员工出差费用的相关事项。

第 3 条　公司在"差别对待、鼓励节约"的方针指导下，将出差人员划分为三级。

1. 副总、总监、总经理级别。

2. 部门经理级别（包括部门副经理）。

3. 普通员工级别。

第 4 条　本制度中的员工出差分为当日出差（当日可往返）、长途出差（需在外住宿）与国外出差。

<h4 style="text-align:center">第 2 章　差旅费的预支确定</h4>

第 5 条　员工出差前可列出所需的差旅费用，交由人力资源部审核。

第 6 条　人力资源部可根据以往类似的出差情况，会同财务部对出差所需花费的项目进行核实。

第 7 条　财务部根据所核实的项目、出差的内容及员工的级别本着"宜多不宜少"的原则确定预支的费用。

第 8 条　出差人员应凭批准后的出差申请表向财务部借支，否则财务部有权拒绝借支。

第 9 条　出差人员若来不及办理出差手续，可由行政总监出具证明，出差人员凭此证明向财务部借支。

<h4 style="text-align:center">第 3 章　当日出差费用管理</h4>

第 10 条　公司给予当日出差人员每日 60 元的误餐费，交通费按照凭证给予报销。

第 11 条　已被支付补贴的企业外勤人员不在此列。

第 12 条　当日出差原则上不允许在外过夜，确因情况特殊需要在外过夜者，必须得到行政总监的审批，其费用报销按长途出差费用管理相关规定执行。

<h4 style="text-align:center">第 4 章　长途出差费用管理</h4>

第 13 条　员工长途出差时，因地域的不同公司所支付的补贴标准也不同。具体员工出差补助如下表所示。

员工出差补助表

单位：元/天

员工等级	住宿		伙食		交通	
	沿海地区	内陆地区	沿海地区	内陆地区	沿海地区	内陆地区
一级员工	400	300	150	100	100	80
二级员工	300	200	100	80	80	50
三级员工	200	150	80	60	50	30

第14条　以上补助为公司的最高标准，出差人员若超出此标准需要自行承担，财务部不予补贴。

第15条　出差人员若带车出差，交通费不予补贴，其开车所花费的费用按消费凭证报销。

第16条　员工出差的地点若为公司办事处，则不予补贴住宿费；确实需要在外住宿的，应有当地办事处负责人出具的证明，公司财务部方可给予补贴。

第17条　员工出差的地点若为自己家或父母所在地，住宿费不予补贴。

第18条　员工的出差补贴按日计算，以离开公司的时间到公司所在地的时间为准计算天数。其中实行24小时制，不足12小时按半天计算，超过12小时按一天计算。

第19条　员工出差时鼓励使用汽车、火车、轮船等交通工具，一级员工出差可乘坐飞机；二级员工出差乘坐飞机的次数一年不可超过五次；三级员工出差原则上不允许乘坐飞机，确因情况特殊，在得到行政总监的审批后可乘坐飞机。

第20条　员工可凭借所乘坐的交通凭证向财务部报销，超过标准的费用财务部不予报销。

第21条　鼓励员工降低标准使用交通工具，为此公司将奖励所花交通费用的一半作为对个人的奖励。

第22条　火车里程超过六个小时而不买卧铺者，按火车票价的一半给予奖励。

第23条　出差人员擅自绕行所花费的费用由出差人员自己承担。

第24条　出差人员需要宴请客户时，必须得到部门经理的同意，报销费用时须有部门经理出具的证明及所花费的凭证。

第25条　员工外出参加公司会议的，除报销交通费用外，其他不予补贴。

第26条　出差人员遗失车、船等交通票据，须写出书面说明，经所在部门负责人证明和行政总监、总经理签字特批后，附上其他发票方可作为报销依据，由财务部审核报销。

第27条　员工完成出差任务后应尽快赶回公司，不得无故在外逗留，否则每天扣除500元，确因生病或不可抗因素滞留的，须有证明人的证明并得到总经理的特批。

第5章　国外出差

第28条　财务部根据目的国的消费水平、币种及员工出差的时间等预支差旅费。

第29条　赴国外出差的员工可凭消费凭证到公司财务部全额报销。

第30条　消费凭证仅包括餐费、住宿费及交通费，其他消费凭证不包括在内。

第31条　赴国外出差，董事长、总经理可享受头等舱待遇，其余人等一律乘坐经济舱。

第6章　附则

第32条　本管理制度由人力资源部制定，其解释权、修改权归人力资源部所有。

第33条　本管理制度由总经理办公会审批，自颁布之日起实施。

第 17 章　车辆管理

17.1 车辆管理流程

17.1.1 车辆使用管理流程

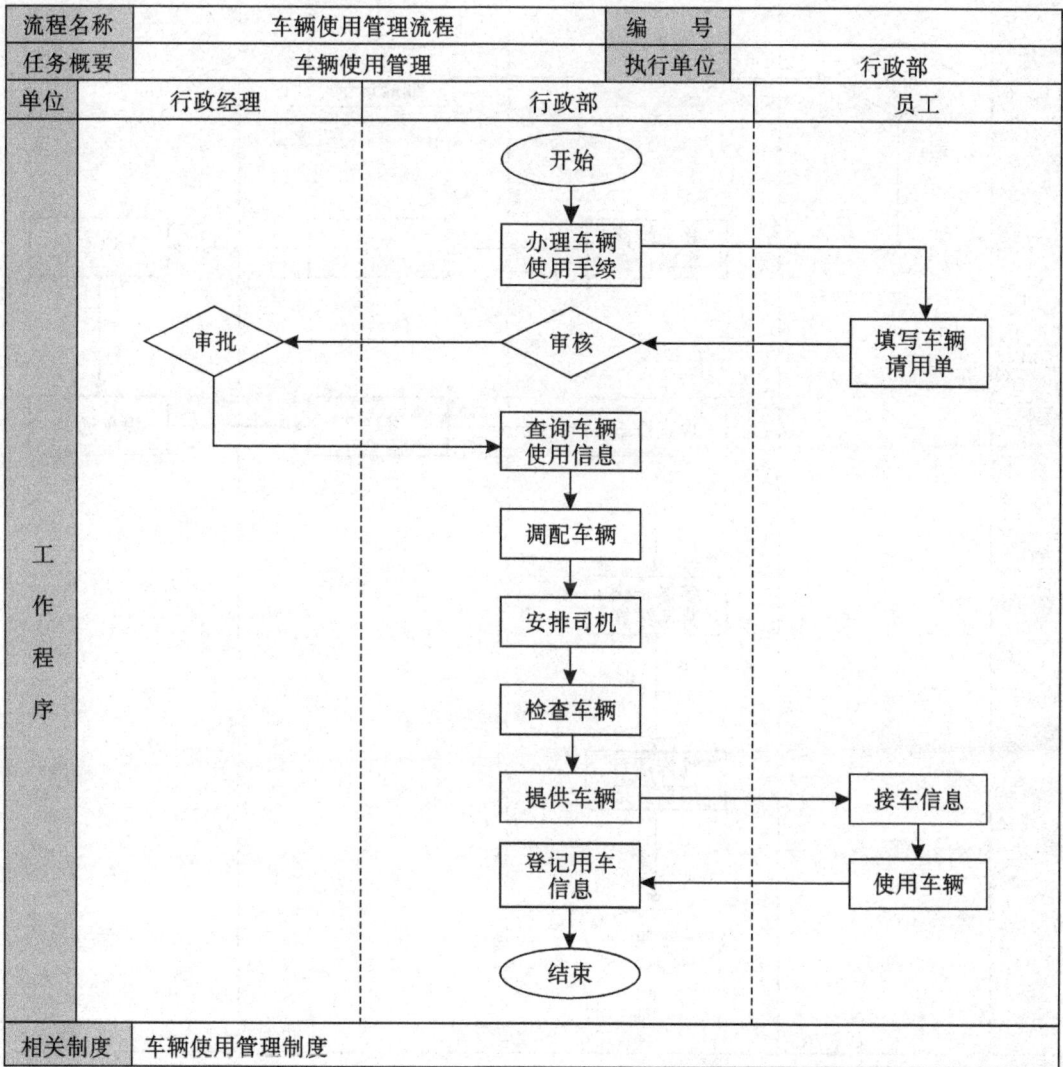

流程名称	车辆使用管理流程		编　号	
任务概要	车辆使用管理		执行单位	行政部
单位	行政经理	行政部		员工
工作程序				
相关制度	车辆使用管理制度			

开始

办理车辆使用手续

填写车辆请用单

审核

审批

查询车辆使用信息

调配车辆

安排司机

检查车辆

提供车辆 → 接车信息

登记用车信息 ← 使用车辆

结束

17.1.2 车辆维修管理流程

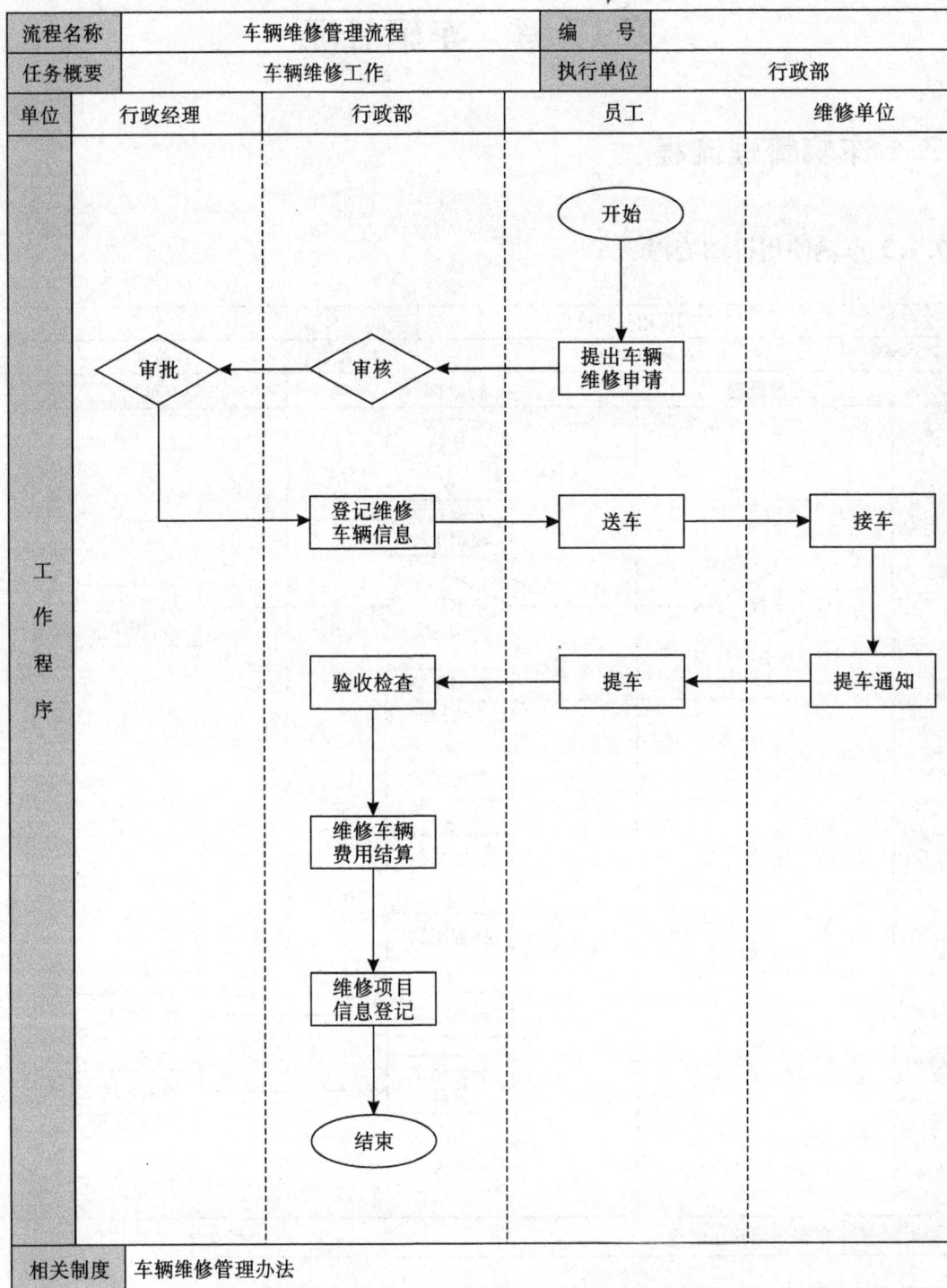

流程名称	车辆维修管理流程		编　号	
任务概要	车辆维修工作		执行单位	行政部
单位	行政经理	行政部	员工	维修单位

工作程序

```
                                              开始
                                                │
                                                ▼
审批 ◀── 审核 ◀────────────────── 提出车辆
  │                                 维修申请
  │
  └──▶ 登记维修 ──────▶ 送车 ──────▶ 接车
        车辆信息                         │
                                         ▼
验收检查 ◀── 提车 ◀────────────── 提车通知
  │
  ▼
维修车辆
费用结算
  │
  ▼
维修项目
信息登记
  │
  ▼
结束
```

相关制度	车辆维修管理办法

17.1.3 车辆租赁管理流程

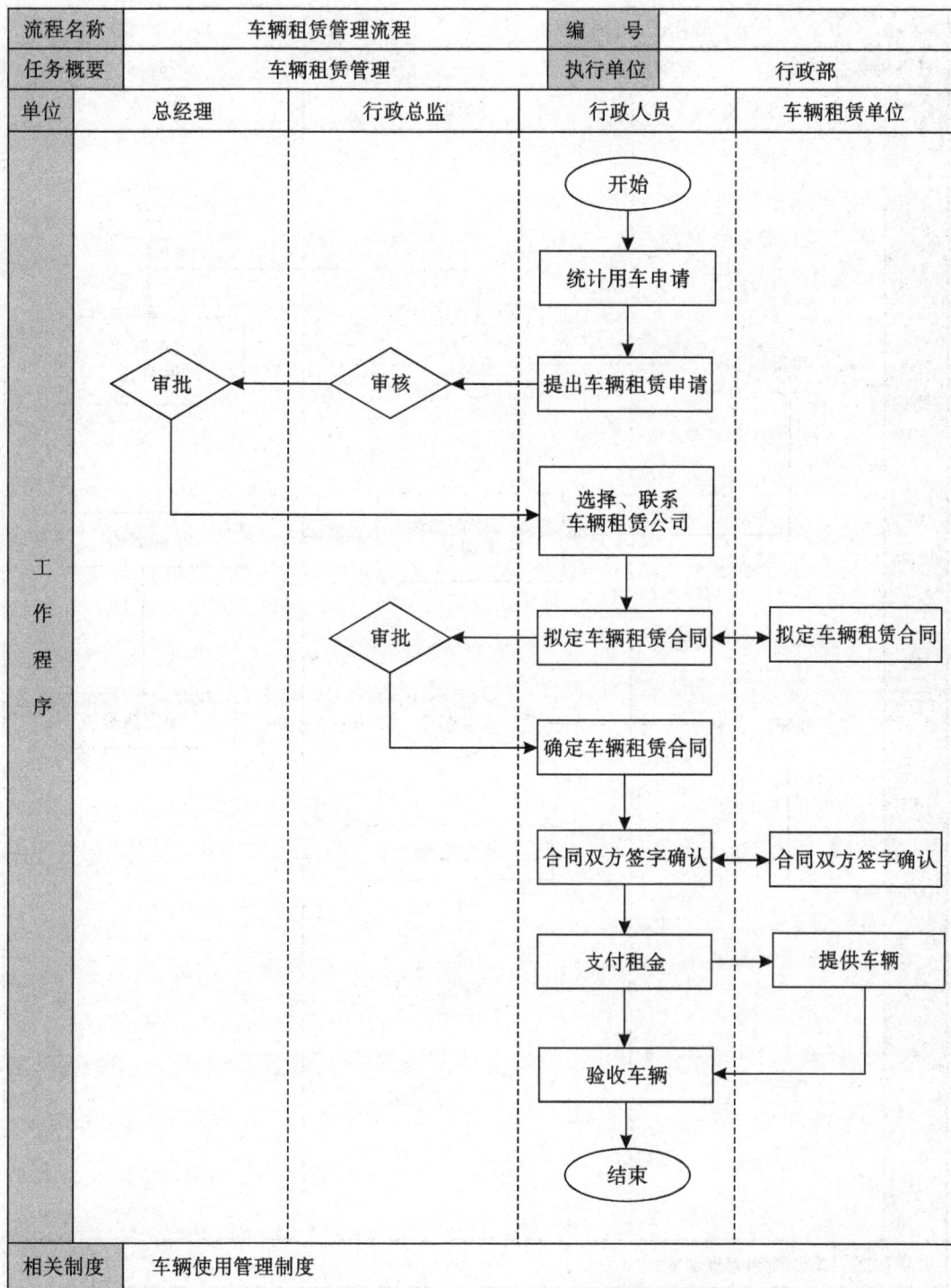

流程名称	车辆租赁管理流程		编　　号	
任务概要	车辆租赁管理		执行单位	行政部
单位	总经理	行政总监	行政人员	车辆租赁单位

工作程序

```
                                      ┌──────┐
                                      │ 开始 │
                                      └──────┘
                                         │
                                  ┌────────────┐
                                  │ 统计用车申请 │
                                  └────────────┘
                                         │
  ┌──────┐      ◇审核◇      ┌──────────────┐
  │ 审批 │ ◄─────────────── │ 提出车辆租赁申请 │
  └──────┘                   └──────────────┘
     │
     │        ┌────────────┐
     └──────► │ 选择、联系   │
              │ 车辆租赁公司 │
              └────────────┘
                     │
         ◇审批◇ ┌──────────────┐   ┌──────────────┐
        ◄────── │ 拟定车辆租赁合同 │◄─►│ 拟定车辆租赁合同 │
                └──────────────┘   └──────────────┘
     │
     └──► ┌──────────────┐
          │ 确定车辆租赁合同 │
          └──────────────┘
                 │
          ┌──────────────┐   ┌──────────────┐
          │ 合同双方签字确认 │◄─►│ 合同双方签字确认 │
          └──────────────┘   └──────────────┘
                 │
          ┌────────┐        ┌────────┐
          │ 支付租金 │ ─────► │ 提供车辆 │
          └────────┘        └────────┘
                 │               │
          ┌────────┐           │
          │ 验收车辆 │ ◄─────────┘
          └────────┘
                 │
              ┌──────┐
              │ 结束 │
              └──────┘
```

相关制度	车辆使用管理制度

223

17.1.4 车辆加油管理流程

流程名称	车辆加油管理流程		编　　号	
任务概要	车辆加油工作		执行单位	行政部
单位	行政总监	行政部		用车部门
工作程序				
相关制度	车辆使用管理制度			

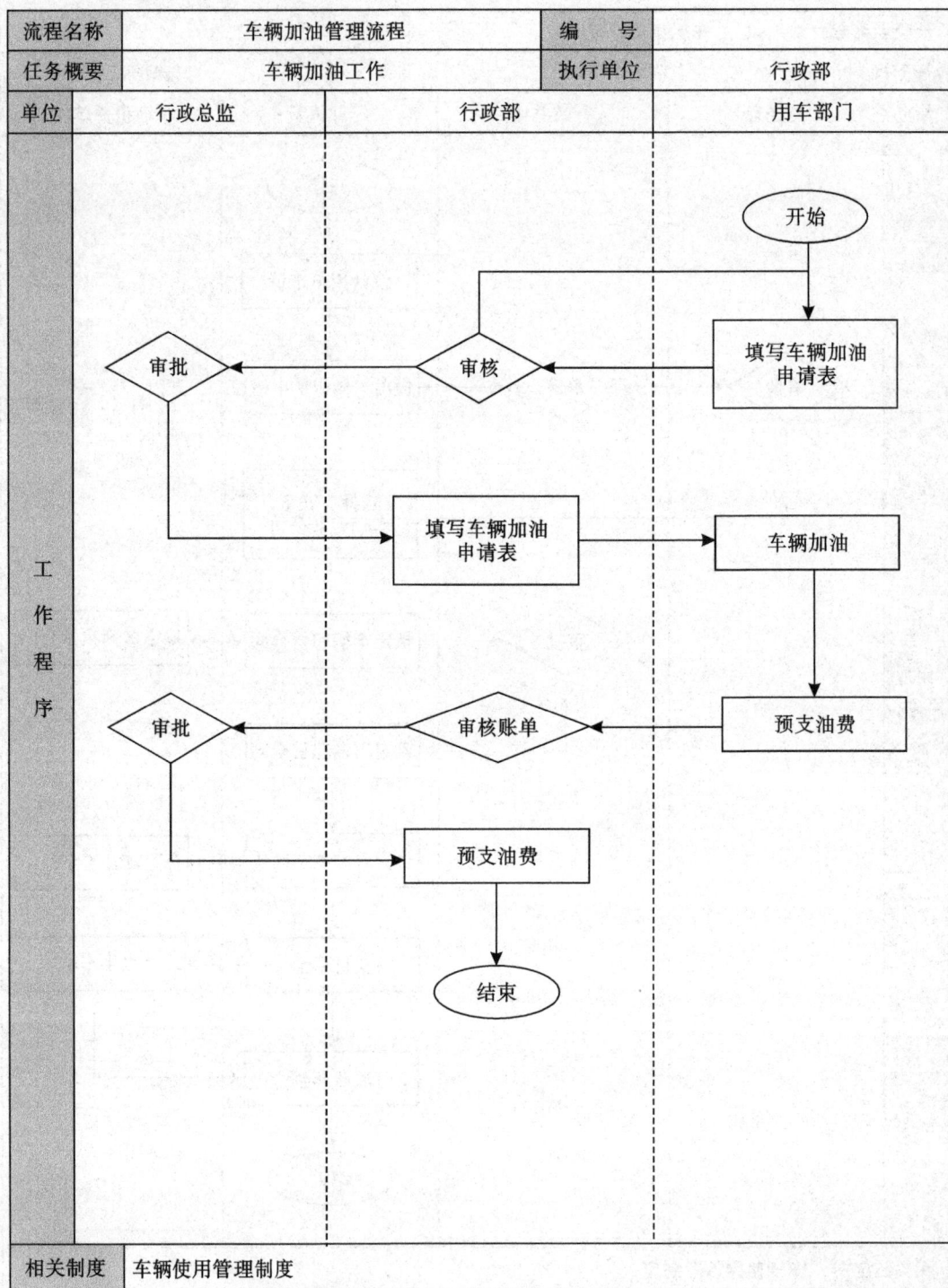

17.2 车辆管理制度与方案

17.2.1 车辆使用管理制度

以下是某公司的车辆使用管理制度，供读者参考。

第1章 总则

第1条 为了加强公司对机动车辆的管理、提高办事效率、减少经费开支成本，特制定本制度。

第2条 公司员工使用机动车辆的相关事宜均适用本制度。

第3条 本制度中所指的机动车辆是指公司所有或租赁的在正常业务中需要用到的车辆，公司总经理、副总经理等高级职员的专用车辆（由其自驾）不包括在内。

第4条 公司高级职员专用车辆的使用可参考本制度中的条款。

第2章 车辆使用的日常管理

第5条 公司的机动车辆统一归行政部调配，其他部门无权调配。

第6条 公司机动车辆的使用范围。

1. 公司员工在本地或短途外出开会、联系业务等。

2. 迎送公司往来的宾客和来公司的办事人员。

3. 其他情况用车。

第7条 使用车辆时，必须由车辆使用者填写"车辆使用申请单"，经部门经理、行政部员工核实、行政经理审批后，由行政部统一调派。

第8条 用车者应严格按照批准的"车辆使用申请单"上的里程与目的地行车，用完车后要如实填写用车实际情况。

第9条 车辆的实际使用若与批准的使用情况有较大差距，由使用者负责说明情况，做出合理的书面解释，否则由使用者承担多出的费用，如过路过桥费、汽油费等。

第10条 在不影响公司业务的情况下，公司员工可以申请公司车辆私用，但会扣除一定比例的使用费。

第11条 行政部应严格把关对公车私用的审批，若影响公司业务，将对审批人做出处罚。

第12条 行政部应减少派往相同或近似目的、方向的车辆，以节约成本。

第13条 车辆使用者申请租赁车辆时，应将"车辆租赁申请单"与相关车辆租赁申请报告一同上报行政部审批，要充分说明租赁的理由及用途等相关事项。

第14条 租赁申请经批准后，由行政部负责联系租赁公司，办理业务。

第3章 车辆日常使用中的相关事项

第15条 使用者在使用车辆的过程中，需要加油时要提前填制加油申请单，其费用由使用者先行垫付，然后凭加油费发票，经行政经理及财务经理审核无误后给予报销。擅自给车辆加油的，公司不予报销。

第16条 公司车辆肇事时，车辆使用者须立即上报公司，由公司行政部派人赶赴现场进行处理。

第17条 车辆肇事的处理程序。

1. 赶赴现场后，若有伤员应立即救助。
2. 保护现场并协助交警部门勘查现场。
3. 联系处理事故的交警部门，鉴定责任。
4. 根据情况处理肇事人员。

第18条 车辆肇事若责任在本方，车辆使用者及公司根据交通部门认定承担相应责任；若责任在对方，按法定程序处理后，公司给予车辆使用者一定补偿。

第4章 对驾驶员及车辆的规定

第19条 公司驾驶员每次出车前要检查车辆，确保车辆处在良好的状态，禁止驾驶员带病出车。

第20条 公司驾驶员在驾车时应严格遵守交通规则，否则后果由驾驶员承担。

第21条 严禁无证驾驶车辆及酒后驾车，发现一次立即开除。

第22条 行政部应建立所有车辆的档案，并指派专人负责保养。

第23条 公司车辆不使用时一律停放在指定的位置，原则上不允许在外面过夜，若因保管不善导致车辆被盗或损坏，由驾驶员及行政经理承担部分责任。

第5章 附则

第24条 本制度由总经理办公室负责制定，其解释权与修改权归总经理办公室所有。

第25条 本制度自总经理办公会审批后实施。

17.2.2 车辆维修管理办法

以下是某公司的车辆维修管理办法，供读者参考。

第1条 公司车辆的维修分为日常维修与送修理厂维修。

第2条 车辆的日常维修由驾驶员与车队维修小组负责。

第3条 驾驶员在下班前应对车辆进行检查，发现问题应立即上报车队维修小组。

第4条 若车队维修小组解决不了车辆问题，驾驶员应填写"车辆维修申请单"，与车队维修小组的报告一同交行政部审批。

第5条 车队维修小组的报告中应说明车辆送修理厂维修的必要性、待修理项目及大致价格。

第6条 审批通过后，驾驶员须填写维修记录登记簿并签字确认，然后到公司指定的修理厂进行修理，否则不予报销修理费用。

第7条 驾驶员应加强在修理过程中的监督，发现修理项目与送修项目不同时，应及时报告行政部并与修理厂协商解决。

第8条 车辆维修费用可由驾驶员持批准后的"车辆维修申请单"到财务部借款，并连同行政人员一起到修理厂支付。

第9条 驾驶员应严格检查修理后的车辆，并将换下的零配件带回公司，禁止随意处理，否则由驾驶员按价赔偿。

第10条 驾驶员修理车辆的报销凭证经行政部与财务部经理审核后按实际费用报销，借款应多退少补。

第11条 行政部应将车辆修理的情况与换下的零件登记造册，将换下的零件定期处理，所得收入交公司财务部。

第 12 条　若指定修理厂修理不了该车辆，需要寻找新的修理厂时，必须经过行政经理的审批，禁止驾驶员自行寻找，否则不予报销修理费用。

17.2.3 车辆费用管控方案

以下是某公司的车辆费用管控方案，供读者参考。

一、车辆费用及保障

1. 车辆费用范围

车辆费用主要包括油费、修理费、材料费、保险费、停车费、道路通行费、审验费及其他相关费用。

2. 车辆费用保障

（1）车辆费用保障项目包括费用借支、费用报账。

（2）车辆因故需借款或报账时，应由车辆主管填报"借款申请单"，经行政部经理审核无误后，报主管行政后勤工作的行政总监审批（修理费用需附"请修单"）。

（3）车辆主管或相关人员凭审批的意见，到财务部借支或报账。

（4）报销修理保养费、油费、停车费及道路通行费时，司机应在相关票据或凭单上签字证明。

（5）备用金制度。司机在入职时，可到财务部领取 600 元的车辆费用备用金。备用金可用于紧急情况下的加油费、维修费以及日常保养费、停车费、道路通行费的支付。

二、车辆费用额度的控制

1. 车辆费用额度的规定

（1）公司中高层管理人员用车费用额度的规定。

①公司中高层管理人员用车费用额度，是指中高层管理人员在办公常驻地的日常工作用车费用。

②中层管理人员每月用车费用额度为 1 500 元，高层管理人员每月用车费用额度为 3 000 元。

③凭发票（加油票据、停车费、路桥费、维修费等）及公司的出车单核销，每月最后一天结算本月费用，在额度内实报实销，超出部分由个人承担。

（2）路桥费、维修费、油费、停车费等相关费用包括在各部门用车费用额度内，具体如下表所示。

用车费用额度预算表

单位：元

部门名称	用车费用额度	备注
营销部	1 200	票据齐全、经审核
客户服务部	1 000	票据齐全、经审核
采购部	1 000	票据齐全、经审核
生产部	800	票据齐全、经审核
质量管理部、人力资源部、行政部	500	票据齐全、经审核

（3）用车费用额度的其他规定。

①公司员工因公长途出差及机场的往返费用，列入公司的用车费用额度。

②因公接待客户发生的用车费用，列入各部门的费用额度内。

2. 车辆费用额度控制程序

本公司车辆费用额度的控制程序如下图所示。

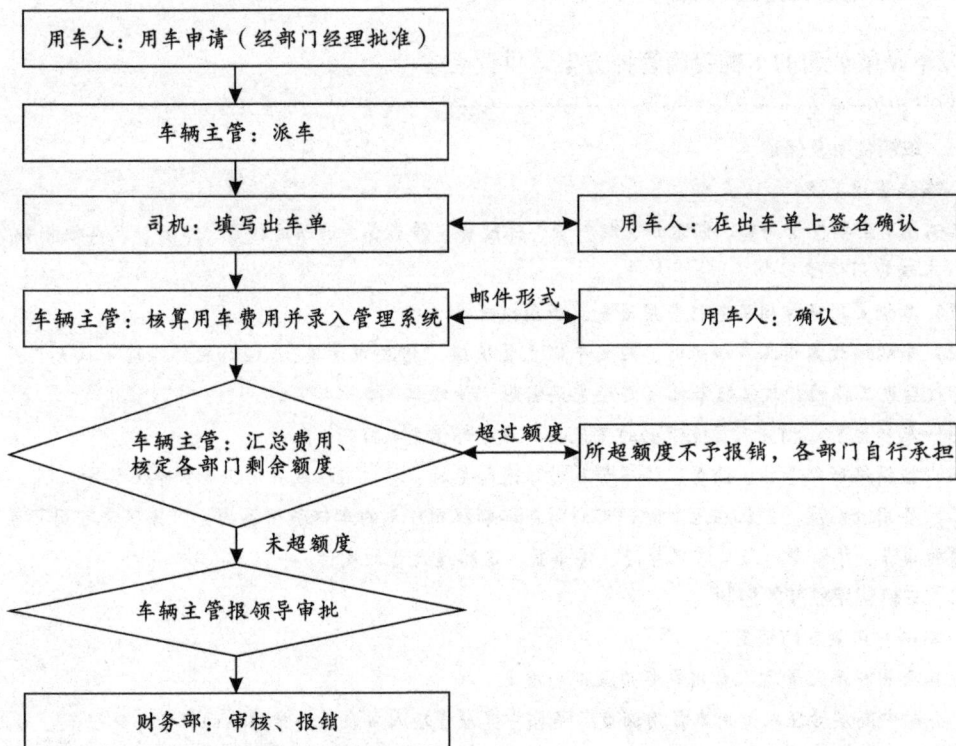

```
┌─────────────────────────────────────┐
│  用车人：用车申请（经部门经理批准）  │
└─────────────────────────────────────┘
                  ↓
┌─────────────────────────────────────┐
│          车辆主管：派车              │
└─────────────────────────────────────┘
                  ↓
┌─────────────────────────────────────┐        ┌─────────────────────────┐
│        司机：填写出车单           │◄──────►│  用车人：在出车单上签名确认  │
└─────────────────────────────────────┘        └─────────────────────────┘
                  ↓
┌─────────────────────────────────────┐  邮件形式  ┌─────────────────┐
│ 车辆主管：核算用车费用并录入管理系统 │◄────────►│   用车人：确认   │
└─────────────────────────────────────┘          └─────────────────┘
                  ↓
        ◇─────────────────────◇     超过额度    ┌───────────────────────────┐
        │  车辆主管：汇总费用、  │◄───────────►│ 所超额度不予报销，各部门自行承担 │
        │  核定各部门剩余额度    │              └───────────────────────────┘
        ◇─────────────────────◇
                  ↓ 未超额度
        ◇─────────────────────◇
        │   车辆主管报领导审批   │
        ◇─────────────────────◇
                  ↓
┌─────────────────────────────────────┐
│        财务部：审核、报销            │
└─────────────────────────────────────┘
```

车辆费用额度控制程序图

3. 相关部门费用控制职责

（1）行政部。行政部负责各部门用车费用的核算工作，并进行费用汇总，每月最后一天在公司资金管理会议上，按部门报告本月的用车费用，并与财务部共同核定各部门用车费用的当月剩余额度。

（2）各部门。各部门自行制订的用车计划及费用预算，报行政部审核、备案。各部门用车费用控制程序如下：

司机申请报销用车费用→车辆主管审核→行政部经理批准→计入各部门的用车费用→控制各部门的用车费用额度。

第 18 章　接待与招待管理

18.1 接待与招待管理流程

18.1.1 接待客户管理流程

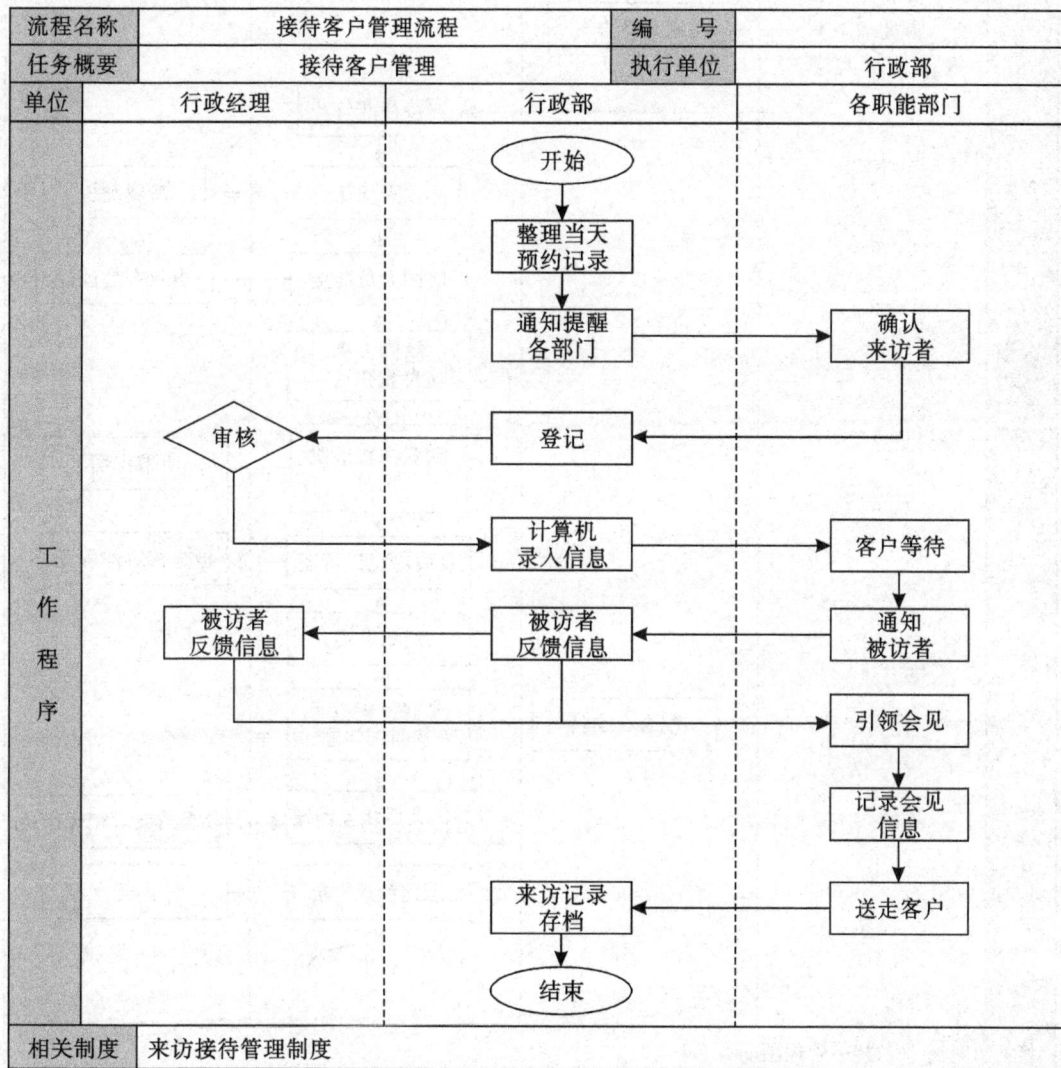

流程名称	接待客户管理流程		编　号	
任务概要	接待客户管理		执行单位	行政部
单位	行政经理	行政部		各职能部门
工作程序				
相关制度	来访接待管理制度			

流程图：

- 行政部：开始 → 整理当天预约记录 → 通知提醒各部门
- 各职能部门：确认来访者
- 行政部：登记 ← 确认来访者
- 行政经理：审核 ← 登记
- 行政部：计算机录入信息 ← 审核
- 各职能部门：客户等待
- 各职能部门：通知被访者
- 行政部：被访者反馈信息 ← 通知被访者
- 行政经理：被访者反馈信息 ← 被访者反馈信息
- 各职能部门：引领会见
- 各职能部门：记录会见信息
- 各职能部门：送走客户
- 行政部：来访记录存档 ← 送走客户 → 结束

18.1.2 参观接待管理流程

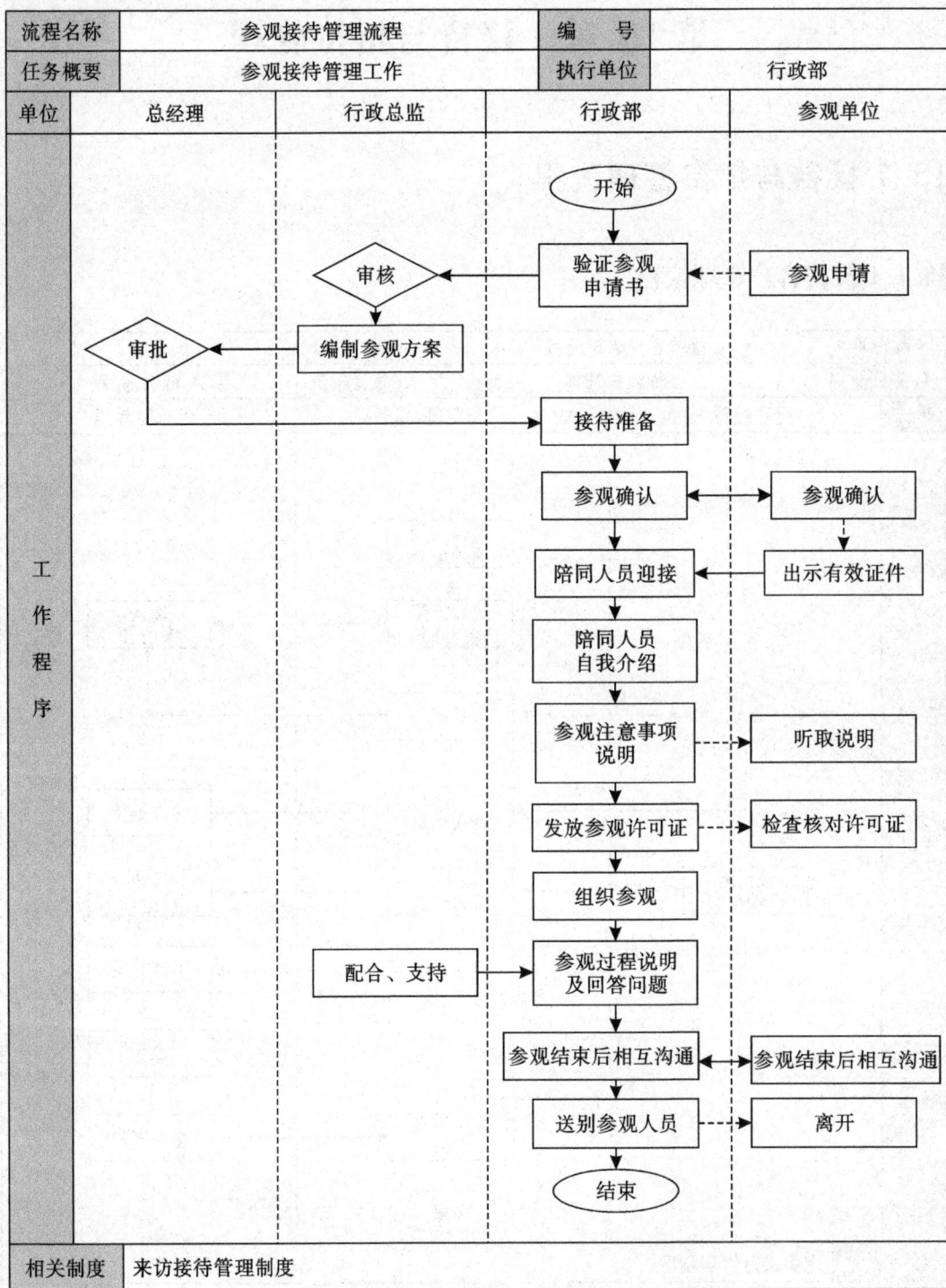

流程名称	参观接待管理流程		编　号	
任务概要	参观接待管理工作		执行单位	行政部
单位	总经理	行政总监	行政部	参观单位
工作程序			开始 → 验证参观申请书 ← 参观申请 审核 ← 审批 ← 编制参观方案 接待准备 参观确认 ← 参观确认 陪同人员迎接 ← 出示有效证件 陪同人员自我介绍 参观注意事项说明 → 听取说明 发放参观许可证 → 检查核对许可证 组织参观 配合、支持 → 参观过程说明及回答问题 参观结束后相互沟通 ← 参观结束后相互沟通 送别参观人员 → 离开 结束			
相关制度	来访接待管理制度			

230

18.1.3 礼品领用管理流程

流程名称	礼品领用管理流程		编 号	
任务概要	礼品领用管理		执行单位	行政部
单位	总经理	行政部	采购部	使用部门
工作程序				
相关制度	礼品领用管理办法			

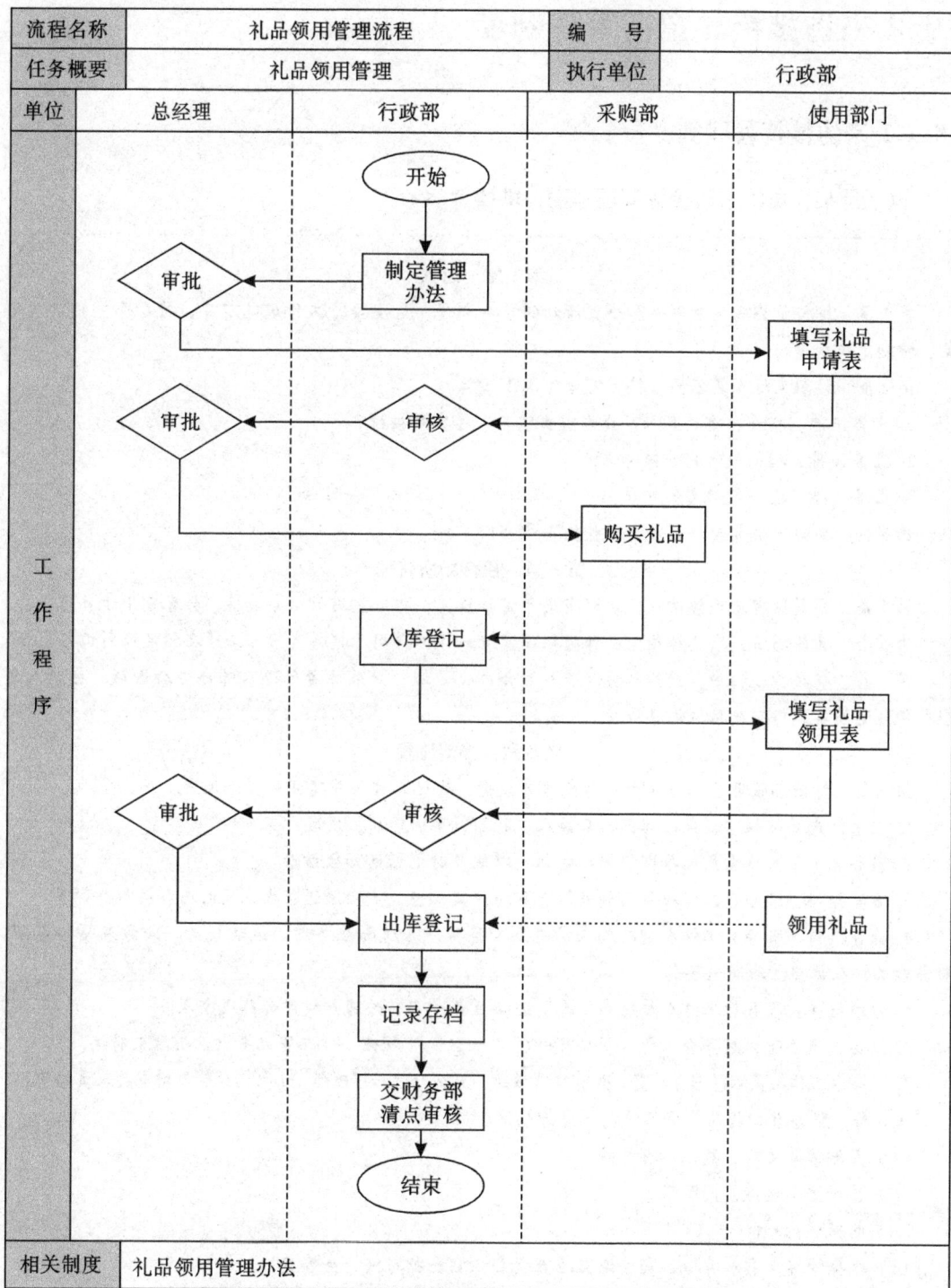

18.2 来访接待、招待管理制度

18.2.1 来访接待管理制度

以下是某公司的来访接待管理制度，供读者参考。

第1章 总则

第1条 接待是公司行政事务和公关活动的重要部分，为使接待工作规范有序，维护和宣传公司形象，特制定本制度。

第2条 按照来访人员不同，接待可分为以下三类。

1. 贵宾接待，指公司重要客人、公司重要客户、外宾的接待。

2. 业务接待，指一般客户的接待。

3. 普通接待，指一般来客的接待。

第3条 公司行政部为公司负责接待的职能部门。

第2章 接待场所管理

第4条 公司设有三个接待处：会议室用于贵宾接待，招待室用于业务接待，会客室用于普通接待。

第5条 其他场所，除总经理室、部门经理室外一律不得用于接待，待客必须在指定场所进行。

第6条 在接待过程中，严禁来访者进入综合办公区域。如来访者已进入综合办公区域，接待人员应礼貌地邀请其到指定的区域休息等待。

第3章 接待流程

第7条 行政部服务台工作人员负责来访者接待、登记工作，并建立来宾登记簿。

1. 在来访者登记姓名、来访部门、来访人、时间、事由等后，发放"来宾卡"。

2. 服务台工作人员需熟记各部门内线电话，以便及时电话通知被访者。

3. 贵宾接待：服务台工作人员引领来访者到会议室入座，主动递送茶水，及时与相关领导联系。

4. 业务接待：服务台工作人员引领来访者到招待室，并通知业务部门经理接待。来访者等待期间，服务台工作人员要主动递送茶水。

5. 普通接待：服务台工作人员将来访人员迎接至会客室，并通知被访部门或个人。

6. 来访者离去时，服务台工作人员应及时将"来宾卡"收回，并在登记本上注明结束时间。

7. 服务台工作人员不得擅自离岗，如有特殊原因，应及时通知行政部，由部门主管安排有关人员接替。

第8条 服务台工作人员应遵守以下接待礼仪。

1. 见面迎客要主动、热情、有礼貌。

2. 接待时主动起迎，问明来意。

3. 安排交谈地点。

（1）根据访客来意和身份，安排适当地点（会议室、招待室、会客室）进行交谈。

（2）当被访人员工作比较忙，一时难以抽身时，应向客人说明，暂请他人代接或另商时间。

（3）切忌让客人久候而无人问津。

4. 穿着不得过于随便，应按规定着装，衣着整洁，有风度。

第9条　遇到重大接待工作和活动，可由总经理室协调行政部、公关部等相关部门共同做好此项工作，有关部门要积极且主动配合。

18.2.2 礼品领用管理办法

以下是某公司的礼品领用管理办法，供读者参考。

第1条　为规范礼品申请领用程序，特制定本办法。

第2条　公司礼品由采购部负责采买，行政部统一管理，并指定专人负责其入库储存、出库发放。

第3条　申请领用流程。

1. 各部门应根据业务需要领用礼品，认真填写"礼品领用申请单"，包括所需礼品名称、数量、用途等信息。

2. 领用审批权限为：部门申领礼品价值在1 000元（含）以下的，由行政经理审批；价值在1 000元以上的，报总经理审批。公司各部门所有礼品领用须定期报行政部备案、总经理审批。

3. 行政部审核经批准人批准后的"礼品领用申请单"。所申请礼品若公司有库存，则指定专人负责出库登记；若所申请礼品不在库存物品内或存量不够，则将申请表交由采购部，经采购人员采买并办理完礼品入库手续后，行政专员进行出库发放。

4. 行政专员开具出库单（一式四联），第一、第二联交礼品领用人，第三联留存，第四联记账。

5. 礼品退还时由原部门申领人填写"礼品退还单"，经部门经理及行政部审核后，将礼品归还到库房，行政专员保留"礼品退还单"并归还"礼品领用申请单"。

第4条　行政专员要坚持每月底对礼品实物进行双人盘库，并由行政部经理监督盘库，确保账实相符。若出现盘盈或盘亏现象，要及时查明原因，由行政部经理督促解决。

第5条　保质期较短的食品类礼品、贬值较快的电子类礼品及特殊性礼品等，要及时上报行政经理或总经理，做特殊处理。

第6条　行政部对所有礼品，必须严格执行先实物入库登记，后审批领用的程序，凡接受礼品不入账而直接领用者，将给予有关责任人行政或经济处罚。

第7条　行政部要严格遵守公司规定的统一上报时间及上报方式，每年7月10日前上报当年上半年礼品领用情况汇总表，每年1月10日前上报上一年度下半年礼品领用情况汇总表。

第8条　本办法由总经理办公室、行政部共同制定，自颁布之日起实施。

第19章 宿舍与食堂管理

19.1 宿舍与食堂管理流程

19.1.1 员工宿舍管理流程

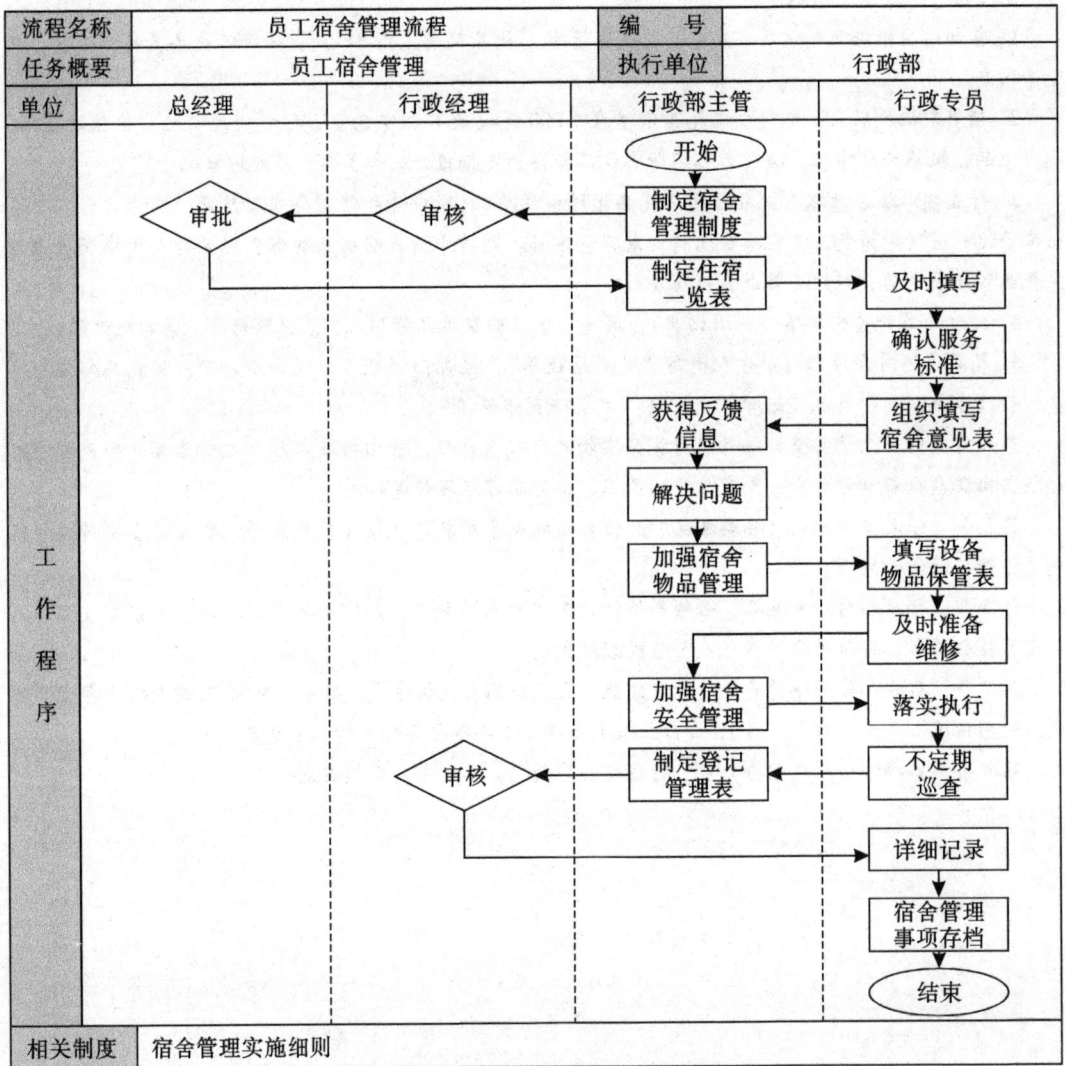

流程名称	员工宿舍管理流程		编　　号	
任务概要	员工宿舍管理		执行单位	行政部
单位	总经理	行政经理	行政部主管	行政专员
工作程序				

工作程序流程图：

开始 →
制定宿舍管理制度 → 审核 → 审批
制定住宿一览表 → 及时填写 → 确认服务标准 → 组织填写宿舍意见表
获得反馈信息 → 解决问题 → 加强宿舍物品管理 → 填写设备物品保管表 → 及时准备维修
加强宿舍安全管理 → 落实执行
制定登记管理表 → 审核 → 不定期巡查
详细记录 → 宿舍管理事项存档 → 结束

相关制度	宿舍管理实施细则

234

19.1.2 员工入住管理流程

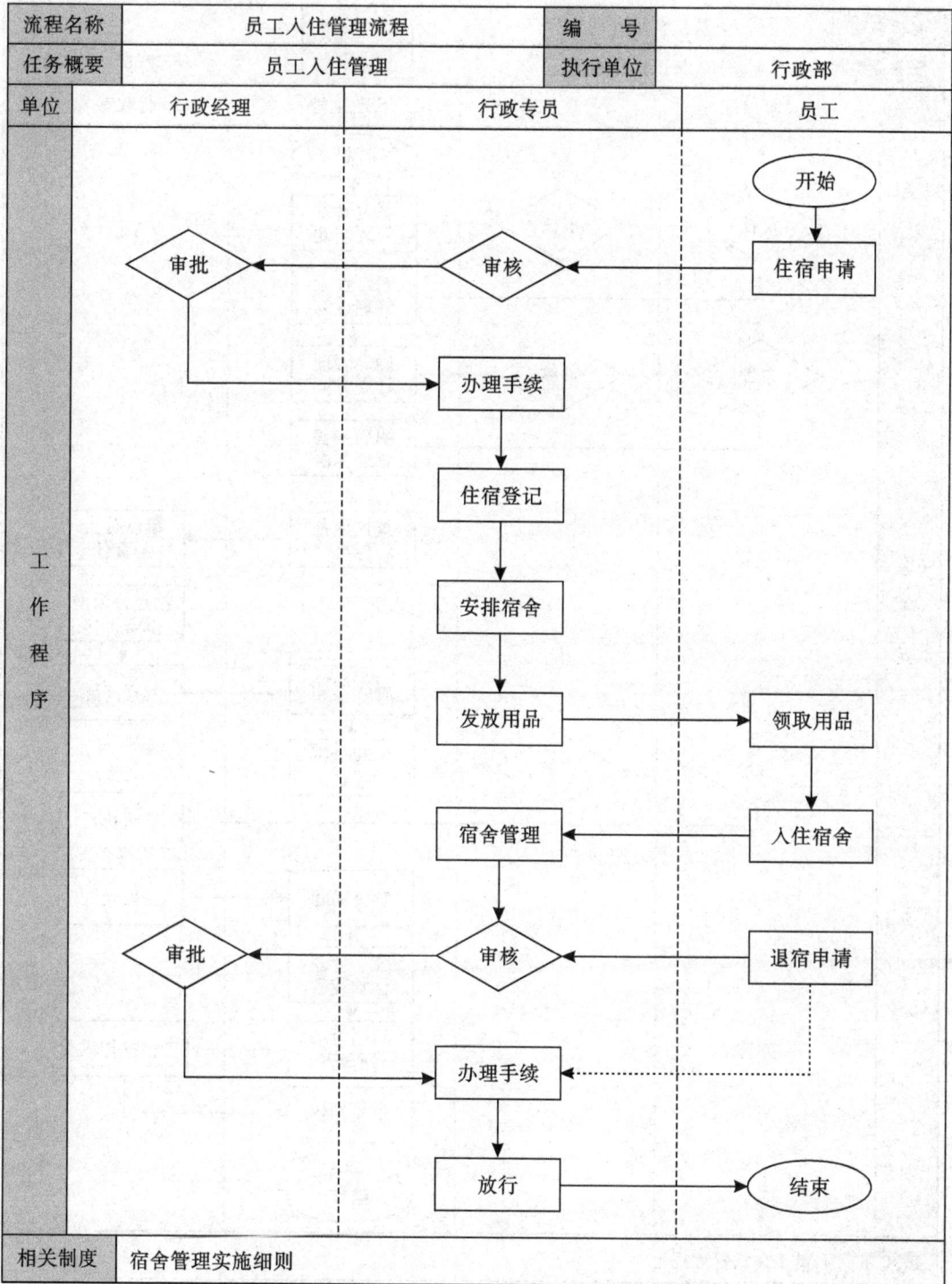

流程名称	员工入住管理流程		编　号	
任务概要	员工入住管理		执行单位	行政部
单位	行政经理	行政专员		员工
工作程序				

工作程序流程图：

开始 → 住宿申请 → 审核 → 审批
审批 → 办理手续 → 住宿登记 → 安排宿舍 → 发放用品 → 领取用品 → 入住宿舍 → 宿舍管理 → 审核 ← 退宿申请
审核 → 审批 → 办理手续 → 放行 → 结束

相关制度	宿舍管理实施细则

19.1.3 员工食堂管理流程

流程名称	员工食堂管理流程		编　　号	
任务概要	员工食堂管理		执行单位	行政部
单位	总经理	行政经理	行政主管	行政专员

工作程序

```
                                              开始
                                               │
          审批  ◄──  审核  ◄──────────  制定食堂管理制度
            │                                  │
            └────────────────────────►  制订食堂管理计划
                                               │
          审批  ◄──  审核  ◄──────────  确定管理计划方案
            │                                  │
            └────────────────────────►  明确销售管理标准
                                               │
                                        规定服务标准  ──────►  确认分工与责任
                                                                    │
                                                              检查售饭前准备工作
                                                                    │
                                        解决问题  ◄──────────  发现问题
                                           │
                                        编写分析报告  ──►  审核  ──►  审批
                                                                        │
            ┌───────────────────────────────────────────────────────────┘
            └────────────────────────────────────────►  遵照执行
                                                              │
                                        解决问题  ◄──────  发现问题
                                           │
                                        统一管理食堂装备
                                           │
                                        编制设备分管表  ──►  考核操作人员
                                           │                      │
                                        结果存档  ◄──────────────┘
                                           │
                                        结束
```

相关制度	员工食堂管理规范

19.2 宿舍与食堂管理制度

19.2.1 宿舍管理实施细则

以下是某公司的宿舍管理实施细则，供读者参考。

第1章 总则

第1条 为建立和维护良好的员工生活秩序，营造一个安定、舒适、整洁的住宿环境，特制定本细则。

第2条 本细则适用于全体员工。员工亲属或朋友违反本制度，由该员工承担全部责任。

第2章 职责分工

第3条 行政部全面负责宿舍的各项管理工作。

第4条 宿舍管理员具体实施各项管理工作，配合行政部严格执行宿舍管理制度，具体职责如下：

1. 有效监控员工住宿秩序、宿舍设备和各宿舍卫生、安全情况；

2. 及时跟进员工入住、退宿及访客住宿情况，确保床位准确无误；

3. 指导新员工食宿，向新员工介绍公司生活区情况及提醒相关注意事项；

4. 做好床位登记工作，按时上交宿舍情况报表，包括"住宿情况月报表""外住员工登记表""水电用量统计表"等；

5. 及时更新或修改各宿舍床位登记卡；

6. 坚守岗位，耐心解决员工问题，如不能解决则请当值保安员配合，或移交上级处理；

7. 秉公办事、坚持原则，不徇私情、不图私利，对员工一视同仁；

8. 如实向上级反映情况及汇报工作，不得隐瞒宿舍管理问题。

第5条 保安员协助巡查宿舍的安全及制度遵守情况。

第3章 入住程序

第6条 员工据实填写"住宿申请表"并交行政部。

第7条 行政部视申请者条件和申请理由予以批复。

第8条 批复后，由宿舍管理员按原则分派房间，配发生活用品并作入住登记。

第4章 住宿标准及要求

第9条 原则上一般文职员工2人/间，主管级以上人员1人/间，已婚正式员工有家属同住者可单独分房1间（条件允许时），一线员工及临时工则指定集体宿舍。

第10条 员工宿舍及床位由行政部统一安排，任何人不得抢占住房及擅自调换房间、床位。

第11条 宿舍用电，人均每月6度（临时工除外）以内免费，超额部分按公司统一电价收费。行政部于每月26日公布电费，员工月底前到财务部交款。逾期不缴者，于次月工资中双倍扣除。

第12条 入住人员应节约用水、用电，凡洗手、洗脸、洗澡、洗衣等用完水后，应关好水龙头，离开房间应及时关灯，严禁长明灯、长流水。

第13条　入住人员须爱护住房设施，不得擅自改变住房结构，不得在墙上打洞、乱写、乱画、乱接或更改电线线路。确需改造的，须征得行政部同意。

第14条　入住人员应维护宿舍及过道卫生，按时清扫，不得随地吐痰、大小便，乱丢果皮、纸屑、废物，乱倒脏水、饭菜、垃圾，违者按卫生管理相关制度处理。

第15条　中午12：30至13：30和晚上21：30以后为休息时间，严禁在宿舍内及走廊、楼梯大声喧哗，严禁大声播放音乐、电视等，以免影响他人休息。违者，发现一次扣罚20元。

第16条　严禁在宿舍内私自留宿异性客人。违者，扣罚当事人50元/次。

第17条　未经允许，严禁私自调换宿舍。违者，扣罚当事人50元/次。

第18条　宿舍内严禁打架斗殴、赌博、酗酒闹事。每发现一次，扣罚当事人100元/人；屡教不改且情节严重者，属严重违反公司规章制度，将与其解除劳动关系。

第19条　亲友来访时，由门卫叫传后于宿舍门卫室外接待。未经批准，不得私带亲友进入宿舍甚至留宿。

第5章　退宿程序

第20条　凡申请退宿人员，须提前一个月填写申请书，经行政部批准并检查铺位及设施完整后，方得搬离宿舍。

第21条　屡次违反宿舍管理制度且屡教不改者，勒令其退宿。

第22条　凡辞职、离职或勒令退宿者，须于接到通知的当天搬出宿舍，所有携带的物品要经宿舍管理员或门卫检查。

第23条　凡搬离宿舍者，应把自己的床位清理干净，不得将残物、垃圾扔在宿舍内。

第6章　附则

第24条　违反宿舍管理规定者，若本细则无明确规定，按员工手册相关条例处理。

第25条　本细则由行政部负责解释，自＿＿＿年＿月＿日起开始实施。

19.2.2 员工食堂管理规范

以下是某公司的员工食堂管理规范，供读者参考。

第1章　总则

第1条　为维护公司正常的食堂秩序，营造优良的员工用餐环境，特制定本规范。

第2条　本规范适用于员工食堂所有从业人员，包括正式员工及临时工。

第2章　厨房卫生安全管理

第3条　厨房卫生安全管理应严格按照以下标准执行。

1. 严禁采购、验收和加工变质食物。

2. 食品要生熟分开放置。

3. 每日制作的饭菜及下班后的剩饭菜，必须随时清理和加盖子。

4. 存放食品的容器，用完后必须清洗，需消毒的要坚持消毒，并摆放整齐。

5. 炒熟及直接入口的食品，必须随手加盖子或上架，不得随地乱放。

6. 工作告一段落后，洗菜池、工作台、砧板、案板必须打扫干净。

7. 各种机械工具要放置于指定地点，机械工具使用完毕后必须及时清理干净。

8. 货架、售卖台、抽风系统、箱柜要经常清扫，保持整洁，洗物池要做到无垢、无苔。

9. 库房内物品要一物一标签，堆码整齐，能加盖子的必须加盖子。

10. 门窗和玻璃要保持干净、无积尘，天花板和墙壁无积尘、无蛛网。

11. 保持地面清洁，做到每餐一小扫，每周一次大扫除。

12. 餐桌残留物须及时清理，保持桌面清洁、无油腻。

13. 餐厅内外下水管道要畅通，经常打扫。

14. 讲究个人卫生，勤理发、勤剪指甲、勤换衣，便后洗手，不随地吐痰、扔杂物，不叼烟作业，上班时须穿戴工作衣帽。

15. 冰柜应保持清洁，无霉烂、臭味、异味。

16. 餐具、炊具洗净后要摆放整齐，用前消毒，台、桌要擦洗干净，搅拌机无酸味、切肉机要清洁无异味。

17. 无关人员不准进入工作区，严防食品安全事故发生。

18. 工作人员应每年进行一次体检，做好疾病传播和细菌交叉感染预防工作。

19. 食堂以经理、安全员、班长为主要责任人，必须做好防鼠、防蝇、防盗、防潮湿、防食物中毒"五防"工作。

第4条 厨房所需购物品，必须呈报行政主管，由行政部指定专员采购，购回的单据按相关程序处理，即行政主管签字——总经理审核——财务出纳处销账。

第5条 厨房购回食品，由行政部每周不定期进行抽查，抽查内容为食品质量和重量。对不合格食品，拒收并按规定处理。

第6条 厨房的一切设备、餐具有登记，有账目，不贪小便宜，对放置在公共场所内的任何物品，不得随便搬动或挪作他用。无故损坏各类设备、餐具者，要照价赔偿。

第7条 餐具必须妥善保管，任何人未经许可都不能将餐具拿走供私人使用。

第8条 餐具必须每日进行一次清查盘点，除正常损耗外，数目不足时，须及时查明原因并追究责任。

第9条 切实落实安全工作。使用设备或用具要严格遵守操作规程，防止事故发生；严禁无关人员进入厨房和仓库；易燃、易爆物品要严格按规定放置，杜绝意外事故的发生；食堂工作人员下班前要关好门窗，检查各类电源开关、设备等。管理员要经常督促、检查，做好防盗工作。

第3章 就餐管理

第10条 窗口服务必须穿戴好工作服、工作帽和工号牌，做到仪表整洁，出售饭菜时态度和蔼，服务热情。

第11条 因服务态度问题与员工发生争吵或打架事件的，将予以经济处罚，情节严重者立即辞退。

第12条 出售饭菜价格合理，买卖公平，不走后门，不搞特殊。

第13条 员工就餐一律收（缴）饭票，禁止收取现金。对不能提供饭票者，食堂人员应拒绝售饭；食堂人员按规定每月交缴就餐费，严格办理登记手续。任何人在食堂就餐均须按规定标准收费。不得擅自向外出售已入库的食品。

第4章 食堂收支结算

第14条 出售饭菜后收回的饭票要及时点清，交给当班收票员，收票员根据班组交来的票证，在收报表内签章或加盖核对戳记，交由班组保存。

第 15 条　每月 1—5 日，行政部负责统计上月出售的饭票及收到的饭票。

第 16 条　每月 10 日前，行政部要根据餐卡、就餐人员明细等编制食堂账务表并存档。

第 5 章　食堂采购和报销

第 17 条　采购部应本着质优价廉、货比三家的原则选择每日菜品、副食品等物资的固定供应商。采购的物品应保证新鲜，严禁购买病死肉和过期、变质的蔬菜、调味品及肉制品。

第 18 条　食堂管理员及炊事员每天必须对采购的菜品进行验收核实，以保证账物相符，并将采购的物品登记在"采购收支表"上，做出统计。

第 19 条　各类物资一般每周或每月结算一次，不能按周期结算的，经验收合格后可立即付款。

第 20 条　食堂管理员应根据财务部规定的周期领取食堂备用金，并及时与财务部进行结算。

第 6 章　食堂从业人员奖惩

第 21 条　食堂工作人员应保证为员工提供卫生、健康的饮食，不得采购劣质、腐烂、过期食物，违者公司将予以辞退，并承担相应经济责任，情节严重者将送公安机关处理。

第 22 条　保证厨房餐具及食堂环境清洁卫生，若达不到检查要求，予以警告处分并罚款 10～100 元。

第 23 条　为员工提供良好的服务与质量较高的伙食，若因服务或伙食质量被员工投诉，视有效情况处以 20～100 元罚款。

第 24 条　采购厨房物资、菜品、调料必须如实记录开支，不得谎报，否则予以辞退并赔偿公司损失，情节严重者以"贪污"论处，并送公安机关处理。

第 25 条　妥善保管、使用食堂用具与电器等物品，不得故意损坏，损坏物品按原值赔偿并处以 50 元以上罚款。

第 26 条　应对菜品准备的量进行合理控制，杜绝浪费，若发现浪费现象，则处以警告并罚款 50～100 元，情节严重者予以辞退。

第 27 条　工作积极主动，能提出合理化建议。提出的建议有利于提高食堂工作效率或工作质量者，奖励 20～100 元；屡次受到奖励者，提高薪资。

第 28 条　工作技能有显著提高并受到领导及众多同事肯定者，奖励 50～100 元；屡次受到奖励者，提高薪资。

第 7 章　附则

第 29 条　本规范由行政部负责制订、解释及补充，自颁布之日起实施。

第 20 章　环境与安全管理

20.1 环境与安全管理流程

20.1.1 卫生检查管理流程

流程名称	卫生检查管理流程		编　号	
任务概要	卫生检查管理		执行单位	行政部
单位	总经理	行政经理	行政部主管	行政专员
工作程序				
相关制度	卫生检查管理制度			

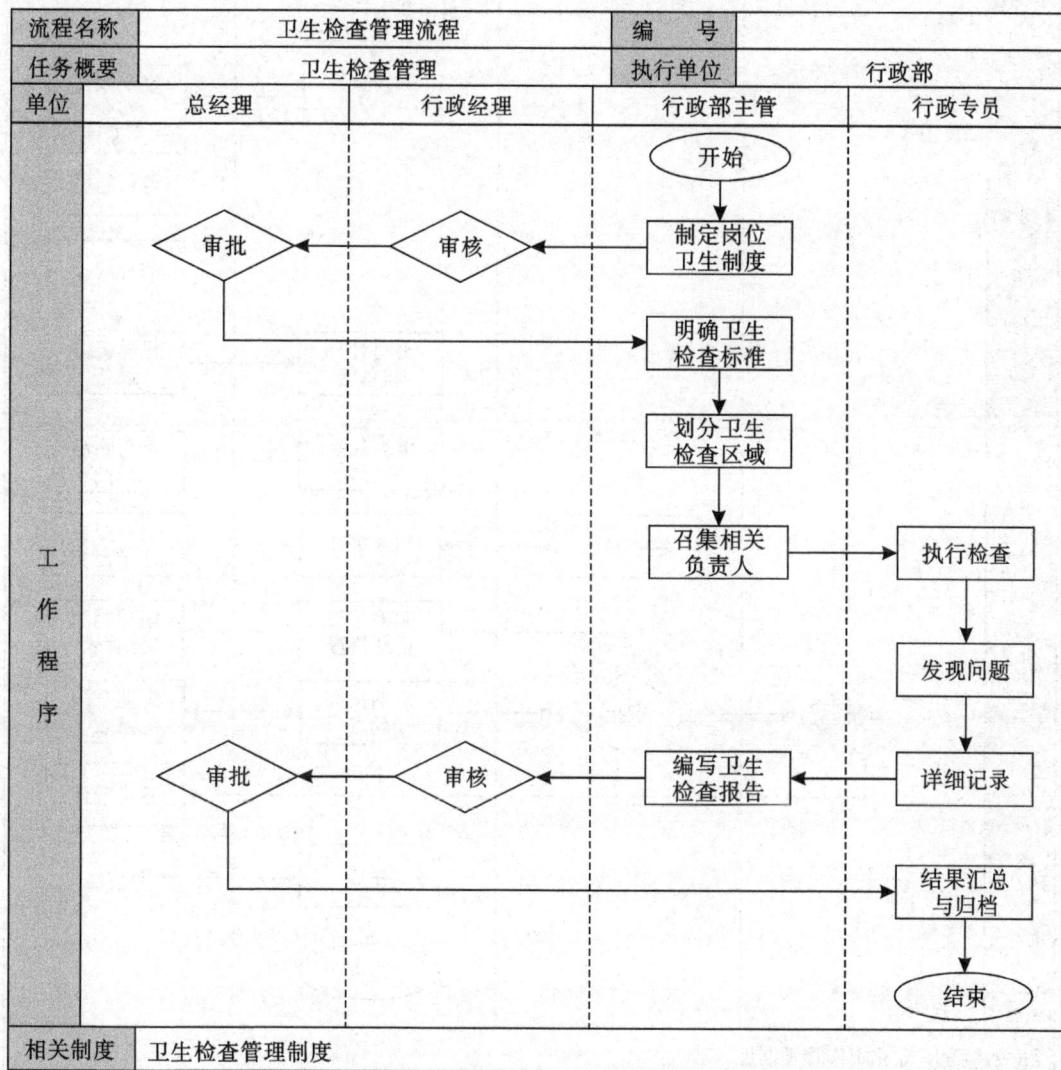

241

20.1.2 绿化工作管理流程

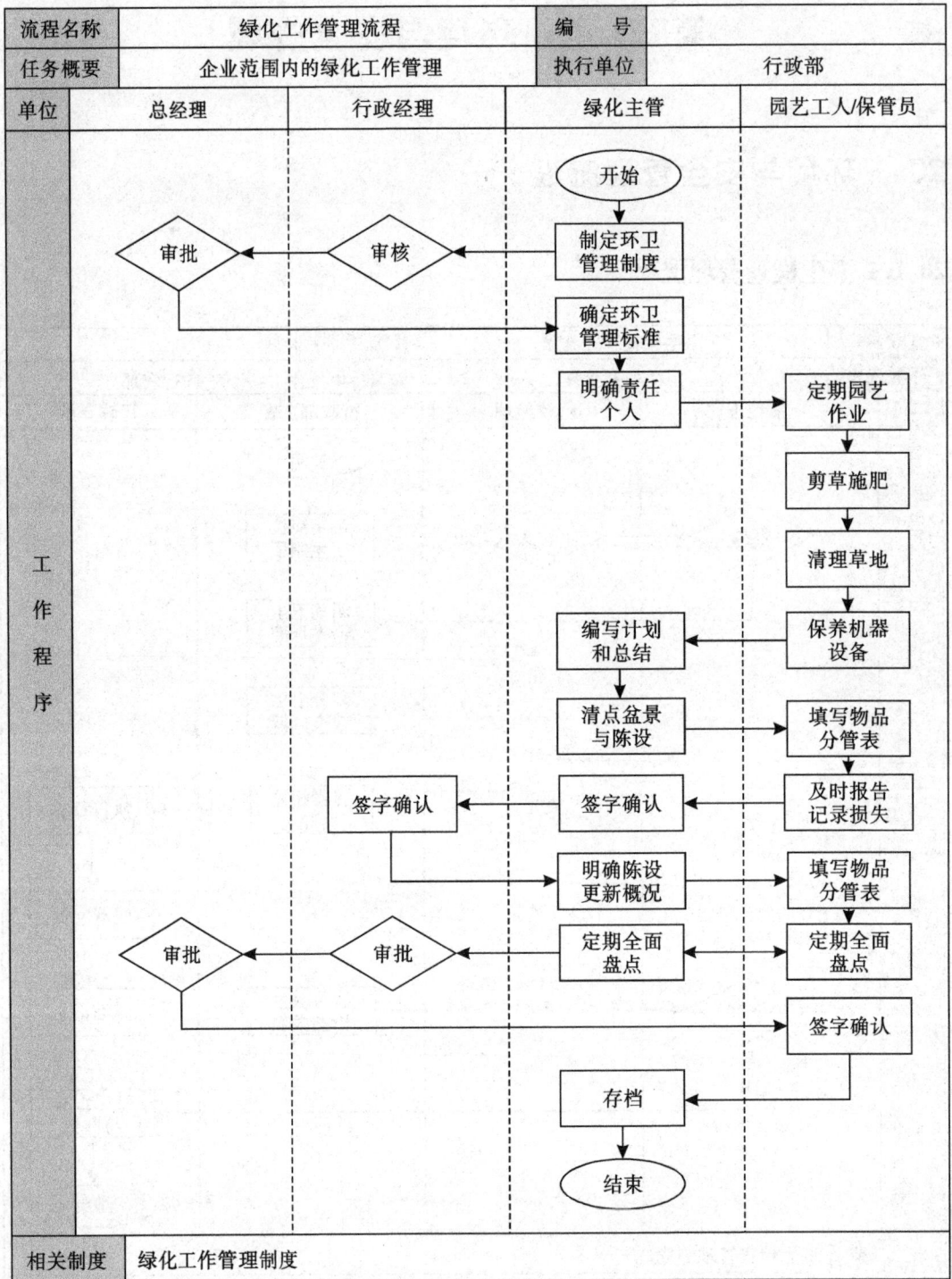

流程名称	绿化工作管理流程		编　号	
任务概要	企业范围内的绿化工作管理		执行单位	行政部
单位	总经理	行政经理	绿化主管	园艺工人/保管员
工作程序				
相关制度	绿化工作管理制度			

开始

制定环卫管理制度 → 审核 → 审批

确定环卫管理标准

明确责任个人 → 定期园艺作业

剪草施肥

清理草地

保养机器设备 → 编写计划和总结

清点盆景与陈设 ← 填写物品分管表

及时报告记录损失

签字确认 ← 签字确认

明确陈设更新概况 → 填写物品分管表

定期全面盘点 ← 定期全面盘点

审批 ← 审批

签字确认

存档

结束

20.1.3 消防安全管理流程

流程名称	消防安全管理流程		编　号	
任务概要	消防安全管理		执行单位	行政部
单位	总经理	行政经理	行政部主管	行政专员	消防队

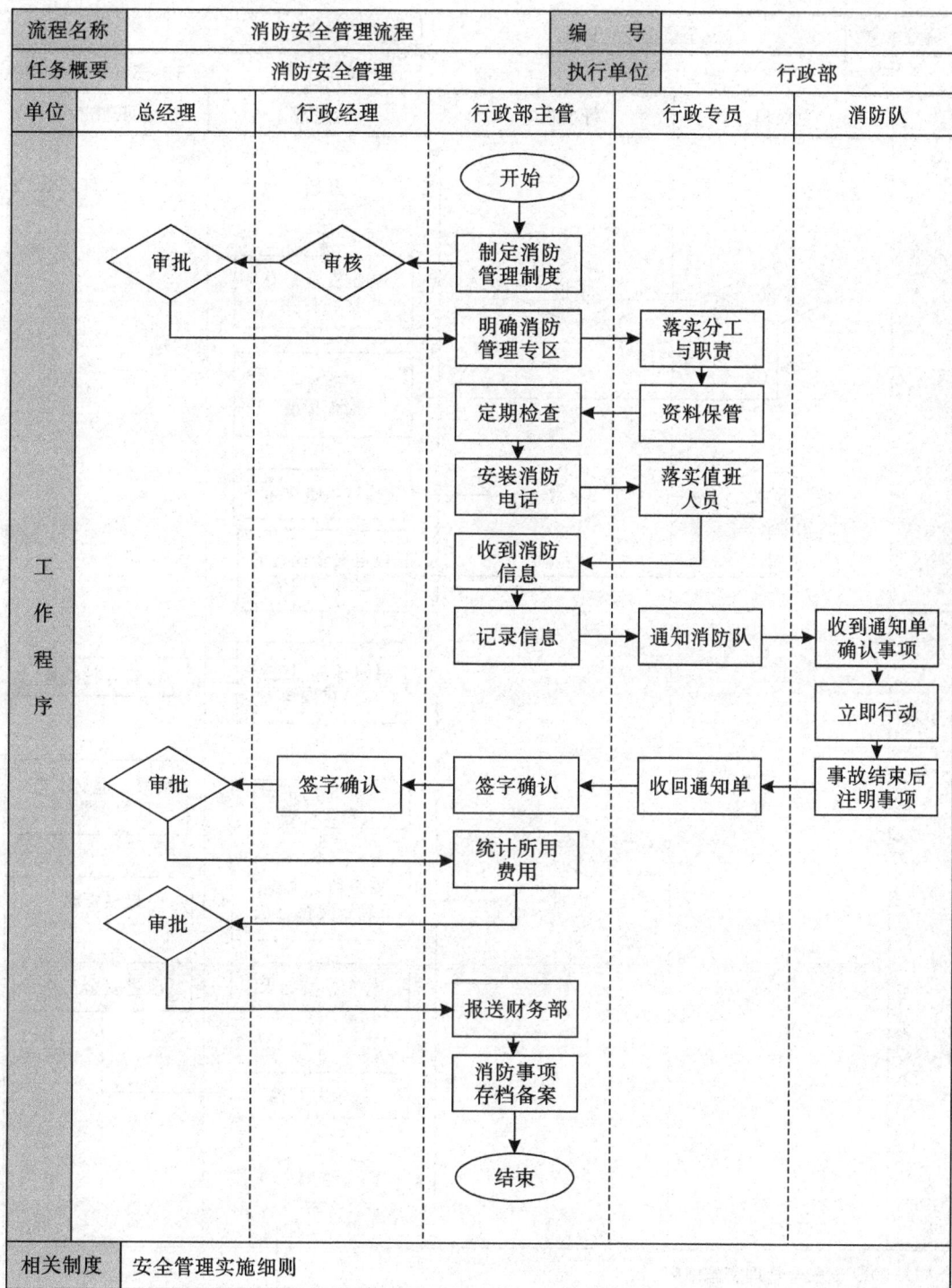

工作程序

相关制度	安全管理实施细则

20.1.4 安全检查管理流程

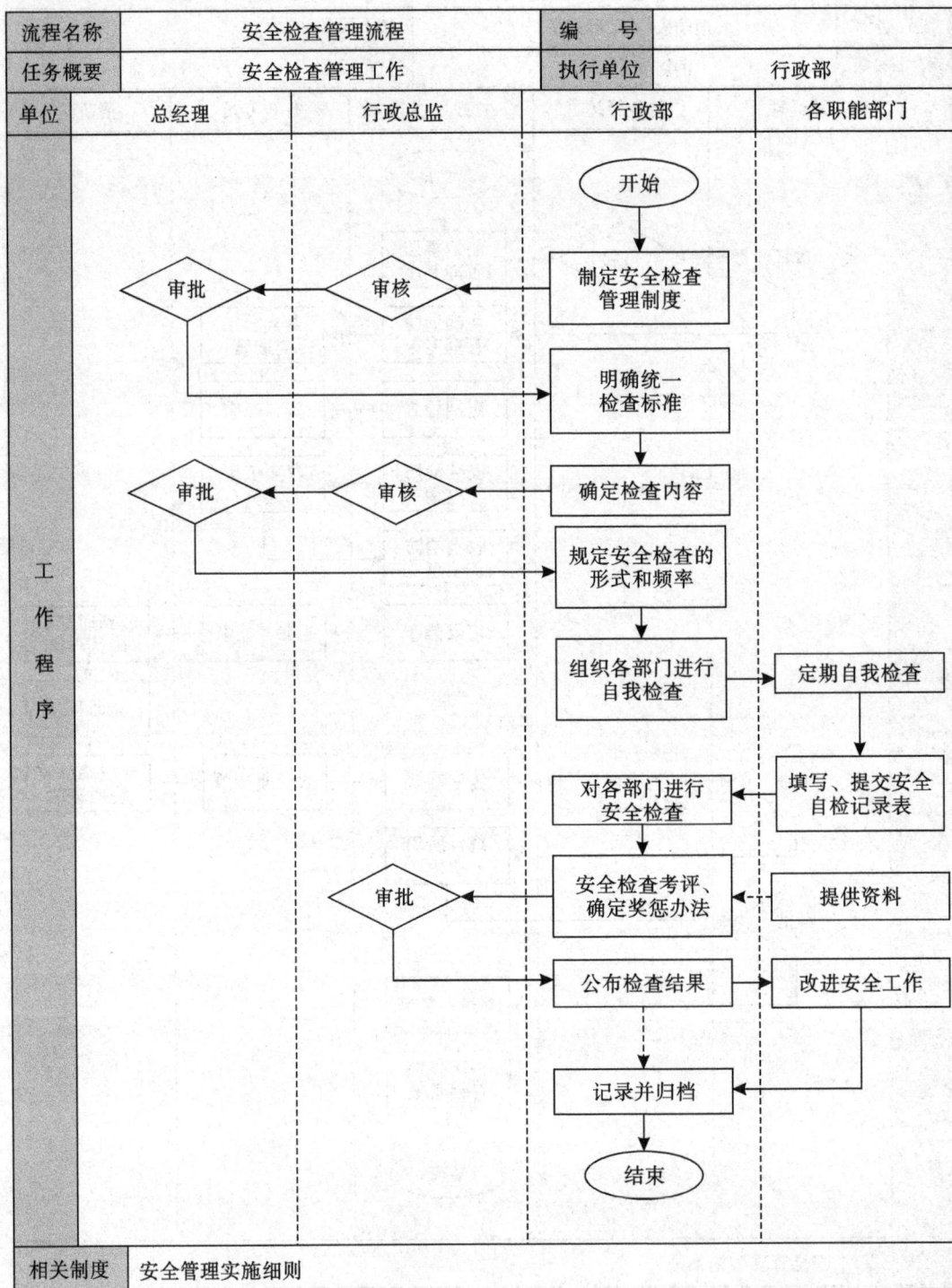

流程名称	安全检查管理流程		编　号	
任务概要	安全检查管理工作		执行单位	行政部
单位	总经理	行政总监	行政部	各职能部门
工作程序			开始 制定安全检查管理制度 → 审核 → 审批 明确统一检查标准 确定检查内容 → 审核 → 审批 规定安全检查的形式和频率 组织各部门进行自我检查 对各部门进行安全检查 安全检查考评、确定奖惩办法 → 审批 公布检查结果 记录并归档 结束	定期自我检查 填写、提交安全自检记录表 提供资料 改进安全工作
相关制度	安全管理实施细则			

20.1.5 治安保卫管理流程

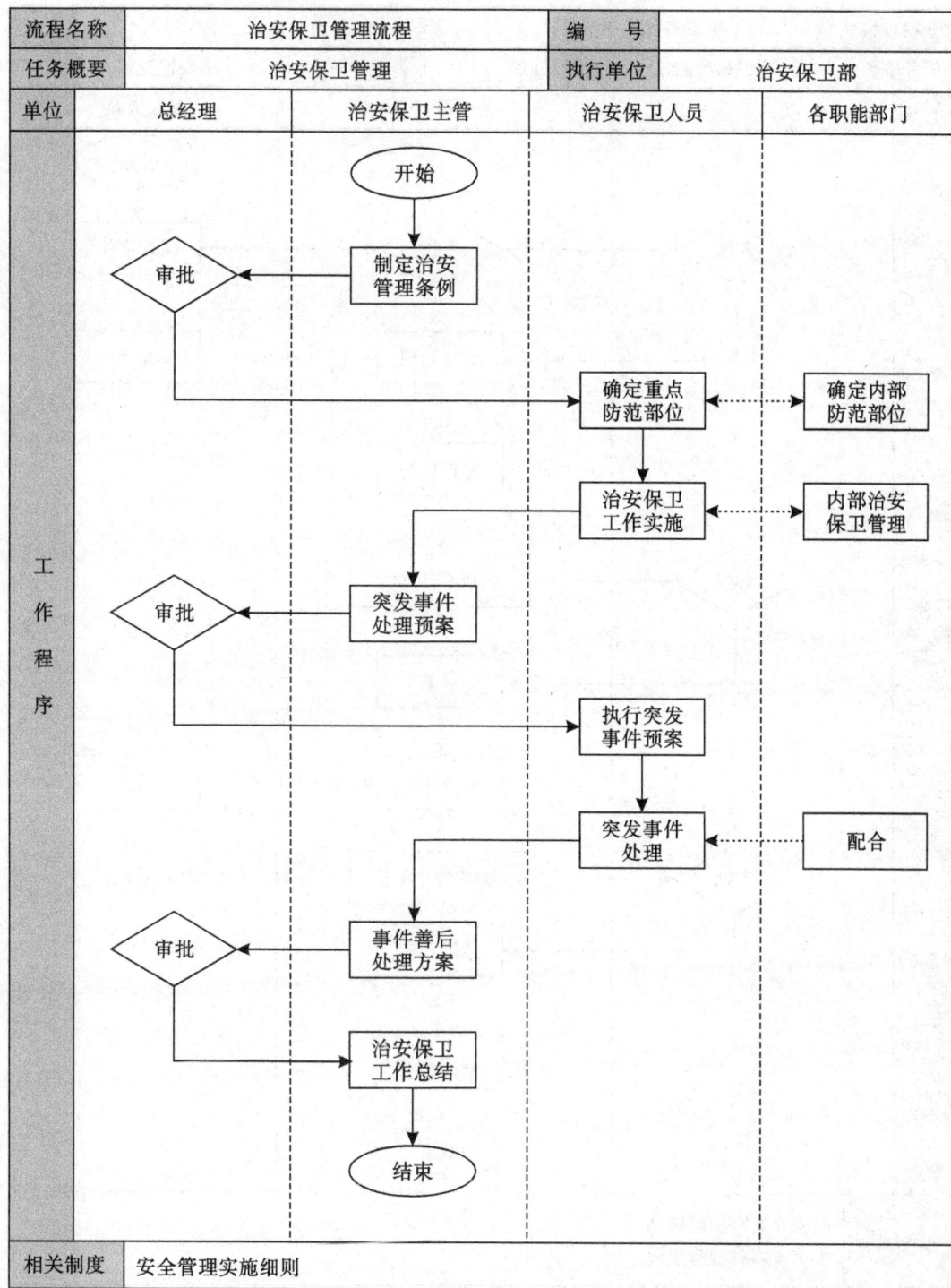

流程名称	治安保卫管理流程		编　　号	
任务概要	治安保卫管理		执行单位	治安保卫部
单位	总经理	治安保卫主管	治安保卫人员	各职能部门

工作程序

```
                      ┌─────────┐
                      │   开始   │
                      └────┬────┘
                           │
                           ▼
          ┌──────┐    ┌─────────┐
          │ 审批 │◄───│制定治安  │
          └───┬──┘    │管理条例  │
              │       └─────────┘
              │
              │              ┌─────────┐       ┌─────────┐
              └─────────────►│确定重点  │┄┄┄┄┄►│确定内部  │
                             │防范部位  │       │防范部位  │
                             └────┬────┘       └─────────┘
                                  │
               ┌─────────┐   ┌────▼────┐       ┌─────────┐
               │治安保卫  │   │治安保卫  │┄┄┄┄┄►│内部治安  │
               │工作实施  │   │工作实施  │       │保卫管理  │
               └────┬────┘   └─────────┘       └─────────┘
          ┌──────┐  │        
          │ 审批 │◄─┘ ┌─────────┐
          └───┬──┘    │突发事件  │
              │       │处理预案  │
              │       └─────────┘
              │              ┌─────────┐
              └─────────────►│执行突发  │
                             │事件预案  │
                             └────┬────┘
                                  │
                             ┌────▼────┐       ┌─────────┐
                             │突发事件  │┄┄┄┄┄►│  配合    │
                             │  处理    │       └─────────┘
                             └─────────┘
          ┌──────┐    ┌─────────┐
          │ 审批 │◄───│事件善后  │
          └───┬──┘    │处理方案  │
              │       └─────────┘
              │       ┌─────────┐
              └──────►│治安保卫  │
                      │工作总结  │
                      └────┬────┘
                           │
                      ┌────▼────┐
                      │   结束   │
                      └─────────┘
```

相关制度	安全管理实施细则

20.1.6 突发事件处理流程

流程名称	突发事件处理流程	编　号	
任务概要	突发事件的报告、调查和处理	执行单位	治安保卫部
单位	总经理	治安保卫部	相关人员

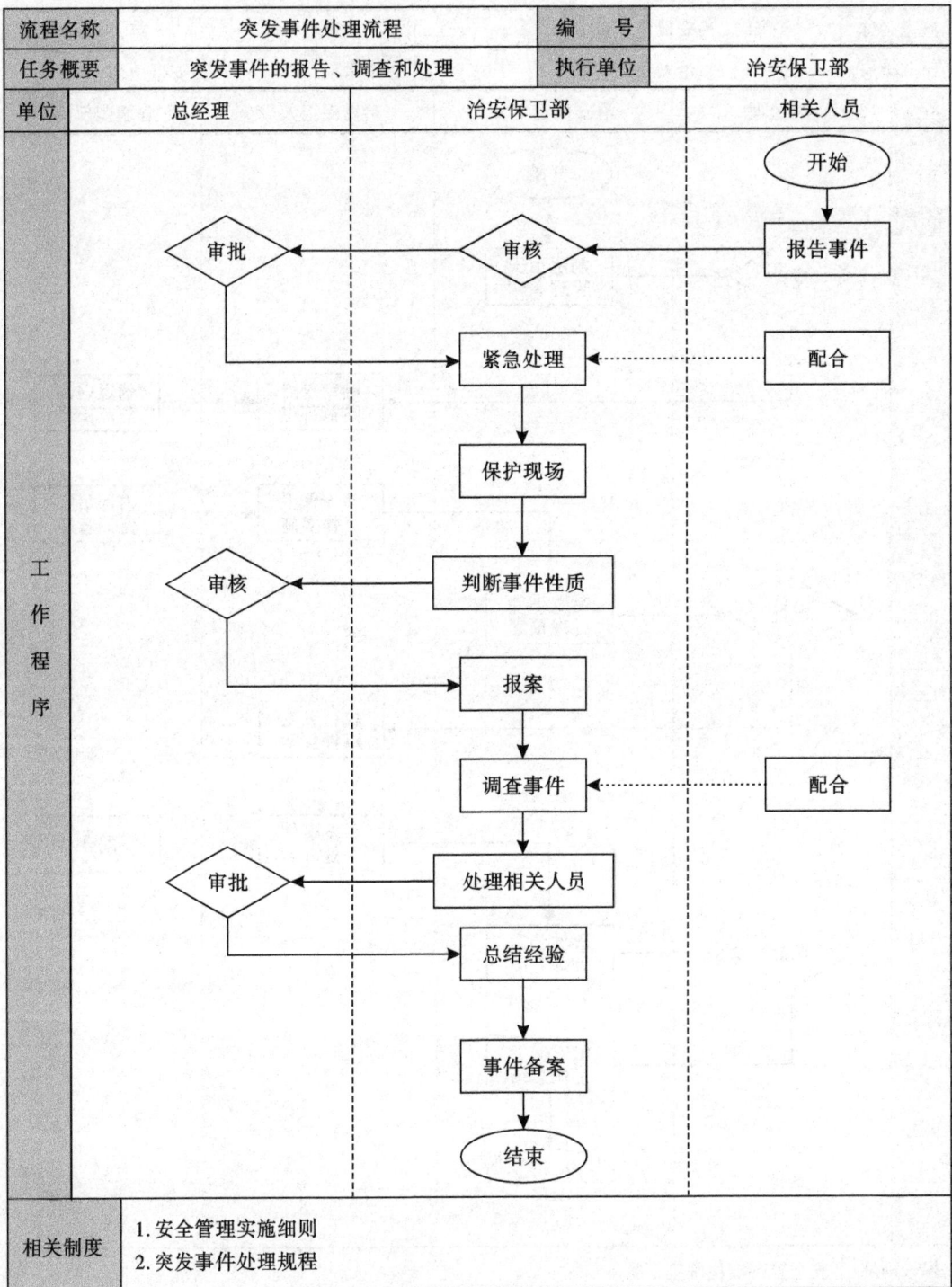

工作程序（流程图）：开始 → 报告事件 → 审核 → 审批 → 紧急处理（配合）→ 保护现场 → 判断事件性质 → 审核 → 报案 → 调查事件（配合）→ 处理相关人员 → 审批 → 总结经验 → 事件备案 → 结束

相关制度	1. 安全管理实施细则 2. 突发事件处理规程

20.2 环境与安全管理制度

20.2.1 绿化工作管理制度

以下是某公司的绿化工作管理制度，供读者参考。

第1章 总则

第1条 为规范绿化工作流程，美化公司工作、生产环境，塑造公司良好的外在形象，特制定本制度。

第2条 本制度中规定的绿化管理范围包括公司范围内的绿化区域，以及被当地社区划定为公司负责的绿化区域。

第3条 公司的环境绿化工作由行政部负责，聘请专门园艺工人承担具体绿化工作。

第4条 公司全体员工都负有管理、爱护花草树木的权利和义务。

第2章 职责分工

第5条 负责绿化工作的人员包括总经理、行政部经理、绿化主管、园艺工人及保管员，具体职责分工如下表所示。

绿化工作各岗位的职责分工表

相关岗位	职责分工
总经理	审批绿化管理工作相关制度
行政部经理	1. 审核绿化管理工作相关制度 2. 审核绿化物品分管表、损失表 3. 审核绿化工作计划及总结报告 4. 组织绿化工程的设计施工
绿化主管	1. 起草绿化管理工作相关制度 2. 起草绿化工作计划及总结报告 3. 编写、报送物品分管表、物品损失表 4. 组织协调园艺工人进行草地保养、盆景管理等 5. 参与绿化工程的设计、预算、现场施工等
园艺工人及保管员	1. 定期进行园艺作业，包括剪草、施肥、清扫、病虫害防治等 2. 负责保管盆景，包括编号、入册存档、出入登记、养护及年度盘点 3. 填写物品分管表、物品损失表

第3章 草地保养

第6条 园艺工人每月用旋刀修剪草地一次，每季度施肥一次，入秋后禁止剪割。

第7条 春夏季的草地每周剪两次，长度一般控制在20毫米，冬季每周或隔周剪草一次，剪草当月培土一次，隔周疏草、浇水、施肥、施绿宝一次。

第8条 园艺工人到达养护现场后，必须对需要修剪的草地进行正常巡视、检查，查看是否有异物、树桩、砖块、电线等障碍物，确认无杂物后方可进行修剪。

第9条 割草前应检查机器是否正常，刀具是否锋利，滚筒剪每半月磨合一次，每季度将折底刀打磨一次，圆盘剪每次剪草需磨刀三把，每剪15分钟换一把。机器启动需预热2~3分钟，机器每使用一小时需休息5分钟。

第10条 修剪草地时，应采用横、竖、转方法交替割草，防止转弯位置处的局部草地受损，割草时行间在40%~50%，防止漏割。

第11条 避免汽油机漏油于草地，造成块状死草，注意勿剪断电机拖线，避免发生事故。

第12条 工作完毕后，应清扫草地，做好机器保养工作，要用毛刷进行清洗，清洗部位包括进气门、空气滤清器、刀片、底盘等。

第4章 盆景保管

第13条 保管员应对公司所有山石盆景进行挂牌、编号，并拍照入册，做到盆景、名称、编号牌、照片对号存档，填写"物品分管表"，确保妥善保管。

第14条 新制作的盆景应及时编号并拍照入册，出现损失要及时报告并存档备查，由保管员、绿化主管和行政部经理共同签字确认。

第15条 换盆景时，每次出入须登记编号并注明摆放起止时间、地点及生长状态。

第16条 所有盆景每年应全面盘点，由绿化主管及管理员盘点后共同签名，交部门存档备案。

第5章 附则

第17条 公司全体员工负有管理、爱护花草树木的权利和义务，应严格遵守以下条款。

1. 不准攀折花木或在树上晾晒衣物等。
2. 不得损坏花木的保护设施。
3. 不准私自摘拿花果。
4. 不准行人跨越、践踏绿化地，不准车辆碾压绿化地。
5. 不准往绿化地倒污水、扔杂物。
6. 不准在绿化范围内堆放任何物品。
7. 未经许可，不准在树木上及绿化带内设置广告牌。
8. 凡人为造成绿化、花木及设施损坏的，当事人须承担赔偿责任。

第18条 本制度由行政部负责制定、解释及补充，自公司总经理批准之日起执行。

20.2.2 卫生检查管理制度

以下是某公司的卫生检查管理制度，供读者参考。

第1章 总则

第1条 为了保证卫生检查工作的制度化、日常化、标准化、规范化，维护员工健康及工作经营场所的环境卫生，特制定本制度。

第2条 本制度适用于公司全体员工及公司有关卫生检查工作事宜。

第 2 章　卫生检查标准

第 3 条　工作场所内必须保持整洁，不得存有垃圾、污垢或碎屑，具体有以下六项标准。

1. 工作场所要保持安静。

2. 办公用品要摆放整齐、有序。

3. 不能在工作场所随地吐痰。

4. 墙壁不得有污垢。

5. 玻璃要保持清洁明亮。

6. 垃圾要及时清理。

第 4 条　走道及楼梯，每日要至少清扫一次，保持清洁。

第 5 条　餐厅的饭菜和饮用水必须干净、卫生。

第 6 条　洗手间、厕所、更衣室及其他卫生设施必须保持清洁。

1. 洗手间的水管用后要及时关闭，厕所用后要及时用水冲洗，以保持清洁卫生。

2. 当厕所水压不足时应停止使用。

第 7 条　凡有可能产生异味、灰尘、粉末、噪声等的工作，应尽量减少相关危害并注意做好安全防护措施。

第 8 条　各工作场所严禁随地大小便。

第 9 条　各工作场所应保持空气充分流通，温度、湿度适宜。垃圾及废弃物等的清除必须符合卫生要求，放置于规定的场所，不得乱倒、乱堆、乱放。

第 10 条　各部门的保洁区域须每天上午按时打扫完毕（会议事先占用场地除外），由部门主管定时检查。

第 11 条　住宿人员在住宿和值班期间，应保持住宿和值班场所卫生清洁，物品应摆放整齐，垃圾应及时清理干净。

第 3 章　卫生检查流程

第 12 条　卫生检查工作由行政部具体负责。执行卫生检查时，行政部负责召集相关负责人对各岗位、各区域的卫生状况进行检查。

第 13 条　行政部负此项工作，每年应明确检查标准，并合理划分各部门分管区域，以保证检查工作严格执行，有据可依。

第 14 条　各岗位、各区域需根据卫生标准，每周进行一次自检。在自检过程中，不合格的岗位或区域要立即整改。

第 15 条　行政部每月组织一次卫生大检查，并按照本制度第 2 章所列卫生标准考核。

第 16 条　以百分制计算，岗位卫生合格线为 90 分，不满 90 分者按规定处理。行政专员要对检查结果进行详细记录。

第 17 条　行政主管应根据检查结果撰写卫生检查报告，涉及重大问题时，需逐级报行政经理至总经理审核、审批，对相关责任人进行处理。

第 4 章　卫生检查奖惩

第 18 条　行政部主管负责核对检查结果，并于核对无误后划分卫生奖惩等级，确认奖罚条例。行政专员负责以书面形式通知被惩罚部门的负责人，并按照规范程序严格执行。

第 19 条　具体奖罚标准有以下几点。

1. 在考评中得分90分以下的部门，扣罚该部门当月浮动工资的10%，并给予通报批评。

2. 连续两个月得分在90分以下的部门，扣罚当月浮动工资的20%，并给予书面警告。

3. 连续三次考评未达到90分的部门，扣罚该部门浮动工资的50%和当月奖金，并给予该部门主管人员记过处分。

4. 在考评中得到满分的部门，奖励该部门当月浮动工资的5%，并通报表扬。

第5章 附则

第20条 本制度由行政部负责制定、解释及补充，自公司总经理批准之日起执行。

20.2.3 安全管理实施细则

以下是某公司的安全管理实施细则，供读者参考。

第1章 总则

第1条 为切实做好公司安全管理工作，保护员工在生产经营过程中的安全和健康，确保公司财产不受损失，现根据相关规定，结合公司的实际情况，特制定本实施细则。

第2条 安全管理工作是在生产经营活动中，为避免发生人员伤害和财产损失所采取的相应事故预防和控制措施，以保证员工人身安全和生产经营活动的顺利进行，具体包括安全检查、班组安全管理、消防管理、治安保卫管理以及突发事件处理等相关工作。

第3条 公司将对在安全管理方面有突出贡献的集体和个人给予一定的奖励；对违反安全制度，造成事故的责任人进行处理，触犯法律的，交由司法机关处理。

第2章 安全检查管理

第4条 安全检查工作由行政部具体负责，各职能部门应明确自我检查标准。

第5条 各职能部门自行检查，检查内容包括以下几个方面。

1. 检查工作区域的安全，注意周围环境卫生，工序通道畅通，梯架台稳固，地面和工作台面平衡。

2. 检查使用材料的安全性，注意堆放或储藏方式，装卸地方面积的大小，材料有无断裂、毛刺、毒性、污染或特殊要求，运输、起吊、搬运的信号装置是否清晰。

3. 检查工具的安全性，注意工具是否齐全、清洁、有无损坏，有何特殊使用规定、操作方法等。

4. 检查设备的安全性，注意设备防护、保险、报警装置以及整个设备的完好情况。

5. 检查其他防护设备的安全性，注意通风、防暑降温、保暖；检查防护用品是否齐全和正确使用，有无消防和急救物品等。

第6条 行政部每年制定一次安全检查标准，确定安全检查内容。一般情况下，安全检查方法包括经常性检查，专业性检查，节假日检查，安全月、安全日群众性大检查。

第7条 行政部应根据实际情况，对以下内容进行定期检查。

1. 每月检查一次安全教育情况。

2. 每周检查一次安全操作规程是否公开张挂或放置。

3. 随时检查布置生产任务时有无布置安全工作。

4. 每天检查安全防护、保险、报警、急救装置或器械是否完备。

5. 每天检查一次个人劳动防护用品是否齐全及正确使用。

6. 每周检查一次工作衔接配合是否合理。

7. 每天检查是否存在事故隐患。

8. 每周检查一次安全计划措施是否已落实和实施。

第8条 行政专员要对检查结果进行详细记录,行政部主管依据检查结果逐级上报行政部经理至总经理,并对主要负责人进行奖惩。

第3章 班组安全管理工作

第9条 行政部负责组织班组进行不定期自检及各班组互检。

第10条 行政部负责组织班组进行安全教育。教育形式主要包括以下几方面。

1. 新工人三级安全教育(注意安全操作示范、正确使用个人防护用品)及注意事项教育。

2. 组织操作者调换工种,推广新工艺、使用新设备、新产品知识的更新教育。

3. 岗位安全操作技能训练教育,达到全面安全生产的目的。

第11条 成立合格班组评选小组,由行政部、安全技术部门、工会联合会人员组成,负责评选合格班组以及组织安全竞赛等工作。

第4章 消防管理

第12条 以预防为主、防消相结合的方针,按照"谁主管谁负责"的原则,实施逐级负责制,签订防火责任书,层层落实防火责任。各部门的行政正职对本场消防负总责。

第13条 设立防火安全委员会,各生产管理部门、办公和生产、生活场所均设防火责任人。制定用火用电,使用易燃、易爆物品的各项消防管理制度和操作规程。

第14条 行政部负责定期对员工进行安全防火的宣传教育,使员工做到"三懂三会",即懂本岗火灾危险、懂防火措施、懂灭火方法,会使用灭火器材、会扑救初期火灾、会保护火灾现场。

第15条 办公、生产场所须按规定配备消防器材,及时对消防器材进行维修,加强对消防器材使用的管理。

第16条 行政部负责确定消防重点区域,设置防火标志,定期对各场所防火安全进行检查,特别是冬春季及重大节日的防火检查,发现问题须及时处理。

第17条 因责任不明确、措施不落实而发生火灾的,将按《中华人民共和国消防法》和当地政府有关消防安全管理办法对场所防火责任人进行处罚。

第18条 施工现场使用明火时,必须按规定事先办理审批手续,作业人员必须遵守消防安全规定,并采取相应的消防安全措施。

第19条 行政部要确保消防报警电话或铃声时刻开通,保证每天安排值班人在岗。

第5章 治安保卫管理

第20条 治安保卫部门应根据国家有关法律法规制定公司治安保卫管理条例,明确公司经营生产过程中的重要部位及重点防范部位。

第21条 治安保卫部相关人员负责协助当地公安部门进行公司各类案件的现场勘察、技术鉴定、侦破和查处工作。

第22条 治安保卫部负责预警方案的制定和突发事件的处理、善后,以及内部交通、火灾和有毒气体等重大事故的现场警戒、疏导、现场秩序维护等工作。

第6章 突发事件处理

第23条 突发事件是指涉及公司员工盗窃、打架斗殴、抢劫等的刑事案件。一旦发生突发事件,相关人员要及时向公司治安保卫部门报告,说明突发事件的发生地点和事件发生的情况。

第24条 治安保卫主管负责审核突发事件，根据事件发生的情况和程度决定是否向上级部门汇报，汇报批准后赶赴事件现场。

第25条 治安保卫部人员到达事发现场后，如有受伤人员，要先紧急救助伤病人员并拨打120，同时保护现场，维护现场秩序，再根据突发事件的性质和影响程度，经上级主管部门批准后向当地公安机关报案。

第26条 治安保卫部人员应了解突发事件的起因、时间、地点、涉及的员工、事件的经过等情况，协助公安机关调查取证。

第27条 突发事件调查清楚后，涉及公司员工责任的，应依据公司的相关制度对责任人进行处理。

第7章 附则

第28条 本细则由行政部负责制定、解释及补充，自公司总经理批准之日起执行。

20.2.4 突发事件处理规程

以下是某公司的突发事件处理规程，供读者参考。

第1章 总则

第1条 目的

为提高对突发事件的应急处理能力，维护公司辖区内的正常工作和生活秩序，保障有足够的人力、物力应对治安、刑事案件及各类自然灾害事故，特制定本规程。

第2条 相关人员职责

1. 安保部经理负责指挥相关人员对突发事件进行处理，根据突发事件的性质，迅速组织人力、物力，采取相应措施。

2. 安保部主管及班组长负责落实经理下达的命令，具体处理突发事件。

第2章 突发事件处理原则

第3条 快速反应原则

1. 当值安保班组长接警后，应在四分钟内到达突发事件现场；一分钟内对突发事件现场进行紧急控制处理。安全处主管在当值时职责相同。

2. 安全处主管接到突发事件报告后，须10分钟内到达突发事件现场。

第4条 统一指挥原则

1. 处理突发事件，由安保部经理负责统一指挥。

2. 在特殊的情况下，由安保部主管负责统一指挥。

3. 安保部班组长须无条件服从安保部经理及主管的命令，协助处理突发事件。

第5条 团结协作原则

安保部作为突发事件的处理部门，可行使公司赋予的指挥权和处理权，公司任何部门或个人不得干预。在安保部做出突发事件处理决定后，各相关部门应团结一致、紧密协作，配合安保部处理好突发事件。

第3章 各类突发事件处理程序

第6条 发生自然灾害事故时的处理程序

1. 安保部经理接报后要立即做出统一指挥，调遣、指挥安保部的所有安全员处理各类灾害事件，通报医院、公安、消防等有关部门，请求救援并报告公司总经理。

2. 如遇地震导致断电、停水等，当值安全干部及安全员应全力维护各楼层的秩序，稳定员工（客户）的情绪，带领员工有序撤离，保证楼层内不发生骚乱、趁火打劫等事件。

3. 遇到台风、水浸、火灾等灾害事故时，应通知或协助员工做好防风工作，并协助机电维修部做好洪水的疏导排泄工作，以及协助消防管理中心做好灭火工作。

第 7 条　发生治安或刑事案件时的处理程序

1. 当值安全员发现有治安、违法情况或接到报案时，应立即向安保部主管、班组长报告，安保部主管了解案情及收集资料，进行甄别分析后向安保部经理汇报，请示做出进一步工作指示，安保部经理收集有关资料及信息后，根据案件损失及影响的大小向公安机关/总经理报告案情。

2. 安全员向上级报告后，应留在案发现场或迅速赶赴案发现场，维护现场秩序，保护现场，禁止一切人员进入现场。

3. 遇到打架斗殴事件时，相关人员应采取以下措施。

（1）安全员应防止该行为的扩大，避免造成不必要的损伤，对因打架斗殴造成伤亡的人员，视其伤势的轻重分别安排救治。

（2）安保部主管应根据现场情况，调遣机动安全员对事件现场进行增援，调派车辆将重伤、有生命危险的人员送往医院抢救；对事态轻微的事件进行调解；将严重或造成不良影响的打架斗殴事件的当事人带回安全处进行询问，做好笔录，并交由公安机关处理。

第 8 条　发生中毒事件（如食物中毒）的处理程序

1. 当值安全员发现有中毒情况或接到中毒事件报告后，应立即报告安保部主管，并留在现场或赶赴现场切断毒源，使毒源不再继续扩散；安保部主管接到报告后，须立即调遣人员支援并报告安保部经理，随后迅速赶赴现场参加抢救；安保部经理须及时将情况通报有关部门及总经理。

2. 员工出现食物中毒症状后，相关人员应采取以下行动。

（1）尽快将中毒者撤离现场，清除其口腔异物，使其呼吸通畅，并立即将其送往医院抢救。

（2）若中毒事件属犯罪行为所致，应立即向公安机关报告。

（3）通知中毒者家属并做好对外协调工作。

第 9 条　其他突发事件的处理要求

其他突发事件的处理服从公司统一调度和布置。

第 4 章　附则

第 10 条　本规程由安保部负责解释、补充，自总经理批准之日起实施。